HANDBUCH DER ORIENTALISTIK

Herausgegeben von B. Spuler
unter Mitarbeit von
C. van Dijk, H. Franke, J. Gonda, H. Hammitzsch, W. Helck, B. Hrouda,
D. Sinor, J. Stargardt und F. Vos

HANDBUCH DER ORIENTALISTIK

SIEBENTE ABTEILUNG
KUNST UND ARCHÄOLOGIE

HERAUSGEGEBEN VON J. STARGARDT

ERSTER BAND

DER ALTE VORDERE ORIENT

ZWEITER ABSCHNITT

DIE DENKMÄLER

HERAUSGEGEBEN VON B. HROUDA

B — VORDERASIEN

LIEFERUNG 5

VORDERASIATISCHER SCHMUCK
ZUR ZEIT DER ARSAKIDEN
UND DER SASANIDEN

VORDERASIATISCHER SCHMUCK ZUR ZEIT DER ARSAKIDEN UND DER SASANIDEN

VON

BRIGITTE MUSCHE

Mit 26 Abbildungen im Text und 117 Tafeln

E.J. BRILL
LEIDEN · NEW YORK · KØBENHAVN · KÖLN
1988

Library of Congress Cataloging-in-Publication Data

Musche, Brigitte.
 Vorderasiatischer Schmuck zur Zeit der Arsakiden und der Sasaniden
/ von Brigitte Musche.
  p. cm. — (Handbuch der Orientalistik. Siebente Abteilung,
Kunst und Archäologie, ISSN 0169-9474; 1. Bd., Der alte Vordere
Orient, 2. Abschnitt, Die Denkmäler, B, Vorderasien, Lfg. 5)
 First part originally presented as the author's thesis (doctoral)-
-Ludwig-Maximilians-Universität, Munich, winter semester 1982/83.
 Bibliography: p.
 ISBN 90-04-07874-6 (U.S.)
 1. Jewelry, Ancient—Middle East. 2. Jewelry—Middle East.
3. Jewelry, Arsacid. 4. Jewelry, Sassanid. 5. Middle East-
-Antiquities. I. Title. II. Series: Handbuch der Orientalistik.
Siebente Abteilung, Kunst und Archäologie; 1. Bd., 2. Abschnitt, B,
Lfg. 5.
 NK7374.A1M87   1988
 739.27'0935—dc19   87-33761
                                                          CIP

ISSN 0169-9474
ISBN 90 04 07874 6

PRINTED IN THE NETHERLANDS BY E. J. BRILL

INHALTSVERZEICHNIS

Tafeln I-CXVII

VORWORT

Der erste Teil der hier vorliegenden Arbeit (Schmuck zur Zeit der Arsakiden) wurde im Winter 1982/83 von der Ludwig-Maximilians-Universität München als Dissertation angenommen. Der zweite Teil (Schmuck zur Zeit der Sasaniden) wurde für diese Publikation nachträglich zugefügt.

Die Anregung zu dieser Studie verdanke ich Herrn Prof. Dr. Leo Trümpelmann, dem ich auch für die Betreuung dankbar verbunden bin.

Für manchen wissenschaftlichen Rat schulde ich Dank Herrn Prof. Dr. R. Degen, Herrn Dr. R. Fellmann, Frau Prof. Dr. K. Finsterbusch, Herrn Prof. Dr. B. Hrouda, Herrn Dr. L. Pauli, Frau Prof. Dr. E. M. Schmidt, Herrn Prof. Dr. G. Ulbert und für zeichnerische Hinweise Frau C. Wolff.

Gedankt sei ferner allen Kollegen, die mich bei meinen Studien in den verschiedenen Bibliotheken und Instituten der Ludwig-Maximilians-Universität München unterstützt haben.

Für Erteilung von Auskünften habe ich zu danken den Kollegen vom Museum Louvre, Paris; vom Britischen Museum und dem Victoria und Albert Museum, London; von der Ny Carlsberg Glyptothek, Kopenhagen; dem National-Museum, Damaskus; dem Irak Museum, Baġdad; dem Metropolitan Museum of Art, New York; dem Museum Royaux D'Art et D'Histoire, Brüssel; der Abegg-Stiftung, Bern; dem Schmuckmuseum Pforzheim, dem Deutschen Schloß- und Beschlägemuseum, Velbert und vor allem von der Yale University Art Gallery, Dura-Europos Collection, New Haven. Letzterer Einrichtung habe ich auch zu danken für die Publikationserlaubnis der Rückseite einer Fibel aus Dura-Europos.

Ein besonderes Wort des Dankes gebührt meinen Kommilitonen Ingeborg und Hans Obermann für ihre große Hilfbereitschaft sowie Fr. Dr. I. Hoffmann für die Unterstützung beim Korrekturlesen. Und nicht zuletzt sei dem Verlag E. J. Brill, Leiden, für die Drucklegung des vorliegenden Bandes gedankt.

ABKÜRZUNGSVERZEICHNIS

AA	Archäologischer Anzeiger im Jahrbuch des Deutschen Archäologischen Instituts (Berlin)
AAS	Les Annales archéologiques de Syrie
	Revue d'archéologie et d'histoire (syriennes). République Arabe Unie. Direction générale des antiquités et des musées de la province septentrionale (Damaskus)
AbhMainz	Abhandlungen der Geistes- u. Sozialwiss. Klasse. Akademie der Wissenschaften und der Literatur in Mainz (Wiesbaden)
ActaAHung	Acta Archaeologica Academiae Scientiarum Hungaricae (Budapest)
AfO	Archiv für Orientforschung
	Internationale Zeitschrift für die Wissenschaft vom Vorderen Orient (Berlin/Graz)
AJA	American Journal of Archaeology
	Journal of the Archaeological Institute of America (Princeton, N.J.)
AK	Antike Kunst
	Vereinigung der Freunde Antiker Kunst (Olten/Schweiz)
AMI NF	Archaeologische Mitteilungen aus Iran. Neue Folge
	Deutsches Archäologisches Institut, Abt. Teherān (Berlin)
Anatolica	Anatolica
	Annuaire international pour les civilisations de l'Asie antérieure; publié sous les auspices de l'Institut historique et archéologique néerlandais à Istanbul (Leiden)
Anno	Anno Journal (München)
APA	Acta Praehistorica et Archaeologica
	Hrsg. für die Berliner Gesellschaft für Anthropologie, Ethnologie und Urgeschichte (Berlin)
Archaeology	Archaeology
	A Magazine dealing with the Antiquity of the world. Archaeological Institute of America (New York)
Archéologia	Archéologia
	Trésors de ages. L'archeologie dans le monde et tout ce qui concerne les recherches historiques, artistiques et scientifiques sur terre et dans les mers (Paris)
ArchCl	Archeologia Classica
	Istituti di archeologia e storia dell'arte greca e romana e di etruscologia e antichità italiche dell'Università di Roma (Rom)
ArchHistBern	Archiv des Historischen Vereins des Kanton Bern (Bern)
Artica	Artica
	Studia Ethnographica Upsaliensia (Upsala)
BaM	Baghdader Mitteilungen
	Deutsches Archäologisches Institut, Abteilung Baghdad (Berlin)
BBV	Berliner Beiträge zur Vor- und Frühgeschichte (Berlin)
BCH	Bulletin de correspondance hellénique
	École française d'Athènes (Athen/Paris)
BCMA	Bulletin of the Cleveland Museum of Art (Cleveland, Ohio)

Belleten	Belleten
	Türk tarih kurumu (Ankara)
Berytus	Berytus
	Archaeological Studies (Kopenhagen)
BJ	Bonner Jahrbücher des Rheinischen Landesmuseums in Bonn und des Vereins von Altertumsfreunden im Rheinlande (Köln/Graz/Kevelaer)
BMB	Bulletin du Musée de Beyrouth (Paris)
BMMA	Bulletin of the Metropolitan Museum of Art (New York)
BMQ	The British Museum Quarterly (London)
BRGK	Bericht der Römisch-Germanischen Kommission des Deutschen Archäologischen Instituts (Frankf. a.M./Berlin)
BritMusY	British Museum Yearbook published for the Trustees of the Brit. Mus. by Brit. Mus. Public. Ltd. (London)
BSA	Annual of the British School of Athens (London)
ČasMorMus	Časopis Moravského musea v Brně (Brno)
CFBM	Marshall, F. H., Catalogue of the Finger-Rings, Greek, Etruscan, and Roman, in the Departments of Antiquities, British Museum, London (1907)
CJBM	Marshall, F. H., Catalogue of the Jewellery, Greek, Etruscan, and Roman, in the Departments of Antiquities, British Museum, London (1911)
Dura-Europos, Fin. Rep.	The Excavations at Dura-Europos, Final Report (New Haven, Conn.)
Dura-Europos, Prel. Rep.	The Excavations at Dura-Europos, Preliminary Report (New Haven, Conn.)
EncPhotTEL	Encyclopédie photographique de l'art. Edition TEL (Paris)
EPRO	Études préliminaires aux religions orientales dans l'empire romain
Ethnos	Ethnos
	The Ethnographical Museum of Sweden (Stockholm)
Ettra	Études et Travaux (Warschau)
EW	East and West
	Istituto Italiano per il Medio ed Estremo Oriente (Rom)
Germania	Germania
	Anzeiger der Römisch-Germanischen Kommission des Deutschen Archäologischen Instituts (Frankf. a.M./Berlin)
HdO	Handbuch der Orientalistik
	Hrsg. von B. Spuler (Leiden)
HistStuI	Historical Studies of Iran (Teherān)
IA	Iranica Antiqua (Leiden)
Iran	Iran
	Journal of the British Institute of Persian Studies (London)
Iraq	Iraq
	British School of Archaeology in Iraq (London)
IstForsch	Istanbuler Forschungen
	Deutsches Archäologisches Institut. Abteilung Istanbul (Istanbul/Berlin)
IstMitt	Istanbuler Mitteilungen
	Deutsches Archäologisches Institut. Abteilung Istanbul (Istanbul/Tübingen)
JBM	Jahrbuch des Bernischen Historischen Museums in Bern (Bern)
JbRGZM (JRGZ)	Jahrbuch des Römisch-Germanischen Zentralmuseums Mainz (Mainz)
JNES	Journal of Near Eastern Studies
	Continuing the American Journal of Semitic Languages and Literatures (Chicago)

MDP	Mémoires de la Délégation en Perse (Paris)
Mesopotamia	Mesopotamia
	Rivista di archeologia, epigrafia e storia orientale antica (Turin)
MF	Madrider Forschungen
MJ	The Museum Journal
	University of Pennsylvania (Philadelphia, Pa.)
OIC	Oriental Institute Communications
	The Oriental Institute of the University of Chicago (Chicago, Ill.)
PARI	Proceedings of the Annual Symposium on Archaeological Research in Iran (Teherān)
PAULY	Der kleine Pauly
	Lexikon der Antike. K. Ziegler/W. Sontheimer (Stuttgart)
PKG	Propyläen Kunstgeschichte (Berlin)
PZ	Prähistorische Zeitschrift (Berlin)
RAC	Reallexikon für Antike und Christentum
	Sachwörterbuch zur Auseinandersetzung des Christentums mit der antiken Welt (Stuttgart)
RE	Paulys Real-Encyclopädie der classischen Altertumswissenschaft. Neue Bearbeitung Wissowa et al. (Stuttgart)
RLA	Reallexikon der Assyriologie und Vorderasiatischen Archäologie, E. Ebeling et al. (Berlin/Leipzig/New York)
RM	Römische Mitteilungen
	Mitteilungen des (Kaiserl.) Deutschen Archäologischen Instituts. Römische Abteilung. Bullettino dell' Istituto archeologico germanico. Sezione romana (Heidelberg)
SaalbJb	Saalburg Jahrbuch
	Bericht des Saalburg-Museums (Berlin)
SCE	The Swedish Cyprus Expedition (Stockholm)
SI	Studia Iranica (Paris)
Sumer	Sumer
	A Journal of Archaeology (and History) in Iraq. The Republic of Iraq. Directorate General of Antiquities (Baġdad)
Syria	Syria
	Revue d'art oriental et d'archéologie. Institut français d'archéologie de Beyrouth (Paris)
UVB	Vorläufiger Bericht über die von der Notgemeinschaft der Deutschen Wiss. in Uruk unternommenen Ausgrabungen, Berlin
WVDOG	Wissenschaftliche Veröffentlichungen der Deutschen Orient-Gesellschaft (Leipzig/Berlin)
YCS	Yale Classical Studies
	Department of Classics (New Haven, Conn.)
ZfA	Zeitschrift für Archäologie
	Herausgegeben vom Zentralinstitut für Alte Geschichte und Archäologie der Akademie der Wissenschaften der DDR, Berlin

EINLEITUNG

Als Schmuck wird all das bezeichnet, was abgesehen von Bekleidung und Techniken, mit denen der Körper unmittelbar verändert wird (Bemalung, Tätowierung, Anbringung von Narben, Frisur u.ä.), dem Ausschmücken, dem Verschönern des Körpers und seiner Hervorhebung dient.

R. König[1] sieht in dem Bestreben des Menschen nach Schmückung des Körpers eines seiner Grundbedürfnisse und meint, daß Verzieren und Ausschmücken älter zu sein scheinen als das Bekleiden[2]. ,,Das wichtigste Argument in dieser Richtung stellt aber wohl die Tatsache dar, daß die ursprünglichste Form der Kleidung, die sogenannte — Hüftschnur — (später der Hüftring), zunächst überhaupt nichts bedeckt und schützt, sondern einfach locker über der weiblichen Hüfte hängt. Erst später wird diese Schnur benutzt, um vorn oder hinten eine Art Schürzchen anzubringen, das allerdings gerade in der Weise, wie es geschmückt ist, einen deutlichen Hinweis darauf enthält, daß es vor allem als — Blickfänger — wirken soll[3].''

Damit wird der Meinung Freuds entsprochen, der das Bedürfnis nach Schmückung des eigenen Körpers der Sphäre des Erotischen zuspricht[4]. Zwar haben Schmuck und Kleidung den gleichen Ursprung (,,nur in extremen Fällen, etwa in der Arktis, tritt die Schutzfunktion der Kleidung stärker hervor, ohne daß sie allerdings darum ihren Nebencharakter als Schmuck verlieren würde''[5], wie die zahllosen Ornamente beweisen), doch unterscheidet sich der Schmuck von der Kleidung u.a. dadurch, daß häufig Form, Materialien und Gegenstände religiös-magische Bedeutung haben[6].

---

[1] R. König, Kleider und Leute. Zur Soziologie der Mode (1967).

[2] Zum Alter bzw. der Entstehung von Schmuck und Kleidung gibt es noch eine andere Meinung. Ihr zufolge ist die Kleidung vermutlich älter als der Schmuck (vgl.: K. Birket-Smith, Geschichte der Kultur, 1963, 203-205, 216). Ich neige zur anderen Theorie und lasse deshalb als einen ihrer Vertreter König in der Einleitung zu Worte kommen. Den erotischen Charakter von Schmuck und Kleidung sehen beide Theorien gleichermaßen, wenn auch wohl in unterschiedlichem Ausmaß.

[3] König a.O. 53/54.

[4] König a.O. 13.

[5] König a.O. 53.

[6] Auch Kleidungsstücke, wie z.B. Zeremonialschürzen oder Gürtel (s. S. 246) können religiös-magische Bedeutung haben. Die Übergänge sind fließend, wobei dem Schmuck allerdings wesentlich häufiger eine tiefere Bedeutung zugesprochen wird (vgl. hierzu: C. Vogelsanger/K. Issler, Schmuck — eine Sprache?, Völkerkundemuseum der Universität Zürich (1977). E. Selenka, Der Schmuck des Menschen (1900).

Ausgehend von dem Verhalten der heutigen westlichen Welt wäre es falsch zu glauben, daß die Frau stärker an Schmuck interessiert sei als der Mann. Wiederum ist es König, der darauf hinweist, daß in der Welt der „Primitiven'' das Schmuckbedürfnis des Mannes eindeutig größer ist als das der Frau. Er zieht Parallelen zur Tierwelt, wo auch das Männchen in der Regel größer und vor allem farbenprächtiger ist. Auf Grund verschiedener gesellschaftlicher Prozesse, deren Darstellung den Rahmen dieser Arbeit sprengen würde, vollzog sich in vielen Kulturkreisen langsam eine Veränderung[7]. Generell kann der Schmuck beiden Geschlechtern dienen als:

— Mittel der persönlichen Ausschmückung und Hervorhebung „der eigenen Person vor sich selbst und zugleich als Auszeichnung vor den anderen''[8];
— als Mittel zum Ausdruck der Zugehörigkeit — daß kann sein als Zeichen der Zugehörigkeit zum männlichen oder weiblichen Geschlecht in Form von geschlechtsspezifischem Schmuck, der Zugehörigkeit zu einem Stamm, einem Stand oder als Hinweis auf einen gesellschaftlichen Status (z.B. verheiratet) oder das Tragen einer Amtswürde;
— als Begleiter in verschiedenen Lebensabschnitten und -ereignissen, wie: eigener Geburt, Erreichung bestimmter Altersstufen, Weihen, Heirat, Geburt von Kindern;
— als Mittel des Schutzes, entweder um Böses abzuhalten, abzuschrecken oder Gutes herbeizurufen; zu zeigen, daß man im Schutze einer starken, guten Macht steht und somit einem das Böse nichts anhaben kann.
Die Bedeutungszusammenhänge sind fließend, so daß es im Einzelfall häufig schwierig ist, zu entscheiden, wo die Schutzfunktion aufhört und die Schmuckfunktion beginnt.
— als Ausdruck von Reichtum, besonders bei der Frau. Einerseits stellt er den Reichtum der Familie dar, welcher nur in größter Not veräußert wird, andererseits gilt er häufig als der ureigenste Besitz der Frau. In diesen Fällen dürfen der Ehemann und die Familie nicht über ihn bestimmen. Die Frau kann damit machen, was sie will. Er dient ihr nicht zuletzt zur persönlichen wirtschaftlichen Sicherheit.

Die folgende typologische und historische Untersuchung befaßt sich mit dem vorderasiatischen Schmuck zur Zeit der Arsakiden und der Sasaniden.

---

[7] Ein Beispiel für die Schmuckfreudigkeit der Männer liefern im Bereich der vorderasiatischen Kulturen die Assyrer; vgl.: B. Hrouda, Die Kulturgeschichte des assyrischen Flachbildes (1965) 51 ff, Taf. 8, 9.
[8] König a.O. 49.

Bei der Anwendung der Abkürzungen im fortlaufenden Text bitte das Folgende zu beachten: Bei wiederholtem Literaturhinweis wird im Text mit a.O. oder einer Kurzform der entsprechenden Publikation zitiert.

Im Katalog wird nur der Name des Autors und, sofern mehrere Arbeiten von ihm hier verwendet werden, das Erscheinungsjahr der entsprechenden Veröffentlichung zitiert. Die Bezeichung ,,Abbildung entnommen'' bedeutet, daß die hier abgebildete Darstellung aus der jeweils zitierten Publikation nachgezeichnet wurde.

1. SCHMUCK ZUR ZEIT DER ARSAKIDEN

(Unter Einbeziehung des Schmuckes von Palmyra und anderer Nachbargebiete)

FORSCHUNGSGESCHICHTE UND FORSCHUNGSPROBLEME

Die Ära der Arsakiden wird sehr häufig als „Parthische Zeit" bezeichnet; die Begriffe „Partherzeit" wie „Arsakidenzeit" werden gleichermaßen für diese Periode verwendet.

Die Anfänge des Reiches sind bis heute etwas undurchsichtig. So viel bekannt ist, gehörten die „Parther" ursprünglich zum skythischen Volk der Daher. Sie haben sich bzw. wurden damals „Parner" genannt und müssen sich irgendwann von den Dahern getrennt haben. Nach dieser Trennung befanden sie sich zwischen dem Ende des 3., spätestens bis zur Mitte des 2. Jh. v. Chr. an der Grenze des Seleukidenreiches und eroberten etwa um 250 v. Chr. unter ihrem Anführer Arsakes die seleukidische Satrapie Parthien (achämenidische Satrapie Parthava). Von der Niederlassung in diesem Gebiet erhielten die „Parner" den Namen „Parther" und nannten sich sich wohl auch selber so. Vermutlich kurz nach der Niederlassung ließ sich ihr Führer Arsakes um 247 v. Chr. zum König ausrufen, womit, wie vielfach angenommen wird, der Beginn der Arsakidenära datiert wird[1]. Die Familie der Arsakiden, benannt nach Arsakes, regierte gemäß Prägung der letzten Münzen bis 228 n. Chr.; 224 n. Chr. war allerdings wahrscheinlich die entscheidende Schlacht zwischen dem letzten Arsakidenkönig und Ardašir I., dem ersten König der Sasaniden[2], der von da an den Titel „König der Könige" annahm[3]. Die Ausdehnung des Reiches wechselte im Laufe der Jahrhunderte[4], doch kann man generalisierend sagen, daß die Arsakiden vor allem über die Gebiete des heutigen Iran und Iraq herrschten.

M. I. Rostovtzeff erkannte die Eigenständigkeit der Kunst dieser Periode[5] und veröffentlichte 1938[6] als erster Eindrücke über ihre Schmuckerzeugnisse an Hand der Funde aus dem arsakidenzeitlichen Dura-Europos und dem als vom arsakidischen Reich kulturell beeinflußt geltenden Palmyra: „The jewellery of Dura and Palmyra is a product *sui generis*, a creation of local artists. It shows certain features common to the jewellery of all the countries that composed the ancient world in late

---

[1] K. Schippmann, Grundzüge der parthischen Geschichte (1980) 15 ff.

[2] A. Christensen, L'Iran sous les Sassanides (1936) 83.

[3] Th. Nöldeke, Geschichte der Perser und Araber zur Zeit der Sasaniden. Aus der Arabischen Chronik des TABARI. Übersetzt und mit ausführlichen Erläuterungen und Ergänzungen versehen (1973) 15.

[4] Schippmann a.O. 17 ff.

[5] M. I. Rostovtzeff, Dura and the Problem of Parthian Art, Yale Classical Studies 5 (1935) 157 ff.

[6] Ders., Dura-Europos and its Art (1938) 80, 87, 92.

Hellenistic and early Roman times: for instance, the extensive use of precious stones and a predilection for polychromy; but at the same time the forms, the technique, and the combination of stones with silver and gold are original and peculiar, quite different from what we find in this period, for instance, in Egypt and Syria and, on the other hand, in India and the Iranian world. The resemblances to Indian and Iranian work appear to me closer than those to Syrian and Babylonian work. Durene jewellery, therefore, cannot be called Syrian, any more than can Durene dress[7].''

Die erste zusammenfassende Abhandlung über den Schmuck zur Zeit der Arsakiden erschien 1938/39 von Ph. Ackerman[8]. Ihre Arbeit beruht im wesentlichen auf den Schmuckfunden aus Schicht II von Seleukeia (welche zuvor von R. J. Braidwood im Ausgrabungsbericht[9] und von H. Rupp[10] im Zusammenhang mit der Frage nach der Herkunft der Zelleneinlage ausführlich besprochen worden waren) und denen aus dem Stadtbereich von Dura-Europos[11]. Sie beobachtete folgende Charakteristika: ,,these ornaments are only decorative: flexible chains and bracelets and complicated earrings, all bereft of any purpose save display[12].'' Diese Feststellung bekräftigt sie durch die Erwähnung der Beliebtheit von farbigen Steinen und Anhängern, möglichst in Form von Kugeln ,,... which in their most perfect form represent pomegranates[13].'' Hinweise auf Schmuckdarstellungen auf Münzen (Spiralhalsreif mit Enden in Vogelgestalt bei Mithridates II.; bei Orodes II. und Phraates IV. mit Enden in Form von Greifen-Protomen) sowie Überlegungen über fremde Einflüsse, z.B. hellenistische (Eroten- und Amphorenohrringe), römische, syrische, rhodische und sarmatische wurden angeführt, aber nicht weiter verfolgt. Nach Ackerman weichen die von ihr angeführten Schmuckstücke stark von den achämenidischen ab. Aber, so schreibt sie weiter, es müsse bedacht werden, daß diese Funde nicht repräsentativ seien. Sie glaubt ferner, daß, obwohl die arsakidischen Könige sich offiziell ,,Philhellenen'' nannten und hellenistisch beeinflußt waren, die hellenistische Mode nicht vollständig ,,Iranian customs'', auch nicht am Hofe, vertreiben konnte. Das Fortbestehen von ,,old Iranian traditions'' stellte sie bei der Beschreibung der Schmuckfunde und der Suche nach Vergleichsstücken häufig fest.

---

[7] Ebenda, 87.

[8] Ph. Ackerman, The Art of the Parthian Silver- and Goldsmiths. Jewelry: A.U. Pope/Ph. Ackerman, A Survey of Persian Art (1938-39, 2. Aufl. 1967) Bd. I, 464 ff.

[9] R. J. Braidwood, Some Parthian Jewelry: L. Waterman, Second Preliminary Report upon the Excavations at Tel Umar, Iraq (1933) 65 ff.

[10] H. Rupp, Die Herkunft der Zelleneinlage und die Almandin-Scheibenfibeln im Rheinland (1937) 31 ff. (Bearbeitung der Schmuckfunde aus Tell Umar in Beziehung zu Indien).

[11] J. Johnson: Dura-Europos, 2nd Season, 78 ff., Taf. XLIV ff.

[12] Ackerman a.O. 464.

[13] Ebenda, 465.

Innerhalb der Erforschung des orientalischen Schmuckes, speziell dem aus den ersten nachchristlichen Jahrhunderten, erweckte der in Palmyra auf Grabreliefs und Sarkophagdeckeln reichlich dargestellte, vor allem wegen dieser Reichhaltigkeit, in besonderem Maße das wissenschaftliche Interesse. Obwohl Palmyra nie arsakidisches Gebiet war, wird das archäologische Material dieser Stadt in allen Arbeiten über die arsakidische Zeit mitberücksichtigt, weil diese Stadt auf Grund des Karawanenhandels wirtschaftlich[14] und dadurch auch kulturell dem Arsakidenreich nahe stand. Die besonders augenfällige Übernahme der Hosentracht[15], aber auch verschiedene andere kulturelle Erscheinungen und nicht zuletzt der palmyrenische Schmuck beweisen dies. Die vorliegende Arbeit folgt dieser Forschungstradition. Dabei führt die Einbeziehung palmyrenischen Schmuckes in die arsakidenzeitliche Juwelierkunst auf Grund des Materialstandes auf manchen Tafeln zu einem Übergewicht palmyrenischer Stücke, was entsprechend zu werten ist.

D. Mackay[16] befaßte sich als erste in größerem Umfang mit dem dargestellten palmyrenischen Schmuck. Als Grundlage diente ihr die nach kunsthistorischen Gesichtspunkten gewonnene Drei-Perioden-Einteilung von H. Ingholt[17]:

1. Periode von Palmyra: bis 150 n. Chr.
2. Periode von Palmyra: 150 - 200 n. Chr.
3. Periode von Palmyra: 200 - 250 n. Chr.

Mackay legte aber den zeitlichen Beginn der zweiten Periode von 150 n. Chr. auf 130 n. Chr. vor, weil ihrer Meinung nach einige Grabreliefs, die nach Ingholts Kriterien in die 1. Periode gehören, aufgrund des dargestellten Schmuckes nicht in die erste, sondern, in Orientierung an der Büste der ,,Aha'', besser in die zweite Periode passen. Deshalb, so meint sie, wäre es realistischer, für kunsthistorische Datierungen die politischen Verhältnisse der Stadt zu berücksichtigen. Ein wichtiges politisches Ereignis für die Stadt war, ihrer Ansicht nach, der Besuch Hadrians 129 n. Chr. Da anzunehmen ist, daß dieser Besuch sich auf die Kunst und Mode Palmyras ausgewirkt hat, schlägt Mackay den Beginn der 2. Periode für 130 n. Chr., also nach dem Besuch Hadrians, vor. An Hand der Periodeneinteilung hat Mackay eine zeitliche Typenabfolge des palmyrenischen Schmuckes feststellen können. Ergänzt und differenziert wurden ihre Untersuchungsergebnisse durch die Doktorarbeit von J. El-Chehadeh, 1972[18]. Die Arbeiten von Mackay und El-Chehadeh behandeln nur

---

[14] M. I. Rostovtzeff, Caravan Cities (1932) 143, 146.
[15] H. Seyrig, Armes et costumes iraniens de Palmyre: Syria 18, 1937, 5 ff.
[16] D. Mackay, The Jewellery of Palmyra and its Significance: Iraq 11, 1949, 160 ff.
[17] H. Ingholt, Studier over Palmyrensk Sculptur (1928).
[18] J. El-Chehadeh, Untersuchungen zum antiken Schmuck in Syrien, Diss. Freie Universität Berlin (1972).

den Schmuck der dargestellten Frauen. Auf den Schmuck der ebenfalls dargestellten
Männer wird nur am Rande eingegangen. Im Vordergrund beider Arbeiten stehen
Datierungsfragen. Die Frage nach der Herkunft der verschiedenen Schmucktypen
wird bei Mackay gestellt, aber nicht intensiv verfolgt. Eine Zuordnung der
Schmuckdarstellungen zu Originalfunden geschieht bei Mackay ansatzweise und
bei El-Chehadeh teilweise.

Speziell dem Gebrauch der Fibel in Palmyra widmete 1966 M. Gawlikowski[19] einen Artikel. Als Resümee seiner Untersuchung formulierte er zwei Punkte:
— Die Fibeln der Frauen entwickelten sich von einfachen zu kostbaren Stücken
  hin.

  Die Fibeln der Männer hingegen entwickelten sich eher von den kostbaren zu
  den einfachen Formen hin und haben nur eine geringe Variationsbreite.
— Für die Scheibenfibeln der Frauen nahm man sich entweder in der zweiten
  Hälfte des 2.Jh. n. Chr. die Scheibenfibeln der Männer als Vorbild oder die
  Scheibenfibeln beider Geschlechter stammen von einem gemeinsamen Vorbild
  ab, wobei die Scheibenfibeln sich erst ca. 50 Jahre später auch als Fibeln für die
  Frauen durchsetzen konnten.

Die Darstellungen, so Gawlikowski, lassen vermuten, daß die Scheibenfibel bei
den Männern zur Tracht der Bel-Priester gehörte.

Die Frage nach der Herkunft des palmyrenischen Schmuckes stellen sich
M. A. R. Colledge (1976)[20] und I. Browning (1979)[21] in ihren Büchern über Palmyra. Colledge beschäftigt sich ausführlicher mit dem Schmuck und sieht darin einheimische   Arbeiten   mit   älteren   orientalischen   Einflüssen   sowie
griechisch-hellenistischen, zeitgleichen syro-römischen und parthischen. Diese For-
schungsergebnisse differenziert und vertieft er in seinem ein Jahr später erschienenen Buch ,,Parthian Art'', 1977 (s. weiter unten). Browning beschäftigt sich mit
dieser Frage nur kurz: ,,Much of the jewellery was made in Palmyra as attested by
an inscription of A.D. 258 set up by the — Corporation of gold and silversmiths —.
However, the style and type of work shows such a wide variety of influences and
characters that probably a considerable amount was also imported[22].'' Diese Meinung deckt sich mit der von Mackay[23], die angesichts farbiger Glasfunde in Palmyra
dort ein Zentrum der Schmuckherstellung sieht, daneben aber gleichfalls Anregun-
gen und Importe von außerhalb annimmt.

[19] M. Gawlikowski, Remarques sur l'usage de la fibule à Palmyre: Mélanges offerts à Kazimierz
Michalowski (1966) 411.
[20] M. A. R. Colledge, The Art of Palmyra (1976) 96 ff., 150 ff., 222/223.
[21] I. Browning, Palmyra (1979).
[22] Ebenda, 34.
[23] Mackay, Jewellery of Palmyra: Iraq 11, 1949, 178.

A. R. Gup und E. S. Spencer[24] stellen 1983 in einem Artikel Palmyras politische, wirtschaftliche und vor allem handelspolitische Verhältnisse dar und versuchen aus diesen Zusammenhängen die Kultur dieser Stadt (einschließlich der Schmuckerzeugnisse) zu erklären.

Damit weisen sie auf die besondere Lage des syrischen Raumes hin, der aufgrund seiner geographischen Lage in der Antike eine kulturelle Brücke bildete zwischen Kleinasien und Ägypten, zwischen den europäischen Gebieten des östlichen und westlichen Mittelmeerraumes und dem Zweistromland, der arabischen Halbinsel, Iran, Indien und sogar China. Daraus ergab sich schon früh eine Kulturprovinz eigener Prägung, was sich auch beim Schmuck von Palmyra und dem aus dem übrigen syrischen Gebiet während der arsakidischen Zeit zeigt[25].

Über Schmuck aus dem eigentlichen Herrschaftsbereich der Arsakiden erschien erst wieder 1976 ein Artikel von J. Curtis[26], in welchem er die von H. C. Rawlinson 1852 aus arsakidenzeitlichen Gräbern in Ninive geborgenen Schmuckfunde neu bearbeitete. Einige Stücke waren zwar bereits bekannt und publiziert, mehrere von diesen jedoch mit falschen Fundangaben und Datierungen. 1977 wurde der Schmuck der Arsakidenzeit in zwei Publikationen besprochen; knapp, mit Erwähnung der bekanntesten Schmuckstücke, durch G. Herrmann[27] und ausführlicher durch M. A. R. Colledge[28]. Letzterem war vor allem wieder die Herkunftsfrage von Bedeutung. Für den Beginn der arsakidischen Periode sieht er in dem Schmuck der Könige und Edelleute (Armreifen, einfache und mehrfache Torques, Gürtelschnallen) den Fortbestand achämenidischer Tradition. In der späteren Arsakidenzeit wird der Schmuck nach seiner Meinung von mindestens vier weiteren ,,traditions'' bestimmt:

— Die hellenistisch-griechische Tradition wird vertreten durch Granulation und Filigranarbeit, vielleicht auch kleinen Anhängern mit Reliefbüsten. Ihr Einfluß reichte von Babylon über Iran bis nach Taxila und Gandhâra.

— Die neue iranische Tradition (,,new Iranian tradition'')[29], vielleicht erkennbar an den Gürteln mit Metallbeschlägen, ist besonders gut überliefert auf Figuren aus Hatra und Šami sowie einer Bronzeplatte aus Masǧid-e Sulaimān (s. R. Ghirshman, 1972, Taf. 78, G. MIS 551; Taf. XCVIII, 1).

---

[24] A. R. Gup/E. S. Spencer, Roman Syria: T. Hackens/R. Winkes, Gold Jewelry, Craft, Style and Meaning from Mycenae to Constantinopolis (1983) 115 ff.

[25] S.a. El-Chehadeh, Schmuck aus Syrien, 73.

[26] J. Curtis, Parthian Gold from Nineveh: BritMusY 1, 1976.

[27] G. Herrmann, The Iranian Revival (1977, deutsch: Anno Nr. 62, 54 ff).

[28] M. A. R. Colledge, Parthian Art (1977) 111/112.

[29] Im Sinne von arsakidenzeitlich.

— Die altiranische Tradition wird nach Colledge häufig als übernommen von den Skythen und Sarmaten angesehen, ist aber seiner Meinung nach mit Sicherheit in iranischen Regionen beheimatet gewesen. Die Inkrustation aus Halbedelsteinen und die Cloisonné-Technik gehen seiner Meinung nach auf diese Tradition zurück.

— Die syrisch-mesopotamische Tradition (entstanden in den ersten drei nachchristlichen Jahrhunderten in Verbindung mit hellenistischem und römischem Schmuck) manifestiert sich in Gegenständen aus gedrehtem und in Ösen geformtem Gold- und Silberdraht, kombiniert mit Granulation, Medaillons und Cloisonné, oft aus Halbedelsteinen, häufiger jedoch aus Glaspaste.

Zur Technik der Schmuckherstellung ist die Frage, ob in dieser Zeit schon galvanisiert wurde, durch die vom Irakischen Nationalmuseum Baġdad zusammengestellte Ausstellung für Deutschland 1978/79[30] und durch einen aus diesem Anlaß erschienenen Artikel von G. Prause[31] aktualisiert worden. Die Frage wurde ursprünglich entfacht durch 1936 bei Baġdad, Seleukeia und Ktesiphon gefundene, arsakidenzeitlich datierte, ca. 18 cm hohe Terrakottavasen mit einem etwas kürzeren Kupferzylinder und einem oxydierten Eisenstab, dem Reste von Bitumen und Blei anhafteten. Es konnte experimentell nachgewiesen werden, daß solche ,,Geräte'' unter Beifügung von Säure Strom mit einer Spannung von 0,5 Volt erzeugen; eine Stromstärke, die zum Galvanisieren ausreicht. Wieweit diese Technik auf den arsakischen Schmuck angewendet wurde, bedarf einer eigenen Forschungsarbeit.

Neben den bereits erwähnten bearbeiteten Funden aus Seleukeia, Dura-Europos und Ninive sowie den Darstellungen aus Palmyra gibt es weitere Schmuckdarstellungen und -funde aus arsakidischer Zeit, die z.T. bis jetzt kaum Beachtung fanden und noch nicht im Zusammenhang mit dem anderen arsakidenzeitlichen Schmuck bearbeitet wurden. Dieses insgesamt recht umfangreiche Material kann gegliedert werden in:

1. Originalfunde aus wissenschaftlichen Grabungen
2. Darstellungen
3. Stücke aus dem Kunsthandel

zu 1., Originalfunde aus wissenschaftlichen Grabungen[32]:

Grabfunde waren mir bekannt aus: Babylon, Baġuz, Bastam, Dura-Europos, Garni, Germi, Hāmādān, Hasani-Mahaleh, Ḫoramrūd, Nippur, Nuzi, Nini-

---

[30] Berlin, Der Garten in Eden, 7 Jahrtausende Kunst und Kultur an Euphrat und Tigris (1978/79) Abb. 183.

[31] G. Prause, Elektro-Batterien aus der Zeit Cäsars und Kleopatras: Die Zeit, 49 (1. Dez. 1978) 76.

[32] Die Schreibweise der Ortsnamen orientiert sich im allgemeinen an: B. Hrouda, Handbuch der Archäologie, Vorderasien I (1971).

ve, Nowruzmahaleh, Qal'eh Kuti, Seleukeia und Uruk-Warka. Obwohl Armazis-Chevi bei Mccheta, Emesa, Olbia sowie Palmyra nicht zum arsakidischen Reich gehörten, wird der Schmuck aus diesen Orten wegen seines arsakidischen Gepräges hier mitbehandelt.

Andere Funde entstammen entweder Hortdepots, nicht näher lokalisierbarem Siedlungsschutt oder lagen auf dem Fußboden von ehemaligen Wohnhäusern, Läden bzw. Werkstätten. Zu erwähnen sind neben den bereits genannten Orten Seleukeia, Babylon, Dura-Europos, Palmyra, Nippur und Uruk-Warka auch: Bard-e Nišāndeh, Bīsutūn, Dal'verzin-Tepe, Hatra, Masğid-e Sulaimān, Samaria, Tell Šemšarra, Sirkap/Taxila und Sivas.

zu 2., Darstellungen:

Von den schon mehrfach erwähnten Grabreliefs aus Palmyra[33] kommt der größte Teil der Schmuckdarstellungen, weil sie zahlreich, detailliert gearbeitet und z.T. gut erhalten sind.

Nahezu unbedeutend für diese Arbeit sind Felsreliefs. Falls auf ihnen Schmuck zu erkennen ist, dann ist er zu grob gearbeitet, als daß Einzelheiten festgestellt werden könnten[34].

---

[33] D. Simonsen, Sculptures et Inscriptions de Palmyre à la Glyptothêque de Ny Carlsberg (1889). W. Deonna, Monuments Orientaux du Musée De Genève: Syria 4, 1923. Ingholt, Palmyrensk Skulptur, Taf. I ff. Ders., Palmyrene Sculptures in Beirut: Berytus 1, 1934. Ders., Five Dated Tombs from Palmyra: Berytus 2, 1935. H. Seyrig, Antiquités Syriennes: Syria 14, 1933. Ders., Note sur les plus anciennes sculptures Palmyréniennes: Berytus 3, 1936. Ders., Some sculptures from the tomb of Malkû at Palmyra: Melanges offerts à Kazimierz Michalowski (1966) 457 ff. K. Michalowski, Palmyre, Fouilles Polonaises 1959, 1960, 1961, 1962, 1963-64 (1960, 1962, 1963, 1964, 1966). Ders., Palmyra (1968). Ders., Studia Palmyreńskie I-V (1966-1974). A. Sadurska, Palmyre VII, Le tombeau de famille de 'Alainê (1977). M. A. R. Colledge, The Parthians (1967). Ders., The Art of Palmyra (1976). Ders., Parthian Art (1977). J. Starcky, Les grandes heures de 'histoire du Palmyre: Archeologia 16, 1967. H. J. W. Drijvers, Das Heiligtum der arabischen Göttin Allât im westlichen Stadtteil von Palmyra: Antike Welt 3, 1976, 37, Abb. 11. R. A. Stucky, Prêtres Syriens I, Palmyre: Syria 50, 1973, 163 ff. Colloque de Strasbourg, 18-20 Oct. 1973: Palmyre, bilan et perspectives, Universität Straßburg (1976). Browning, Palmyra, Abb. 5 ff. Coll. de M. Bertone, Neuilley-sur-Seine (1931) Aukt. Kat., Taf. IX ff. D. Kaspar, Vier palmyrenische Grabporträts in Schweizer Sammlungen: JBM 49/50, 1969/70, 275 ff. Boston, Romans and Barbarians (1976/77) Abb. 61. H. Th. Bossert, Altsyrien (1951) Taf. 541 ff. A. Böhme/W. Schottroff, Palmyrenische Grabreliefs, Liebieghaus Monographie IV (1979).

[34] L. Vanden Berghe, Le relief parthe de Ḥung-i Naurūzī: IA 3, 1963, 155 ff. W. Hinz, Zwei neuentdeckte parthische Felsreliefs: IA 3, 1963, 169 ff. K. Weidemann, Untersuchungen zur Kunst und Chronologie der Parther und Kuschan vom 2. Jh. v. Chr. bis zum 3. Jh. n. Chr.: JRGZ 18, 1971, Taf. 34, 51, 54. R. Ghirshman, Iran, Parthes et Sassanides (1962, deutsch: Iran, Parther und Sassaniden, 1962) Abb. 66, 67, 68. W. Kleiss, Zur Topographie des Partherhanges in Bisutun: AMI NF 3, 1970, 148, Abb. 13. Colledge, Parthian Art., Taf. 16 ff.

Anders ist es bei frei oder in einen bestimmten Zusammenhang gesetzten Reliefs. Von ihnen sind zu nennen die Reliefs aus Masğid-e Sulaimān[35], Bard-e Nišāndeh[36], Nemrūd-Dağ / Kommagene[37] und eines, heute in den Staatlichen Museen, Berlin[38]. Die aus Palmyra[39], Dura-Europos[40] und Hatra[41] geben hauptsächlich Auskunft über Geschmeide, welches von Göttern getragen wurde. Hinzuzufügen ist ferner die Reliefbüste eines ,,parthischen Herren'' aus Qal'eh-e Yazdagird[42]. In diesem Zusammenhang ist auch die Büste auf einer Silberplatte[43] zu sehen.

Von den Stelen lassen die aus Mambiğ[44], Ḫonaser[45] und Assur[46] wichtige Einzelheiten erkennen.

Unter den Rundbildern stehen allen voran die reichgeschmückten Figuren aus Hatra[47]. Sie zeigen Männer und Frauen mit Kleidung, einschließlich Schmuck und Bewaffnung. Aber auch Götterbilder sind mit Schmuck versehen.

[35] R. Ghirshman, La Terrasse Sacrée de Masjid-i Solaiman (Iran): Archéologia 48, 1972, 64 sowie Iran 9, 1971, 173 ff. (Survey of Excavations) Taf. II a. Ders.: Terrasses Sacrées de Bard-è Néchandeh et Masjid-i Solaiman II (1976) MDP 45, Taf. LXXVI, LXXVIII ff.

[36] R. Ghirshman, Bard-è Néchandeh. Rapport préliminaire de la seconde campagne (Mars 1965): Syria 42, 1965, Taf. XX, XXI. Ders., MDP 45 (1976) II, Taf. XXV ff.

[37] F. K. Dörner, Kommagene, ein wiederentdecktes Königreich (1967) Abb. 34, 35. Ghirshman, Iran, Parther und Sasaniden, Abb. 79, 80. F. Sarre, Die Kunst des alten Persien (1922) Taf. 56, 57.

[38] Ghirshman, Iran, Parther und Sasaniden, Abb. 123.

[39] H. Klengel, Syria Antiqua (1971) 161. D. Schlumberger, Der hellenisierte Orient (1969) Taf. 16. C. Hopkins, Aspects of Parthian Art in the light of Discoveries from Dura-Europos: Berytus 3, 1936. Starcky, Histoire du Palmyre: Archeologia 16, 1967, 38, Abb. 4. Colledge, Art of Palmyra, Taf. 12 ff.

[40] Weidemann, Kunst und Chronologie der Parther und Kuschan: JRGZ 18, 1971, Taf. 43. Klengel, Syria Antiqua, 72. Schlumberger, Hellenisierte Orient, Taf. 17. Colledge, Parthian Art, Taf. 33.

[41] Weidemann, Kunst und Chronologie der Parther und Kuschan: JRGZ 18, 1971, Taf. 48. Schlumberger, Hellenisierte Orient, 139, 146.

[42] E. J. Keall, Qal'eh-i Yazdigird. The Question of its Date: Iran 15, 1977, 1 ff., Taf. III a (s.a. Iran 5, 1967, 116-117, Abb. 7).

[43] W. G. Lukonin, Persien II (1967) Abb. 18 (s.a. Heyne Tb, 1978, Abb. 30). Ders. 1977, Taf. o.A. Ghirshman, MDP 45 (1976) Taf. CXXXIV, 4-5.

[44] H. Seyrig, Antiquités Syriennes: Syria 48, 1971, 117, Abb. 1.

[45] Ebenda, 117, Abb. 2.

[46] E. W. Andrae/H. Lenzen, Die Partherstadt Assur: WVDOG 57 (1933, Nachdr. 1967) Taf. 59, a) 1072; b) 1759; c) 1071; d) 1072. Weidemann, Kunst und Chronologie der Parther und Kuschan: JRGZ 18, 1971, Taf. 34.

[47] F. Safar/M. A. Mustafa, Hatra (1976) Taf. 4 ff. Weidemann, Kunst und Chronologie der Parther und Kuschan: JRGZ 18, 1971, Taf. 49, 50. W. Andrae, Hatra I, WVDOG 9 (1908). Ders., Hatra II, WVDOG 21 (1912, Neudr. 1975). H. Ingholt, Parthian Sculptures from Hatra: Memoirs of the Connecticut Academy of Arts and Sciences, Vol. XII (1954). Schlumberger, Hellenisierte Orient, 149. S. Fukai, The Artifacts of Hatra and Parthian Art: EW 11, 2-3, 1960, 135 ff.

Aus Šami[48] stammt die Bronzefigur eines sog. ,,parthischen Prinzen'' sowie das Steinfragment eines ,,parthischen Edlen''. Die reich mit Geschmeide geschmückten Figuren auf den Sarkophagdeckeln in Palmyra[49] sind als Rundbilder gearbeitet und deshalb hier zu erwähnen. Weiter sind aufzuzählen: eine männliche Figur aus Qasr-al-Abyad[50], mehrere als Rundbilder gearbeitete Bronzefigurinen bzw. -büsten aus dem Kunsthandel, heute im Archäologischen Museum Teherān[51], in den Staatlichen Museen Berlin[52], im Städtischen Museum Stendal[53] sowie zwei guterhaltene weibliche Statuetten, eine aus Seleukeia[54] und eine, heute im Britischen Museum, London[55].

Neben den Rundbildern geben vor allem Münzen[56] Auskunft über den Schmuck der Männer. Diese Auskünfte sind von großer Wichtigkeit, informieren sie doch über die männliche Schmuckmode zu Beginn der arsakidischen Regierungszeit, einer Zeit, aus welcher kaum weitere Zeugnisse vorhanden sind. Die Wiedergabe von Frauenschmuck erfolgte nur auf den Münzen von Phraates V. und Musa sowie der Zenobia von Palmyra.

Einigen Schmuck zeigt die kleine Gruppe erhaltener Elfenbein- und Perlmuttschnitzereien, bestehend aus Funden von Šami[57], einer weiblichen Figur im Besitz Kevorkian[58], den teilweise figural verzierten Rhyta aus Niṣa[59] sowie den Schnitzereien aus Olbia[60].

[48] H. v. Gall, Beobachtungen zum arsakidischen Diadem und zur parthischen Bildkunst: IstMitt 19-20, 1969-70, Taf. 61 und Abb. 5. E. Porada, Alt-Iran. Die Kunst in vorislamischer Zeit (1962) Abb. 97; (englisch 1965, Abb. 101). Ghirshman, Iran, Parther und Sasaniden, Abb. 36, 88. Schlumberger, Hellenisierte Orient, Taf. 23. Weidemann, Kunst und Chronologie der Parther und Kuschan: JRGZ 18, 1971, Taf. 52.

[49] S. Anm. 33.

[50] Seyrig, Syria 18, 1937, Taf. 1. Deutl. Schmuck-Ansicht: Weidemann, Kunst und Chronologie der Parther und Kuschan: JRGZ 18, 1971, Taf. 44.

[51] Lukonin, Persien II, Abb. 19 (Heyne Tb, Abb. 26). Washington, 7000 Years of Iranian Art (1964/65) Kat.Nr. 471.

[52] Colledge, The Parthians, Taf. 49. Ghirshman, Iran, Parther und Sasaniden, Taf. 108. Pope/Ackerman, Survey VII, Taf. 134. Sarre, Kunst des alten Persien, Abb. 6. Archeologia 90, 1976, 36, 1.

[53] Pope/Ackerman, Survey VII, Taf. 134 F.

[54] W. van Ingen, Figurines from Seleucia on the Tigris (1939) Taf. LXXXVIII, Nr. 644. A. Invernizzi, Figure panneggiate dalla Mesopotamia ellenizzata: Mesopotamia 8-9, 1973-1974, Taf. 66-75. Berlin, Der Garten in Eden (1978/79) Taf. 164.

[55] Invernizzi: Mesopotamia 8-9, 1973-1974, Taf. 76-77.

[56] D. Sellwood, An Introduction to the Coinage of Parthia (1971). Pope/Ackerman, Survey VII, Taf. 140 ff.

[57] Ghirshman, Iran, Parther und Sasaniden, Taf. 124, 125. Colledge, The Parthians, Taf. 15. Colledge, Parthian Art, Taf. 41 a, b. Washington, 7000 Years of Iranian Art (1964/65) Kat. Nr. 470.

[58] Pope/Ackerman, Survey VII, Taf. 134 E. Sarre, Kunst des alten Persien, Abb. 8.

[59] G. Frumkin, Archeology in Soviet Central Asia, HdO, VII. Abt. 3. Bd., 1. Abschnitt (1970) 141 ff. Deutl. Ansicht: Ghirshman, Iran, Parther und Sasaniden, Taf. 41. Colledge, Parthian Art, Taf. 37.

[60] Ghirshman, Iran, Parther und Sasaniden, Abb. 348, 351, 352. E. Belin de Ballu, Olbia. Cité antique du littoral Nord de la Mer Noire (1972) Taf. LXXXII.

Terrakotta-Figuren sind in der Regel für diese Arbeit nicht verwendbar, da sie zu klein und häufig zu ungenau gearbeitet sind. Ausnahme bilden einige Figuren aus Seleukeia[61], Uruk/Warka[62] und aus Merw[63]. Auch auf den kleinen figuralen Reliefs der Pantoffelsarkophage ist Schmuck erkennbar[64].

An wenigen Orten sind Wandmalereien aufgedeckt und konserviert worden. Sie zeigen die Männer ohne Schmuck oder mit kaum erkennbaren, wenigen Schmuckstücken. Die Frauen, vor allem auf den Fresken von Dura-Europos, tragen viel Schmuck. Die Darstellungen sind aber sehr schlecht erhalten, weshalb die Malereien für diese Arbeit kaum verwertbar sind.[65]

Ähnliches gilt für die Ritzzeichnungen, die aus Dura-Europos[66] und dem Pithos aus Assur[67] vorliegen. Sie können für diese Arbeit wegen der flüchtigen Darstellungsweise nicht verwendet werden.

Nicht anders ist die Situation bei den Mosaiken. Auf den berühmten Mosaiken aus Edessa[68], einer Stadt die im politischen und kulturellen Einflußbereich Parthiens lag, ist Schmuck höchst ungenau dargestellt. Eine Ausnahme bildet eine männliche Figur.

zu 3., Stücke aus dem Kunsthandel[69]:

Die Schwierigkeit bei der Verwendung dieser Stücke läßt sich mit folgenden Stichworten formulieren: Original oder Fälschung? — Herkunft? — Datie-

---

[61] van Ingen, Seleucia, Taf. XV, Abb. 104-106. Invernizzi: Mesopotamia 8-9, 1973-74, Taf. 76 (vgl. mit Figuren aus Seleukeia). Ders., Problemi di coroplastica tardo-mesopotamica, Teil II: Mesopotamia 3-4, 1968-69, 244, Taf. 110 ff.

[62] R. M. Boehmer, Kleinfunde: UVB 26/27 (1972) Taf. 23 d, e, f, g, i. Ch. Ziegler, Die Terrakotten von Warka (1962) Taf. 25 ff. A. Invernizzi, Problemi di coroplastica tardo-mesopotamica, Teil III, La cultura di Uruk: Mesopotamia 5-6, 1970/71, bes. Taf. 81 ff.

[63] M. E. Masson, Die Keramik des antiken und mittelalterlichen Merw (1962) russ. V. M. Masson, Das Land der tausend Städte, die Wiederentdeckung der ältesten Kulturgebiete in Mittelasien (deutsch 1981) 161.

[64] J. Schmidt, Uruk-Warka: UVB 26/27 (1972) Taf. 27, 28, 29.

[65] C. H. Kraeling, Color Photographs Of The Paintings In The Tomb Of The Three Brothers At Palmyra: AAS 11-12, 1961/62, 13 ff. M. I. Rostovtzeff et al., Dura-Europos, Prel. Rep. of the Seventh and Eighth Seasons of Work, 1933-34 and 1934-35 (1939), Farbtaf., Taf. XXIV. F. Cumont, Fouilles de Doura-Europos 1922-1923 (1926) II, Taf. XXXV, XXXVI. J. H. Breasted, Peintures d'époque romaine dans le désert de Syrie, Syria 3, 1922, Taf. XXXVIII ff. Bossert, Altsyrien, Taf. 404 ff. Schlumberger, Hellenisierte Orient, 109.

[66] Rostovtzeff, Problem of Parthian Art (1935) Abb. 19 ff.

[67] W. Andrae, Das wiedererstandene Assur. Zweite, durchgesehene und erweiterte Auflage herausgegeben von Barthel Hrouda (1977) 260, Abb. 239. Andrae/Lenzen, Partnerstadt Assur, WVDOG 57, 109, Abb. 46.

[68] J. B. Segal, Edessa, the blessed City (1970) Taf. 1, 3. J. Leroy, Nouvelles découvertes archéologiques relatives à Edesse: Syria 38, 1961, Abb. 1, 2.

[69] Herkunfts- und Literaturangaben s. Katalog.

rung?. So wird z.B. mancher Schmuck als römisch bzw. oströmisch oder gar als sasanidisch bezeichnet, auf den durchaus auch ,,parthisch'' bzw. ,,arsakiden-zeitlich'' zutreffen könnte. Überhaupt werden diese beiden Zuweisungen un-gern und selten angewandt. Deshalb kann der Schmuck aus dem Kunsthandel nur mit äußerster Vorsicht benutzt werden.

Der aus diesen zahlreichen Quellen stammende Schmuck wird in der vorliegen-den Arbeit nach der Trageweise aufgeteilt in: Kopf-, Ohr-, Hals-, Arm-, Finger- und Fußknöchelschmuck sowie Fibeln und Aufnähschmuck der Frauen; desgleichen für die Männer in Kopf-, Ohr-, Hals-, Arm- und Fingerschmuck, sowie Fibeln und Metallverschlüsse wie auch Aufnähschmuck. Jede dieser Schmuckarten wird in Ty-pen eingeteilt. Da der Schmuck dieser Zeit Assoziationen mit Schmuck aus anderen Kulturkreisen hervorruft, drängt sich die Frage nach dem Ursprung auf. Deshalb steht bei der Besprechung jedes Typus die Frage nach Herkunft und Verbreitung im Vordergrund[70]. Damit setzt diese Arbeit eine Forschungstradition fort, die sich bereits in der Darstellung der Forschungsgeschichte zeigte.

Diese Vorgehensweise ist berechtigt und notwendig, wenn man die Heterogenität der Bevölkerung im arsakidischen Reich in Betracht zieht. Parther und andere irani-sche Völker, Aramäer (am stärksten vertreten im westlichen Reichsgebiet), Juden (in den Städten, aber auch in den Ebenen bis in die Elymais), Babylonier, Araber (nicht nur in den Wüstenregionen, sondern zunehmend auch in den Städten), Grie-chen (besonders in den Städten — von allem in den von Alexander d. Gr. und den Seleukiden begründeten). Die Städte waren kulturelle Schmelztöpfe und kreative Zentren, in denen jedes Volk seine Eigenheit bewahrte, in denen aber auch das Al-thergebrachte verschiedener ethnischer Gruppen zu Neuem umgestaltet wurde.

Was geschieht eigentlich bei einem solchen Umgestaltungsprozeß? Betrachtet man den arsakidenzeitlichen Schmuck, so fallen alsbald zwei Grundprinzipien auf. Zum einen fällt auf die Stabilität, d.h. die Beharrung auf überlieferten Formen, Ausgestaltungsprinzipien, Techniken oder Trageweisen. Sie ist begründet im Tra-ditionsbewußtsein der verschiedenen Bevölkerungsgruppen, die an ihrem altherge-brachten Schmuck hingen. Sie ist aber auch begründet im Verschmelzungsprozeß,

---

[70] Ganz bewußt wurden, trotz aller Problematik, die Beziehungen zu Nord-West-Indien mit einbe-zogen. Nicht nur, weil mannigfache historische Beziehungen zwischen Persien und diesem Raum be-stehen, sondern vor allem, weil dieses Gebiet an der östlichen Landesgrenze liegt. Um die Kultur eines Landes oder einer Periode zu verstehen, müssen auch die angrenzenden Gebiete berücksichtigt wer-den. Bei der Erforschung der Kultur der Arsakidenzeit wurden zwar schon immer die Funde von Taxi-la und die Kunst von Gandhâra einbezogen, aber den Kulturen an der nördlichen und insbesonders der westlichen Grenze galt doch das Hauptaugenmerk. Hier wird nun der Versuch einer möglichst ausgewogenen Betrachtungsweise unternommen.

bei dem offenbar *die* Grundformen, *die* wichtigsten Motive u.ä. beibehalten werden, die im Bewußtsein der jeweiligen Volksgruppen, dem Auftraggeber, dem Käufer oder Hersteller tief verankert sind und mit denen man sich identifiziert. Eine Spielart ist die unveränderte Übernahme einzelner Schmuckstücke aus einer anderen Kultur. Die Stabilität zeigt sich im Nicht-Verändern, auch wenn hinter der Übernahme eine entgegengesetzte psychische Tendenz, nämlich Aufgeschlossenheit für Neues, wenn auch nicht immer frei von Suche nach Prestigegewinn, steht. Die Stabilität läßt die Frage nach der Herkunft bzw. dem Ursprung des jeweiligen Schmuckes angebracht und beantwortbar erscheinen. Als zweites Grundprinzip erscheint die Variabilität, die Abweichung von dem entsprechenden Typus einer Zeit, einer Gegend in Form, Ausgestaltung, Technik, Farbwahl oder Trageweise. Zur Veränderung kann es kommen durch z.B. willkürliche oder unwillkürliche Weglassung, durch die Kombination mit einer der eigenen Kultur an sich fremden Technik, mit fremden Motiven usw. Es wird aber nur das gewählt und dieses Ausgewählte nur so kombiniert, daß Identität in wesentlichen Elementen erreicht wird. Der Spielraum für freie Gestaltung ist also gering. Grundsätzlich kann gesagt werden, daß die Tendenz zu stärkster Beharrung in den wesentlichen konstitutiven Elementen liegt und die Tendenz zur größten Variabilität in den unwesentlichen, additiven Elementen[71].

Bei Volkskunst ist die Spannung zwischen beiden Grundprinzipien grundsätzlicherer Natur als bei der Hochkultur. Dies führt u.a. auch dazu, daß manche Formen, Motive, Techniken, Ausgestaltungen über lange Zeiträume, vor allem in kulturellen Randgebieten, erhalten und in Benutzung bleiben. Der Schmuck der Arsakidenzeit ist Teil der Volks- und Teil der Hochkunst und unterliegt somit den Gesetzmäßigkeiten beider. Aus diesem Grunde ist das Heranziehen von Vergleichsstücken aus zeitlich und räumlich größeren Distanzen, wie es in dieser Arbeit vorsichtig gehandhabt wird, durchaus legitim.

In diesem Spannungsfeld steht die vorliegende Arbeit ganz bewußt. Es wird immer wieder bei der Besprechung der einzelnen Typen darauf hingewiesen, weil m.E. gerade diese Spannung zwischen Stabilität bzw. Tradition und Variabilität das Wesentliche der Gold- und Silberschmiedekunst zur Zeit der Arsakiden ist.

Zwei Vorgehensweisen wären dabei möglich gewesen; die jeweilige Problematik über Herkunft und Variabilität als eigenes Kapitel an der Schluß zu hängen oder

---

[71] Vgl.: J. Jech, Variabilität und Stabilität in den einzelnen Kategorien der Volksprosa: Fabula 9, 1967, 55 ff. H. Strobach, Variabilität, Gesetzmäßigkeiten und Bedingungen: Jahrbuch für Volksliedforschung 11, 1966, 1-9. H. Bausinger/W. Brückner (Hrsg.), Kontinuität? — Geschichtlichkeit und Dauer als volkskundliches Problem (1969) 9 ff.

sie im Zusammenhang mit der Besprechung jedes Typus zu bringen. Ich wählte die zweite Vorgehensweise, weil sie mir übersichtlicher erschien.

Nach Möglichkeit wird zudem die Bedeutung des Schmuckes für die Trägerin bzw. den Träger besprochen.

1.1 SCHMUCK DER FRAUEN

Da Frauenschmuck in großer Anzahl dargestellt und gefunden wurde, kann gesagt werden, daß für die Frauen die Arsakidenzeit schmuckfreudig war. Eine schier unendliche Vielfalt ist überliefert.

1.1.1 Kopfschmuck[1] (Taf. I—VII)

Getragen wurden Stirnbänder (1.1.1.1), Kopfputzgehänge (1.1.1.2), Scheitelschmuck (1.1.1.3), Haaraufsätze (1.1.1.4), Haarschmuck (1.1.1.5), Haarnetze (1.1.1.6), Kränze (1.1.1.7) und eventuell Haarnadeln (1.1.1.8, nur Text).

Der Kopfschmuck diente den Lebenden als Zubehör zur Kleidung (s. Stirnband Typ 2, Kopfputzgehänge, Scheitelschmuck, Haarschmuck, Haarnetz und eventuell Haarnadeln), zur Feier (s. Kränze Typ 1) und als Zeichen der Hervorhebung (s. Haaraufsätze).

Dem Kopfschmuck kam im Totenkult Bedeutung zu als Zeichen der Weihung und Schmückung des Verstorbenen (s. Stirnbänder Typ 1, Haaraufsätze, Kränze Typ 2, 3, 4). Die Bedeutungs- und Verwendungsübergänge waren fließend.

Wahrscheinlich gab es standesspezifische, lokale und ethnische Unterschiede in Trageweise, Verwendung und Ausgestaltung des Schmuckes. Sie lassen sich jedoch kaum nachweisen (s. z.B. 1.1.1.2 Kopfputzgehänge).

1.1.1.1 Stirnbänder[2] (Taf. I-II)

Über das Tragen von Stirnbändern informieren Darstellungen aus Palmyra und Dura-Europos. In Palmyra sind auf den Reliefs der Loculi-Platten, auf Sarkopha-

---

[1] Die bestickte Haube aus Palmyra (vgl. z.B. Mackay, Iraq 11, 1949, Taf. LX, 3) gehört zur Kleidung und wird folglich hier nicht besprochen. Die ovalen Bleche aus Assur und Masğid-e Sulaimān deute ich als Mundstücke für die Verstorbenen.

[2] Ingholt, Palmyrensk Sculpture, 8, 52, aber auch andere nennen ein um die Stirn gebundenes Band „Diadem". Mackay, Iraq 11, 1949, z.B. 165, bezeichnet es als „Tiara". Beide Bezeichnungen sind problematisch.

„Diadem" wird vor allem für die Königsbinde verwendet, vgl.: A. Mau, Diadema: RE V,1, 1903, 303 ff. W. H. Groß (W. H. G.), Diadema: PAULY I, 1964, 1504-1505. H. W. Ritter, Diadem und Königsherrschaft, 1965, 7. P. Calmeyer, Zur Genese altiranischer Motive: IV, Persönliche Krone und Diadem: AMI NF 9, 1976, 45 ff. „Schon beim Eindringen aus der griechischen in die lateinische Sprache dürfte es nicht nur auf die spezielle Bedeutung — Königsbinde — beschränkt gewesen sein; sondern auch für einen weiblichen Kopfputz, vermutlich von großer Pracht verwendet worden sein".

gen und Fresken in den Grabhäusern die meisten Frauen mit einem Stirnband dargestellt. In Dura-Europos werden Stirnbänder durch Fresken belegt. Die Künstler
zeigen bei der Wiedergabe dieser Bänder so viel Liebe zum Detail, daß dahinter die
Bemühung um größtmögliche Wiedergabegenauigkeit der Originale vermutet werden kann. Deshalb erfolgt auf den Tafeln eine repräsentative Auswahl von Stirn-
banddarstellungen.   Sie   geben   einen   Eindruck   von   der   Fülle   der
Gestaltungsmöglichkeiten von Stirnbändern, die offenbar zur Zeit der Arsakiden
vorhanden war. Bei der Materialdurchsicht fallen zwei Typen auf.

Typ 1 (Taf. I-II)

Stirnbänder mit Feldereinteilung

Die Felder können leer oder mit folgenden Mustern gefüllt sein: Netz, Kreuz, Spirale,
vierblättrige Blüte, Akanthusrosette, ein oder zwei Akanthusstauden, Blattstab, Lorbeer-
zweige.

Der relativ häufig durch Darstellungen belegte unverzierte, felderlose Stirnband-Typus
könnte ehemals mit aufgemalten Feldern geschmückt gewesen sein. Er wird deshalb hier als
Typ 1.1 aufgeführt[3].

1.1   Herk.: Palmyra, Grabrelief.
         Lit.   : z.B. Colledge (1976) Taf. 77.
1.2.1   Herk.: Palmyra, Grabreliefs.
         Lit.   : z.B. Ingholt (1928) Taf. XII, 3; ähnl. XI, 4.

(Zitat: Ritter, a.O. 7, Anmerk. 1; s.a. 6, Anmerk. 3). Da die Verhältnisse nicht ganz geklärt sind,
möchte ich diesen Begriff nicht verwenden.
„Tiara'' wird fast ausschließlich für die königliche Kopfbedeckung der Perser, aber auch anderer
orientalischer Könige verwendet. Es gab verschiedene Formen (vgl. W. Hinz, Tiara: RE, Suppl. 14,
1974, 786 ff; Ritter, a.O. 8 f). Da es sich bei dem um die Stirn laufenden Schmuck in Palmyra und
Dura-Europos nicht um königliche Würdezeichen handelt, wird diese Bezeichnung hier als unpassend
empfunden.
Auch der Begriff „Mitra'' eignet sich nicht. Er umfaßt zwar verschiedene Kopfbedeckungen, aber kein
Band um die Stirn (vgl. Schuppe, Mitra: RE XV, 1931, 2217 f; H. Brandenburg, Studien zur Mitra,
Beiträge zur Waffen- und Trachtgeschichte der Antike, Fontes et Commentationes, 1966, 9 ff; s.a.
Hinz, Tiara, RE, Suppl. 14, 1974, bes. 792 f).
„Reif'' als Bezeichnung scheint ebenfalls unpassend, da über die Verschlußart und das Material kei-
ne eindeutigen Informationen vorliegen.
„Band'' scheint mir die neutralere Bezeichnung zu sein. Zudem gibt es Hinweise, die ein Zusam-
menbinden am Hinterkopf vermuten lassen. Abzugrenzen ist das über die Stirn verlaufende Band von
Kopf- bzw. Haarbändern oder Haarreifen, die, wie die Bezeichnung schon sagt, im Haar bzw. auf
der Kopfkalotte getragen wurden. Da die Übergänge fließend sind, ist eine Zuordnung manchmal
schwierig (vgl. H. v. Gall, Persische und medische Stämme: AMI NF 5, 1972, 261 ff. J. Börker-
Klähn, Haartrachten: RLA IV, 1972-75, 4 ff).
[3] Um Platz zu sparen, werden jeweils nur die beste Ansicht oder die wichtigste(n) bzw. bekannte-
ste(n) Publikation(en) angegeben.

1.2.2   Herk.: Palmyra, Grabreliefs.
        Lit.   : z.B. Ingholt (1928) Taf. XIII, 4; XIV, 1.
1.2.3   Herk.: Palmyra, Grabreliefs.
        Lit.   : z.B. Ingholt (1928) Taf. XIV, 2.
1.2.4   Herk.: Palmyra, Grabreliefs.
        Lit.   : z.B. Colledge (1976) Taf. 76.
1.2.5   Herk.: Palmyra, Grabrelief.
        Lit.   : München, Land des Baal (1982) Nr. 177.
1.2.6   Herk.: Palmyra, Grabrelief.
        Lit.   : Mackay, Iraq 11, 1949, Taf. LIII, 2.
1.2.7   Herk.: Palmyra, Grabrelief.
        Mus. : Mus. Palmyra.
1.3.1   Herk.: Palmyra, Grabreliefs.
        Lit.   : z.B. Ingholt (1928) Taf. XII, 1.
                 z.B. Colledge (1976) Taf. 98.
1.3.2   Herk.: Palmyra, Grabrelief.
        Lit.   : München, Land des Baal (1982) Nr. 174.
1.3.3   Herk.: Palmyra, Grabrelief.
        Mus. : Mus. Palmyra.
1.3.4   Herk.: Palmyra, Grabrelief.
        Mus. : Ny Carlsberg Glyptothek, Kopenhagen.
1.4.1   Herk.: Palmyra, Grabrelief.
        Mus. : Ny Carlsberg Glyptothek, Kopenhagen.
1.4.2   Herk.: Palmyra, Grabrelief.
        Mus. : Ny Carlsberg Glyptothek, Kopenhagen.
1.4.3.1 Herk.: Palmyra, Grabreliefs.
        Lit.   : z.B. Seyrig, Berytus 3, 1936, Taf. XXXI, 2.
                 z.B. Colledge (1976) Taf. 68.
                 Ähnl. Stück: Michalowski (1966, Ausgrab. 1963/64) Abb. 73, 106.
1.4.3.2 Herk.: Palmyra, Grabrelief.
        Lit.   : Seyrig, Syria 21, 1940, 307, Abb. 17.
1.4.3.3 Herk.: Palmyra, Grabrelief.
        Lit.   : London, Fifty Masterpieces (1960) 72, Nr. 34.
                 Browning, Abb. 11.
1.5.1   Herk.: Palmyra, Grabrelief.
        Lit.   : Ingholt (1928) Taf. XI, 2.
1.5.2   Herk.: Palmyra, Grabrelief.
        Lit.   : Michalowski (1963, Ausgrab. 1961) Abb. 193.
1.5.3   Herk.: Palmyra, Grabrelief.
        Mus. : Mus. Louvre, Paris.
1.5.4   Herk.: Palmyra, Grabrelief.
        Lit.   : Ingholt, Syria 11, 1930, Taf. XL, 1.
                 Kaspar, JBM 49/50, 1969/70, 289, Abb. 6.
1.6.1   Herk.: Palmyra, Grabrelief.
        Lit.   : Ingholt (1928) Taf. XVI, 1.

1.6.2 Herk.: Palmyra, Grabrelief.
      Mus. : Archäol. Mus. Istanbul.

1.6.3 Herk.: Palmyra, Grabrelief.
      Mus. : Mus. Louvre, Paris.

1.6.4 Herk.: Palmyra, Grabreliefs.
      Lit. : Ähnl. Stück, aber kürzer: Michalowski (1966, Ausgrab. 1963/64) Abb. 79.

1.6.5 Herk.: Palmyra, Grabrelief.
      Mus. : Mus. Palmyra.

1.6.6 Herk.: Palmyra, Grabreliefs.
      Mus. : Mus. Palmyra.

1.6.7 Herk.: Palmyra, Grabrelief.
      Lit. : Colledge (1976) Taf. 83.

1.7 Herk.: Palmyra, Grabreliefs.
      Lit. : z.B. Colledge (1976) Taf. 64.
            z.B. Ingholt (1928) Taf. X, 3.
            Feinere Arbeit z.B.: Michalowski (1960, Ausgrab. 1959) Abb. 96.

1.8.1 Herk.: Palmyra, Grabrelief.
      Mus. : Ny Carlsberg Glyptothek, Kopenhagen.

1.8.2 Herk.: Palmyra, Grabreliefs.
      Lit. : z.B. Ingholt (1928) Taf. XV, 2.
            z.B. Michalowski (1962, Ausgrab. 1960) Abb. 193.

1.8.3 Herk.: Palmyra, Grabrelief.
      Lit. : Boston, Class. Collection (1963) Taf. 258, Nr. 240.
            Boston, Romans and Barbarians (1976/77) Nr. 61, Farbtaf. VI, S. 46.
            Colledge, EW 29, 1976, Abb. 19.
            Gup/Spencer, Abb. 14.
            Ogden, Farbtaf. 1.

1.8.4 Herk.: Palmyra, Grabrelief.
      Lit. : Mackay, Iraq 11, 1949, Taf. LV, 1.

1.9 Herk.: Palmyra, Grabrelief.
      Lit. : Browning, Abb. 10.

1.10 Herk.: Palmyra, Grabrelief.
      Lit. : Kaspar, JBM 49/50, 1969/70, Abb. 15, 16, 17.

1.11 Herk.: Palmyra, Grabreliefs.
      Lit. : Böhme/Schottroff, Titelbild, Taf. II.
            Ähnl., feinere Arbeit: Colledge (1976) Taf. 86.

1.12 Herk.: Palmyra, Grabrelief.
      Lit. : Michalowski (1963, Ausgrab. 1961) Abb. 191.

1.13 Herk.: Palmyra, Grabrelief.
      Lit. : Colledge (1976) Taf. 85.

1.14 Herk.: Palmyra, Grabrelief.
      Mus. : Mus. Palmyra.

Typ 2 (Taf. II)

Stirnband mit Zick-Zack-Muster

Herk.: Dura-Europos; Tempel des Zeus-Theos.
— Fragment der Baribonnaea, stark zerstört.
— Fragment an einer Seitenwand, stark zerstört.
Lit. : Dura-Europos, Prel. Rep. 7th and 8th Seasons, 1939, Farbtaf., Taf. XXIV, 1.
Bossert, Taf. Nr. 409.

Zu Typ 1 und 2:

Das Stirnband als Schmuckform läßt sich im orientalischen Raum bis zu den Anfängen der Metallverarbeitung für Schmuck zurückverfolgen (jüngere, aber bekannteste Beispiele aus: Friedhof A von Kiš[4], Königsfriedhof von Ur[5]). Die Ausgestaltung unterlag dem Wandel[6].

Die Feldereinteilung des Typus 1 scheint im syrisch-nordsyrischen Raum über einen langen Zeitraum beliebt gewesen zu sein. In Rās eš-Šamra[7] wurden im Hause eines Goldschmiedes beide Teile einer Gußform ,,... pour la confection de pendentifs ou de diadèmes''[8] in Feldereinteilung gefunden, dat. 15. - 13. Jh. v. Chr. In Tell Halaf[9] trägt eine weibliche Figur, dat. 9. Jh. v. Chr., ein Stirnband, welches in annähernd quadratische, mit floralen Ornamenten gefüllte Felder eingeteilt ist. Auf einigen späthethitischen Reliefs tragen ebenfalls weibliche Figuren breite, z.T. reich verzierte Stirnbänder[10]. Unter den syrischen Elfenbeinschnitzereien[11] befinden sich zahlreiche Frauenköpfchen mit Stirnbändern in Feldereinteilung. Im Laufe

---

[4] E. Mackay, A Sumerian Palace and the ,,A'' Cemetery at Kish, Mesopotamia II (1929) 178 f. Mackay, Jewellery of Palmyra: Iraq 11, 1949, 165.

[5] C. L. Woolley, Ur-Excavations, Vol. II., The Royal Cemetery II (1934) z.B. Taf. 139.

[6] Vgl. Maxwell-Hyslop, Jewellery, Taf. 12, 39, 55, 86, 123. Gemäß der eingangs vorgenommenen Definition ist der Schmuck der Figuren aus dem 4. Jahrtausend v. Chr. kein Stirnband. (Deutl. Ansicht: Moortgat, Die Kunst, Taf. 6-10, 12, 13. Orthmann, PKG XIV, Taf. 10, 11 a, b, 12).

[7] C. F. A. Schaeffer, Les fouilles de Ras Shamra — Ugarit. Huitième campagne. (Printemps 1936). Rapport sommaire: Syria 18, 1937, 152, Abb. 17. Ders.: Ugaritica I, Mission de Ras Shamra III (1939) 43, Abb. 32. K. Kohlmeyer: München, Land des Baal (1982) 131, Nr. 117.

[8] Schaeffer a.O. Ugaritica I, 44.

[9] M. v. Oppenheim, Tell Halaf III (1955). Taf. 133; Mann auf Tafel 131 trägt ein Diadem mit vergleichbarem Design, ohne Feldereinteilung.

[10] Gute Ansicht: H. Genge, Nordsyrisch-südanatolische Reliefs (1979). Taf. 49, 50, 51. K. Bittel, Die Hethiter (1976). Abb. 313, 316, 317.

[11] R. D. Barnett, A Catalogue of the Nimrud Ivories with other examples of Ancient Near Eastern Ivories in the British Museum (1957) Taf. LXXI, S. 181. K. R. Maxwell-Hyslop, Western Asiatic Jewellery c. 3000-612 B.C. (1971) Taf. 232, 233, 234 a, b. B. Hrouda, Handbuch der Archäologie, Vorderasien I (1971) Taf. 106 a, b.

des 2. Jh. n. Chr. wurden zunehmend hellenistische Motive, wie Akanthusblatt und Lorbeerblatt, zumindest bei Darstellungen auf Grabreliefs (Originalfunde fehlen), in die Felder eingefügt; obwohl auch das schlichte Stirnband mit den durch senkrechte Linien markierten Feldern bis zum Ende Palmyras weiter existierte. Die Einfügung hellenistischer Motive ist mit der zur damaligen Zeit üblichen Geschmacksorientierung der Oberschicht (die in den Städten z.T. griechischer Abstammung war) an der hellenistischen Kunst und Kultur erklärbar.

Dem Typus 2 geben das Zick-Zack-Motiv und die Kombination mit einer vom palmyrenischen Kopfputz abweichenden Kopfbekleidung einschließlich Schmuck (s. Beschreibung S. 30) einen eigenständigen Charakter. Diese Unterscheidung lokal oder standesspezifisch zu erklären, befriedigt nicht; zu stark sind die stilistischen Unterschiede. Dem, was als arsakidische Kultur bekannt ist, entspricht die Ausgestaltung nicht so recht; griechisch, hellenistisch oder römisch ist sie ebenfalls nicht; altorientalische Vorformen sind nicht bekannt. Möglich wäre deshalb der Einfluß von einer der in Dura-Europos ansässigen ethnischen Gruppen, z.B. der arabischen.

Da zu den dargestellten Stirnbändern des Typus 1 und 2 keine entsprechenden Originalfunde vorliegen, können nur Überlegungen über ihre einstige Gestaltung angestellt werden. Verschiedene Vergleichsmöglichkeiten, z.T. aus anderen Kulturkreisen und Epochen, bieten sich an:
— Goldbleche mit Muster in Repoussé-Technik oder Durchbruchs-Arbeit.
Ein besonders schönes griechisches Beispiel kommt aus der Sammlung Hélène Stathatos[12] (dat. 8. Jh. v. Chr.). Dieses Stück hat eine Feldereinteilung. Eines seiner Feldermotive ähnelt einem palmyrenischen Stirnbandmotiv (s. Typ 1.6.2, Taf. I). In diesem Zusammenhang ist nochmals auf die zwei Teile einer Gußform aus Rās eš-Šamra[13] hinzuweisen. Durch die Feldereinteilung und die Betonung der Stirnmitte besteht eine große Ähnlichkeit zu den so viel späteren palmyrenischen Stücken. Mir bekannte Metalldiademe, allerdings wohl erst aus dem 19. Jh. n. Chr., waren auf Stoffunterlagen aufgenäht, welche sich nach hinten zum Zubinden verjüngten oder an die seitlich Bänder angenäht waren[14]. Diese Verarbeitung, vielleicht auch auf Leder, kann sicher ebenso für die antike Zeit angenommen werden.

---

[12] P. Amandry, Collection Hélène Stathatos. Les bijoux antiques (1953) Taf. V, 1. D. Ohly, Griechische Goldbleche des 8. Jahrhunderts v. Chr. (1953) 40, Nr. A 20a, Taf. 10.1, Taf. 12.4. J. Cook, A Geometric Amphora and Gold Band: BSA 46 (1951) 45, Taf. 10.
[13] S. Lit. Hinw. 7.
[14] M. Franka, Silberschmuck aus der Sammlung Fraschina: JBM 41/42, 1961/62, 597, Abb. 6.

— Stoffbänder.

Aus älterer Zeit und verschiedenen Kulturkreisen kommen Belege für Stoff als Stirnbandmaterial.

H. Kayser[15] vermutet bei den ägyptischen Metalldiademen ursprünglich textile Vorbilder. Den Beweis für seine Annahme sieht er im silbernen Band des ägyptischen Königs Antef (Anfang MR), weil dort von einer goldenen Verschlußagraffe vier Enden einer Schleife herabhängen. Selbst das für die Brettchenweberei typische Bortenmuster ist, wie er glaubt, von den Verfertigern jenes silbernen Bandes nachgeahmt worden. C. Aldred[16] meint, daß es im ägyptischen Raum sicher ursprünglich Haar- bzw. Stirnbänder aus Stoff gab, die nach Kayser immer von der ärmeren Bevölkerung und im Alltag getragen wurden, während für die Könige und/oder zu bestimmten Anlässen solche aus Metall den gewebten nachempfunden wurden.

S. Grenz[17] beschreibt das hellenistische Diadem als eine um das Haupt gelegte, gewöhnlich weiße Stoffbinde mit starken Säumen, manchmal mit Stickerei verziert. Die persischen werden ebenfalls als Stoffbinden geschildert[18]. Was als Material für Diademe verwendet wurde, könnte für die Stirnbänder ebenfalls verwendet worden sein. Denkbar wären auch Stoffbinden mit aufgenähten Metallplättchen, wie sie bei ägyptischen Mumienmasken zu bewundern sind[19] (s. hierzu auch die Metopenreliefs bei Greifenhagen, 1970/75, Bd. I., Taf. 5). So schreibt A. H. Layard[20] über die Kopfbekleidung der Frauen der Bachtiari-Nomaden im 19. Jh. n. Chr.: ,,A kerchief of black silk, or of white linen in the case of the poorer people, was bound round the head, the ends being left to hang loosely behind. In the enderun the ladies sometimes wore skull-caps of Cashmere shawl, ornamented with pearls and jewels.'' Auch heute noch ist das Stirnband aus Stoff bei einigen Volkstrachten zu sehen. Von besonderem Interesse für diese Arbeit sind die der palästinensischen Beduinen. Es sind bestickte Stoffbänder. Die Stickmuster sind aus farbigen Wollresten, Metall (Blech, Silber, Gold, Kupfer u.ä.), Knöpfen, Pailletten — kurzum allem, was in der Sonne glänzt und glitzert und ähneln den in Dura-Europos dargestellten Motiven[21].

[15] H. Kayser, Ägyptisches Kunsthandwerk (1969) 207.

[16] C. Aldred, Die Juwelen der Pharaonen (1972) 130.

[17] S. Grenz, Beiträge zur Geschichte des Diadems in den hellenistischen Reichen, Diss. Greifswald (1914) ungedr., zit. n. Ritter a.O. 3.

[18] Calmeyer, Krone und Diadem: AMI NF 9, 1976, 45 ff. P. Calmeyer/W. Eilers, Vom Reisehut zur Kaiserkrone: AMI NF 10, 1977, 169 ff. H. v. Gall, Die Kopfbedeckung des Persischen Ornats bei den Achämeniden: AMI NF 7, 1974, 145 ff.

[19] G. Grimm, Die römischen Mumienmasken aus Ägypten (1974) Taf. 119, Abb. 4; Taf. 120, Abb. 1, 3.

[20] A. H. Layard, Early Adventures in Persia, Susiana, and Babylonia (1894, Neudr. 1971) 157.

[21] Stirnband, Privatslg. Wagner, München.

Von diesen Vergleichsmöglichkeiten lassen sich keine direkten Rückschlüsse für das Aussehen des in Palmyra dargestellten Typus 1 ziehen, da sich aus den Darstellungen keine stichhaltigen Argumente zugunsten des einen oder anderen Materials finden lassen. Einerseits wurden von den Steinmetzen manche Motive, wie z.B. die vierblättrige Blüte, der Blattstab, sowohl für die Darstellung der Stirnbänderausschmückung als auch für die Darstellung von Gewand- und Polsterbordüren verwendet. Andererseits gleichen Motive auf dargestellten Armreifen den Mustern auf Stirnbändern[22]. Eine Fixierung auf die Muster, um die Antwort auf die Frage nach dem Material der Stirnbänder vom Typus 1 zu erhalten, scheint deshalb nicht angebracht. Trotzdem sollte nicht übersehen werden, daß die Muster der Stirnbänder infolge der Feldereinteilung erheblich von denen der Gewandborten und der bestickten Kappen abweichen. Textile Originalfunde beweisen aber das damalige Bemühen um originalgetreue Wiedergaben[23]. Offenbar gab es neben dem Bestreben nach möglichst genauer Darstellung auch einen häufiger angewandten Musterkanon, der beliebig zur Darstellung von Mustern verwendet wurde. Meiner Meinung nach sind die Stirnbandmuster aufgrund ihrer Differenziertheit und gewissen Lebendigkeit keine Stick- oder Webmuster, sondern Repoussé — d.h. Metallmotive. Auch Mackay glaubt an Metallmotive bzw. —bänder. ,,Whether these tiaras were of gold or silver, we have no means of knowing … . There is evidence that at Palmyra some at least were of gold in Period III, i.e., in the third century A.D.[24].'' Colledge[25] und Kaspar[26] vermuten ebenfalls Gold oder zumindest Metall als Werkstoff. Eine Entscheidung zu Gunsten eines Materials ist letztlich auch deshalb schwierig, weil nicht mit Sicherheit gesagt werden kann, ob es sich um Darstellungen von Lebenden mit ihrem gesamten Schmuck oder um Tote mit Teilen von Totenschmuck handelt. In letzterem Falle wären es Metallbänder gewesen (s. weiter unten). Aber angesichts der langen Tradition des Stirnbandes gerade im nordsyrischen Raum muß wohl an Schmuck für die Lebenden gedacht werden. Und für sie läßt sich ein Nebeneinander von Stoff- und Metallbändern vermuten. Vielleicht waren die einfachen Bänder (Typ 1.1-1.2.7, Taf. I) zumindest zunächst Stoffbänder. Mit zunehmendem Reichtum der Stadt konnten sich die Wohlhabenden, und diese sind auf den Grabreliefs dargestellt, auch kostbarere Stirnbänder, vielleicht aus Metall (massiv oder in Form von Folie), leisten. Aus Nablus ist Festbekleidung der

---

[22] Vgl. Akanthusrosette auf Stirnreif und Armreif bei Grabrelief: Colledge, Art of Palmyra, Taf. 85; vgl. Blattstab auf Stirnband und Liegepolster: hier, Taf. II, Typ 1.8.1-1.8.3 und Colledge, Art of Palmyra, Taf. 61, 62.

[23] R. Pfister, Nouveaux Textiles de Palmyre (1937). Dies., Textiles de Palmyre III (1940).

[24] Mackay, Jewellery of Palmyra: Iraq 11, 1949, 165, s.a. 178.

[25] Colledge, Art of Palmyra, 150.

[26] Kaspar, Palmyrenische Grabporträts, 282, Anm. 65.

Frauen zu Anfang dieses Jahrhunderts überliefert[27]. Eine der Damen der Gesellschaft trägt, deutlich auf einem Foto sichtbar, um den unteren Rand einer hohen Kappe einen Goldblechstreifen.

Typ 2 war aus Stoff. Anschauungsmaterial kommt von den bereits erwähnten Beduinen. Solche Stoffbänder hatte der Künstler sicherlich vor Augen, als er die Farben (gelb, hellblau, dunkelblau, rot und schwarz) für das Malen der Stirnbänder auf den Fresken auswählte.

Stirnbänder wurden auch Toten mit ins Grab gegeben. In arsakidenzeitlichen Gräbern, z.B. in Nippur, Babylon, Seleukeia[28] wurden Spuren von Goldblech bzw. Goldbleche beim Kopf der Toten gefunden, die als Stirnbänder gedeutet werden. R. Koldewey schreibt über arsakidenzeitliche Grabfunde aus Babylon[29], daß die Schädel häufig entweder einen naturalistischen Blätterkranz aus ganz dünnem Golde oder ein schmales ,,Diadem'', welches mit einem durch zwei Löcher gehenden Bändchen befestigt war, tragen. W. K. Loftus berichtet über arsakidenzeitliche Gräber in Uruk/Warka[30] ebenfalls von goldenen Blättern und von ein oder zwei breiten Bändern aus dünnem Gold auf dem Schädel der Toten. V. Sarianidi beschreibt bei den Grabfunden aus Yamši-Tepe, Afghanistan, metallene Stirnbänder ,,decorated with sculptured flowers encrusted with pearls and turquoise[31]''. Die Gräber werden 1. Jh. v. Chr. - 1. Jh. n. Chr. datiert.

Datierung:
Typ 1: I.-III. Periode.
Typ 2: zw. 114-116 n. Chr., Bildnis der Baribonnaea.

1.1.1.2 Kopfputzgehänge (Taf. III)

Die an Kappe, Turban, Polos, Haarschmuck oder Stirnband angebrachten Schmuckgehänge werden hier unter der Bezeichnung ,,Kopfputzgehänge'' zusammengefaßt. Sie sind durch Darstellungen belegt. Genau wie bei den Stirnbändern

---

[27] A. Jaussen, Coutumes Palestiniennes. Naplouse et son district (1927) Taf. II, 1.

[28] Nippur: Hilprecht, Nippur, 36. Babylon: Reuther, Babylon, WVDOG 47, 251, 259 (Grab 221), 260 (Grab 226), 261 (Grab 229) 262 (Grab 230), 264 (Gräber 234-237). Seleukeia: Yeivin, Tombs Found at Seleucia, 49 ff.

[29] R. Koldewey, Das wieder erstehende Babylon (1913) 213.

[30] W. K. Loftus, Travels and Researches in Chaldaea and Susiana (1857, Neudr. 1971) 211. Vgl. hierzu Bemerkung von Curtis (1979) 313.

[31] V. Sarianidi, The Treasure of the Golden Mound: Archaeology 33, 3, 1980, 34. Ders., Le tombe regali della ,Collina D'Oro': Mesopotamia 15, 1980, 5 ff.

zeigen die Künstler auch bei den Darstellungen der Gehänge viel Sorgfalt, die sich u.a. im Aufzeigen von Detailunterschieden bemerkbar macht. Die typischen und auffälligsten Darstellungen werden hier abgebildet. Es ist zu vermuten, daß die Künstler versuchten, die Mannigfaltigkeit der zu ihrer Zeit üblichen Typen und Trageweisen wiedergeben.

Zwei Gehängetypen lassen sich feststellen:

Typ 1

Cabochonketten[32] bzw. -gehänge (Taf. III)

Auf Grabreliefs und Rundbildern in Palmyra und Hatra tragen Damen Kopfputzgehänge aus runden Elementen, welche offenbar Cabochons darstellen sollen. Deshalb werden diese Ketten gerne Cabochonketten bzw. -gehänge genannt.

In Hatra hängen sie direkt an den hohen Poloi (Typ 1.1.1, 1.1.2). Getragen wurden sie alleine (1.1.1) oder in Kombination mit Fuchsschwanzketten[33] und weiteren Schmuckelementen (1.1.2). Beim Kopfschmuck Typ 1.1.2 aus Hatra enden die unteren Cabochongehänge in weiteren vierreihig angeordneten Cabochonketten.

In Palmyra tragen Frauen die Cabochonketten in Kombination mit bandartiger Schleierzier (Typ 1.2.1-1.2.2), mit Stirnband (Typ 1.3.1-1.3.4) oder mit Stirnband und Scheitelschmuck (Typ 2.3, Taf. III, Typ 3.1-3.11, Taf. V). Ihre Anbringung unterlag offenbar keiner Norm. Dargestellt sind sie vom oberen oder unteren Rand des Stirnbandes hängend, i.d.R. das Mittelfeld mehr oder weniger freilassend (Typ 1.3.1-1.3.4, 2.2). Gelegentlich wurden in Palmyra auch zwei Gehängepaare getragen. Die zweite Kette besteht in diesen Fällen aus Drahtringen (Typ 2.2) oder aus Perlen (Typ 2.3). Die Kopfputzgehänge wurden in Palmyra mit und ohne seitliche Anhänger getragen. Diese zeigen wohl das Enden der Ketten an den Schläfen an. Zu unterscheiden ist zwischen kurzen und längeren Gehängen. Die kurzen bestanden, wie sich den Darstellungen entnehmen läßt, wahrscheinlich aus Perlen und/oder Kastenfassungen in runder, ovaler und rhombischer Form (Typ 1.3.2-1.3.4, 2.2, 2.3). Die längeren Gehänge waren aus gewickeltem oder geflochtenem Gold- oder Silberdraht mit unterem, abschließendem Schmuckelement (Typ 1.2.1, 1.2.2).

1.1.1 Herk.: Hatra, Rundbild.
       Lit. : Deutl. Ansicht: z.B. Ghirshman (1962) Taf. 104.
           : z.B. Safar/Mustafa 219, Abb. 211.
1.1.2 Herk.: Hatra, Rundbild.
       Lit. : z.B. Safar/Mustafa 250, Abb. 240; S. 251.
           z.B. Ghirhsman (1962) Taf. 106.
1.2.1 An rechter Schläfe zusätzlich angebrachtes Gehänge; offenbar umwickelter Draht mit abschließendem Schmuckteil.
       Herk.: Palmyra, Grabrelief.

---

[32] Cabochon ist ein mugelig rund geschliffener Edelstein; diese Bezeichnung wird aber in der Fachliteratur auch für Einfassungen mit Steinen oder Glasfüllung verwendet.
[33] S. Halsschmuck der arsakidischen Frauen, Typ 3, S. 132 f, Taf. XXXIII-XXXIX.

Lit.   : Ingholt, Berytus 5, 1938, Taf. XLVII, 2.
　　　　Mackay, Iraq 11. 1949, LIII, 2.

1.2.2 An rechter Schläfe zusätzlich angebrachtes Gehänge; offenbar „wie geflochten wirkendes" Metallband mit abschließendem Schmuckteil.
Herk.: Palmyra, Grabrelief.
Lit.   : Ingholt (1928) Taf. XV, 3.
　　　　Kaspar, JBM 49/50, 1969/70, 298, Abb. 14.

1.3.1 Herk.: Palmyra, Grabreliefs.
Lit.   : Ähnl. Stück: Colledge (1976) Taf. 92.
　　　　Sadurska (1977) Abb. 32.
　　　　München, Land des Baal (1982) Nr. 178.

1.3.2 Herk.: Palmyra, Grabrelief.
Lit.   : Colledge (1976) Taf. 86.

1.3.3 Herk.: Palmyra, Grabreliefs.
Lit.   : z.B. Cumont, Syria 3, 1922, Taf. L. 2.
　　　　Ähnl. Stück:
　　　　Boston, Class. Coll. (1963) Taf. 258, Nr. 240.
　　　　Boston, Romans and Barbarians (1976/77) 46, Abb. 61.
　　　　Colledge, EW 29, 1979, Abb. 19.
　　　　Gup/Spencer, Abb. 14.
　　　　Ogden, Farbtaf. 1.

1.3.4 Herk.: Palmyra, Grabrelief.
Mus. : Mus. Palmyra.

Typ 2

Kettengehänge (Taf. III)

2.1 Durch eine Schlaufe in der oberen Mitte des Polos gehalten hängt über beide Schläfen eine Kette herab. Sie reicht bis auf die Brust, und es sieht so aus, als ob vielleicht die beiden Kettenenden auf der Brust zusammengeschlossen wurden. Deutlich zeigen die Darstellungen die phantasievolle Zusammenfügung der Kettengehänge aus mehreren Teilen. Da die Ketten auf den Fresken in Dura-Europos in grauer Farbe gemalt wurden, kann als Material der Originale Silber angenommen werden. Somit scheint es sich um dicke silberne Ketten in Fuchsschwanztechnik, die vermutlich mit verschiedenen Einzelelementen durchsetzt sind, zu handeln. (Wie geflochten wirkende Metallketten s.a. Kopfputz, Hatra, Taf. III, Typ 1.1.2).
Herk.: Dura-Europos, Wandmalereien. Bildnis der Baribonnaea im Tempel des Zeus-Theos.
　　　　Ähnl.: Fragment im Tempel des Zeus-Theos.
　　　　Bildnis der Bithnanaia, Tempel d. Palmyren. Götter.
Lit.   : Dura-Europos, Prel.Rep. 7th/8th Season, Farbtaf.; Taf. XXIV, 1.
　　　　Bossert, Nr. 409.
　　　　Cumont II, Taf. XXXV ff.
　　　　Breasted, Syria 3, 1922, Taf. XLI, XLII.

2.2 Kettengehänge aus Ringen.
Jeweils drei Ringe werden durch eine Querverbindung zusammengehalten.
Herk.: Palmyra, Grabrelief.
Lit.   : Deutl. Ansicht: Ingholt (1928) Taf. XIII, 3.
          Mackay, Iraq. 11, 1949, Taf. LVI.
2.3 Kettengehänge aus Perlen (Stein oder Metall?).
Der Perlschnur sind Perlgehänge aus einer länglichen und einer runden Perle zu-
gefügt.
Herk.: Palmyra, Grabrelief.
Lit.   : Deutl. Ansicht: Colledge (1976) Taf. 89.
          Browning, Abb. 7.
          Mackay, Iraq 11, 1949, Taf. LVIII, 2.

Zu Typ 1 und 2:

Ein Vergleich der archäologisch belegten Frauentrachten aus Palmyra[34], Edessa[35], Dura-Europos[36], Seleukeia[37], Hatra[38], Nippur[39], Kiš[40], Merw[41], Uruk/Warka[42], Babylon[43] und Assur[44] zeigt, daß Kopfputzgehänge während der Arsakidenzeit nicht ein selbstverständlicher Teil der Frauentracht war. Mit Sicherheit ist es nur belegt aus Hatra und Palmyra als Typus 1, allerdings in lokal variierenden Trageweisen (in Palmyra am Stirnband, in Hatra am Polos), aus Dura-Europos in der Form von Typus 2.1 und in seltener getragenen Varianten aus Palmyra als Typus 2.2, 2.3. Mit einiger Wahrscheinlichkeit wurden Kopfputzgehänge auch in Merw und Assur getragen. Die in Assur gefundenen Figürchen tragen vielleicht Gehänge, die an Typ 1.1.1/1.1.2 (Taf. III) aus Hatra erinnern. Die in Merw gefundenen Terrakotten aus dem 1. und 2. Jh. n. Chr. tragen etwas *um* die *Stirn*, was wie Gehänge vom Typus 1 aus Palmyra und Hatra aussieht. Wenn dem so wäre, läge von dort eine weitere Variante der Trageweise von Cabochonketten vor.

[34] S. Lit. Angaben in dieser Arbeit S. 13, Anm. 33.
[35] Segal, Edessa, Taf. 1, 3. Leroy, Edessa, 161, Abb. 1.
[36] Cumont, Fouilles de Doura-Europos II, Taf. XXXV, XXXVI. Dura-Europos, Prel. Rep. 7th and 8th Season, Farbtafel.
[37] Van Ingen, Seleucia, Taf. I ff. Invernizzi: Mesopotamia 3-4, 1968/69, Taf. 110 ff.
[38] Homès-Fredericq, Sculptures Parthes, Taf. VI, 4; s.a. S. 55. Safar/Mustafa, Hatra, 272 ff.
[39] L. Legrain, Terra-Cottas from Nippur (1930) z.B. 111 ff.
[40] L. Ch. Watelin, Excavations at Kish (1934) IV, Taf. XXXVI.
[41] Masson, Merw. Masson, Tausend Städte, 161.
[42] Boehmer, Kleinfunde, UVB 26-27 (1972) Taf. 23 d-g, i, Invernizzi; Mesopotamia 5-6, 1970/71, Taf. 81-84.
[43] M. Pillet, L'Expédition Scientifique et Artistique de Mésopotamie et de Médie 1851-1855 (1922) Taf. I, XXV.
[44] E. Klengel-Brandt, Die Terrakotten aus Assur im Vorderasiatischen Museum Berlin (1978) Abb. Nr. 408, 491. (S. dort weitere Literaturangaben).

Das Tragen oder Nicht-Tragen von Kopfputzgehänge ist nicht allein lokal bedingt. So gibt es in Hatra kettenlose und kettentragende Statuen[45], dasselbe gilt für
Palmyra und Dura-Europos. In der zuletzt genannten Stadt ist auf dem Wandgemälde der Familie Konon Kopfputz mit und ohne Gehänge zu erkennen[46]. Auch
zeitliche, familiäre oder standesspezifische Unterschiede reichen für eine Erklärung
nicht aus, wie die Inschriften zumindest für Hatra zeigen. Wahrscheinlich war das
Tragen oder Nicht-Tragen Ausdruck eines persönlichen, allerdings lokalen und sicherlich auch finanziell gebundenen, Geschmacks, wenn auch die auffällig prunkvollen Ausstattungen (s. Taf. III, 1.1.2, 2.1) auf einen hervorgehobenen Status der
Trägerinnen schließen lassen.

Die Cabochonketten werden von Pfeiler[47] ,,als frühe Beispiele einer bestimmten
Richtung in der Entwicklung der römischen Goldschmiedekunst'' angesehen.
Anderen Forschern voran, glaubte Mackay[48] bereits 1949 an die Herstellung des
Typus 1 in Palmyra: ,,But in the storerooms of the museums of Syria and the Leba-
non there exist large numbers of little disks of glass, round, or oval, flat or with the
upper surface slightly convex, which are, more than likely, the cabochons which
adorned these chains. ... Though now badly weathered and most of them rough and
pitted, they are of various colours, ruby, sapphire blue, green and orange. It is of
interest that their use in the jewellery of Palmyra was coincident with the production
of coloured glass on a considerable scale by the glassworks of Sidon and elsewhere
in Phoenicia and Syria. It is, however, not unlikely that these paste cabochons were
made at Palmyra itself, where large lumps of unworked glass have been found.''
Neben Gehängen mit Glasfluß gab es sicher auch solche mit Halbedelsteineinlage[49].
Das Vorbild zu diesen Ketten mag aber von außerhalb Palmyras gekommen sein[50].

[45] Safar/Mustafa, Hatra, 250, Abb. 240, 241.
[46] Cumont, Fouilles de Doura-Europos II, Taf. XXXV, XXXVI, XXXIX.
[47] Pfeiler, Goldschmuck, 102; Taf. 26,2 und 30.
[48] Mackay, Jewellery of Palmyra: Iraq 11, 1949, 178. s.a. Colledge, Art of Palmyra, 98.
[49] Vgl. Halsschmuck der Frauen, Taf. XLI, Typ 4.5.1 ff.
[50] Einige Vergleiche weisen nach Indien, vgl.: M. Hallade, Indien — Gandhâra, Begegnung zwischen Orient und Okzident (2. Aufl. 1975) 55, Taf. VI; 108/109; 111, Taf. XII. J. M. Rosenfield,
The Dynastic Arts of the Kushans (1967) z.B. Taf. 61, 62, 75, 82 ff. H. Ingholt, Gandhāran Art in
Pakistan (1971) z.B. Taf. 284, 289 ff. L. Bachhofer, Early Indian Sculpture (1972) Taf. 9, 12, 18 ff.
J. Marshall/A. Foucher, The Monuments of Sāñchī (1940) z.B. Bd. II, Taf. XI ff. J. B. Bhushan,
Indian Jewellery, Ornaments and Dekorative Designs (2. Aufl. 1964) Taf. III ff. M. Chandra, Costu-
mes, Textiles, Cosmetics and Coiffure in Ancient and Mediaeval India (1973) Taf. II ff. K. S. Donger-
kery, Jewelry and Personal Adornment in India (1971) 21 ff. H. Härtel/J. Auboyer, Indien und
Südostasien, PGK XVI (1971) Taf. 19 ff. Hallade a.O. 21, Abb. 8. A. Coomaraswamy, Archaic Indian Terracottas: Mārg VI, 2 (1952) 22 ff. Eine Einführung wäre durch Handelsbeziehungen möglich

Mit dieser Annahme ließe sich auch die Herkunft und Gestaltung des einzig daste-
henden Kopfputzes der Prinzessin „dwšpry[51]'' (s. Typ 1.1.2; Taf. III), dat. 138 n.
Chr. in Hatra, erklären. Auf ihrem überreich mit Ketten behängten Turban thront
in einer Muschel eine kleine Figur, möglicherweise Mithras in der Grotte oder den
Sonnengott Sol darstellend.

Erhalten blieb Kopfputzgehänge bis in die Gegenwart bei Volksschmuck (vgl.
Kettengehänge aus Münzen als Teil der syrisch-arabischen Frauentrachten[52], Kopf-
putzgehänge der afghanischen Frauen[53], speziell zu 2.1 Kopfputz der Beduinen aus
der Kabylie[54]). Um aus dem Vorkommen im syrischen Raum eine ursprüngliche
Trachteigenheit der Beduinen, deren Anteil in der Bevölkerung von Palmyra, Dura-
Europos und Hatra sehr groß war, zu machen, fehlen die archäologischen Belege.

Datierung:
  Typ 1   : Hatra: um 2. Jh. n. Chr.
                    Palmyra: ab 130/150 n. Chr. bis Ende der III. Periode.
  Typ 2.1 : Dura-Europos[55]:
                    Bildnis der Bithnanaia: um 75 n. Chr.
                    Bildnis der Baribonnaea: zw. 114-116 n. Chr.
      2.2 : 161 n. Chr.
      2.3 : III. Periode von Palmyra.

1.1.1.3 Scheitelschmuck[56] (Taf. IV-V)

Als Scheitelschmuck wird ein auf dem Mittelscheitel getragenes Schmuckstück bezeichnet. Mehrere Typen sind für die arsakidische Zeit durch Originalfunde und
Darstellungen belegt. Bei den dargestellten (Typ 2.1 und Typ 3) müssen wir abermals auf die Wiedergabegenauigkeit der damaligen Künstler vertrauen. Ihnen zu-

---

gewesen, vgl.: F. Altheim, Weltgeschichte Asiens im griechischen Zeitalter II (1948) 72 (mit weiteren
Lit. Hinw.). Colledge, Art of Palmyra, 229 ff. C. Schneider, Kulturgeschichte des Hellenismus I
(1967) 852 (mit weiteren Lit. Hinw.). Mackay, Jewellery of Palmyra: Iraq 11, 1949, 169, 176. J. Teixidor, The Pagan God (1977) 104, 147.

[51] Die Umschrift verdanke ich Herrn Prof. Dr. R. Degen, Institut f. Semitistik, München.
[52] Aus einer Zeitschrift, Zitat verloren gegangen.
[53] I. Prokot/J. Prokot, Schmuck aus Zentralasien (1981). A. Janata, Schmuck in Afghanistan
(1981).
[54] H. Camps-Fabrer, Les bijoux de Grande Kabylie. Collections du Musée du Bardo et du Centre
de recherches anthropol. préhist. et ethnograph. Alger (1970).
[55] Sofern es sich auf einem Grabrelief, angeblich aus dem Hauran/Südsyrien, um Kettengehänge
bei der linken weiblichen Figur handelt und die Datierung stimmt, wären sie auch aus diesem Gebiet
aus dem 1. Jh. n. Chr. belegt (s., K. Parlasca, Zur syrischen Kunst der frühen Kaiserzeit: AA 1967,
562, Abb. 12).
[56] Zur Entstehung dieser Bezeichnung: Hahl, Matronendenkmäler: BJ 160, 1960, 10 ff.

folge wurde Typ 3 in Palmyra in geradezu prunkvoller Vielfalt getragen. Die hier auf einer Tafel zusammengetragenen typischen und auffälligsten Darstellungsweisen sollen und können einen Eindruck davon vermitteln.

Typ 1 (Taf. IV)

Bänder

Bei Typ 1 besteht der Scheitelschmuck aus einem ungeteilten, manchmal mit Edelsteinen besetzten, manchmal unverzierten Band, bei welchem am Stirnteil Anhänger befestigt sind.

1.1.1 und 1.1.2

Es sind aus Golddraht geflochtene Bänder, welche in Goldkapseln enden. An dem einen Ende ist an die Kapsel eine Drahtöse gelötet, an dem anderen Ende ist mittels eines Scharniers ein Anhänger, bei 1.1.1 ein dreieckiger, bei 1.1.2 ein länglich trapezähnlicher angebracht. Eine weitere, kleinere Öse ist an den unteren Enden der Goldanhänger angelötet. Die Bänder sind mit einer Reihe tropfenförmiger Granate in gezahnter Fassung besetzt. Der dreieckige Anhänger trägt einen weiteren Granat in gezahnter Fassung; der trapezförmige Anhänger trägt hingegen sechs Steine (drei Granate, einen grünen Jaspis, einen Karneol und einen Türkis). Ein weiterer tropfenförmiger Granat verdeckt sein Scharnier.
Herk.: Emesa, Grab 11.
Mus. : Nat. Mus. Damaskus.
Mat. : Gold, Granat, Jaspis, Karneol, Türkis.
Maße: L 12,5 cm und 14 cm.
Lit. : Seyrig, Syria 30, 1953, Farbtaf. A.
        Pfeiler, Taf. 28 (Beschreibung nach Pfeiler, 87).
        Hahl, BJ 160, 1960, Taf. 8, e, f.
        El-Chehadeh, Nr. 51.
        Zouhdi, AAS 21, 1971, Taf. XVII, 31.

1.2.1 und 1.2.2

Die beiden Bänder bestehen aus Stegen, deren Golddrahtringe ineinandergehängt sind. Die Bandenden sind mit abgerundeten Platten versehen. Diese tragen eine rote Steineinlage; bei 1.2.2 befindet sich auf der einen Platte eine grüne in Herzform. Zu beiden Seiten der Plattenscharniere befindet sich jeweils eine Muschelperle. Die Ohrringe vom Typ 1.1.1 (s. Taf. VIII) an beiden Enden der Bänder dienten wahrscheinlich der Befestigung der Bänder an Haaren oder Kopfputz, möglicherweise auch für die Anbringung weiterer Schmuckgehänge.
Herk.: Seleukeia, Hortfund II.
Mus.: Irak Mus., Baġdad, IM 19956.
Mat. : Gold, rote und grüne Steineinlage, pro Band vier Orientmuscheln.
Maße: L 18,7 cm, B 2,5 cm.
Lit. : Braidwood, Taf. XXIV, 2, Nr. 7, 8.
        Pope/Ackerman VII, Taf. 139 Q.

Rupp, Taf. II, B 7, 8.
Colledge (1967) Taf. 11 g.
Hildesheim, Sumer-Assur-Babylon (1978) Nr. 185.
Berlin, Der Garten in Eden (1979) Nr. 189.

Typ 2 (Taf. IV)

Anhänger

2.1 Lunula
　　Auf einer Statue aus einem Grab in Hama ist dieser lunulaförmige Anhänger, der von einem Band zur Stirn herabhängt, zu sehen.
　　　　Herk.: Hama, Statue aus dem Grab der Menophila.
　　　　Lit.　: Ingholt (1940) Taf. XLI.
　　　　　　　Bossert (1951) Nr. 521.
2.2 Dreieck (Teil eines Schläfengehänges ?)
　　Aufgrund der Darstellung in Hama kann dieser silberne Anhänger aus Sirkap/Taxila vielleicht auch als Scheitelschmuck angesehen werden. Die Fläche des silbernen, dreieckigen Anhängers ist mit dünnem Gitterwerk und zarten Filigranblüten gefüllt. Zahlreiche Silberkugeln hängen von seiner unteren Breitseite herab.
　　　　Herk.: Sirkap/Taxila.
　　　　Mus. : Archäol. Mus. Taxila.
　　　　Mat. : Silber.
　　　　Lit.　: Bhushan, 65, Abb. 6 (Abb. entnommen).

Typ 3 (Taf. V)

Scheitelschmuck aus Kastenfassungen

　　Typ 3 besteht aus einer Reihe zusammengefügter Fassungen in runder, ovaler, rechteckiger, tropfenförmiger oder quadratischer Form. Dieser Typ ist nur von Darstellungen auf Grabreliefs aus Palmyra belegt. Diesen Reliefs zufolge wurde dieser Typ von sehr jugendlich aussehenden Trägerinnen direkt auf dem Haarscheitel getragen (s. Typ 3.5; 3.8); von älteren, wahrscheinlich verheirateten Frauen am Turban oder einer bestickten Kappe befestigt.
3.1　Herk.: Palmyra, Grabrelief.
　　　Mus. : Mus. Palmyra.
3.2　Herk.: Palmyra, Grabreliefs.
　　　Lit.　: Ähnl. Stück: z.B. Michalowski (1962, Ausgrab. 1960), Abb. 197.
　　　　　　　Ähnl. Stück: z.B. Sadurska (1977) 147, Abb. 93.
3.3　Herk.: Palmyra, Grabreliefs.
　　　Lit.　: Mackay, Iraq 11, 1949, Taf. LX, 3.
　　　　　　　Colledge (1976) Taf. 90.
3.4　Herk.: Palmyra, Grabrelief.
　　　Mus. : Ny Carlsberg Glyptothek, Kopenhagen.

3.5   Herk.: Palmyra, Grabrelief.
      Lit. : Hahl, BJ 160, 1960, Taf. 7, Abb. 2.
              Bossert, Nr. 538.
3.6   Herk.: Palmyra, Grabrelief.
      Mus. : Ny Carlsberg Glyptothek, Kopenhagen.
3.7   Herk.: Palmyra, Grabrelief.
      Lit. : Altheim (1939) Abb. 63.
              Hahl, BJ 160, 1960, Taf. 7, 1.
3.8   Herk.: Palmyra, Grabrelief.
      Lit. : Mackay, Iraq 11, 1949, Taf. LX, 2.
              Bossert, Nr. 537.
              Simonsen, Taf. XI.
3.9   Herk.: Palmyra, Grabrelief.
      Mus. : Ny Carlsberg Glyptothek, Kopenhagen.
3.10 Herk.: Palmyra, Grabrelief.
      Mus. : Ny Carlsberg Glyptothek, Kopenhagen.
3.11 Herk.: Palmyra, Grabrelief.
      Lit. : Deutl. Ansicht: Colledge (1976) Taf. 89.
              Browning, Abb. 7.
              Mackay, Iraq 11, 1949, Taf. LVIII, 2.

Zu Typ 1-3:

Die Benennung als Scheitelschmuck ist bei Typus 1.1.1/1.1.2 sowie 1.2.1/1.2.2 im Grunde hypothetisch. Seyrig, Hahl und Pfeiler schlagen diese Nutzung für 1.1.1/1.1.2 auf Grund von Vergleichen mit römischen Stücken vor. In Wirklichkeit ist ihre Verwendung unbekannt, zumal ungeklärt ist, warum sie in doppelter, leicht voneinander abweichender Ausführung vorliegen, ob sie möglicherweise zusammen, eventuell mit weiteren, verlorenen Teilen ein Ganzes bildeten, oder ob jedes Stück für sich zu sehen ist[57]. Gleiches gilt auch für 1.2.1/1.2.2. Von Ackerman[58] und Braidwood[59] werden sie als Armbänder bezeichnet, von Stucky[60] als Stirnbänder. Aber auf Grund eines Vergleiches mit römischen Funden[61] sowie denen aus Emesa (1.1.1/1.1.2) können auch sie m.E. als Scheitelschmuck angesehen werden. Dafür spricht auch die herzförmige Einlage bei 1.2.2. Sie zeigt an, daß bei der Herstellung an ein senkrechtes Tragen der Bänder gedacht worden war. Zudem ist mir außer Scheitelschmuck für diesen Zeit- und Kulturraum keine andere in Frage kommende

---

[57] El-Chehadeh, Schmuck in Syrien, 70, Nr. 51.
[58] Ackerman: Pope/Ackerman, Survey VII, Taf. 139 Q.
[59] Braidwood, Parthian Jewelry, 68.
[60] R. Stucky: Hildesheim, Sumer-Assur-Babylon (1978) Nr. 185. Ders.: Berlin, Der Garten in Eden (1979) Nr. 189.
[61] Böhme, Schmuck der römischen Frau, Abb. 22, 26. L. Hahl, Zur Erklärung der niedergermanischen Matronendenkmäler. Ergänzt von V. Clairmont - von Gonzenbach: BJ 160, 1960, Taf. 2-8.

Schmuckform bekannt. Denkbar wären allenfalls noch Kopfputzgehänge in Form von Kettengehängen (s. Kat. Taf. III, Typ 1.1.2, 2.1). Die Verzierung in Form von Platten mit farbigen Einlagen zu beiden Enden der Bänder sollte nicht zu stark als Gegenargument gewichtet werden. Zwar unterscheiden sich die Bänder aus Seleukeia durch diese von den anderen bekannten, welche nur an einem Ende Schmuckplatten aufweisen, doch könnte dies eine orientalische Variante sein, gemacht, damit die Trägerin auch von hinten einen hübschen Anblick bietet[62].

Die bisher ältesten Nachweise des Scheitelschmucks sind als Darstellungen auf phönizischen Elfenbeinschnitzereien mit dem Motiv der sog. ,,Frau am Fenster[63]'' in zahlreichen Variationen zu sehen. Er erscheint, ebenfalls von Darstellungen belegt, nach einem zeitlichen Hiatus, erst wieder im Griechenland des 3. Jh. v. Chr., wo er von Angehörigen der wohlhabenden Familien getragen wurde[64]. Verstärkt taucht er nach Hahl[65] dann im 1. - 4. Jh. n. Chr. in weiten Gebieten der römischen und römisch beeinflußten Welt (England, Germanien, Ägypten, Syrien, Italien, Pannonien, Griechenland) auf Darstellungen und als Originalfund auf. Hahl sieht den Ursprung dieser Mode in Rom, v. Gonzenbach[66] in Griechenland. Bedenkt man aber die zeitlich älteren phönizischen Elfenbeinschnitzereien (dat. ca. 8./7. Jh. v. Chr.), welche von beiden nicht berücksichtigt wurden, so muß von einem orientalischen Ursprung dieses Schmuckes gesprochen werden. Es mag jedoch sein, daß Scheitelschmuck durch die Römer in orientalischen Gebieten mit starkem römischen Einfluß eine Art Renaissance erlebte.

Nach Hahl hat es neben metallenen Bändern vielleicht auch bestickte und juwelenbesetzte aus Stoff und Leder gegeben.
Die Länge war unterschiedlich und hing nach Hahls Beobachtung lediglich von der Frisur ab. Wenn der Scheitelschmuck von einer hohen Frisur hing, war er kürzer als wenn er bis zum Wirbel oder fast bis in den Nacken reichte. Zur Befestigung diente, wie die Originale zeigen, eine Öse, die hinten angebracht war und an der

---

[62] S. Terrakotta mit Scheitelschmuck aus Fajum, Ägypten, Hahl, Matronendenkmäler: BJ 160, 1960, Nr. 51, Taf. 4, Abb. 6.
[63] C. Decamps de Mertzenfeld, Inventaire commenté des ivories Phéniciens et apparentés découverts dans le Proche-Orient (1954) Album, Taf. LXXVI, LXXVII, XCIX, C, CI. J. Thimme, Phönizische Elfenbeine (1973) Abb. 12, 14, 15, 16. Mallowan, Nimrud and its Remains, II, Taf. 429.
[64] V. v. Gonzenbach, Der griechisch-römische Scheitelschmuck und die Funde von Thasos: BCH 93, 1969, 885 ff, 920.
[65] Hahl a.O. 9 ff.
[66] v. Gonzenbach a.O. 923 ff.

man den Zierat anband. Einige Originale zeigen zudem in der Mitte Befestigungsmöglichkeiten.

Dem Typ 3 läßt sich nach Hahl[67] ein Originalfund aus Tunis[68] zuordnen. Dieser,
heute im Britischen Museum, wird häufig mit Scheitelschmuck aus Palmyra verglichen. El-Chehadeh[69] weist mit Recht darauf hin, daß er nur bedingt vergleichbar
ist. ,,Vergleichbar ist in der Tat die Übereinanderordnung von runden beziehungsweise ovalen, von Perlenreihen umgebenen Einzelteilen. Es ist aber darauf hinzuweisen, daß diese Gebilde eingerahmt sind von einer Kette goldener Perlen, wie sie
auf keinem Beispiel der palmyrenischen Steine erscheint.'' Marshall datiert ihn ins
3. Jh. n. Chr.[70]. Vergleicht man den Fund aus Tunis hingegen mit byzantinischen
Arbeiten[71], so fallen Gemeinsamkeiten auf bei der reichen Filigranarbeit, der zahlreichen Verwendung von Perlen und vor allem bei der Art der Anbringung der Perlen, nämlich einer Aufreihung. Da Scheitelschmuck noch nach der 1. Hälfte des 3.
Jh. n. Chr. getragen wurde[72], paßt das Stück aus Tunis besser als ein frühes Stück
in den byzantinischen Schmuckkreis. Hinweise auf byzantinische Juwelierkunst
tauchen bei der Besprechung dieses Stückes in einem Katalog des Britischen
Museums, London, ebenfalls auf[73].

Zu 1.1.1 und 1.1.2 s. Halsschmuck der Frauen, Typ 1.18, Taf. XXIV.

Die Stücke 1.2.1 und 1.2.2 passen wegen ihrer Schlichtheit, dem matten Glanz
des Goldes und den Perlen an den Scharnieren gut in den arsakidischen
Formenkreis[74].

[67] Hahl a.O. 24, Nr. 79.
[68] Marshall, CJBM, Taf. 66, Nr. 2866. Higgins, Jewellery (1961) Taf. 62 C; (1980) Taf. 54 F. London, Jewellery through 7000 Years (1976) 114, Nr. 158.
[69] El-Chehadeh, Schmuck in Syrien, 95.
[70] Marshall, CJBM, Taf. 66, Nr. 2866.
[71] L. Niederle, Ein Beitrag zur Entwicklung des byzantinischen Schmuckes im 4.-10. Jahrhundert
(1930) Abb. 54. Athen, Byzantine Art (1964) Nr. 403. Zypern (Nicosia) Jewellery in the Cyprus
Museum (1971) Taf. XXXVI, XXXVII; Abb. 2, 3.
[72] S. z.B. Hahl a.O. 18, Abb. 1 c, Nr. 47, Goldglas aus Rom, dat. 4. Jh., Mädchen tragen Scheitelschmuck. v. Gonzenbach a.O. 909, Ägypten 4. Jh. n. Chr. P. Buberl, Die griechisch-ägyptischen Mumienbildnisse der Sammlung Th. Graf (1922) Nr. 30, 32, 42; dat. 2. und 3. Jh. n. Chr.
[73] London, Jewellery through 7000 Years (1976) 114.
[74] Rupp, Zelleneinlage, 35-37, sieht in der Herzform keine Verwilderung des Efeublattes, sondern
ein häufig im indischen Schmuck vorkommendes Motiv. Es hat in Indien religiöse Bedeutung. Die
Herzform wurde in Indien ,,zur Darstellung der Blätter der geöffneten Lotusblüte und des Pippala-
Baumes (ficus religiosa), der auch Bogaha, das heißt Gottesbaum, genannt wird, verwendet. Das Blatt
des Pippala-Baumes unterscheidet sich vom Lotusblatt durch eine weniger deutliche oder nicht vor-
handene Einschnürung in der Mitte und durch die nach der Seite gebogene Träufelspitze.''
Es ,,ist anzunehmen, daß die in Europa so vielfach vorkommenden herzförmigen Steine für buddhi-
stische Motive gedacht waren und durch den ausgedehnten indischen Edelsteinhandel mit den westlichen Ländern, der von antiken Schriftstellern bezeugt ist, fertig zugeschnitten nach dem Abendlande
gelangten, um dort mehr oder weniger sinngemäß verwendet zu werden.''

Nach Hahl ist Typ 1 älter und vor allem im Westen der antiken Welt verbreitet.
Auch Typ 2 war, gemäß verschiedener Darstellungen, in der antiken Welt weit
verbreitet. Er scheint aber insgesamt jünger als Typ 1 zu sein und eine längere Laufzeit zu haben, wie ein vergleichbares Stück aus dem römischen Raum, dat. ins frühe
3. Jh. n. Chr.[75] und ebenfalls jüngere, in etwa vergleichbare, indische Stücke[76] zeigen. Typ 3 war, nach unseren bisherigen Kenntnissen, auf Palmyra beschränkt. Er
taucht dort im 2. Jahrhundert auf.

Nach Hahls Beobachtung wurde der Scheitelschmuck im Westen nur von Kindern und Jugendlichen beiderlei Geschlechts, im Orient jedoch nur von weiblichen
Kindern, Jugendlichen und Erwachsenen getragen.
Damit kommen wir zur Symbolik, zur Frage nach der Bedeutung dieses
Schmuckes.
Nach Hahl[77] und v. Gonzenbach[78] hatte er in der griechisch-römischen Antike bis
in die späte Kaiserzeit nicht nur schmückenden, sondern auch apotropäischen Charakter. Er sollte schützen, unter den Schutz einer behütenden Gottheit stellen. Ob
diese Bedeutung auch für den arsakidischen und palmyrenischen Bereich galt, ist
unbekannt. Denkbar wäre es durchaus, u.a. weil der Bezug zu einer Gottheit in Ein-
klang stände mit dem bereits erwähnten orientalischen Ursprung dieses Schmuckes.
Auf den Elfenbeinschnitzereien trägt die gleiche Kopfzier eine Göttin oder eine einer Göttin dienende, und deshalb unter ihrem Schutz stehende, Frau[79] (s.a. 2.1.2
Ohrschmuck der Frauen, Typ 6).

Datierung:
    Typ 1: Emesa: augusteisch (1. Jh. v. Chr.).
           Seleukeia: 40-120 n. Chr.
    Typ 2: Hama: 101 n.Chr.
           Sirkap/Taxila: 1. Jh. n. Chr.
    Typ 3: Palmyra, II. und III. Periode, ab 130/150 n. Chr.

1.1.1.4 *Haaraufsätze* (Taf. VI)

Mehrere Varianten sind durch Darstellungen bezeugt.

---

[75] Hahl a.O. Taf. 5, Abb. 4, Nr. 43.
[76] Rosenfield, Arts of the Kushans, Taf. 18. Vgl. Hahl a.O. 28, Anm. 20.
[77] Hahl a.O. 31, 47.
[78] v. Gonzenbach a.O. 904 ff. Bes. 917.
[79] W. Fauth, Aphrodite Parakyptusa. Untersuchungen zum Erscheinungsbild der vorderasiatischen
Dea Prospiciens: Abh.Mainz 6 (1966) 396 ff.

Typ 1

Spitzzulaufender Kopfaufsatz
(giebelförmiges Diadem, spitzzulaufendes Diadem)[80]

Bei Typ 1 ist der Stirnpart spitzgiebelig geformt. Die Ränder sind mit Perlstab, das Giebelfeld bei Typ 1.1 mit einer Wellenranke, bei Typ 1.2 mit Akanthusblättern geschmückt.

Bei Typus 1.2 ist zudem der untere Rand mit Kreisen und dreistufigen Zinnen verziert. Darunter befindet sich ein Stirnband vom Typus 1 (vgl. Taf. I, II). An seinem linken Ende hängt ein Schmuck, dargestellt in Form einer Schnur mit zwei aufgereihten Perlen.

1.1 Herk.: Palmyra, Grabrelief.
     Mus. : Palmyra.
1.2 Herk.: Palmyra, Grabrelief der Habibat.
     Lit. : Mackay, Iraq 11, 1949, Taf. LXI, 3.

s.a. Kopf aus Masǧid-e Sulaimān.
     Lit. : Ghirshman (1976) I, 251; Bd. II, Taf. LXXXI, 3, 4.
s.a. Münze der Königin Zenobia (Typ 1 oder Typ 2 ?).
     Lit. : Browning, 48, Abb. 17.
          Van Zandt/Stemman, 73[2].
          Colledge (1976) 234, Abb. 66 g.

Typ 2

Halbrunder Kopfaufsatz
(sichelförmiges Diadem, halbmondförmiges Diadem, hochgewölbte Stephane)

---

[80] Für diesen Haarschmuck werden die Bezeichnungen „Stephane" und „Diadem" häufig ohne Unterschied oder nebeneinander benutzt. Stephane, vgl.: P. Gardner, A Catalogue of the Greek Coins in the British Museum, The Seleucid Kings of Syria (1963) 50 (Brit. Mus. Cat. Gardner, Coins). H. Kyrieleis, Bildnisse der Ptolemäer (1975) 78. Marshall, CJBM, Nr. 2113. M. Bergmann, Studien zum Römischen Porträt des 3. Jahrhunderts n. Chr. (1977) 43. Marshall, CJBM, Taf. XLI, Nr. 2113. R. Delbrueck, Spätantike Kaiserporträts von Constantinus Magnus bis zum Ende des Westreichs (1933) Taf. 65, 72, Beschreib. S. 166, 173. Diadem, vgl.: J. J. Bernoulli, Römische Ikonographie II, 3 (1894) 91. P. R. Franke/M. Hirmer, Die Griechische Münze (1964). W. H. Groß (W. H. G.), Diadema: PAULY I (1964) 1504-1505. Beide Begriffe nebeneinander, vgl.: z.B. Inan/Alföldi-Rosenbaum a.O., Neue Funde, Bd. I, 100, Nr. 49; 102, Nr. 50 und 51; 117, Nr. 65; 126 Nr. 74; 127, Nr. 75. Gerne wird zur Unterscheidung der beiden Formen ein beschreibendes Adjektiv verwendet, z.B.: Giebelförmiges Diadem, s.: Greifenhager, Schmuckarbeiten II, 12 zu Taf. 3,1 ff. B. Segall, Zur griechischen Goldschmiedekunst des vierten Jahrhunderts vor Chr. (1966) 22/23. Spitzzulaufendes Diadem; sichelförmiges Diadem, s.: Inan/Alföldi- Rosenbaum, Porträtplastik, 101, Nr. 49; 103, Nr. 51. Halbmondförmiges Diadem, s.: Inan/Alföldi-Rosenbaum, Porträtplastik, 100, Nr. 49. Hochgewölbte Stephane, s.: Inan/Alföldi-Rosenbaum, Porträtplastik, 117, Nr. 65.

Bei diesem Exemplar läuft ein Perlstab entlang des oberen Randes. Die Fläche ist mit dem Laufenden-Hund-Motiv gefüllt.

    Herk.: Palmyra, Grabrelief.
    Lit.   : Coll. Bertone (1931) Aukt. Kat., Taf. X, Nr. 655.
          Colledge (1976) Taf. 87.

    s.a.   Darstellungen auf Terrakotten:
    Herk.: Uruk/Warka.
    Lit.   : Ziegler, Taf. 35, Abb. 444, 445.
    Herk.: Seleukeia.
    Lit.   : van Ingen, z.B. Taf. XIII, Abb. 94, 98; Taf. LXI, Abb. 441.

vgl. Schildbüste aus dem Hauran.
    Lit.   : Klengel (1971) 111, Abb. S.98.
          Zouhdi (1976) 90, Nr. 1, Abb. 30.
          München, Land des Baal (1982) Nr. 198.

Anschauungsmaterial für das Aussehen dieser in arsakidischer Zeit nur durch Darstellungen belegten Stücke bieten für Typ 1 mehrere z.T. sehr gut erhaltene Funde aus anderen Gebieten und Zeiten. Allen voran zu nennen sind zwei gut erhaltene, aus massivem Gold gearbeitete Stücke, heute im Britischen Museum[81] und in Pforzheim[82]. Aus wesentlich dünnerer Goldfolie sind Stücke, heute ebenfalls im Britischen Museum[83] und in Berlin[84] (dat. spätes 4., frühes 3. Jh. v. Chr.). Ihnen allen gemeinsam ist das reiche florale Dessin, welches in Repoussé-Technik eingedrückt worden ist. Diesen Beispielen zufolge gab es massiv gearbeitete Exemplare und solche aus dünner Goldfolie. Letztere waren wahrscheinlich auf Holz oder Leder angebracht. Beide Metallausführungen können für die in Palmyra dargestellten Typen ebenfalls angenommen werden.

Die gefundenen Stücke gelten als Totenschmuck[85]. Aber Haaraufsätze dieser Art hatten neben der Schmückung der Toten noch weitere Funktionen. Wieder ist es die griechische, hellenistische und römische Welt, die Rückschlüsse für ihre Verwendung in Palmyra und dem arsakidischen Herrschaftsbereich ermöglicht. Zuerst zu nennen ist die Verwendung als Attribut einer Göttin. Viele weibliche Terrakot-

---

[81] Marshall, CJBM, Taf. XLI, Nr. 2113.
[82] Segall, Griechische Goldschmiedekunst, 22 f.
[83] Marshall, CJBM, Nr. 1612 ff, Abb. 52, 53, 54.
[84] Greifenhagen, Schmuckarbeiten II, 12, Taf. 3, Nr. 1, 3, 4.
[85] Greifenhagen, Schmuckarbeiten II, 13. Ohly, Goldbleche, 68 ff. Segall, Griechische Goldschmiedekunst, 22 f.

ten aus Seleukeia[86], einige aus Uruk/Warka[87] sowie Alabasterfigürchen aus Hatra[88] tragen diesen Haaraufsatz (vgl. Schildbüste aus dem Hauran[89]). Sie sind als Gegenstände mit apotropäischer Bedeutung und mit Votivcharakter anzusehen — zumal die größte Anzahl von ihnen in Heiligtümern und Wohnvierteln, häufig unter dem Fußboden, gefunden wurde[90].

Sodann ist die Verwendung als Herrschaftszeichen zu nennen, eine Sitte, die bei Königinnen aus dem Hause der Ptolemäer[91] und der Seleukiden[92] wie auch den römischen Augustae[93] belegt ist. So folgt Königin Zenobia von Palmyra dem traditionellen Habitus der Herrscherinnen-Darstellung (s.a. Kopf aus Masǧid-e Sulaimān).

Zuletzt zu nennen ist die Verwendung als symbolischer Zierat für die Frau. Mit zunehmendem Reichtum begann die wohlhabende Bevölkerung von Rom sich mit diesem Kopfschmuck, wie überhaupt mit göttlichem Gestus, darstellen zu lassen. Nach H. Wrede[94] entlehnte sie diese Repräsentationsmittel der höfischen Kunst in Ermangelung eigener Standesformen. Man wollte die so Dargestellten einer Gottheit angleichen, ,,um für die Unvergleichlichkeit des Charakters oder der äußeren Erscheinung den einordnenden mythischen Vergleich zu finden, der zugleich noch eine Qualitätsvermehrung in sich schließt''[95]. In diesem Sinne, als Symbol weiblicher Grundtugenden wie Charme, Tugendhaftigkeit u.ä. ist die Darstellung auf den Grabreliefs in Palmyra zu verstehen. Hier wurde eine von Rom ausgehende Mode mitgemacht.

Datierung:
Palmyra: Grabreliefs: Ende I./Anfang. II. Periode.
          Münze der Zenobia: III. Periode.
Seleukeia: zw. 143 v. Chr. - 115/20 n. Chr.

[86] Van Ingen, Seleucia, Taf. XIII, Abb. 94, 98, Taf. LXI, 441.
[87] Ziegler, Terrakotten von Warka, Taf. 35, Abb. 444, 445.
[88] Safar/Mustafa, Hatra, 281, Abb. 276.
[89] B. Zouhdi, Catalogue du Musée National de Damas (1976) Abb. 30. Klengel, Syria Antiqua, 111, Abb. S. 98. München, Land des Baal (1982) Nr. 198.
[90] Zum Stil s. 1.1.1.7 Kränze, Typ 1, S. 47.
[91] Kyrieleis, Bildnisse der Ptolemäer, 78 ff, 138 ff.
[92] Gardner a.O. Brit. Mus. Cat., Coins, Taf. XV, 1.
[93] A. Alföldi, Die monarchische Repräsentation im Römischen Kaiserreich (1980) 241/242.
[94] H. Wrede, Das Mausoleum der Claudia Semne und die bürgerliche Plastik der Kaiserzeit: RM 78, 1971, 125 ff., bes. 144 ff.
[95] Wrede a.O. 147/148.

1.1.1.5 Haarschmuck (Taf. VI)

Da Haarschmuck nur durch Darstellungen belegt ist, kann keine genaue Beschreibung erfolgen. Der Betrachter sieht ein rundes oder spitzzulaufendes, ovales Mittelmedaillon, von welchem rechts und links ein Seitenstreifen ausgeht. Diese dienen nicht nur der Befestigung des Medaillons, sondern haben durch ihre reiche Gestaltung einen zusätzlichen, schmückenden Charakter (möglicherweise Haarreifen?).

Typ 1

Haarschmuck mit glatten, verzierten Seiten

Die Ausgestaltung der Seitenstreifen entspricht den Stirnbändern Typ 1 (s. Taf. I, II). Zusätzlich befinden sich an beiden Schläfen Cabochongehänge (s.a. Kopfputzgehänge Typ 1, Taf. III; Scheitelschmuck Typ 3, Taf. V).
1.1 Herk.: Palmyra, Grabrelief.
   Lit. : Ingholt, Berytus 5, 1938, Taf. XLVII, 2.
           Mackay, Iraq 11, 1949, LIII, 2.
1.2 Herk.: Palmyra, Grabrelief.
   Lit. : Ingholt (1928) Taf. XV, 3.
           Kaspar, JBM 49/50, 1969/70, 298, Abb. 14.

Typ 2

Haarschmuck mit modellierten Seiten

Dieser Kopfschmuck ist belegt durch ein Grabrelief in Palmyra. Auf dem Relief sind die seitlichen beiden Streifen gefältelt, so daß der Eindruck eines Zick-Zack-Bandes entsteht. Zwischen beiden Streifen befindet sich eine spitzovale, von einer Perlstabreihe eingerahmte, Scheibe. Vom Beschauer aus auf der linken Seite befindet sich ein längeres Gehänge.
Herk.: Palmyra, Grabrelief.
Lit. : Mackay, Iraq 11, 1949, Taf. LVIII, 1.
      Bossert, Nr. 552.
      Simonsen, Taf. X.

Zu Typ 1 und 2:

Ähnlicher Haarschmuck wurde im altorientalischen Raum zumindest ab assyrischer Zeit getragen, wie phönizische Elfenbeine (Frau am Fenster)[96] zeigen. Bei einigen Schnitzereien befindet sich, ähnlich wie bei 1.2, in der runden Scheibe eine

[96] M. E. L. Mallowan, Nimrud and its Remains II (1966) Abb. 555, Farbtaf. V.

blütenartige Füllung (Lotosblüte). Aus achämenidischer Zeit ist eine weibliche Terrakotta mit dem hier behandelten Schmucktypus aus Afrāsiyāb (Samarkand)[97] belegt.

Die Seitenstreifen des Typus 1.1, 1.2 waren entweder aus metallenem oder textilem Material (vgl. Stirnbänder, Typ 1).

Für die Gestaltung der Seitenstreifen des Typus 2 kommen zwei Verarbeitungsmöglichkeiten in Betracht. Damit zeigt sich wiederum deutlich eine der Schwierigkeiten bei der Besprechung des arsakidenzeitlichen Frauenschmuckes und seiner stilistischen Stellung. So kann die Gestaltung der Seiten verglichen werden mit den als römisch geltenden Armreifen aus einem Schatzfund in Lyon[98] (dat. Ende 2./Anfang 3. Jh. n. Chr.)[99]. Diese bestehen aus dünneren, gefältelten Goldblechstreifen. An ihren Rändern angelötete Golddrähte halten sie in der runden Fasson. Man könnte sich eine derartige Verarbeitung des in Palmyra dargestellten Haarschmuckes vorstellen. Andererseits aber liegen aus Armazis-Chevi zwei massive Armreifpaare vor (dat. Mitte 2. Jh. n. Chr.; s. Typ 6.2, 6.3, Taf. LXXIII), die durch ihre gefältelte und kerbschnittartig gestaltete Oberfläche ebenfalls dem dargestellten Haarschmuck ähneln. Neben diesen handwerklich so gekonnten, einheimisch-iberischen Arbeiten[100] wirken die römischen recht einfach. In der iberischen Goldschmiedekunst aber wird iranisch-arsakidischer Einfluß vermutet.[101] Aus geographischen wie auch kunsthandwerklichen Gründen erscheinen die Beziehungen unseres Haarschmuckes vom Typus 2 näher zu den Armreifen aus Armazis-Chevi als zu den römischen. Man wird sich folglich den Haarschmuck massiv gearbeitet vorstellen müssen und seine Gestaltung letztlich als in altvorderasiatischer Schmucktradition stehend.

Datierung:
   Typ 1: nach Ghirshman zw. 176-200 n. Chr.[102].
             nach Kaspar lt. Inschrift 226/227 n. Chr.[103].
   Typ 2: Palmyra ab 200 n. Chr. (III. Periode).

---

[97] G. Glaesser, Archaeology in the USSR. A work by A. L. Mongait: EW 8, 1957, 87.

[98] Böhme, Schmuck der römischen Frau, Abb. 20.

[99] Nach Pfeiler, Goldschmuck: erste Jahrzehnte des 3. Jh. n. Chr.; nach Böhme, Schmuck der römischen Frau: 2. Hälfte des 2. Jh. n. Chr.

[100] Apakidze et al., Mccheta I, 281 f.

[101] Nach Pfeiler, Goldschmuck, 78 ff., 100 eventuell einheimische Arbeiten mit starker stilistischer Übereinstimmung mit einem Teil des römischen Schmuckes, aber auch mit parthisch-iranischem Einfluß.

[102] Ghirshman, Iran, Parther und Sasaniden, 70.

[103] Kaspar, Grabporträts, 20.

1.1.1.6 Haarnetz (Taf. VI)

Das Haarnetz ist durch eine detailliert gearbeitete Darstellung an einer Statuette aus Seleukeia belegt.

Es umspannt die in Form einer Nackenrolle gedrehten Haare von Schläfe zu Schläfe. In Höhe der beiden Schläfen ist es durch runde ,,Scheiben'' mit einem glatten, leider stark zerstörten Stirnteil verbunden. Das dargestellte Haarnetz zeigt Spuren goldener Bemalung. Die eingestanzten Kreise sollen entweder aufgenähte Perlen bzw. Edelsteine oder aber einfach die Maschen des Netzgeflechtes andeuten.
Herk.: Seleukeia, Schicht II, Block B, Raum 64.
Lit. : Van Ingen, Taf. LXXXVIII, Abb. 644, Nr. 1652.
        Invernizzi, Mesopotamia VIII-IX, 1973-74, Abb. 66 ff (f. Katalog entnommen Abb. 73, 74).
        Hildesheim, Sumer-Assur-Babylon (1978) Nr. 163.
        Berlin, Garten in Eden (1979) Nr. 164.

        Vgl. a. van Ingen Abb. 354, Nr. 772; Abb. 356, Nr. 773; Abb. 645, Nr. 1653; Abb. 650, Nr. 1661.

Das Vorbild für das dargestellte Haarnetz ist vermutlich griechisch. Die Artemis-Arethusa trägt auf Münzen vergleichbaren Kopfputz[104].

Datierung:
70-120 n. Chr.
Vermutl. auch in Schicht I belegt; bis ca. 200 n. Chr.

1.1.1.7 Kränze (Taf. VII)

Der Kranz ist ,,ein Zeichen der Weihung, Auszeichnung oder des Schmuckes für Menschen und Götter''[105]. Anhand von Darstellungen und Originalfunden (z.T. sehr fragmentarisch) ist er in verschiedenen Ausführungen für die arsakidische Zeit belegt.

---

[104] Franke/Hirmer, Griechische Münze, Taf. 41 ff. J. Touratsoglou, Une ,Aréthuse' et autres figurines de Chalcidique: BCH XCII, 1968, Taf. VIII. A. Krug, Binden in der Griechischen Kunst. Untersuchungen zur Typologie (6.-1. Jahrh. v. Chr.), Diss. Mainz 1967 (1968) 31 ff. Vgl. zur eventuellen techn. Verarbeitung: H. Hoffmann/P. F. Davidson, Greek Gold. Jewelry from the Age of Alexander (1965) 222, Nr. 90; 266, Nr. 124. Amandry, Coll. H. Stathatos (1953) Taf. XXXVI, Nr. 233 ff. Becatti, Oreficerie Antiche, Taf. CXXII, 441.
[105] S. Oppermann, Kranz: PAULY III (1969) 324/325.

Typ 1

Wulstartiger Kranz (Taf. VII)

Die Darstellung dieser wulstartigen Kränze weist einige Charakteristika auf. Die Kranz-
oberfläche ist bedeckt mit unregelmäßig verteilten, kleinen, runden Vertiefungen. Im allgemeinen wird der Kranz mit einem breiten Band über der Stirn und an den beiden Schläfen
umwunden dargestellt. Diese Kränze wurden am Hinterkopf zusammengebunden (s. Taf.
VII).
Herk.: Terrakotta, Seleukeia.
Lit. : Deutl. Ansicht: van Ingen, Taf. LVIII, 412, 416.

Terrakotten im „hellenisierenden Stil"[106], vornehmlich aus Seleukeia, zeigen
Männer, Frauen, Kinder, Gnome und Musikanten mit diesem wulstartigen Kranz,
welcher am Hinterhaupt zusammengebunden wurde. Da diese Figürchen im Orient
ein Relikt des Hellenismus sind, deren Herstellung während der arsakidischen Zeit
neben der von Figürchen im altorientalischen Typus weiter lief[107], können für die
Frage nach Bedeutung und Verwendung wiederum Rückschlüsse aus dem
griechisch-hellenistischen Raum gezogen werden. Demnach waren es Kränze der
Feier, Kränze, die zu Festen, Symposien und Zechgelagen getragen wurden. Über
das Material wissen wir nicht genau Bescheid. Denkbar wären Blätter, Blumen und
Beeren, aber auch stoffliches Material oder netzartige Schläuche mit
Blätterfüllung[108].
(Zur Schmuckdarstellung auf Terrakotten s.a. 1.1.1.4 Haaraufsätze).

Typ 2

Kranz aus Blüten und Blättern (Taf. VII)

Herk.: Palmyra, Grabrelief.
Mus. : Ny Carlsberg Glyptothek, Kopenhagen.

Dieser dargestellte Kranz ziert auf einer Grabbüste aus Palmyra den Kopf eines
jungen Mädchens.
Originalstücke aus arsakidischer Zeit liegen nicht vor, aber zwei zeitlich und geo-
graphisch abseits liegende Funde aus Ägypten[109], und jüngere Stücke aus Canosa

---

[106] Schlumberger, Hellenisierte Orient, 154, 155.
[107] Ebenda, 155 ff., mit weiteren Literaturhinweisen.
[108] Van Ingen, Seleucia, 39. Krug, Binden, 18. Rostovtzeff, Problem of Parthian Art, 274.
[109] A. Wilkinson, Ancient Egyptian Jewellery (1971) Taf. XI, A. Aldred, Juwelen der Pharaonen,
Taf. 27, 28. M. Vilimková, Altägyptische Goldschmiedekunst (1969) Taf. 12, 13. C. Vandersleyen
(Hrsg.), Das alte Ägypten, PKG XV (1975) Taf. LV a, b.

(dat. 3. Jh. v. Chr.)[110], aus Eretria (dat. spätes 3. Jh. v. Chr.)[111], aus dem Pangaion-gebirge (dat. ca. Ende des 4. Jh. v. Chr)[112], aus einem Grab in der Nähe des Flugha-fens Sedes bei Thessaloniki[113], aus Armento[114] und zwei weitere, heute in Paris (dat. 4. und 3. Jh. v. Chr.)[115], zeigen, daß es in der Antike Kränze aus Edelmetall gab, die tatsächlich so zart gearbeitete Schmuckstücke gewesen sind, wie es diese Darstel-lung in Palmyra andeuten möchte.

Wenn auch das Tragen von Blüten- und Blätterkränzen dem Alten Orient nicht unbekannt war[116], so ist doch das Vorbild für die Darstellung dieses speziellen zar-ten Kranzgebildes, wie die oben aufgeführten Exemplare zeigen, in griechisch-hellenistischer Schmucktradition zu sehen.
(Zur Bedeutung s. Typ 3).

Typ 3

Kranz aus Blättern (Taf. VII)

Herk.: Dura-Europos, Gräber.
Mat. : Gold.
Lit. : Dura-Europos, Prel. Rep. 9th Season II, Taf. XXXVI, XL, XLII, LVII.

Neben Kränzen aus echten Blättern[117] sind aus Gräbern in Armazis-Chevi (Grab 9, möglicherweise ein Mädchengrab) und Dura-Europos (Grab 6, Loc. VIII und Grab 22, Loc. IX; beides Frauengräber) Kränze aus zahlreichen Goldblättern vom zwei- und vor allem dreigefächerten Typus, der in verschiedenen Größen hergestellt

---

[110] Milano, Ori e Argenti dell' Italia Antica (1962) Abb. 385. F. Coarelli/I. B. Barsali/E. Steingrä-ber, Kostbarkeiten der Goldschmiedekunst (deutsch 1974). Abb. 43. Becatti, Oreficerie Antiche, Taf. LXXXVIII, LXXXIX. Higgins, Jewellery (1980) Taf. 45 B.

[111] Hoffmann/Davidson, Greek Gold Jewelry, Abb. 3.

[112] A. Greifenhagen, Goldschmuck aus dem Berliner Antiquarium, Verluste im Kunstgutlager Schloß Celle (1946 bis 1947): AA 76, 1961, 119, Abb. 55. A. Greifenhagen, Schmuckarbeiten in Edel-metall I (1970) Taf. 13, Abb. 6. Amandry, Coll. H. Stathatos (1963) 246, Abb. 146.

[113] Amandry, Coll. H. Stathatos (1963) 245, Abb. 144. N. Kotzias, Arch. Ephem. 1937 III (publ. 1956) 876-878, Abb. 6-8.

[114] Becatti, Oreficerie Antiche, Taf. XC, Abb. 354.

[115] E. Coche de la Ferté, Les bijoux antiques (1956) Taf. XXIII, 2; Taf. XXXIX, 2.

[116] Woolley, Royal Cemetery II, z.B. Taf. 128. Barnett, Nimrud Ivories, Taf. LXX (S 172); Taf. LXXI (U6, S 175, S 176, S 180). L. Delaporte, Malatya. I. Fouilles de la Mission Archéologique Fran-çaise. Arslantepe. La porte des lions (1940) Taf. XXIX, XXX. M. Artamonow; Goldschatz der Skyt-hen in der Eremitage (deutsch 1970) 11, Abb. 4.

[117] O. Reuther, Die Innenstadt von Babylon (Merkes): WVDOG 47 (1926, Neudr. 1968) 256, Zie-gelgrab 210.

wurde, bekannt geworden. Da die Blätter keine Löcher aufweisen, ist Einstecken in ein Band, Kleben oder Zusammenbinden als Befestigungstechnik anzunehmen (s.a. Männerschmuck, Kränze, Taf. LXXXV).

Zwar haben, wie bereits erwähnt, Kränze im Orient eine lange Tradition, doch kann über ihren Gebrauch in der Arsakidenzeit am besten der griechisch-hellenistisch-römische Kulturraum Auskunft geben[118]. Dort gab es die Sitte, die un-vermählt gestorbenen Mädchen als Braut mit einem Brautkranz, der aus *Blumen* be-stand, zu schmücken. Bei wohlhabenden Personen wurden an Stelle der natürlichen Blumen nicht nur Kränze aus Edelmetall ins Grab gelegt, sondern manchmal auch der Kranzschmuck auf dem Grabdenkmal dargestellt.

Die *Blätter*kränze, sofern es sich nicht um Siegeskränze oder persönliche Auszeich-nungen handelt, sind ,,Totenkränze'', die den Toten weihen, erheben, heiligen, ehren sollen. Auch sie wurden dem Leichnam mitgegeben. Auch sie konnten durch Edelmetallarbeiten ersetzt werden. Eine Sitte, die im arsakidischen Gebiet durch die griechischen Siedler oder den Einfluß des Römischen Imperiums zu erklären ist.

Typ 4 (Taf. VII)

Bekränzung mit Glöckchen

Auf einem Relief ist auf einem jugendlichen weiblichen Kopf um eine wie ein Haarknoten bzw. Dutt wirkende Erhebung diese Bekränzung dargestellt.

,,La moitié de son portrait est occupée par la coiffure savamment élaborée. Les cheveux, partant d'un diadème qui en cache les racines, sont ramenés, en larges mèches indiquées par des lignes incisées, au sommet de la tête où ils forment un ballon après avoir été serrés dans une couronne à laquelle sont fixées des tiges qui retombent sur la masse des cheveux et qui portent à leur extrémité une clochette ou une fleur[119]''.

Herk.: Masǧid-e Sulaimān, Relief.
Mus. : Iran-Bastan Mus., Teherān.
Lit. : Ghirshman (1976) Taf. LXXVI, 1-3; Taf. 33, G.MIS 501 (Abb. entnommen).
        Ghirshman, Iran 10, 1972, Taf. VII a.
        Ghirshman, Archeologia 48, 1972, 63.

Ein Vergleich mit Reliefs der Gandhâra-Kunst, die Darstellungen von Glöckchen als persönliche Ornamentik oder aus dekorativen Gründen bevorzugte, drängt sich auf und läßt mich eine Deutung der Bekränzung zugunsten von Glöckchen treffen. Liegen hier Beziehungen zwischen iranischer und indischer Mode und Brauchtum

---

[118] K. Baus, Der Kranz in Antike und Christentum (1940) 94, 95, 111, 113 ff.
[119] Ghirshman, Terrasses Sacrées I, 123.

vor? Eine Frage, die durch das auffallend ,,indische'' Aussehen der Trägerin auf
dem Relief aus Masǧid-e Sulaimān fast eine bejahende Antwort erhält. In Palmyra
ist dieser Frauentyp auch einige Male dargestellt. Dies hat zu der Überlegung geführt, ob es sich bei ihnen um Darstellungen von Inderinnen handeln könne[120].
Dem ist m.E. mit Sicherheit nicht so. Vielmehr sehe ich in den weichen, rundlichen
Formen dieser Frauendarstellungen ein iranisches Stilelement, welches nach Palmyra eindrang, und einen Vorläufer des Stils, der in der sasanidischen Zeit zur vollen
Blüte gelangte. Der dargestellte Frauentypus sagt also nichts aus über Schmuckbe-
ziehungen. Zu Aussagen können lediglich die Schmuckstücke herangezogen werden. Und die lassen Beziehungen vermuten.

Bei dem Kopfputz kann es sich also um die Darstellung einer Hochfrisur mit einer
Bekränzung aus Glöckchen handeln. Aber schon der Ausgräber weist auch auf andere Parallelen und damit Möglichkeiten hin[121], denen ich noch eine weitere hinzu-
fügen möchte. Ein Blick zum afghanischen Frauenschmuck gibt eine
möglicherweise treffendere Erklärung. Dort gab bzw. gibt es reich geschmückte
Stoffkappen für Mädchen. Eine Kappe ist mir bekannt, bei welcher um eine Silbera-
graffe kranzförmig angeordnete Glöckchen aufgenäht sind[122]. Vor allem die auf den
Fotografien des Reliefs von Masǧid-e Sulaimān deutlich sichtbare Vorwölbung der
vermeintlichen ,,Haare'' spricht m.E. für diesen Vergleich. Dann wären die Rillen
auf dem dargestellten Kopf nicht die angedeuteten Haare, sondern die Falten der
Kappe, und wäre das um die Stirn flacher gearbeitete Perlband eine angedeutete
Löckchenreihe, die unter der sich überbauschenden Kappe hervorlugt.

Ghirshman weist auf Ähnlichkeiten mit dem sasanidischen Kopfputz hin und
sieht hier einen arsakidischen Vorläufer (s.a. Kopfschmuck der Frauen zur Zeit der
Sasaniden, S. 293 f).

Der Symbolgehalt des Glöckchenkranzes kann wohl aus der Symbolik der Glöckchen gefolgert werden. Nach Calmeyer[123] wird ihnen meist eine apotropäische Bedeutung zugewiesen: Abwehr von bösen Kräften. Er stellt aber dem gegenüber, daß
sie häufig zusammen mit Granatäpfeln getragen wurden. Diese aber sind ein Symbol des Lebens. So glaubt er, indem er verschiedene Texte und Riten zitiert, daß
der Glockenklang nicht abschrecken sollte, sondern ganz im Gegenteil das Herbei-
rufen eines guten oder erwünschten Numens, die Verwandlung in einen stärkeren
oder besseren Zustand gemeint sei. Wahrscheinlich kommen den Glocken im Volk-

---

[120] Z. B. Mackay, Jewellery of Palmyra: Iraq 11, 1949, 176, Taf. LVIII, 2.
[121] Ghirshman, Terrasses Sacrées I, 251.
[122] Prokot/Prokot, Schmuck aus Zentralasien, 148, Nr. 249, unten rechts.
[123] P. Calmeyer, Glocke: RLA III (1957-71) 427 ff.

sempfinden beide Bedeutungen zu: durch den Lärm und das ,,Blinken'' ihres Metalles verscheuchen sie einerseits böse Kräfte und locken andererseits gute herbei.

Datierung:
   Typ 1: arsakidenzeitlich.
   Typ 2: aufgrund der ungravierten Augensterne vielleicht III. Periode v. Palmyra.
   Typ 3: Armazis-Chevi: Mitte d. 2. Jh. n. Chr.
           Dura-Europos: 1. Jh. v. Chr. - 1., 2. und teilweise auch 3. Jh. n. Chr.
   Typ 4: arsakidenzeitlich.

1.1.1.8 Haarnadeln (ohne Tafelabbildungen)

Inwieweit Haarnadeln im arsakidischen Reich benutzt wurden, entzieht sich unserer Kenntnis. Die in Ausgrabungen gefundenen Nadeln[124] könnten Haarnadeln sein, aber ebenso anderen Zwecken gedient haben, wie z.B. der Befestigung von Gewandteilen oder des Riemens an der Schwertscheide[125]. Auch die in Gräbern[126] gefundenen Nadeln geben keinerlei Verwendungshinweise. Viele von ihnen könnten Kosmetikstäbchen sein. Nadeln werden, weil ihre Verwendung im Einzelnen nicht ganz geklärt ist, hier ausgespart.

1.1.2 Ohrschmuck (Taf. VIII-XXII)

Aus der Arsakidenzeit ist eine große Anzahl von Ohrschmuck überliefert.

Vom Gestaltungsprinzip her lassen sich drei Grundformen unterscheiden. Sie sind aus älterer Zeit übernommen und weiterentwickelt worden.

Als erste Grundform kann der aus einem Draht geformte, am Ohrläppchen oder Ohrrand getragene Ring (,,Drahtring'', s. Typ 1) angesehen werden. Aus ihm hat sich der ,,Bügelohrring'' (Typ 2-6) entwickelt, indem in den Drahtring eine Kastenfassung eingefügt wurde (s. Typ 2 und 3) oder ein Teil des Drahtringes durch eine Fassung bzw. eine Scheibe (s. Typ 4), durch eine Tierprotome (s. Typ 5) oder ein menschengestaltiges Figürchen (s. Typ 6) ersetzt wurde. So wurde aus dem Ring

---

[124] J. de Morgan, Recherches Archéologiques. Tome quatrieme. Mission Scientifique en Perse (1896) IV, 2, Abb. 157, 1. J. Marshall, Taxila (1951) III, Taf. 191:100/101.

[125] Marshall a.O. (1951) II, 633.

[126] Z. B. Seleukeia, Palmyra. (Grabanlage im Tempelbezirk des Baalshamîn), Hasani Mahaleh. Seleukeia: Yeivin, Tombs at Seleucia: 44, Grab 11; 45, Grab 17. Palmyra: Fellmann, Palmyre V, 66, Nr. 6, Abb. 17,6; Taf. 19,4 (Schminkstäbchen). Hasani Mahaleh: Sono/Fukai, Dailaman III, Taf. LXXI, 10.

ein Tragebügel für das Schmuckelement. Der Bügelohrring wurde alleine oder mit einem Anhänger (s. z.B. Typ 6.1.3.3, Taf. X) getragen. Aber auch bei einem kostbaren, aufwendigen Anhänger behält der Bügelohrring seine Schmuckfunktion; d.h. Anhänger und Bügelohrring bilden zwar eine neue Einheit, stehen aber gleichwertig nebeneinander, wobei sie sich in ihrer Wirkung gegenseitig unterstützen. Dadurch unterscheidet sich der Bügelohrring erheblich vom Drahtring. Dieser hat nur, solange er alleine getragen wird, eine Schmuckfunktion. Er verliert diese, sobald er mit einem anderen Schmuck kombiniert wird (s. z.B. Typ 14.1.1-14.1.5, Taf. XVIII). Dann hat er nur noch eine Nutzfunktion, nämlich die der Befestigung. Eng mit dem Drahtring verwandt ist in Grundform und Trageweise der Lunula-Ohrring (s. Typ 7). Mag er sich auch einst vielleicht aus dem Drahtohrring entwickelt haben, so fand doch schon früh eine eigenständige Weiterentwicklung statt. Dies lag vermutlich auch am Symbolgehalt der Lunula-Form, welche schon früh mit der Verehrung einer ,,Muttergottheit''[1], im Bereich der vorderasiatischen Kulturen aber mit der Verehrung einer männlichen Gottheit[2] in engem Zusammenhang stand.

Als eine Variante des Lunula-Ohrrings können die ,,Kahn- bzw. Schiffchenohrringe'' angesehen werden (s. Typ 7.5, Taf. XV). So werden häufig die Exemplare mit stumpf auslaufenden Enden und einer weniger sichelförmig gestalteten Körperwölbung genannt. Manche Lunula-Ohrringe wurden mit Granulation, Einlagen und Drahtauflagen verziert. Als zusätzliches Schmuckelement kann ein Anhänger hinzukommen. In diesen Fällen behält die Lunula, genau wie der Bügelohrring, seinen Schmuckcharakter und bildet mit dem Anhänger eine neue Einheit (s. Typ 7.1.6, 7.1.7, Taf. XIV; Typ 7.3.2.8, Taf. XV).

Als weitere Grundform des arsakidenzeitlichen Ohrschmucks ist das in der Regel am Ohrläppchen, gelegentlich aber auch am Ohrrand getragene Gehänge zu nennen (s. Typ 8-21). Bei ihm hat allein der Anhänger die Schmuckfunktion. Häufig dient ein Haken der Befestigung (s. Typ 8, 9, 11, 12, 14.4.1.1-14.4.1.4, 14.4.2.1, 16.1, 17.2.2, 18). Drahtohrringe in glatter oder tordierter Ausführung (s. Typ 10, 13.2, 14.1.1-14.2.2, 16.2, 17.1-17.2.1, 19, 20, 21) erfüllen den selben Zweck, verlieren aber, wie bereits gesagt, in diesem Zusammenhang ihre eigenständige Schmuckfunktion. Sie dienen auch rein optisch nur noch der Befestigung. Statt des

---

[1] H. Wrede, Lunulae im Halsschmuck: Festschrift Homann-Wedeking (1975) 243 ff. H. Böttcher, Die große Mutter (1968) 10 ff. W. Helck, Betrachtungen zur großen Göttin und den ihr verbundenen Gottheiten (1971). E. Neumann, Die große Mutter. Eine Phänomenologie des Unbewußten (1956, Nachdr. 1974).

[2] U. Seidl, Göttersymbole und -attribute: RLA III (1957-71) 485, Mondsichel. Colledge, Art of Palmyra, 212 f. H. W. Haussig, Wörterbuch der Mythologie. Götter und Mythen im Vorderen Orient (1965) 34 ff. A. Moortgat, Der Ohrschmuck der Assyrer: AfO 4, 1927, 188 f.

Drahtohrringes wurde auch die Lunula verwendet (s. Typ 13.3, 15.4, 15.6). In diesen Fällen ist sie im Verhältnis zu dem Gehänge wesentlich kleiner, behält aber trotzdem ihre Schmuckfunktion, indem sie dem Gehänge ein wesentlich wertvolleres und solideres Gepräge gibt, als es Drahtring oder Haken vermögen.

Die dritte Grundform ist ein Ohrschmuck, der um die Ohrmuschel gelegt wird (s. Typ 22).

Das häufige Vorkommen und die Variationsvielfalt des Ohrschmuckes überrascht. Die daraus ersichtliche Beliebtheit dieses Schmuckes ist vermutlich auch durch seine Funktion als Symbolträger zu erklären (s.a. Ohrschmuck der Männer, Einleitung).

Typ 1 (Taf. VIII)

Creolen

Creolen sind Ohrringe, die aus einem zu einem Ring gebogenen Draht bestehen. Zur Bereicherung des schlichten Aussehens wurden folgende Techniken angewandt: ganze oder teilweise Umwicklung des Drahtes (s. Typ 1.2.9, 1.3.1, 1.3.2), Tordierung (s. Typ 1.1.2, 1.2.5), Zusammenwicklung eines glatten und eines tordierten Drahtes (s. Typ 1.2.3, 1.2.7), Betonung der Mitte durch einen senkrechten Wulst (s. Typ 1.5.2), Zufügung von Granulation (s. Typ 1.1.3, 1.5.1), einer Perle (s. Typ 1.6.2, 1.6.3, 1.7) oder Ösen (s. Typ 1.4), Einritzung eines Musters, speziell in Nachahmung der Wirkung eines glatten und eines tordierten zusammengedrehten Drahtes (s. Typ 1.2.8). Die geschlossenen Ringe verschließt ein sog. Wickelverschluß (s. Typ 1.1.1-1.1.3), ein Haken-Ösen-Verschluß (s. Typ 1.2.1-1.2.9) oder ein Verschluß aus zwei ineinander zu hängenden Ösen (s. Typ 1.3.1-1.3.2). Die offenen Ringe enden mit spitzzulaufenden Enden (s. Typ 1.5.1-1.5.2) oder mit stumpfen Enden (s. Typ 1.6.1-1.6.3), wobei die letzteren als Pufferenden gearbeitet sein können (s. Typ 1.7). Die Verschlußart weist auf Tragegewohnheiten hin. Vor allem die Ringe mit Wickelverschluß waren wahrscheinlich für ständiges Tragen gearbeitet, die offenen sowie solche mit leicht zu öffnendem Verschluß zum gelegentlichen Tragen bzw. zum Auswechseln. Bei den offenen Ringen wurden die spitzauslaufenden Enden ins Ohr gestochen, während Ringe mit stumpfen Enden oder Pufferenden ans Ohr geklemmt wurden.

1.1 Mit Wickelverschluß.
Typ 1.1 hat einen ,,Wickelverschluß'', d.h. die Enden des Drahtes werden jeweils spiralig um das gegenüberliegende Reifenteil gewunden (s. Abb. 1). Der Reif selbst kann

schmal, zur Mitte him leicht verdickt, tordiert und mit Granulation versehen sein. Typ 1.1 kommt sehr zahlreich vor, vor allem in den Gräbern von Dura-Europos. Belegt ist er aus Silber und Bronze.

Vielleicht waren auf den glatten Drähten zwischen den Verschlußknoten ehemals einige Perlchen aufgezogen (vgl. Fujii, Al-Tar I, 244, Abb. IV-50:12; Taf. LXXXIII k).

Abb. 1

1.1.1 Aus dünnem Draht.
  Herk.: Dura-Europos, Hortfund; Germi.
  Mus. : Damaskus, Teherān.
  Mat. : Silber (seltener Bronze).
  Maße: Dm 5.2 cm.
  Lit. : Dura-Europos: Dura-Europos, Prel. Rep. 2nd Season, 78, Taf. XLVI, 1.
    Germi: Kambaksh-Fard.
1.1.2 Mit tordiertem Reif.
  Herk.: Dura-Europos, Grab 49.
  Mus. : Yale Univ. Art Gallery, Dura Europos Coll.
  Mat. : Silber.
  Maße: Dm 3,5 cm.
  Lit. : Dura-Europos, Prel. Rep. 9th Season II, Taf. LVII.
1.1.3 Mit Perle (?).
  Herk.: Seleukeia, Gruft 159.
  Mus. : Irak Mus. Baġdad.
  Mat. : Gold (?).
  Lit. : Yeivin. Taf. XXI, 2.
    s.a. Dura-Europos, Prel. Rep. 9th Season II, 118.
1.2 Mit Haken-Ösen-Verschluß.
  Durch ihren Haken-Ösen-Verschluß setzen sich die nachfolgend aufgeführten Ringe von denen des Typus 1.1 (1.1.1-1.1.3) als eigene Gruppe ab. Gut erhaltene Exemplare (1.2.1-1.2.3) veranschaulichen, wie Funde, bei denen die Verschlüsse zerstört sind (1.2.4-1.2.8), ursprünglich ausgesehen haben. Die Reifen sind glatt, tordiert oder umwickelt.
1.2.1-1.2.3 Mit erhaltenem Haken-Ösen-Verschluß.
  Herk.: unbekannt, Kunsthandel (Südrußl. ?).
    Nr. 1 angebl. vom Mithradatesberg b. Kertsch.

        Mus. : Staatl. Mus. Berlin.
        Mat. : Gold.
        Maße: Dm 2 cm.
        Lit. : Greifenhagen I, Taf. 23, 1-12; abgebildet Nr. 2, 3, 5.
1.2.4 Mit glattem Reif.
        Herk.: Seleukeia, Gruft 159, Schicht II; Gruft 131.
        Mus. : Irak Mus. Baġdad.
        Mat. : Gold.
        Lit. : Yeivin, Taf. XIX, 1; XXI, 2.
1.2.5 Tordierter Reif.
        Herk.: Dura-Europos, Grab 33, 24, 40, 23, 6.
        Mus. : Yale Univ. Art Gallery, Dura Europos Coll.
        Mat. : Silber, seltener Bronze.
        Maße: Dm ca. 2 cm.
        Lit. : Dura-Europos, Prel.Rep. 9th Season II, 118, Taf. XXXIV? XXXV,
                XXXVII, XLIII, XLVI, L, LII.
1.2.6 Aus zwei Drähten gewickelt, stark verkrustet.
        Herk.: Palmyra, Grabanlage im Tempelbezirk des Baalshamîn, Loculus 3.
        Mus. : Palmyra.
        Mat. : Bronze.
        Lit. : Fellmann, 42, Taf. 15, Abb. 14.
1.2.7-1.2.9 Tordierter Reif (1.2.7), Reif mit Ziselierung (1.2.8), umwickelter Reif
(1.2.9).
        Herk.: Dura-Europos, Palmyren. Tor.
        Mus. : Yale Univ. Art Gallery, Dura Europos Coll.
        Mat. : Silber.
        Maße: Dm 4,3 cm; 4,3 cm; 4 cm.
        Lit. : Dura-Europos, Prel.Rep. 2nd Season, 78, Taf. XV, 1, 2, 3, 5; Taf.
                XLV, 5.
                Dura-Europos, Prel.Rep. 4th Season, Taf. XXVI, 3, 4, 6.
                Pope/Ackerman VII, Taf. 138, F,C,G.
                1.2.7: Herrmann (1977) 64; Anno Nr. 62, S. 55.
1.3 Bei diesen Ohrringen sind die beiden Drahtenden jeweils zuerst zu einer Öse geschlun-
    gen und anschließend um etwa ein Drittel der Ringfläche spiralig gedreht. Die beiden
    Ösen wurden ineinander gehängt. Das Stück 1.3.2 stellt eine Variante von 1.3.1 dar,
    denn bei ihm ist der mittlere Teil des Ringdrahtes so verdickt, daß der Eindruck einer
    Lunula entsteht.
    Herk. : Sirkap/Taxila, Schatzfund.
    Mus. : Archäol. Mus. Taxila.
    Mat. : Gold.
    Maße : Dm zw. ca. 1-1,9 cm.
    Lit. : Marshall, Taxila III, Taf. 191 b-e = Nr. 33-37, 44, 45.
1.4 Mit Ösen für Anhänger (vermutlich geschlossene Reifen).
    Herk. : Assur, Dura-Europos (Gräber).
    Mat. : Assur - Bronze; Dura-Europos - Silber.

Lit.   : Assur: Andrae/Lenzen, WVDOG 57, Taf. 47 f.
         Dura-Europos: Dura-Europos, Prel.Rep. 9th Season II, Taf. L.

1.5 Offene Reifen mit spitzauslaufenden Enden.
  1.5.1 Glatter Reif mit Granulationspyramide.
    Herk.: Nowruzmahaleh (Grab AII, Grab DI);
        Garni (Gräber); Uruk/Warka.
    Mus. : Iran-Bastan Mus., Teherān.
    Mat. : Silber; aber auch Gold.
    Maße: H 2,3 cm.
    Lit. : Nowruzmahaleh: Egami et al. (1966) Taf. XLIX, 30, 31; Taf. XIX, 3; Taf. XLIII, 6, 7 (Abb. entnommen).
       Garni: Arakelian (1957) 79, Abb. 48.
          Arakelian (1976) Taf. CVI.
       Uruk/Warka: Curtis (1979) 315, Abb. 6.
  1.5.2 Mit einem Ring (Wulst) um die Lunulamitte.
    Herk.: Garni (Gräbern u. Festung).
    Mat. : Silber.
    Maße: Dm ca. 1 cm.
    Lit. : Arakelian (1957) 79, Abb. 48.
       Arakelian (1976) Taf. CVI.

1.6 Offene Reifen mit stumpfen Enden.
  1.6.1 Glatter Reif.
    Herk.: Dura-Europos, Grab 30; Ḫoramrūd, Grab A IV.
    Mus. : Yale; Iran-Bastan Mus., Teherān.
    Mat. : Dura-Europos: Silber; Ḫoramrūd: Gold.
    Maße: Dm 1.5 cm; Taxila: Dm 3,12 cm.
    Lit. : Dura-Europos: Dura-Europos, Prel. Rep. 9th Season II, Taf. XLVII.
       Ḫoramrūd: Egami et al. (1966) Taf. LVI, 2; Taf. XXX, 1.
  1.6.2 Mit vorderer Goldperle.
    Herk.: Ninive.
    Mus. : Brit. Mus., London.
    Mat. : Gold.
    Maße: H 1,35 cm; W 1.1 cm.
    Lit. : Curtis (1976) Abb. 94, Nr. 11.
  1.6.3 Mit herabhängender Perle (offener Reif?).
    Herk.: Palmyra, Grabreliefs.
    Lit. : Coll. Bertone (1931) Aukt. Kat., Taf. X, Nr. 653.

1.7 Offener Reif mit Pufferenden und herabhängender Perle.
  Herk. : Palmyra, Grabrelief.
  Lit. : Mackay, Iraq 11, 1949, Taf. LVIII, 1.

Über die Trageweise von Typus 1 haben wir einige Kenntnisse. In Gräbern von Dura-Europos kommt Typ 1.1.1, 1.1.2[3] gewöhnlich paarweise, sogar bis zu 12

[3] Die Übergänge in der Ausführung zu Typ 7.1.1 und 7.2.1, Taf. XIV sind bei manchen Exemplaren sehr fließend (s.a. Typ 7).

Stück vor[4]. In manchen Gräbern fand man an jeder Kopfseite sechs Stück; z.B. in Gruft 6, Grab IV in der Nähe der Schläfen sechs rechts und sechs links[5]. Dieser Befund entspricht Darstellungen auf Grabreliefs in Palmyra. Dort tragen Frauen eine größere Anzahl von Ringen (s.a. Typ 7) am Ohrrand entlang, häufig zusammen mit Ohrschmuck eines anderen Typus (s. Abb. 2)[6].

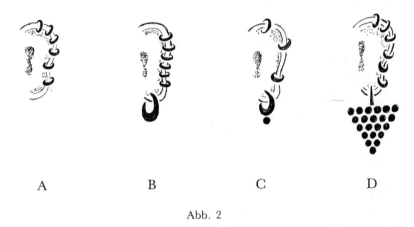

A   B   C   D

Abb. 2

Das Tragen von mehreren Ringen entlang des Ohrrandes scheint eine lange Tradition im Orient zu haben[7]. Diese Trageweise ist heute noch z.B. im indischen Raum anzutreffen. Typ 1 war wohl der Standardschmuck der Frauen; wohlhabenderen diente er darüberhinaus, vor allem in der Ausführung 1.1 (1.1.1-1.1.3) und 1.2 (1.2.1-1.2.3) als Befestigungsring für Ohrgehänge (s. Typ 8 ff, Taf. XVI ff).

Datierung:
1.1.1:   Sirkap: 19 n. Chr. - 70 n. Chr.
            Germi: arsakidenzeitlich.
            Dura-Europos: zw. 140 v. Chr. - 161 n. Chr.

---

[4] Dura-Europos, Prel. Rep. 9th Season II, 118.
[5] Dura-Europos, Prel. Rep. 9th Season II, 118 und 30.
[6] A Herk.: Palmyra, Grabreliefs.
        Lit. : z.B. Mackay, Iraq 11, 1949, Taf. LV, 2.
    B Herk.: Palmyra, Grabreliefs.
        Lit. : z.B. Coll. Bertone (1931) Aukt. Kat. Taf. XI, 660.
                z.B. Ingholt (1928) Taf. X, 1.
    C Herk.: Palmyra, Grabreliefs.
        Lit. : z.B. Ghirshman (1962) Taf. 93.
    D Herk.: Palmyra, Grabreliefs.
        Lit. : z.B. Mackay, Iraq 11, 1949, Taf. LV, 1.
[7] S. z.B. auf den späthethitischen Reliefs aus Maraş, dat. um 800 v. Chr. (bes. deutl. Ansicht: K. Bittel, Die Hethiter, 1976, Abb. 313, 316, 317).

1.1.2:	bes. 2. und 1. Jh. v. Chr.
1.1.3:	54 n. Chr. - 118 n. Chr.
1.2.1-1.2.3:	1.-3. Jh. n. Chr. (?).
1.2.4:	43 n. Chr. - 230 n. Chr.
1.2.5:	1. Jh. - 1./2. Jh. n. Chr.
1.2.6:	150 v. Chr. - Anfang d. 1. Jh. n. Chr.
1.2.7-1.2.9:	140 v. Chr. - 161 n. Chr.
1.3.1-1.3.2:	1. Jh. n. Chr.
1.4:	Dura-Europos: 1./2. Jh. n. Chr.
	Assur: 1./2. Jh./Anfang 3. Jh. n. Chr.
1.5.1-1.5.2:	1. Jh. n. Chr.
1.6.1:	1. Jh. v. Chr. - erste Hälfte 3. Jh. n. Chr.
1.6.2:	1. Hälfte d. 2. Jh. n. Chr.
1.6.3:	1. Hälfte d. 3. Jh. n. Chr.
1.7:	Anfang 3. Jh. n. Chr.

Typ 2 (Taf. IX)

Bügelohrringe mit einer Cabochonfassung

Ein Teil des Ringes wird durch die Zufügung eines runden Cabochons aus blauem oder violettem Glas ersetzt. Die beiden Ansatzzstellen des Bügels an der Cabochonfassung sind mit feinem Draht spiralig umwickelt. Durch einen Haken-Ösen-Verschluß wird der Bügelohrring geschlossen.
Herk.: Dura-Europos, Grab 6, 28, 36; Baġūz, Gräber.
Mus. : Yale Univ. Art Gallery, Dura Europos Coll.
Mat. : Silber.
Maße: ca. 2 cm oder ca. 3 cm (kommt in zwei Größen vor).
Lit. : Dura-Europos, Prel. Rep. 9th Season II, 118, Abb. 51 A (Abb. entnommen); Taf. XLVIII, LI.

Der Bügelohrring mit einer Cabochonfassung kommt meines Wissens erstmalig in der Arsakidenzeit vor. In den Gräbern von Dura-Europos und Baġūz wurde er in größerer Anzahl gefunden.

Datierung:
1. Jh. v. Chr. - 1./2. Jh. n. Chr.

Typ 3 (Taf. IX)

Bügelohrringe mit mehreren Cabochonfassungen

Typ 3 ist wie Typ 2 ein Bügelohrring. Die Grundform des Ringes ist durch die Einfügung mehrerer Kastenfassungen aber kaum noch erkennbar. In der Anordnung der Cabochons erscheint die Senkrechte betont, wodurch Typ 3 in der Wirkung den Gehängen nahesteht (vgl. Typ 11 und 13).

3.1 Mit Bügel.

    3.1.1 Ohrring mit drei Kastenfassungen.

        Zwischen zwei kleinen runden Einfassungen (ein Stein ist erhalten geblieben) mit Granulationskranz hängt eine mandelförmige, mit roter Einlage versehene Einfassung. Sie ist nach unten gerichtet und ebenfalls mit Granulationskranz versehen. An ihrer Spitze hängt eine Öse.

        Herk.: Dura-Europos, „House of the large Atrium".
        Mus.: Nat. Mus. Damaskus.
        Mat.: Roter Stein (?), Gold.
        Maße: H 5,3 cm.
        Lit.: Dura-Europos, Prel. Rep. 4th Season, 248, Taf. XI, 1.

    3.1.2 Ohrring mit sieben Kastenfassungen und Anhänger.

        Die an einen Tropfen erinnernde Form der Schmuckplatte ist aufgeteilt in mandel-, halbmond-, rhombenförmige sowie spitze und runde Einfassungen. Die rote Einlage (Glas oder Stein?) ist noch teilweise erhalten. Den unteren Abschluß bildet ein runder, an Ösen befestigter Cabochon. Seitlich hängen an der Schmuckplatte sechs Goldkügelchen.

        Herk.: Hatra.
        Mus.: Irak Mus. Baġdad, IM 68096.
        Mat.: Gold; Einlagen rot, bei Halbmond grün.
        Maße: L 6 cm.
        Lit.: Hildesheim, Sumer-Assur-Babylon (1978) Nr. 190.
              Berlin, Der Garten in Eden (1979) Nr. 185.

3.2 Mit Befestigungsösen.

  Ohrring mit acht Kastenfassungen und drei Glöckchen-Anhängern.

  Der Bügel wurde durch zwei Ösen ersetzt. An ihnen hing ehemals das Befestigungsteil für das Ohr. Verschiedene Möglichkeiten für das Aussehen dieses Befestigungsteils bieten sich aufgrund von Vergleichen an: Ohrring vom Typ 1, 6 oder 7 (s. Taf. XVII, 13.2), Haken mit Scharnierverbindung (s. Taf. XVI, 11.1.1.2), weiteres Schmuckelement (s. Taf. XVI, 11.2.2).

  Die Schmuckplatte besteht aus einem runden Cabochon, um welchen sich um den unteren Teil sechs mandelförmige Fassungen reihen. Der obere Rand des mittleren Cabochons wird durch einen rechteckigen Cabochon gekrönt. Von drei Ringen hängen an kurzen Goldkettchen jeweils ein hufeisenförmiges Glöckchen.

  Herk.: Unbekannt.
  Mus.: Brit. Mus., London.
  Mat.: Gold, Granat.
  Maße: H 4,62 cm.
  Lit.: Barnett, BMQ 26, 1963, 100.
       London, Jewellery through 7000 Years (1976) Nr. 180 b.
       s. nahezu identisches Paar (gut erhalten): Médailles et Monnaies de Collection, Paris, 2-3-4 Mai 1973, Nr. 821, dat. IV.-V. Jh. n. Chr.

Die Funde aus Hatra und Dura-Europos entsprechen sich in einigen Details. Es sind dies die Verschlußform, die beiden kleinen runden Scheibchen mit Granulationsring an der Basis des Bügels, die mandelförmige Kastenfassung als Grundelement des Ohrringes und die Anhängeröse an der unteren Ohrringspitze. Bei so viel Ähnlichkeit können die beiden Exemplare trotz ihrer Unterschiede in Größe und Gestaltung als ein Typus angesehen werden. Zu ihnen paßt der Ohrring Typ 3.2. Zwar ist der Bügel durch zwei Ösen ersetzt worden, doch fand bei der Gestaltung der Schmuckplatte der gleiche spielerische Umgang, das gleiche Experimentieren mit Cabochonfassungen auf ihre bestmögliche Wirkung hin statt. Dadurch unterscheidet sich die Schmuckplattengestaltung des Typus 3 von der Anordnung der Kastenfassungen des Typus 11 (s. Taf. XVI). Bei jenen erfährt die eine für den Ohrschmuck maßgebliche Cabochonfassung durch Zufügung weiterer Fassungen und Anhänger nur eine Ausschmückung.

Datierung:
   1.-2. Jh. n. Chr.

Typ 4 (Taf. IX)

Ohrringe mit zwei kugeligen Schmuckelementen gleicher oder unterschiedlicher Größe.

Auf zahlreichen Grabreliefs in Palmyra ist dieser Ohrschmuck dargestellt[8]. Die hier abgebildeten Exemplare geben die Variationsbreite dieses Typus wieder.
4.1 Gleichgroße, kugelige Elemente.
   Herk.: Palmyra, Grabreliefs.

---

[8] Unter den zahlreichen Grabreliefs sind einige, auf denen die dargestellten Frauen einperlige Ohrringe tragen. Mir scheint, diese Ohrringe sind eher als zerstörte, unfertige oder ungenaue Steinmetzarbeiten einzustufen.
   Der von Mackay, Iraq 11, 1949, 168, Abb. 2e, aufgeführte „Halbkugelring" aus der Nähe von Sidon ist meines Erachtens aufgrund seiner Herkunft außerhalb des Arsakiden-Reiches kein Beweis für das Vorkommen dieses Types im Bereich der Arsakiden, da weitere Funde aus dem eigentlichen Reichsgebiet fehlen. Ob er in Palmyra getragen wurde, ist nicht mit Sicherheit zu sagen. Zwar gibt es, wie bereits erwähnt, einige Grabreliefs mit einperligem Ohrschmuck, doch gleichen sich diese dargestellten Ohrringe untereinander nicht. Wären sie getragen worden, so wären sie, wie die darstellende Kunst im alten Orient immer wieder zeigt, häufiger und vor allem genauer dargestellt worden. Da dieser „Halbkugelohrring" im römischen Imperium bis etwa zur Mitte des 2. Jh. n. Chr. und auch in Ägypten beliebt war, kann es sich bei diesem Einzelfund um römischen Import handeln, der mit dem arsakidischen Reichsgebiet und arsakidischen Kultureinflüssen in keiner Beziehung steht.

Lit.   : z.B. Coll. Bertone (1931) Aukt.Kat. Taf. X, 656.
        z.B. München, Land des Baal (1982) Nr. 179.
4.2 Ähnl. wie 4.1; jedoch oberhalb des oberen runden Elementes Spuren der Befe-
    stigungsvorrichtung.
    Herk.: Palmyra, Grabreliefs.
    Lit.   : z.B. Coll. Bertone (1931) Aukt. Kat. Taf. IX, 650.
            z.B. Ingholt (1928) Taf. XVI, 3.
            z.B. Browning, Abb. 10, 11.
4.3 Kleines und großes, kugeliges Element.
    Herk.: Palmyra, Grabreliefs.
    Lit.   : z.B. Collq. de Strasbourg (1973) Taf. VII.

Typus 4 könnte den von El-Chehadeh[9] behandelten Stücken aus dem Kunsthandel (s. Abb. 1 und 2) entsprechen. In diesem Falle wäre die dargestellte obere ,,Per-
le'' eine runde Einfassung (s. Abb. 1) oder eine runde gewölbte Scheibe (s. Abb.
2) am oberen Bügelteil, der gerade Steg ein Anhänger für die untere Perle. An manchen Büsten ist fragmentarisch noch der obere Teil des Ohrringbügels angedeutet
(s. Typ 4.2). Bei einer mir bekannten nicht publizierten Darstellung war die runde
Schmuckfassung am Ohr einst farbig ausgemalt[10], vermutlich um eine Fassung ähn-

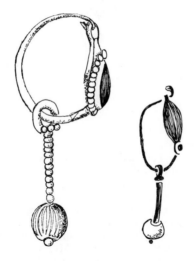

Abb. 1   Abb. 2

[9] El-Chehadeh, Schmuck in Syrien, Nr. 17, 18.
[10] Einen Eindruck von der farbigen Bemalung des Schmuckes auf Grabreliefs gibt die sog. Büste
der Königin, Ny Carlsberg Glyptothek, Kopenhagen.

lich der von Abb. 1 für den Betrachter deutlich erkennbar zu machen. Neben dieser Ähnlichkeit zwischen den Stücken von Abb. 1 und 2 mit den Darstellungen in Palmyra spricht auch die Herkunft eines solchen Ringes aus Tortosa/Syrien[11], also aus der Nähe von Palmyra, für den hier vorgenommenen Vergleich. Funde dieses Typus sind nach El-Chehadeh nicht selten, gewöhnlich aber undatiert. Er vergleicht sie mit zwei Exemplaren aus dem Britischen Museum. ,, Sie stammen aus Gräbern in Amathus[12], die auch antoninische Münzen enthielten. Daraus kann ungefähr auf eine Entstehungszeit des Ohrschmuckes im 2. Jh. n. Chr. geschlossen werden[13]." Weiter vergleicht er sie mit Funden aus einer Nekropole bei Jerusalem, die aufgrund beigegebener Glasgefäße dem 2. Jh. n. Chr. angehören, und mit Ohrringen auf einem Mumienporträt, welches ebenfalls antoninisch datiert wird[14]. Der Typus war in der römischen und römisch beeinflußten Welt[15] verbreitet. Im Gestaltungsprinzip vergleichbaren Ohrschmuck gibt es, mit großem zeitlichen Hiatus, aus mittelassyrischer Zeit[16] (s. gleiches Phänomen bei Halsschmuck der Frauen, Typ 3.2.4.2; Anhänger 6.1).

Typ 4 konnte auch am oberen Ohrrand getragen werden (s. Abb. 3)[17].

Abb. 3

[11] Marshall, CJBM, Taf. LIII, Nr. 2532.

[12] S.a. Zypern, Marshall, CJBM, Taf. LIII, Nr. 2542; ohne Steineinlage Nr. 2524, 2526; Funde bei Greifenhagen, Schmuckarbeiten II, Taf. 49, bes. Abb. 16, 17, 20 unbekannter Herkunft, Abb. 27; zwei Exemplare aus dem Kunsthandel (Nr. 259, 281) in der Slg. v. Nelidow, erworben in Istanbul.

[13] El-Chehadeh, Schmuck in Syrien, 20.

[14] Gemeint ist ein Porträt, gut abgebildet bei Parlasca, Mumienporträts, Taf. 31, 2. Das gleiche erscheint vergrößert bei Parlasca, Repertorio, Taf. 56, 2. Diesem sehr deutlichen Foto zufolge gehört der Ohrschmuck der Frau einem anderen Typus an (s. Typ 9 und 10). Eine ebenfalls deutliche Darstellung desselben Ohrschmuckes, abgebildet bei Parlasca, Mumienporträts, Taf. 47, 1 bestätigt dies.

[15] Böhme, Schmuck der römischen Frau, Abb. 9. Higgens, Jewellery (1961) Taf. 54B; (1980) Taf. 54C. Pfeiler, Goldschmuck, Taf. 27, Nr. 2-4. Marshall, CJBM, Taf. LIII, 2524 ff. Greifenhagen, Schmuckarbeiten II, Taf. 49, z.B. Nr. 20.

[16] Maxwell-Hyslop, Jewellery, 175, Abb. 107a, b. E. W. Andrae, Gruft 45 in: A. Haller, Die Gräber und Grüfte von Assur, WVDOG 65 (1954) Taf. 28; Taf. 33a, b; Taf. 36l, n.

[17] Klengel, Syria Antiqua, 167.

Datierung:
Palmyra II. und III. Periode (130/150 n. Chr. - 3. Jh. n. Chr.).

Typ 5 (Taf. IX)

Bügelohrring mit Tierprotome

Als Typ 5 werden hier Bügelohrringe mit Tierprotomen behandelt. Ohrringe mit Tiermotiven sind aus arsakidischer Zeit in zwei Ausführungen belegt: als Bügelohrring und als Ohrgehänge (s. Typ 19, Taf. XXI).

Als charakteristischer Vertreter steht der auf der Tafel abgebildete Ohrring mit Löwenprotome am vorderen Teil des Bügels. Der Bügel mündet am Hinterkopf des Löwen. Der Kopf ist auffällig gearbeitet. Ph. Ackerman schreibt: „... has in place of the head the lion's forequarters".
Herk.: Sivas, hergest. vermutl. in Kurdistan.
Mus. : Slg. Miss Irene Lewinsohn.
Mat. : Silber.
Lit. : Ackerman: Pope/Ackerman I, 467; 470, Abb. 125.

Die gerade Endung des Protomenkörpers wie überhaupt die völlige Schmucklosigkeit des langen Bügels lassen eine ehemalige Ausschmückung mit Perlen und Drahtumwicklung vermuten. Mit dieser Verzierung entspräche er späthellenistischen Ohrringen[18].
Berücksichtigt man den Hinweis von Ackerman auf einen ähnlichen Ohrring mit Löwenkopfenden in ihrem Privatbesitz[19] und einen Bericht aus Hāmādān[20] über ein goldenes Ohrringpaar mit Löwenköpfen, deren Hinterköpfe zu menschlichen Gesichtern gestaltet sind, so kann eine relative Beliebtheit dieses Ohrschmucktypus in arsakidischen und in angrenzenden Gebieten vermutet werden.

Datierung:
3. Jh. v. Chr. - 3. Jh. n. Chr.

[18] Hoffmann/Davidson, Greek Gold Jewelry, Nr. 29, 30. Hoffmann/v. Claer, Gold- und Silberschmuck, Nr. 78.
[19] Ph. Ackerman: Pope/Ackerman, Survey I, 467.
[20] M. Azarnoush, Hamadan: Iran 13, 1975, 182.

Typ 6 (Taf. X-XIII)

Menschengestaltige Bügelohrringe

Ein Teil des Ohrringes ist in Form eines bzw. zweier Köpfe oder einer weiblichen bzw. männlichen Figur gearbeitet. Aus der Arsakidenzeit liegen viele Originalfunde vor. Sie beweisen das Tragen verschiedener Ausführungen des Typus 6 während dieser Periode.

6.1 Bügelohrring mit ein oder zwei menschlichen Köpfen. Der in der Regel gedrehte Bügel endet am oberen Teil des Hinterkopfes (Taf. X).

    6.1.1 Der Kopf ist einheimischer (syrischer ?) Prägung.

        6.1.1.1 Herk.: Dura-Europos.

                Mus. : Yale Univ. Art Gallery, Dura Europos Coll.

                Mat. : Kopf ist aus sehr dünnem Silber, die Füllung besteht aus Wachs oder Teer.

                Maße: H 2,6 cm.

                Lit. : Dura-Europos, Prel. Rep. 9th Season II, 119, Abb. 51 B (Abb. entnommen).

                Ähnl. Stück: Zouhdi, AAS 21, 1971, Taf. XIV, 6.

        6.1.1.2 Bei diesem Stück ist am Hinterkopf eine Kette angebracht, welche wahrscheinlich den Ohrring mit der Kopfbekleidung oder dem Stirnband verband, um das Gewicht des Ohrrings für die Trägerin zu erleichtern.

                Herk.: Baġūz, Grab E 9 III.

                Mus. : Yale Univ. Art Gallery, Dura Europos Coll.

                Mat. : Silber.

                Maße: H ca. 5 cm.

                Lit. : Dura-Europos, Prel. Rep. 9th Season II, Taf. LXI, 1.

        6.1.1.3 Silberner Ohrring mit zwei Lockenköpfen.

                Herk.: Dura-Europos, Grab 6, Grab 8.

                Mus.: Yale Univ. Art Gallery, Dura Europos Coll.

                Mat. : Silber.

                Maße: H 3 cm.

                Lit. : Dura-Europos, Prel. Rep. 9th Season II, 119, Abb. 51 C (Abb. entnommen).

    6.1.2 Orientalischer Kopftypus auf Perlensockel.

        6.1.2.1 Die Übergangsstelle zwischen Kopf und Bügel ist von drei länglichen Perlen, deren Ränder granuliert sind, verziert.

                Herk.: Kunsthandel, angebl. Yahmour.

                Mus.: Nat. Mus. Damaskus, Inv. Nr. 5550.

                Mat. : Gold.

                Maße: H 2,8 cm, Gew. 4,2 Gramm.

                Lit. : El-Chehadeh, Nr. 29.

        6.1.2.2 Die Übergangsstelle zwischen Kopf und Bügel wird von drei Kugeln (z.T. mit reicher Granulation) und granulierten Scheiben verziert (Paar).

Herk.: Yahmour.

Mus. : Coll. de Clercq.

Mat. : Gold.

Maße: H 3,6 cm, L 3,7 cm.

Lit.   : de Ridder, Taf. I, Abb. 216.

Ähnl. Stück: Nicosia, Cyprus Museum Picture Book No. 5 (1971) Taf. XXVIII, 6, 7, unbekannter Provenienz.

6.1.3   Griechischer Kopftypus.

6.1.3.1 Auf dem Kopf ist ein runder Stein in breiter Fassung angebracht. Die Übergangsstelle zwischen Kopf und Bügel ist mit Goldperlen und Goldscheiben verziert.

Mus. : Benaki-Mus., Athen.

Mat. : Gold, Granat.

Maße: H 3,5 cm.

Lit.   : Segall (1938) Taf. 33, Abb. 123.

6.1.3.2 Zwischen Bügel und Kopf befindet sich ein reichgranulierter Sockel. Der Bügel ist aus mehreren Drähten gewunden.

Herk.: Unbekannt, erworben in Syrien.

Mus. : Stift. Preuß. Kulturbesitz, Berlin.

Mat. : Gold.

Maße: H 1,6 cm.

Lit.   : Greifenhagen II, Taf. 47, Nr. 3.

Ähnl. Paar: Berkeley, Echoes from Olympus (1974) Nr. 197; mit deutlich sichtbarem Scheitelschmuck.

Ähnl. Stück: Istanbul, Kat. Archaeol. Mus. Istanbul (1983) 25.

6.1.3.3 Von einem Ohrring ähnlich Typ 6.1.3.1 hängt ein Anhänger in Form einer dreizipfeligen Traube herab. Auf einen Teil des Bügels waren sicherlich ehemals Steinperlen aufgezogen (s. Rekonstruktion).

Mat. : Gold.

Lit.   : Sotheby's (1931) Aukt. Kat. Abb. 104 a.

6.2 Bügelohrringe mit nackter *weiblicher Figur*, der glatte Bügel endet in einem Sockel zu Füßen der Figur (Taf. XI).

6.2.1 Ohne Glas- oder Steineinlage.

Herk.: Dura-Europos, Grab 6, 30, 36, 54.

Mus. : Yale Univ. Art Gallery, Dura Europos Coll.

Mat. : Silber.

Maße: H 3 cm.

Lit.   : Dura-Europos, Prel. Rep. 9th Season II, 119, Abb. 51 D (Abb. entnommen).

6.2.2 Mit runder Schmuckscheibe über den Ohren und Stein in gezackter Einfassung auf dem vorderen Teil des Befestigungsbügels.

Herk.: Dura-Europos, Grab 22, 49, 54.

Mus. : Yale Univ. Art Gallery, Dura Europos Coll.

Mat. : Silber.

Maße: H 2,5 cm bzw. 1.7 cm.

    Lit. : Dura-Europos, Prel. Rep. 9th Season II, 119, Abb. 51 E (Abb. entnommen).

6.2.3 Mit eingefaßter runder roter Glaseinlage in Ohrhöhe und einer ovalen Glaseinlage auf dem vorderen Teil des Befestigungsbügels.
    Herk.: Baġūz, Grab.
    Mat. : Silber.
    Maße: H 5 cm, größer als die von Dura-Europos.
    Lit. : Dura-Europos, Prel. Rep. 9th Season II, Taf. LXI, 2.

6.2.4 Ähnlich wie 6.2.3, jedoch ohne Steineinlage auf dem Bügel.
    Herk.: Seleukeia.
    Mus. : Irak Mus. Baġdad.
    Mat. : Silber.
    Maße: 4/5 der abgebildeten Größe.
    Lit. : Pope/Ackerman VII, Taf. 139 F
       Colledge (1967) Taf. 11 c. Ähnl. Stücke aus Nippur: Herrmann (1977) 63; Anno 62, S. 53. Perrot/Chipiez II, 768, Abb. 441-2.

6.2.5 Aus zwei Teilen bestehend: Den oberen Teil bildet ein Ohrring vom Typ 6.2.2 (mit Schmuckscheibe, ohne Cabochon auf dem Bügel) mit Öse am Bauch des Figürchens. Von der Öse hängt der zweite Teil des Ohrrings: an langem Draht, auf welchen ehemals sicherlich Perlen aufgezogen waren, ein Amphoren-Anhänger.
    Herk.: Baġdad.
    Mus. : Coll. de Clercq.
    Mat. : Gold.
    Maße: H 6,2 cm.
    Lit. : de Ridder, Taf. II, Abb. 115.
       Ähnl. Stück: SCE IV, Teil 3, 116, Nr. 18; BMMA, Suppl. June MCMXV, S. 5, Zypern.
       Ähnl. Stück aus Seleukeia (ohne Anhänger, aber mit Anhängeröse): Pope/Ackerman VII, Taf. 139 E.

6.2.6 Aus zwei Teilen bestehend:
    ,,An einem hackenförmigen Reifen hängt horizontal schwebend ein karrikirter Eros mit plattgedrücktem Riesenwasserkopf (Melonenfrisur). Von seinem rechten Arme hängt eine grosse Traube herab, die mit Granulirkügelchen vollbedeckt ist. An den drei Enden der Traube sitzt je eine grössere Kugel[21]'' (Paar).
    Herk.: Kleinasien.
    Mus. : Slg. v. Nelidow.
    Mat. : Gold.
    Maße: H 5,4 cm.
    Lit. : Pollak, Taf. VIII, Nr. 74.

6.2.7 Sehr flaches, schmal gearbeitetes Figürchen.
    Herk.: Uruk-Warka.
    Mat. : Gold.
    Lit. : Nöldeke, UVB 7, 35, Taf. 37 g.

---

[21] Pollak, Slg. v. Nelidow, Nr. 74.

6.2.8 Mit ausladendem Kopf.
 Herk.: Dura-Europos, Grab 22.
 Mus. : Yale Univ. Art Gallery, Dura Europos Coll.
 Mat. : Silber.
 Maße: Kleiner als 6.2.1 und 6.2.2.
 Lit. : Dura-Europos, Prel. Rep. 9th Season II, Taf. XL.
6.2.9 Ähnlich wie 6.2.8.
 Herk.: Seleukeia, Gruft 159.
 Mus. : Irak Mus. Baġdad.
 Mat. : Silber.
 Maße: H 3 cm.
 Lit. : Yeivin, Taf. XXI, 2.
 Ähnl. Stück: Pope/Ackerman VII, Taf. 139 G.
6.2.10 Mit Melonenfrisur[22] und Anhängeröse am Bauch.
 Herk.: Seleukeia.
 Mus. : Irak Mus. Baġdad.
 Mat. : Gold.
 Maße: L 2.5 cm.
 Lit. : Hildesheim, Sumer-Assur-Babylon (1978) Nr. 188
 Berlin, Der Garten in Eden (1979) Nr. 191.
 Ähnl. Stück mit Schmuckscheibe über den Ohren: Pope/Ackerman VII,
 Taf. 139 E.
6.2.11 Ähnlich wie 6.2.8.
 Herk.: Palmyra, Grabanlage im Tempelbez. d. Baalshamîn, Loculus 2, Schicht
 3.
 Mus. : Palmyra.
 Mat. : Bronze.
 Maße: H 2,8 cm.
 Lit. : Fellmann (1970) 35, Taf. 14, 19.
6.2.12 Dünnes, kleines Figürchen.
 Herk.: Masġid-e Sulaimān.
 Mus. : Iran-Bastan Mus., Teherān.
 Mat. : Bronze.
 Maße: Dm 3 cm.
 Lit. : Ghirshman (1976) Taf. 55, G. MIS 281, a (Abb. entnommen).
6.2.13 Mit Kopfbedeckung (?).
 Herk.: Hāmādān, Kunsthandel.
 Mus. : Staatl. Mus. Berlin, Misc. 3105.
 Mat. : Blasses Gold.
 Maße: Dm 2 cm.
 Lit. : Greifenhagen II, Taf. 43, Abb. 20, 22.

---

[22] Bei der Melonenfrisur wird die Haarmasse geteilt in einzelne Streifen, ,,die von der Stirn nach
dem Hinterkopf laufen. ... Am Hinterkopf werden die Haare in einen Schopf, Knoten oder aufge-
wickelten Zopf zusammengefaßt'' (Steininger, REL VII, 1910, 2127).

6.2.14 Ein Ohrringpaar mit auffallend flach gearbeiteten Figürchen. Der Kopf ist verhältnismäßig groß. Über dem Scheitel befinden sich zwei Goldkügelchen (Frisur ?).
   Herk.: Kunsthandel.
   Mat. : Gold.
   Maße: H 2 cm, Gew. 3,94 Gramm.
   Lit. : Ars Antiqua AG, Luzern, Aukt. Kat. (1966) Nr. 99. Taf. XVII.

6.2.15 Figur mit Flügelchen, Bügel aus mehreren Drähten gewunden.
   Herk.: Unbekannt, ehem. Slg. v. Gans.
   Mus. : Staat. Mus. Berlin, Inv. 30219,622.
   Mat. : Gold.
   Maße: Dm 1,2 cm.
   Lit. : Greifenhagen II, Taf. 43. Abb. 9.
           Ähnl. Stück: SCE IV, Teil 3, 116, Nr. 16.

6.3 Bügelohrringe mit nackter *männlicher Figur*; der Bügel (glatt oder gedreht) endet zu Füßen der Figur in einem Sockel (Taf. XII, XIII).
   — Erotenohrringe —

6.3.1 Männliche Figur mit Flügeln, Kopfbedeckung, Blüte auf dem Bügelansatz, Weinranke über der Brust.
   Herk.: Unbekannt.
   Mus. : Mus. Nicosia, Zypern, J 514.
   Mat. : Gold.
   Maße: Dm 1,7 cm.
   Lit. : Cyprus Museum Picture Book 5, Taf. XXXII, Abb. 5-6.

6.3.2 Figur mit Flügeln und Weinranke über der Brust.
   Herk.: Südrußland, Slg. Merle de Massoneau.
   Mus. : Staatl. Mus. Berlin, Misc. 11863,167.
   Mat. : Gold.
   Maße: Dm 1,4 cm.
   Lit. : Greifenhagen I, Taf. 21, Abb. 8, 9.

6.3.3 Die Flügel des Figürchens sind gesondert gearbeitet. Der Ring am Bügelansatz ist gekehlt. Schräg über der Brust wird eine Weinranke getragen.
   Herk.: Unbekannt, ehem. Slg. v. Gans.
   Mus. : Staatl. Mus. Berlin, Inv. 30219,650.
   Mat. : Gold.
   Maße: Dm 1,3 cm.
   Lit. : Greifenhagen II, Taf. 43, Abb. 10.

6.3.4 Auf dem Kopf große, sechs-blättrige Blüte, deren Blätter auf der Rückseite Eintiefungen haben; Flügel; Weinranke über der Brust.
   Herk.: Elephantine/Ägypten.
   Mus. : Staatl. Mus. Berlin, Misc. 10832.
   Mat. : Gold.
   Maße: Dm 1,2 cm.
   Lit. : Greifenhagen II, Taf. 43, Abb. 12-13.

6.3.5 Rechte Hand hält Kranz aus Kügelchen, am linken Arm ein Spiralarmreif aus

Draht; Weinranke über der Brust.
Herk.: Hāmādān.
Mus.: Staatl. Mus. Berlin, Misc. 3110.
Mat.: Blasses Gold.
Maße: H 1,3 cm.
Lit.: Greifenhagen II, Taf. 43, Abb. 14.

6.3.6 Figürchen mit lose gearbeiteten Armen aus dünnem Draht.
Herk.: Hāmādān.
Mus.: Staatl. Mus. Berlin, Misc. 3109.
Mat.: Blasses Gold.
Maße: H 1,4 cm.
Lit.: Greifenhagen II, Taf. 43, Abb. 15.

6.3.7 Figürchen mit hohem Kopfputz und Weinranke schräg über der Brust.
Herk.: Hāmādān.
Mus.: Staat. Mus. Berlin, Misc. 3108.
Mat.: Blasses Gold.
Maße: Dm 1,7 cm.
Lit.: Greifenhagen II, Taf. 43, Abb. 16-17.

6.3.8 Figürchen mit Flügeln, Kopfbedeckung und Goldperle auf dem vorderen Bügelteil.
Herk.: Hāmādān.
Mus.: Staatl. Mus. Berlin, Misc. 3107.
Mat.: Blasses Gold.
Maße: Dm 1,8 cm.
Lit.: Greifenhagen II, Taf. 43, Abb. 18-19.
  Ähnl. Stück mit Weinranke, ebenfalls aus Hāmādān, de Morgan IV, 2 (1896) Abb. 157, 2, 6.

6.3.9 Figürchen mit Flügeln; Blüte auf dem vorderen Bügelteil.
Herk.: von Campanari, Slg. Durand.
Mus.: Staatl. Mus. Berlin, Misc. 1843.
Mat.: Gold.
Maße: Dm 1,7 cm.
Lit.: Greifenhagen II, Taf. 43, Abb. 1, 4.

6.3.10 Figürchen mit Flügeln; Blüte auf dem Bügel; Gefäß in den Händen; Weinranke über der Brust.
Herk.: Melos, Slg. Pourtalès.
Mus.: Staatl. Mus. Berlin, Misc. 3560.
Mat.: Gold.
Maße: Dm 1,5 cm/ 1,3 cm.
Lit.: Greifenhagen II, Taf. 43, Abb. 2-3.

6.3.11 Figürchen mit Flügeln; Bügel ist nur noch fragmentarisch erhalten; Eros hält Blüte/Schälchen (?) in den Händen; vermutlich ohne Weinranke.
Herk.: Unbekannt, ehem. Slg. v. Gans.
Mus.: Staatl. Mus. Berlin, Inv. 30219,649.
Mat.: Gold.

Maße: H 1,7 cm.
Lit.   : Greifenhagen II, Taf. 43, Abb. 5.
6.3.12 Figürchen mit Weinranke schräg über der Brust; es war bei der Auffindung
stark zerstört.
Herk.: Melos.
Mus. : Staatl. Mus. Berlin, Misc. 2929.
Mat. : Gold.
Maße: Dm 1,4 cm.
Lit.   : Greifenhagen II, Taf. 43, Abb. 7-8.
6.3.13 Auf dem vorderen Teil des Bügels befindet sich ein runder Cabochon in gezack-
ter Fassung. Das Figürchen trägt eine Weinranke schräg über der Brust.
Herk.: Nähe Damaskus, Grab, zus. mit 14.4.2.3 und Kette 1.18.
Mus. : Brit. Mus., London.
Mat. : Gold.
Maße: Dm 2,7 cm.
Lit.   : Marshall, CJBM, 2326-7, Taf. LI.
         Higgins (1961) Taf. 47, F; (1980) Taf. 47, I.
         Ähnl. Stück: Zahn, Slg. Gal. Bachsitz I, Taf. 8, Nr. 29 (aus Syrien).
6.3.14 Figürchen mit kleinen Flügeln. Es „hält mit beiden Händen eine Amphora vor
sich hin. Hinter seinem Kopf setzt ein weit ausladender Bügel an, der in einer
Öse hinter den Füßen des Eros einrastet. Dieser Bügel ist zunächst aus mehreren
Drähten zusammengewunden, läuft dann aber vierkantig aus[23]."
Herk.: Kunsthandel.
Mat. : Gold.
Maße: H 1,6 cm, Gew. 3,9 Gramm.
Lit.   : Ars Antiqua AG, Luzern, Aukt. Kat. 1960, Nr. 182.
6.3.15 Figürchen mit Weinranke schräg über der Brust und Kopfbedeckung.
Herk.: Hāmādān, Kunsthandel.
Mus. : Staatl. Mus. Berlin, Misc. 3106.
Mat. : Blasses Gold.
Maße: Dm 1,8 cm.
Lit.   : Greifenhagen II, Taf. 43, Abb. 21-23.
6.3.16 Figürchen mit Flügeln; Blüte auf dem Kopf; Weinranke über der Brust (Paar).
Herk.: Kunsthandel.
Mat. : Gold.
Maße: H 2 cm.
Lit.   : Gal. H. Vollmoeller, Zürich (1975) Aukt. Kat., Kat. Nr. 146 (dort als
         byzant., 6. Jh. n. Chr. datiert).
6.3.17 Geflügelter Eros mit schulterlangen Haaren und Kopfbedeckung.
Herk.: Kunsthandel.
Mus. : Coll. M. Gutman, Oberlin College, Oberlin, Ohio.
Mat. : Gold.
Maße: H ca. 2 cm; Gew. 3, 67 Gramm.

[23] G. Hafner, Ars Antiqua, Luzern 1960, Aukt. Kat. II, Nr. 182.

Lit. : Coll. Melvin Gutman, Allen Mem. Art Mus. Bull. XVIII, Nr. 2 und 3, 138, Nr. 60.
6.3.18 Figürchen mit Amphorenanhänger und Weinranke schräg über der Brust (Paar, vgl. hierzu Typ 22).
Herk.: Aus Slg. in Tortosa (Ṭarṭûs).
Mus. : Coll. de Clercq.
Mat. : Gold.
Maße: H 5,8 cm.
Lit. : de Ridder, Taf. I, Abb. 57, 58.

Nicht abgebildete ähnliche Stücke z.B.:
Pollak, Taf. VIII, Abb. 73, 75, 77, 86, 87, 90.
Niessen, Taf. CXXXIV, Abb. 4484-4485.
Ars Antiqua AG, Luzern (1964) Aukt. Kat. Nr. 155, Taf. XLI.
Kassel, Antiker Schmuck (1980) Taf. 15, Nr. 70, 71.
London, Coll. Francis Cook (1908) II, Taf. XXI, Nr. 11.
Istanbul, Archäologisches Museum (1983) Nr. 18, 19.
Hackens, Nr. 34, 44.
Hackens/Winkes, Nr. 19.

Zu 6.1 (Bügelohrringe mit Köpfen; Taf. X).

In Dura-Europos und Baġûz wurden Ohrringe mit Kopf- bzw. Doppelkopf gefunden. Ihr Charakteristikum sind die durch eine Doppelreihe von Kugeln angedeutete Lockenpracht, der bei Typ 6.1.1.1 (Taf. X) sehr deutlich erkennbare, eigentümlich starre, stilisierte Gesichtstypus und die durch starke Profile sockelartig gestaltete, unverzierte Übergangsstelle vom Bügel zum Kopf. Dadurch unterscheiden sich die Stücke von griechisch-hellenistischen, deren Gesichts- und Haardarstellung realistisch-idealistisch ist und bei denen die Übergangsstelle zwischen Kopf und Bügel in griechischer Zeit mit einem durch Filigranwerk dekorierten Streifen, in hellenistischer Zeit mit einer oder mehreren runden ,,durch granulierte Goldscheibchen getrennte Perlen aus farbigem Glas oder Edelstein[24]'' geschmückt wurde. Es muß sich deshalb bei den eingangs genannten Charakteristika um typisch vorderasiatische der Arsakidenzeit handeln.

Griechische Ohrringe mögen Vorbild für Typ 6.1 gewesen sein[25]. Aber im Orient erfuhr er Veränderungen, wobei es zu mehreren Varianten kam. Typ 6.1.1 (6.1.1.1-6.1.1.3) stellt die orientalische Variante dar. Der Kopftypus weicht von den griechisch-hellenistischen ab, und die sockelartig gestaltete Übergangsstelle

[24] K. Hadaczek, Der Ohrschmuck der Griechen und Etrusker (1903) 48, s.a. 49. Higgins, Jewellery (1961) Taf. 47 B, E; (1980) Taf. 47 E, H.
[25] Hadaczek a.O. 48 ff.

zwischen Bügel und Kopf ist als Verbindungselement schon an älterem vorderasiati-
schem Ohrschmuck belegt[26]. Bei 6.1.2 (6.1.2.1-6.1.2.2) wurde ein als orientalisch
zu bezeichnender Kopftypus mit hellenistisch gestaltetem Übergang zwischen Bügel
und Kopf kombiniert. Bei 6.1.3 (6.1.3.1-6.1.3.3) hingegen wurde ein griechisch-
hellenistischer Kopftypus mit orientalischen bzw. arsakidenzeitlichen Elementen
kombiniert. Solch arsakidenzeitliches Element ist bei 6.1.3.1 die Kastenfassung auf
dem Kopf (vgl. Typ 6.2.2, 6.2.3, Taf. XI), bei 6.1.3.2 die sockelartig gestaltete,
reich granulierte Übergangsstelle zwischen Kopf und Bügel und bei 6.1.3.3 der
Traubenanhänger.

Zu 6.2 (ganzfigürliche Frauen; Taf. XI) und *6.3* (ganzfigürliche Männer; Taf. XII,
XIII).

Ganzfigürliche Bügelohrringe sind in vielen Variationen aus der gesamten antiken Welt belegt. Vergleicht man aber die Funde miteinander, so fällt auf, daß sich
bei den Stücken aus Seleukeia, Dura-Europos, Baġūz, Uruk-Warka, Palmyra,
Masğid-e Sulaimān und dem Kunsthandel von Hāmādān die Verschlußöse an
einem kleinen Sockel zu Füßen der Figur befindet. Damit unterscheiden sie sich von
Stücken, bei denen die Verschlußöse am Hinterkopf angebracht ist, so deutlich, daß
von einer offenbar arsakidischen Eigenart gesprochen werden kann, auch wenn
Ohrringe mit Ösensockel an den Füßen vereinzelt aus Zypern[27], dat. 3. Jh. v. Chr.
und aus Kreta[28], undatiert vorliegen und ganzfigürliche Bügelohrringe mit einer
Öse am Hinterkopf vereinzelt im vorderasiatischen Raum[29] gefunden wurden. Han-
del mag für diesen Formenaustausch verantwortlich gewesen sein. So sind z.B. für
Kreta zumindest für das 3. und 2. vorchristliche Jahrhundert Beziehungen bis nach
Indien belegt[30].

Bei den weiblichen Figürchen ist zwischen zwei Varianten zu unterscheiden:
— Vollplastisch gearbeitete Figürchen mit übergroßem Kopf (,,Wasserkopf'',
  ,,Melonenfrisur'' sind als Bezeichnung zu lesen), runder Schmuckscheibe
  (manchmal mit Cabochon) über den Ohren und manchmal mit Cabochon auf
  dem vorderen Teil des Bügels (Typ 6.2.3, Taf. XI).
— Sehr flache, schmal gearbeitete Figürchen (Typ 6.2.7 ff, Taf. XI), z.T. ebenfalls mit großem Kopf.

[26] C. L. Woolley, Ur-Excavations IX. The Neo-Babylonian and Persian Periods (1962) Taf. 24,
U 6680 A, B; U 6681; Taf. 34 U 8843. Maxwell-Hyslop, Jewellery, Taf. 249.
[27] Segall, Kat. Mus. Benaki, Athen, Taf. 21, Nr. 76.; s.a. BMMA, Suppl. June MCMXV, S. 5
(ähnl. Stück aus Zypern).
[28] Marshall, CJBM, Taf. XXXI, Abb. 1714-1715, ohne Datierung, aus Kreta.
[29] Pollak, Slg. v. Nelidow, Taf. VIII, Nr. 60, 61.
[30] W. W. Tarn, The Greeks in Bactria and India (1951, Nachdr. 1966) 250. Altheim, Weltgeschichte Asiens II, 96.

Die aufgrund des Fundortes oder der Öse am Fußsockel als orientalisch zu be-
zeichnenden männlichen Figürchen weisen noch einige beachtenswürdige Details
auf. Die meisten haben ein schräg über der Brust laufendes Schmuckband. Seine
Bedeutung ist umstritten, z.B. spricht Greifenhagen[31] von einem Band mit Amulet-
ten bzw. Anhängseln und Oliver[32] von einem Band mit Anhängern. Bei einer
Durchsicht aller Figürchen erkennt man bei einigen mehr oder weniger deutlich
Weintrauben an dem Band hängen. Dies läßt m.E. eine Deutung der Bänder als
Weinranken mit Trauben zu, was schon Marshall[33] vermutet hat. Dieses „Band"
weckt bei manchem Betrachter Assoziationen mit Schmuck auf indischen Darstellungen, weshalb dann von indischem Einfluß auf diesen Ohrschmuck gesprochen
wird[34]. Tatsächlich ist diese Trageweise von Kränzen aber auch aus der griechischen
und hellenistischen[35] sowie der altorientalischen[36] Welt belegt. Besonders ein-
drucksvoll hierfür ist ein anatolisches Beispiel. Auf dem Felsrelief von Ivriz[37] trägt,
gut sichtbar dargestellt, die männliche Gottheit eine Weinranke schräg über der
Brust. So muß indischer Einfluß auf die Ohrschmuckgestaltung nicht angenommen
werden.

Manchmal ist auf oder über dem Kopf der männlichen Figürchen eine Rosette
angebracht. An sich ist die Rosette Teil einer altorientalischen Tradition und fand
in arsakidischer Zeit häufig Anwendung. Im Falle der Ohrringe aber muß diese
Rosette als Reminiszenz an griechische Erotenohrringe verstanden werden, denn
die ältesten überlieferten figürlichen Anhänger hingen von Rosetten bzw. rosettenförmig gestalteten runden Scheiben herab[38]. Dadurch bekam der Betrachter den
Eindruck, daß sich über bzw. auf dem Kopf des Figürchens eine Rosette befindet,
einen Eindruck, welchen die arsakidenzeitlichen nachzuahmen versuchen. Bei
einem Exemplar (Typ 6.3.13, Taf. XIII) ist die Rosette durch eine runde Einfassung mit Granateinlage ersetzt. Bei anderen ist die Rosette auf der Kopfbedeckung
angebracht (Typ 6.3.1, Taf. XII).

Einige Figürchen halten Amphoren oder Trinkschalen in den Händen.

Typ 6 ist eigentlich griechisch, er wurde in der Arsakidenzeit weitertradiert und
nachgeahmt.

[31] Greifenhagen, Schmuckarbeiten I, 44, Nr. 8, 9; Bd. II, 54, Nr. 12-13.
[32] A. Oliver, jr., Greek, Roman and Etruscan Jewelry: BMMA 24 (Mai 1966) 278, Abb. 18.
[33] Marshall, CJBM, z.B. Nr. 1902, 1714-15.
[34] Vgl. z.B. Ingholt, Gandhāran Art, Taf. 289 ff. Bhushan, Indian Jewellery, Taf. 1.
[35] Baus, Binden, 77 f. mit weiteren Lit. Hinw.
[36] Z.B. W. Orthmann, Der Alte Orient, PKG XIV (1975) Farbtf. XLIII. Bittel, Hethiter, Taf.
269. P. Amiet, Elam (1966) Abb. 171, 226.
[37] S. Lit. Hinw. 36, Orthmann, Bittel.
[38] Hadaczek a.O. 37 ff. Greifenhagen, Schmuckarbeiten II, Taf. 41, Nr. 3, 12. Als solche mögen
die beiden Goldfigürchen aus Hāmādān auszufassen sein, de Morgan (1896) IV, 2, Abb. 157,7, 10.

Die Bedeutung der Köpfe und Figürchen kann wohl am besten aus dem gesamten Schmuckkomplex der Arsakidenzeit und ihres religionsgeschichtlichen Hintergrundes gefolgert werden. Betrachtet man den hier aufgeführten arsakidenzeitlichen Ohrschmuck auf seine Symbolik hin, so fällt eine Bevorzugung von Objekten als Anhänger auf, die eng mit dem Dionysoskult in Beziehung stehen (Amphoren, sog. Mänadenköpfe, weibliche Gottheiten, Eroten, Trauben, Böcke/Ziegen). Bei den Erotenohrringen werden Eros und Dionysos verbunden. Eros kann als Begleiter des Dionysos und der Aphrodite auftauchen, aber auch alleine dargestellt sein. Im letzteren Fall können beigefügte Attribute auf Dionysos verweisen. Die Blüte (Rosette) auf dem Kopf ist zwar als Relikt des griechischen Erotenohrringes zu verstehen (s. oben), kann aber gleichzeitig, als Weinblüte verstanden, symbolisch auf Dionysos hinweisen. Trinkschale oder Amphore in den Händen weisen in dieselbe Richtung. Die figürlichen Anhänger eines Ohrringpaares aus der Coll. de Clercq[39] bestätigen diese Deutung als Dionysos. Sie zeigen jeweils einen nackten Jüngling mit einer Weinranke schräg über der Brust, einem Kranz aus Weinlaub und Trauben auf dem Kopf (vgl. ähnl. Dionysosköpfe)[40], einer Trinkschale und einem Thyrsos in den Händen. Diesen Ohrring-Anhängern entspricht einer aus der Slg. Baurat Schiller[41], bei dem der Eros eine Amphora und ebenfalls einen Thyrsos in den Händen hält. Die Köpfe an den Ohrringen vom Typus 6.1 werden, wohl hauptsächlich wegen des starren Blickes, der als Ausdruck stummer Versunkenheit interpretiert wird, als Mänaden gedeutet[42]. Den Ausführungen Fauths folgend, wäre jedoch der starre Blick eine im Orient schon lange gebräuchliche Darstellungsweise[43] (s. z.B. Elfenbeinschnitzerei der „Frau im Fenster"). Segall[44] versucht eine Deutung des Symbolgehaltes der einköpfigen Ohrringe an Hand der Erotenanhänger. Zur Deutung können m.E. in gleicher Weise Trauben- und Amphorenanhänger (s. Typ 6.1.3.3, Taf. X und Typ 6.2.5, Taf. XI) hinzugezogen werden. Eroten, Trauben und Amphoren gehören in den Dionysos- und Attis/Adonis-Kult. In Kombination mit dem weiblichen Kopf des menschengestaltigen Bügelohrringes können sie demnach auf eine im Zusammenhang mit diesem Kult stehende weibliche Gottheit weisen. Ebenso zu deuten sind die weiblichen ganzfigürlichen Bügelohrringe (Typ 6.2) als Darstellung dieser weiblichen Gottheit in ihren verschiedenen Erscheinungsformen.

---

[39] De Ridder, Coll. de Clercq, Taf. 1, Nr. 122, 123.

[40] E. Pochmarski, Das Bild des Dionysos in der Rundplastik der klassischen Zeit Griechenlands, Diss. Graz (1974) Abb. 8 A, 38 A, 43 A.

[41] R. Zahn, Zur hellenistischen Schmuckkunst: Schuhmacher-Festschrift (1930) Taf. 22, 3. Ders., Sammlung Baurat Schiller (1929) Taf. 44, Nr. 47.

[42] Hadaczek a.O. 49.

[43] Fauth, Aphrodite Parakyptusa, 341 ff.

[44] Segall, Kat. Mus. Benaki, Athen, 56, Nr. 43.

Ihre Symbole waren u.a. Granatapfel, Ähre (Korn), Ährenbündel, Mond, Taube/Vogel, Glöckchen, Löwe. Nimmt man noch die bereits im Zusammenhang mit dem Dionysoskult erwähnten Symbole hinzu, so erscheinen plötzlich alle Motive des Frauenohrschmuckes, einschließlich der noch zu besprechenden ,,Herkuleskeule'' (Typ 16, Taf. XXI), in einem religiös-magischen Zusammenhang (s.a. 2.1.3 Halsschmuck der Frauen, Einleitung und Anhänger Nr. 18, Taf. LV sowie Nr. 22.3, Taf. LVII — Anhänger in Form eines Phallus). Mit dieser Sitte steht die Bevölkerung der Arsakidenzeit in altorientalischer Tradition[45].

Die große Beliebtheit und weite Verbreitung der Dionysossymbolik, nicht nur im Schmuck, ist ein Resultat seleukidischen Einflusses. Offenbar diente seine Symbolik, wie die ursprünglich religiösen Motive anderer Kulte auch, in der arsakidischen Zeit nur noch, losgelöst vom kultischen Hintergrund, als schmückende Ornamente mit beschützendem Charakter[46].

Datierung:

6.1.1.1:	
6.1.1.2:	3. oder 2. Jh. v. Chr. - 1. Jh. n. Chr.
6.1.1.3:	
6.1.2.1:	1. Hälfte 2. Jh. n. Chr.
6.1.2.2:	1. Hälfte 2. Jh. n. Chr.
6.1.3.1:	1. - 2. Jh. n. Chr.
6.1.3.2:	2. - 1. Jh. v. Chr.
6.1.3.3:	früharsakidenzeitlich.
6.2.1:	
6.2.2:	3. Jh. v. Chr. - 1./2. Jh. n. Chr.
6.2.3:	
6.2.4:	43 n. Chr. - 118 n. Chr.
6.2.5:	?
6.2.6:	um 2. Jh. v. Chr.
6.2.7:	1. Jh. v. Chr. - 1. Jh. n. Chr.
6.2.8:	1. Jh. v. Chr. - 1./2. Jh. n. Chr.
6.2.9:	43 n. Chr. - 118 n. Chr.
6.2.10:	43 n. Chr. - 118 n. Chr.
6.2.11:	ca. 150 v. Chr. - Anfang 1. Jh. n. Chr.
6.2.12:	?

[45] Vgl. Moortgat, Ohrschmuck der Assyrer, AfO 4 (1927) 189 ff, der rel.-mag. Bedeutung hauptsächlich für den Ohrschmuck des assyrischen Mannes feststellte.
[46] J. Teixidor, The Pagan God. Popular Religion in the Greco-Roman Near East (1977) 144/145. S.a. Seyrig, Syria 48, 1971, 105-109.

6.2.13:　　späthellenistisch - frühkaiserzeitlich nach Greifenhagen; 1. Jh. n. Chr.
　　　　　　nach Marshall.
6.2.14:　　arsakidenzeitlich.
6.2.15:　　1./2. Jh. n. Chr.
6.3.1:　　　?
6.3.2:　　　ca. 3. Jh. v. Chr.
6.3.3:　　　ca. 3. Jh. v. Chr.
6.3.4:　　　ca. 3./2. Jh. v. Chr.
6.3.5:
6.3.6:　　　} ca. 1. Jh. v. Chr. - 1 Jh. n. Chr.
6.3.7:　　　3. - 2. Jh. v. Chr.
6.3.8:
6.3.9:　　　} früharsakidenzeitlich (1. Hälfte d. Arsakidenzeit).
6.3.10:
6.3.11:　　ca. 2. Jh. v. Chr.
6.3.12:　　2. - 1. Jh. v. Chr.
6.3.13:　　3./2. - 1. Jh. v. Chr.
6.3.14:　　3./2. Jh. v. Chr.
6.3.15:　　früharsakidenzeitlich.
6.3.16:　　?
6.3.17:　　?
6.3.18:　　3. - 2. Jh. v. Chr.

Typ 7 (Taf. XIV-XV)

Lunula-Ohrringe (halbmondförmige Ohrringe)

Wie der Name sagt, handelt es sich bei diesem Typ um Ohrringe, deren Grundform einem Halbmond ähnelt. Wenn die Enden nicht spitz auslaufen und die Körperwölbung sehr ausladend ist, entsteht der Eindruck eines Kahnes oder Schiffes.
Da die Übergänge zwischen diesen ,,Schiffs-'' bzw. ,,Kahnohrringen'' (Typ 7.5)
und den Lunula-Ohrringen fließend sind, kann man die Schiffs- bzw. Kahnohrringe
als Variante des Lunula-Ohrringes auffassen und unter Typ 7 mitbehandeln.

Verschiedene Varianten des Lunula-Ohrringes liegen aus arsakidischer Zeit,
hauptsächlich durch Originalfunde, vor.

7.1 Lunula-Ohrringe, einfache Form, mit unterschiedlicher Verzierung (Taf. XIV).
　　7.1.1 Glatt, ohne zusätzlichen Schmuck.
　　　　　(Belegt durch Darstellungen und Funde; auf den Darstellungen ist er von Ty-
　　　　　pus 1 häufig nicht genau zu unterscheiden).
　　　　　Herk.: Assur, Grab; Palmyra, Grab; Dura-Europos, Grab.

Mus. : Dura-Europos: Yale Univ. Art Gallery.
Mat. : Silber.
Maße: Dm zw. ca. 1.4-1.6 cm.
Lit.   : Assur: Andrae/Lenzen WVDOG 57, Taf. 47 d.
          Palmyra: Michalowski (1960, Ausgrab. 1959) 201, Abb. 224, 225.
          Dura-Europos: Dura-Europos, Prel. Rep. 9th Season II, Taf. XXXIV,
          XLV, XLVI, LII.
7.1.2 Mit Glasfluß- bzw. Steineinlagen, Granulationsperlen und Scharnierverschluß.
Herk.: Garni, Grab.
Mat. : Gold und Einlagen.
Maße: Dm 3 cm.
Lit.   : Arakelian (1957) 79, Abb. 46 (Abb. entnommen).
          Arakelian (1976) Taf. XX.
7.1.3 Lunula-Ohrring mit geripptem Körper.
,,Halbmondförmige Goldbleche wurden so in einer Form getrieben, daß ihre
untere Hälfte 18 Rippen aufweist, und dann zu Hohlkörpern zusammenge-
setzt. Am tiefsten Punkt werden vier jeweils aus zwei Halbkugeln und einem
Zylinder bestehende Granatäpfel wie eine Traube angefügt. Den Verschluß
bilden Durchlochungen an den Enden des Goldblechkörpers, zwischen die der
Bügel eingeführt wurde[47].''
Herk.: Kunsthandel Teherān, angebl. Amlaš.
Mus. : Leihgabe zur Sonderausstell. Kassel 1980.
Mat. : Gold.
Maße: H 2,6 cm; B 1,7 cm; Gew. zus. 3,2 Gramm.
Lit.   : Kassel, Antiker Schmuck (1980) Taf. 11, Nr. 42.
7.1.4 und 7.1.5
Mit reicher Granulation auf dem Lunula-Körper und Kugeltraube.
Herk.: Kunsthandel.
Mus. : Rijksmuseum van Oudheden, Leiden.
Mat. : Gold.
Lit.   : Leiden, Klassieke Kunst Uit Particulier Bezit (1975) Nr. 808a, b;
          Abb. 330/331.
7.1.6 Lunula mit herabhängendem Gebilde (Kugel?).
Herk.: Masğid-e Sulaimān, Rundbild.
Lit.   : Ghirshman (1976) II, Taf. LXXXI, 3.
          s.a. Kat. Typ 17.3; dort könnte der Befestigungsring auch als Lunula-
          Ohrring angesehen werden und würde dann Typ 7.1.6 ähneln.
7.1.7 Die Lunula-Mitte ist umwickelt. Ein dreiblättriges Gehänge ist an der Lunula be-
festigt.
Herk.: Hāmādān.
Mat. : Gold.
Maße: H ca. 2,3 cm.
Lit.   : de Morgan IV, 2 (1896) Abb. 157,3.

[47] F. Naumann, Kassel, Antiker Schmuck (1980) 32/33.

7.1.8 An der einen Sichelspitze eine Fassung mit Einlage, an der anderen eine Reihe
von drei hohlen Goldkugeln; um die Lunulamitte eine Reihe ebenfalls hohler Kü-
gelchen. An jeder Sichelspitze zudem eine Öse, die entweder der zusätzlichen Be-
festigung des Ohrringes an Band oder Haar diente oder der Befestigung von
Anhängern.
Herk.: Ausgrab. i.d. Nähe v. Damaskus.
Mus. : Nat. Mus. Damaskus.
Maße: Dm 2,1 cm., Gew. O, 97 Gramm.
Mat. : Gold.
Lit. : El-Chehadeh, Nr. 15.
        Hackens, Nr. 42b (ähnl. 42a).
        Vgl. ähnl. Stücke: El-Chehadeh, Nr. 13, 14.
           Zahn, Slg. Baurat Schiller, Taf. 54, Nr. 63a.
        s.a. Zoudhi, AAS 13, 1963, Taf. 6,3.
           Zouhdi, AAS 21, 1971, Taf. XV, 16.

7.1.9 Auf der vorderen Sichelspitze befindet sich eine ovale Fassung mit roter Einlage.
Vom Lunula-Körper hängt eine Granulationstraube.
Herk.: Al-Tar I, Irak.
Mus. : Nat. Mus. Baġdad.
Mat. : Gold, rote Einlage.
Maße: Dm ca. 2 cm.
Lit. : Fujii, Al-Tar I, Taf. LXXXIII, g-i; Farbtaf.; S. 244, Abb. IV-50:10;
        S. 258, F-6, E-50.

7.2 Ohrringe mit Mittelrippe (Taf. XIV).

7.2.1 Dünner, massiver (?) Ohrring mit schwach betonter Mittelrippe. Der Verschluß
ist nicht erkennbar, vielleicht Haken-Ösen-Verschluß.
Herk.: Dura-Europos, Gruft 6, 24, 32.
        Palmyra, Assur.
Mus. : Yale Univ. Art Gallery, Dura-Europos Coll.
Mat. : Silber.
Maße: Dm ca. 2 cm.
Lit. : Dura-Europos: Prel. Rep. 9th Season II, Taf. XXXV, XLIX.
        Palmyra: Michalowski (1964, Ausgrab. 1962) 179, Abb. 209.
           Fellmann, Taf. 18, Abb. 8.
        Assur: Andrae/Lenzen, WVDOG 57, Taf. 47d.

7.2.2 Ohrring mit schwach betonter Mittelrippe und einem Verschluß, bei welchem
der Bügel als eigenständiges Element gearbeitet ist. Die Befestigung erfolgt aber
nicht scharnierartig wie bei 7.1.5. Hier wird der Bügel zwischen den beiden
Lunulaenden mittels durch Löcher hindurchgezogenem Draht festgehalten. Gra-
nulationstraube.
Herk.: Sirkap/Taxila, Schatzfund.
Mus. : Archäol. Mus. Taxila.
Mat. : Gold.
Maße: Dm 2,21 cm.
Lit. : Marshall, Taxila III, Taf. 191 g = Nr. 48-51.

7.3 Ohrringe mit zugespitzter Lunula-Mitte.

Auch bei den unter 7.3 zusammengefaßten Stücken ist die Grundform des Ohrringes eine Lunula; jedoch läuft sie bei diesen Exemplaren in der unteren Mitte in eine Spitze bzw. Kante aus. Um diese Kante kann ein gedrehtes oder geflochtenes Band laufen. An der Spitze dieser Kante kann zusätzlich eine Öse für Anhänger (s. Kat. Typ 7.3.2.2) befestigt sein. Dieser Typ kommt mit zwei Verschlußformen vor: einer, bei welcher der Bügel direkt in die Lunula übergeht (s. Kat. Typ 7.3.1), und einer, bei welcher der Bügel durch Scharniere angebracht ist (s. Kat. Typ 7.3.2.1-8), wobei sich zwei Herstellungsweisen unterscheiden lassen (s. S. 81). Dem Stück aus Uruk/Warka (Typ 7.3.2.1) und dem Paar aus Ninive (Typ 7.3.2.2) lassen sich mehrere Stücke aus dem Kunsthandel (Typ 7.3.2.3-7.3.2.8) als Varianten anschließen.

7.3.1   Der Bügel ist an die Lunula angearbeitet.
Herk.: Armazis-Chevi, Grab 9 (Mädchengrab ?).
Mus. : Staatl. Mus. Georgiens, S. Dshanachia, Tiflis.
Mat. : Gold.
Lit. : Apakidze et al., Taf. LII, 4; LIII, 2a, b; LXXXVII, 2; Abb. 137,7, 7a (Abb. entnommen).

7.3.2   Der Bügel ist extra gearbeitet. Er wird durch Scharniere an beiden Enden mit dem Lunulakörper verbunden (s.a. Text, S. 81). Die Lunula-Enden sind kurz vor dem Scharnier mit Draht, mehr oder weniger stark, umwickelt.

7.3.2.1 Ohne weitere Verzierung.
Herk.: Uruk-Warka, Südecke d. Mittelhofes VI.
Lit. : Jordan, WVDOG 51, Taf. 99 g.
Vgl. Loftus 211.

7.3.2.2 Mit Flechtband um die Lunula-Mitte und Öse an der Lunula-Spitze; die Öse fungiert als Aufhänger für weitere Gehänge (vgl. Taf. XX, Typ 15.6).
Herk.: Ninive, Grab.
Mus. : Brit. Mus. London.
Mat. : Gold.
Maße: H 2.55/56 cm; W 1,65/1,5 cm.
Lit. : Curtis (1976) Abb. 92, Kat.Nr. 9.
Ähnl. (?), ohne untere Öse:
Coll. Burton Y. Berry, Indiana (1973) I, Taf. 12, Nr. 12d.

7.3.2.3 Zwei aus einem Stück gegossene Hälften bilden den zur Mitte zugespitzten Lunula-Körper. Der obere Teil jeder dieser Hälften ist mehrfach mit Draht umwunden. Unter beiden Scharnieren befinden sich je zwei große Goldkugeln.
Herk.: Kunsthandel (Iran).
Mus. : Privatbesitz.
Mat. : Gold.
Maße: H 1,7 cm.
Lit. : Hamburg, Kunst der Antike (1977), 474, Nr. 417.

7.3.2.4 Um die Lunula-Mitte und entlang ihrer Seiten läuft ein gedrehter Draht; Granulationskugeln befinden sich zu beiden Seiten der Scharniere; an der Lunula-Spitze ist eine Granulationstraube.
Herk.: Kunsthandel.

Mat. : Dunkles Gold.

Lit. : Ars Antiqua, Luzern, Dez. 1964, Aukt. Kat. Abb. 96, Taf. XIV.

7.3.2.5 Mit Granulationstraube an der Lunulaspitze und Granulationsperlen an dem Verschlußscharnier (Paar).

Herk.: Kunsthandel, angeblich Seleukeia.

Mus. : Allard Pierson Museum, Amsterdam.

Mat. : Gold.

Lit. : Mitteil. Blatt d. Allard Pierson Mus. (12.6.76) 11, Nr. 4.

7.3.2.6 Mit herzförmiger Treibarbeit auf dem Lunula-Körper und Granulationsperlen an der Lunula-Spitze.

Herk.: Kunsthandel.

Mat. : Gold.

Lit. : Coll. de Monnaies en Or, Paris, 29.-30. Okt. 1973, Abb. 520.

7.3.2.7 Mit Granulationstraube an der Lunula-Spitze und Granulationskugeln am Scharnier.

Herk.: Iran (Kunsthandel).

Mat. : Gold.

Maße: H 1,6 cm.

Lit. : Gal. H. Vollmoeller, Zürich (1975) Nr. 159.

7.3.2.8 ,,Ein breiter, aus Goldblech geschmiedeter Hohlreif ist an den zur Aufnahme des Bügels durchlochten Enden mit drei hohlen Goldkügelchen verziert und darunter mit mehreren Reihen Golddraht umwickelt. Unter der Wickelung sitzt jeweils eine von Granulationsperlen umgebene Kästchenfassung für einen — jetzt fehlenden — Stein. In der Mitte des Reifen ist unten ein Goldblechwürfel angeschmiedet, der auf allen vier Seiten ebensolche Kästchenfassungen für Schmucksteine trägt und an der Unterseite vier zur Traube angeordnete Hohlkugeln mit Granulationspyramiden. Seitlich angesetzte Granulationspyramiden verdecken den Ansatz zwischen Würfel und Reif.[48]''

Herk.: Kunsthandel, Teherān.

Mus. : Leihgabe zur Sonderausstell. in Kassel.

Mat. : Gold, Einlagen fehlen.

Maße: H 3,0 cm, Gewicht 3 g.

Lit. : Kassel, Antiker Schmuck (1980) Taf. 11, Nr. 43.

     Ähnl. Stück: Kopenhagen, Skatte fra det Gamle Persien (1968) Taf. 117, Nr. 297.

7.4 Lunulaförmiger Ohrring mit halbkugelig ausgearbeitetem Körper.

Der Ohrringkörper besteht aus vier Goldstreifen, die mit konisch geformten Goldteilchen bedeckt sind und jeweils zu zweit zusammengefügt sind. Oben ist in der Mitte ein gefaßter Rubin zugefügt. Rechts und links von ihm befinden sich zwei kleine Cabochons. Auf der Rückseite wird die Verbindung der Goldstreifen durch ein Goldblatt verdeckt. Dieses ist mit Flechtbändern verziert. Der Bügel ist zugefügt. Seine Ansatzstelle ist von Granulationskügelchen umgeben.

---

[48] Ebenda, 33.

Herk.: Masǧid-e Sulaimān.
Mus. : Iran-Bastan Mus., Teherān.
Mat. : Gold, Rubin.
Maße: L 1,9 cm; B 1 cm.
Lit. : Ghirshman, Iran 9, 1971, Taf. III e.
      Ghirshman (1976) Taf. XCV, 1, 2; Taf. 39, G. MIS 327 (Abb. entnommen).
7.5 Kahn- bzw. Schiffchenohrringe (Taf. XV).
Der Körper ist tordiert. Der lange Bügel ist an seinem einen Ende durch ein Scharnier mit dem u-förmigen Körper verbunden, am anderen Ende in einen Nadelhalter eingehakt.
Herk.: Palmyra, Grabanl. im Tempelbez. d. Baalshamîn, Grab 6.
Mus. : Palmyra.
Mat. : Bronze.
Lit. : Fellmann, 49, Taf. 14, Abb. 36-39.

Von den zahlreich gefundenen Lunula-Ohrringen und ihrer großen Variationsbreite kann auf eine große Beliebtheit dieses Typus geschlossen werden.

Die Grabbüsten in Palmyra zeigen, wie Typ 7.1.1 und wohl auch 7.2.1 von den Frauen getragen wurden: mehrere Exemplare hängte man entlang des Ohrmuschelrandes ein (s.a. Typ 1, Taf. VIII und S. 57, Abb. 2, A-D).

Lunula-Ohrringe, speziell in der Ausführung mit betonter Mitte, die wohl ursprünglich durch das Zusammenfügen des Ohrringes aus zwei Hälften entstanden ist, sind schon lange im Orient und in Griechenland gebräuchlich[49]. Bei den arsakidenzeitlichen lassen sich mehrere Charakteristika beobachten:
— Zu allererst fällt eine spezifische Verschlußform auf. Der Verschlußbügel besteht aus einem zu einer großen Schlaufe zusammengebogenen Draht. Um die Mitte dieser Schlaufe ist ein Blechstreifen gewickelt, um den zusammengebogenen Draht in Form zu halten. Das Blech ist in der Größe so zugeschnitten, daß zu seinen beiden Seiten der Draht in Form von Ösen herausschaut (s. Typ 7.1.2, 7.1.4, 7.3.2.6). Der Bügel wird an den Ösen mittels Stiften in die Lunulaenden eingehängt. Dieser Bügel kommt auch gegossen vor, wirkt aber auf den ersten Blick wie der soeben beschriebene Bügel (s. Typ 7.3.2.2, 7.3.2.3, 7.3.2.4, 7.3.2.5, 7.3.2.7, 7.3.2.8). Bei Typ 7.3.2.3 sind statt der Verschlußlöcher an den Bügelenden jeweils zwei Ösen vorhanden.
Nach Hoffmann[50] wurde der bewegliche Bügel schon früh in Iran entwickelt[51]. Er sieht in diesem Verschluß einen Indiz für die Wohlhabenheit der Bevölke-

---

[49] Berlin, Von Troja bis Amarna, The Norbert Schimmel Collection. New York (1978/79) Nr. 94. Maxwell-Hyslop, Jewellery, Taf. 212 (oberer Lunula-Ohrring).
[50] H. Hoffmann, Hamburg, Kunst der Antike. Schätze aus Norddeutschem Privatbesitz (1977) 473, Nr. 414.
[51] Vgl. Ohrring aus dem Kunsthandel, Kassel, Antiker Schmuck (1980) Nr. 41.

rung, konnte sie sich doch leisten, ihren Schmuck zu wechseln (s.a. Typ 13,3, Taf. XVII; Typ 15.4, 15.6, beide Taf. XX).

— Eine weitere Eigenart der arsakidenzeitlichen Lunula-Ohrringe ist die Überbetonung der Mitte durch eine Mittelrippe oder Kante.

— Die Umwicklung der Lunula-Enden hat orientalische Tradition.[52] Während aber bei den älteren Stücken der Bügel an den Lunula-Körper angearbeitet ist, haben die arsakidenzeitlichen einen extra gearbeiteten Bügel mit Scharnierverschluß.

Datierung:

7.1.1:   Palmyra: I. Periode (—130/150 n. Chr.).
             Assur: um 150 n. Chr.
             Seleukeia: 150 v. Chr. - 3. Jh. n. Chr.
             Dura-Europos: Fresken, um 114/116 n. Chr.
                      Grabfunde, 1. Jh. v. Chr. - 2. Jh. n. Chr.
7.1.2:   Garni: 1. Jh. n. Chr.
7.1.3:   Ende achämenid. — Anfang arsakid. Zeit (3. Jh. v. Chr.).
7.1.4:
7.1.5: } 3. Jh. v. Chr. - 3. Jh. n. Chr.
7.1.6:   erste Jahrhunderte n. Chr.
7.1.7:   arsakidisch.
7.1.8:   1. Jh. n. Chr.
7.1.9:   ca. 140 v. Chr.
7.2.1:   ca. 150 v. Chr.
7.2.2:   zw. 19 n. Chr. - ca. 70 n. Chr.
7.3.1:   Mitte 2. Jh. n. Chr.
7.3.2.1:   1. Jh. n. Chr. lt. beiliegender Münze.
7.3.2.2:   1. Hälfte d. 2. Jh. n. Chr.
7.3.2.3:
7.3.2.4: } 3. Jh. v. Chr. - 3. Jh. n. Chr.
7.3.2.5:   zw. 40 n. Chr. - 120 n. Chr.
7.3.2.6:   1. Jh. n. Chr.
7.3.2.7:   arsakidisch (bei Vollmoeller als achämenidisch datiert).
7.3.2.8:   3. Jh. n. Chr.
7.4:   um 150/140 v. Chr.
7.5:   erste Jahrhunderte n. Chr.

---

[52] F. v. Luschan, Die Kleinfunde von Sendschirli, V. Herausgabe und Ergänzung besorgt von Walter Andrae (1943) Taf. 45 i. Maxwell-Hyslop, Jewellery, Taf. 158, 168a-c, 223.

Typ 8 (Taf. XVI)

Scheibchenohrring mit tropfenförmigem Anhänger

Auf einem Relief aus dem Bereich des Nabū-Tempels in Palmyra trägt eine sit-
zende Göttin diesen Ohrschmuck.

Das Ohrgehänge ist folgendermaßen dargestellt: am Ohrläppchen befindet sich eine runde
Scheibe, darunter ein waagrecht angeordnetes, längliches Schmuckelement, ein größeres
tropfenförmiges sowie ein rundes und ein abschließendes kleines, längliches.
Herk.: Palmyra, Relief aus dem Bereich des Nabū-Tempels.
Lit.   : Klengel, 161.
          Schlumberger (1969) Taf. 16.
          Colledge (1976) Taf. 38.
          Ein Gehänge vermutlich gleichen Typus ist auf dem Standbild der Abu bint Damiūn
          in Hatra dargestellt. Das Standbild ist insgesamt sehr schematisch gearbeitet, so daß
          eine Zuordnung des Ohrschmucks schwierig ist.
          Lit.: Deutl. Ansicht: Safar/Mustafa, Farbtaf. S. 9; 70, Abb. 11.

Der bildlichen Überlieferung aus Palmyra lassen sich einige Originale zuordnen.
Besonders zu nennen sind ein Exemplar, gefunden in Herculaneum, dat. 2. Hälfte
3. Jh. v. Chr.[53] (s. Abb.) und ein Paar aus der Slg. Baurat Schiller, erworben im

[53] R. Siviero, Gli Ori e le Ambre del Museo Nazionale di Napoli (1954) Taf. 125 c. L. Breglia,
Catalogo delle Oreficerie del Museo Nazionale di Napoli (1941) 44, Nr. 121, Taf. XX, 6.

Kunsthandel, dat. 3.-2. Jh. v. Chr.[54]. Diesen Stücken zufolge handelt es sich bei der Darstellung um einen Scheibchenohrring, dessen tropfenförmiges Edelsteingehänge in einer oberen und einer unteren Goldfassung befestigt ist.

Dieser Ohrschmuck war in der hellenisierten Welt weit verbreitet. Er hat sich aus griechischen Vorbildern entwickelt[55].

Datierung:

Datierung des Reliefs in Palmyra: I. Periode von Palmyra (1. Jh. n. Chr./Anfang 2. Jh. n. Chr.).

Typ 9 (Taf. XVI)

Ohrschmuck mit drei gleichförmigen Perlen

Dieser Ohrschmuck ist sehr häufig in Palmyra auf Darstellungen zu sehen.

Herk.: Palmyra, Grabreliefs.
Lit. : Ingholt (1928) Taf. XV, 2; XVI, 1.
        Colledge (1976) Taf. 92, 93, 94.

Für die Darstellungen kommt als Vorbild ein Ohrgehänge mit s-förmig gebogenem Ohrring und aufgezogenen Perlen in Frage. Sehr häufig waren es drei gleichgroße und gleichförmige Perlen, wie bei dem auf Seite 85 abgebildeten römischen Stück[56]. Es kommen aber auch Exemplare mit weniger oder mehr Perlen vor und mit Perlen in konischer oder ovaler Form und in unterschiedlicher Größe. Die Perlen waren aus Glas, Metall oder Edelstein; Muschelperlen wurden ebenfalls verwendet. Die Entscheidung zugunsten dieses Typus als Vorbild für die Darstellungen wurde aufgrund zweier vergleichbarer Ohrringe in der Slg. v. Nelidow[57] getroffen. Sie sind 2,2 und 3 cm hoch. Einer wurde erworben in Konstantinopel, die Herkunft des anderen ist unbekannt. Von besonderer Bedeutung für uns ist bei dem Stück unbekannter Provenienz der Hinweis auf sein blasses Gold. Diese Blässe wurde in der Beschreibung anderer Stücke aus Persien (vgl. z.B. Ohrschmuck der Frauen, Typ 6.3.5-6.3.8, Taf. XII) ausdrücklich hervorgehoben. Deshalb sehe ich in ihr einen Hinweis auf eine mögliche Herkunft des Stückes unbekannter Provenienz aus

[54] Zahn, Slg. Baurat Schiller, Taf. 52, Nr. 116 b, c.
[55] Vgl. Hadaczek, Ohrschmuck, 27 ff, Abb. 49, 50.
[56] Hoffmann/v. Claer, Gold- und Silberschmuck, Nr. 86.
[57] Pollak, Slg. v. Nelidow, Taf. XI, Nr. 254, 255.

Persien. Einen weiteren, etwas schwächeren Hinweis für die Identifizierung der Darstellungen als Ohrgehänge mit s-förmig gebogenem Ohrring liefert ein jüngeres ähnliches Paar aus Syrien[58]. Dieser Ohrschmuck ist nach Higgins[59] (er datiert ins 1. und 2. Jh. n. Chr.), Böhme[60] (sie datiert vor allem ins 2. Jh. n. Chr.), Hoffmann

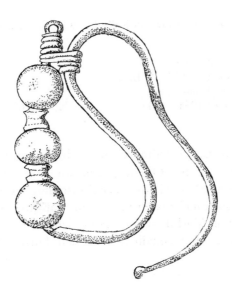

und v. Claer[61] (sie datieren ins 1. und 2. Jh. n. Chr.) römisch. Er war etwa zur gleichen Zeit auch in Ägypten[62] beliebt. Einige Mumienporträts zeigen deutlich, wie diese Ohrgehänge getragen wurden. Der Haken steckte im Ohrläppchen und gab durch seine geschwungene Gestaltung zusammen mit dem s-förmigen Ring dem Ohrschmuck einen unruhigen, schaukelnden Hang. Da ihr Vorkommen in Palmyra erst ans Ende des 2., vor allem ins 3. Jh. n. Chr. fällt, dürfte eine Übernahme aus dem Römischen erfolgt sein. Offenbar wollten sich die palmyrenischen Frauen der sich am Ende des 2., vor allem aber im Laufe des 3. nachchristlichen Jahrhunderts ausbreitenden römischen Mode nicht entziehen.

[58] London, Jewellery through 7000 Years (1976) 124, Nr. 185.
[59] Higgins, Jewellery (1961) 184, Taf. 54 F, H; (1980) 178, Taf. 54 G.
[60] Böhme, Schmuck der römischen Frau, 8/10, Abb. 9.
[61] Hoffmann/v. Claer, Gold- und Silberschmuck, Nr. 86.
[62] Parlasca, Mumienporträts, z.B. Taf. 21,5; 27,1; 27,2; bes. Taf. 43,2; Taf. 51, 1, 3, 4. Ders., Repertorio d'arte dell'Egitto Greco-Romano (1969), deutl. Ansicht: Taf. 54, Nr. 217, 218, 220.

Datierung:
ab ca. Mitte 2. Jh. n. Chr.

Typ 10 (Taf. XVI)

Ohrschmuck aus drei Perlen unterschiedlicher Größe und Form

10.1 Herk.: Palmyra, Grabreliefs.
    Lit. : Ähnl. Sadurska (1977) Abb. 32.
10.2 Herk.: Palmyra, Grabreliefs.
    Lit. : Coll. Bertone (1931) Aukt. Kat., Taf. X, Nr. 655; XI, 658. Ingholt (1928)
       Taf. XV, 1.

Bei Typ 10 hatten m.E. die palmyrenischen Steinmetzen einen anderen Typus vor Augen als bei Typ 9. Einige Ohrringfunde aus Armazis-Chevi[63] (s. Abb. b, c), zwei Exemplare aus Beirut[64] sowie die verhältnismäßig häufigen Darstellungen auf ägyptischen Mumienporträts[65] lassen vermuten, daß für die Darstellungen in Palmyra ein Ohrschmuck als Vorbild diente, bei welchem von einem Ring ein Steg mit aufgezogenen Perlen von unterschiedlichen Größen, Formen und Materialien herab-

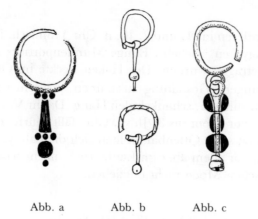

Abb. a   Abb. b   Abb. c

---

[63] A. M. Apakidze et al., Mccheta, itogi archeologičeskich issledovanij I (1958) 224, Abb. 137, 1-3.
[64] Pollak, Slg. v. Nelidow, Taf. XII, Nr. 278, 279.
[65] Parlasca, Mumienporträts, z.B. Taf. 20, 1; Taf. 31,2. Ders. Repertorio, Taf. 20, Nr. 82; Taf. 56, Nr. 226.

hängt. Drei Befestigungsmöglichkeiten für den Steg liegen aus der Antike vor. Er konnte an den Ring angelötet sein (s. Abb. a)[66], er konnte mittels einer kleinen Öse auf den Ring aufgezogen sein (s. Abb. b)[67] oder in eine sich an der unteren Mitte des Ringes befindlichen Öse eingehängt sein (s. Abb. c)[68]. Dieser Ohrschmuck unterscheidet sich vom Bügelohrring insofern, als bei jenen der obere Teil ein eigenständiges Schmuckstück ist, welches durch einen Anhänger zusätzlich ausgeschmückt wird. Er kann ebensogut allein getragen werden. Anders Typ 10 — hier ist der Anhänger das Wesentliche; der Ring, ganz gleich wie der Steg hinzugefügt wird, dient lediglich der Befestigung, hat keinerlei Schmuckfunktion, weshalb er vielleicht auf den Reliefs nicht plastisch ausgearbeitet wurde.

Das Vorbild waren sicherlich Ohrgehänge vom Luristan-Typus, welche Maxwell-Hyslop[69] in naher Verwandtschaft zu assyrischen Darstellungen, besonders unter Assurnaṣirpal II. sieht.

Das gleichzeitige Vorkommen von Typ 9 und 10 in Palmyra entspricht der Mode der römischen und ägyptischen Welt.

Datierung:
Ab ca. Mitte 2. Jh. n. Chr. - 3. Jh. n. Chr.; Typ 10 (s. Abb. a-c) läuft in sasanidischer Zeit weiter (s. Ohrschmuck der Frauen in sasanidischer Zeit, Typ 3.3.1-3.3.3, Taf. CIV).

Typ 11 (Taf. XVI)

Ohrgehänge aus Kastenfassungen

Dies sind Gehänge, deren Grundelement eine runde, ovale, viereckige oder tropfenförmige Kasteneinfassung ist. Ein Anhänger (s. Typ 11.1.1.1-11.1.1.3), zwei Anhänger (s. Typ 11.1.2) oder drei Anhänger (s. Typ 11.1.3) können daran befestigt sein. Die zusätzliche Anbringung einer weiteren Fassung oberhalb der ursprünglich ersten ist eine Bereicherung für die Wirkung dieses Typus (s. Typ 11.2.1-11.2.4). Diese Exemplare haben zwei Anhänger. Statt der Anhänger kann unterhalb der Grundfassung noch eine weitere Fassung befestigt sein (s. Typ 11.3), so daß sich eine Zusammensetzung aus drei Kastenfassungen ergibt. Dadurch unterscheidet sich Typ 11.3 deutlich von Typ 8. Bei jenem hängt von einer i.d.R. mit Filigran und Einlegearbeit verzierten Scheibe ein massiver Tropfen aus Halbedelstein

---

[66] Greifenhagen, Schmuckarbeiten II, Taf. 50, Abb. 8-11.

[67] Apakidze et al., Mccheta I, 224, Abb. 137, 1, 2; Taf. XLVI, 4. Indiana, Coll. Berry (1973) Nr. 124 b. Kassel, Antiker Schmuck (1980) Taf. 17, Nr. 75. Marshall, CJBM, Taf. LIV, Nr. 2588.

[68] Apakidze et al., Mccheta I, 224, Abb. 137,3; Taf. XLVI, 2; XCVII, 2, 5 ff. Breglia, Cat. Napoli, Taf. XXV, Abb. 5, 6. Marshall, CJBM, Taf. LV, Nr. 2685.

[69] Maxwell-Hyslop, Jewellery, Farbtaf. H; S. 265.

herab. Bei Typ 11.3 bilden hingegen drei zusammengefügte Kasteneinfassungen das Ohrgehänge. Typ 11 ist durch Funde und Darstellungen belegt[70].

11.1 Gehänge aus einer Kastenfassung.
    11.1.1   Mit einem Anhänger.
        11.1.1.1 Herk.: Armazis-Chevi, Frauengrab, Nr. 7.
                Mus. : Staatl. Mus. Georgiens, S. Dshanachia, Tiflis.
                Mat. : Gold, Einlage unbekannt.
                Lit. : Apakidze et al., Abb. 137, Nr. 11, 11a; Taf. LXXX, 2.
        11.1.1.2 Herk.: Armazis-Chevi, Frauengrab, Nr. 6.
                Mus. : Staatl. Mus. Georgiens, S. Dshanachia, Tiflis.
                Mat. : Gold, Türkis.
                Maße: H 6 cm.
                Lit. : Apakidze et al., Abb. 137, Nr. 8, 8a (Abb. entnommen); Farbtaf.
                        VI, 2; Taf. LXVI, 28.
                        Pfeiler, Taf. 25, 1.
                        Mongait, 14.
                        Mepisaschwili/Zinzadse, 37.
        11.1.1.3 Fragmente (2).
                Herk.: Seleukeia.
                Mus. : Irak Mus. Baġdad.
                Mat. : Gold, Einlagen.
                Lit. : Yeivin, Taf. XIX, 1.
    11.1.2   Mit zwei Anhängern.
            Herk.: Palmyra, Grabrelief.
            Lit. : Zouhdi (1976) 151, Abb. 55.
                  Vergleichbarer Fund: Rudenko, Taf. II, 6; XX, 17.
    11.1.3   Mit drei Anhängern.
            Von der tropfenförmigen Fassung hängt ein länglicher Goldkegel zwischen
            zwei Golddrahtkettchen mit kleinen aufgezogenen grünen Perlchen. Die
            Oberfläche des Goldkegels ist mit Granulation, angeordnet in vier überein-
            anderbefindlichen Rhombenreihen, bedeckt.
            Mus. : Metropolitan Museum of Art, New York.
            Mat. : Gold, Granateinlage, grüne Perlchen.
            Lit. : Alexander, Farbtaf. I.
11.2 Gehänge aus zwei Kastenfassungen.
    11.2.1   Herk.: Armazis-Chevi, Frauengrab (?), Nr. 6.
            Mus. : Staatl. Mus. Georgiens, S. Dshanachia, Tiflis.
            Mat. : Gold; obere Fass. Granat; untere Fass. weißlicher Glasfluß.
            Maße: H 4,5 cm.
            Lit. : Apakidze et al., Farbtaf. VI, I; Abb. 137, 6, 6a. (Abb. entnommen);
                  Taf. LXVI, 25.
                  Pfeiler, Taf. 25, 1.

---

[70] Bei den doppelt abgebildeten Stücken handelt es sich um Paare. Das erste wird jeweils im Fund-
zustand gezeigt, das zweite stellt einen Rekonstruktionsversuch dar, wie er sich aus Vergleichen mit
besser erhaltenen Stücken anbietet.

11.2.2   Herk.: Armazis-Chevi, Frauengrab (?), Nr. 6.
          Mus. : Staatl. Mus. Georgiens, S. Dshanachia, Tiflis.
          Mat. : Gold, Einlage unbekannt (rot).
          Lit. : Apakidze et al., Abb. 137, 9, 9a (Abb. entnommen); Taf. LXVI, 24.
                  Mepisaschwili/Zinzadse, 37.
11.2.3   Herk.: Armazis-Chevi, Frauengrab (?), Nr. 7.
          Mus. : Staatl. Mus. Georgiens, S. Dshanachia, Tiflis.
          Mat. : Gold, Einlage unbekannt.
          Lit. : Apakidze et al., Abb. 137, 10, 10a (Abb. entnommen); Taf. LXXX,
                  3.
11.2.4   Herk.: Grabrelief, angebl. Hauran/S. Syrien.
          Lit. : Parlasca, AA 82, 1967, 562, Abb. 12.
                  Archeology 20, 1, 1967, Rückseite d. Titelbildes.
11.3 Gehänge aus drei Kastenfassungen.
     Herk.: Hatra, Rundbild.
     Lit. : Deutl. Ansicht: Safar/Mustafa, 250, Nr. 241.
             Ähnl. Stück aus Hatra: Ghirshman (1962) Taf. 106.
             Ähnl. Stück aus Airtam: Ghirshman (1962) Taf. 347.
             Deutl. Ansicht: Stawiski, 79, 81, 82, 83-85.

Die Funde lassen eine große Verbreitung dieses Typus erkennen. Genannt wurden im Katalog bereits Seleukeia, Palmyra, Hauran, Hatra und Armazis-Chevi. Hinzu kommen Darstellungen in der Gandhâra-Kunst[71]. Nichtindische Frauen und auch Musikantinnen (?)[72] trugen Typ 11.3 offenbar gerne. Auch in Ägypten ist Typ 11 in der Variante von 11.1.2 auf Mumienporträts des 3. Jh. n. Chr.[73] und auf koptischer Weberei[74] zu sehen. Selbst im europäischen Raum[75] ist Typ 11.1.2 gefunden worden.

Bei einer derartig weiten Verbreitung gestaltet sich die Antwort auf die Frage nach der kulturellen Zugehörigkeit schwierig. Der Schwerpunkt des uns bekannten Vorkommens liegt im orientalischen Raum. Auffallenderweise jedoch in Gebieten, die mit Rom in einem wie auch immer gearteten Kontakt waren. Daraus auf einen römischen Ursprung dieses Typus zu schließen, wäre möglich, wird aber dem Typ in seiner Gesamtgestaltung nicht gerecht. So hilft die Verbreitung bei der Problemlösung zunächst nicht weiter. Eine etwas klarere Sprache spricht die handwerkliche Fertigung der Stücke. Die Verwendung von Scharnieren (s. Typ 11.1.1.2, 11.2.2, 11.2.3), die sorgfältige Umwicklung des Anhänger-Steges mit Metalldraht (s. Typ 11.1.1.2, 11.2.1-11.2.3) und die verspielte Endgestaltung der Anhänger durch Gra-

---

[71] Ingholt, Gandhāran Art, Taf. 189.
[72] Ghirshman, Iran, Parther und Sasaniden, 268, Abb. 347 links.
[73] Parlasca, Mumienporträts, Taf. 15, Nr. 2.
[74] Deutl. Ansicht: P.-M. Du Bourguet, Die Kopten (1967) 143.
[75] E. M. Schmidt, Schmuck und figürliche Bronzen aus dem Kastell Burghöfe (im Druck).

nulationskügelchen verschiedener Größen (s. Typ 11.1.1.2, 11.2.1-11.2.3) weisen in südrussische, das heißt bei den Stücken aus Armazis-Chevi in einheimische Werkstätten[76]. Diese aber standen noch stark in der Tradition des altorientalischen Schmuckhandwerks. Und hier ist wohl auch die Wurzel für Typ 11 zu suchen. Genaueres läßt sich über die Herkunft nicht sagen, da ältere Vorformen fehlen. So kann zusammenfassend folgende Aussage gemacht werden: Obwohl wahrscheinlich nicht römischen Ursprungs, entspricht Typ 11 aufgrund seiner klaren Formen dem römischen Geschmack. Er entspricht auch durch seine relativ einfache Herstellungsweise, die eine schnelle und zahlreiche Fertigung ermöglicht, dem römischen Bedürfnis nach Massenproduktion. Vielleicht wurde er aus diesen Gründen in der Zeit, in welcher der römische Geschmack immer stärker den internationalen formte, in der einfachen Ausführung von 11.1.1.3 und 11.1.2 zu einem weitverbreiteten Typus.

Datierung:

11.1.1.1:	um 150 n. Chr.
11.1.1.2:	ab ca. 190 n. Chr.
11.1.1.3:	um 43 n. Chr. - 118 n. Chr.
11.1.2:	vermutl. 2. Jh. n. Chr.
11.1.3:	arsakidenzeitlich.
11.2.1:	
11.2.2:	zw. ca. 64 n. Chr. - 157 n. Chr.
11.2.3:	
11.2.4:	2. Hälfte d. 1. Jh. n. Chr.
11.3:	1. Jh. n. Chr./Anfang 2. Jh. n. Chr.

Typ 12 (Taf. XVII)

Hantelohrringe

Dieser Typus heißt bei Böhme und Pfeiler[77] nach seinem charakteristischen Quersteg bzw. Querbügel ,,baretta''. Mackay[78] nennt ihn ,,crotalia'' und greift damit

---

[76] Vgl. Apakidze et al., Mccheta I, 281, 282. Eine andere Meinung vertritt Pfeiler, Goldschmuck, 78 ff, 100.

[77] Böhme, Schmuck der römischen Frau, 11. Pfeiler, Goldschmuck, 19.

[78] Mackay, Jewellery of Palmyra, Iraq 11, 1949, 172.

eine Überlegung von Marshall[79] auf. Im Deutschen ist auch die Bezeichnung ,,Hantelohrring'' gebräuchlich[80].

Dieser Typ ist mit Ausnahme der Originalfunde 12.2.1 und 12.3 nur von Darstellungen aus Palmyra und auf den Tetradrachmen von Phraates V. und Musa (s. Typ 12.1.1) belegt[81]. In Palmyra ist er in vielen Varianten dargestellt worden. Die auf der Tafel abgebildeten sollen nur exemplarisch einen Eindruck davon vermitteln. Seine Grundform ist stets ein Bügel, von dem zwei oder drei Perlen herabhängen. Auf dem Bügel ist der Aufhangshaken angebracht. Bei vielen Darstellungen teilt sich dieser zum Bügel hin in zwei Enden, die verschieden stark eingerollt sind (s. Typ 12.1.2 ff und 12.2.2 ff). Zwischen der Gabelung oder unter den beiden eingerollten Enden können sich ein oder drei Perlen befinden.
12.1 Ohrringe mit zwei Anhängern.
     12.1.1 Herk.: Relief: Palmyra, Grabreliefs.
                Münze: Münze Phraates V. und Musa.
         Lit.   : Relief: München, Land des Baal (1982) Nr. 173, 175.
                Münze: Deutl. Ansicht: Herrmann (1977) 50.

[79] Marshall gibt zu bedenken, ob es sich bei diesem Typ um die von Plinius d.A. erwähnten Ohrringe, die ,,crotalia'' handeln könnte: ,,We may probably see in this typ of earring the crotalia of Pliny''. (s. Marshall, CJBM, 304. Abb. 2643-4 und Hinweis von Segall, Kat. Mus. Benaki, Athen, Nr. 136).

Plinius schreibt: ,,hos digitis suspendere et binos ac ternos auribus feminarum gloria est, subeuntque luxuriae eius nomina externa, exquisita perdito nepotatu, si quidem, cum id fecere, crotalia appellant, ceu sono quoque gaudeant et collisu ipso margaritarum; cupiuntque iam et pauperes, lictorem feminae in publico unionem esse dictitantes''. (Nat. Hist. IX, 114).

Der Name kommt also vom ,,Klappern'' der zwei oder drei Perlen, die bei jeder Bewegung gegeneinanderstoßen.

Bei einer Übersicht der im römischen Bereich getragenen und auch im Ausland bekannt gewesenen Perlenohrringe kommen vier Typen als mögliche Aspiranten für diese Bezeichnung zunächst in Frage. Es sind der dreiperlige Bügelohrring, der hier unter Typ 9 aufgeführt ist, der Anhänger aus einer Kastenfassung mit zwei Perlenanhängern, hier unter Typ 11.1.2 und 11.2.4 besprochen wird (auf ägyptischen Mumienporträts kommt er auch mit drei Perlen vor), ein dreiperliger Ohrschmuck (vgl. Böhme, Schmuck der römischen Frau, 10, Abb. 10) und Typ 12. Aber Typ 9 klappert nicht und der dreiperlige Typ ist jünger als die Schrift des Plinius. Beide kann er also nicht gemeint haben. Auf Typ 11 trifft die Beschreibung nicht so recht zu. Außerdem war er im römischen Raum anscheinend selten, so daß er einem Schriftsteller nicht unbedingt erwähnenswert erschienen sein mag. Auffallender war sicherlich Typ 12, da er sich, wie sein zahlreiches Vorkommen annehmen läßt, einer großen Beliebtheit erfreut haben muß. Auch trifft die Beschreibung des Plinius den Eindruck, den dieser Ohrschmucktypus auf den Betrachter gemacht haben muß, am besten. Bei ihm kann wirklich geschrieben werden, daß sich die Frauen ,,je zwei oder drei Perlen an die Ohren hängen'' und daß sie bei jeder Bewegung ,,klappern''. Plinius erzählt von der Einführung dieses Schmuckes aus dem Ausland. Auch dies trifft vermutlich auf Typ 12 zu, wie die weitere Untersuchung noch zeigen wird.

[80] El-Chehadeh, Schmuck in Syrien, 84.

[81] Der von Kaspar, Grabporträts, 281, Anm. 50, auf einem spätneronischen Relief aus syrischem Raum entdeckte Ohrring entspricht eher Typ 11 (s. Kat. Typ 11.2.4).

Sellwood, 176, Typ 58/1.
Pope/Ackerman VII, Taf. 143 A.
12.1.2 Herk.: Palmyra, Grabrelief.
Mus. : Mus. Louvre, Paris.
12.1.3 Herk.: Palmyra, Grabreliefs.
Lit. : z.B. Coll. Bertone (1931) Aukt. Kat. Taf. X, Nr. 654.
z.B. Michalowski (1962, Ausgrab. 1960) Abb. 191.
z.B. Michalowski (1966, Ausgrab. 63/64) Abb. 75.
12.1.4 Herk.: Palmyra, Grabrelief.
Lit. : z.B. Coll. Bertone (1931) Aukt. Kat. Taf. XII, Nr. 664.
12.1.5 Herk.: Palmyra, Grabrelief.
Lit. : Ingholt (1928) Taf. XIII, 3.
Mackay, Iraq 11, 1949, Taf. LVI.
12.1.6 Herk.: Palmyra, Grabrelief.
Mus. : Mus. Louvre, Paris.
12.2 Ohrringe mit drei Anhängern.
12.2.1 Der Steg besteht aus einem Metallstreifen (im Gegensatz zu den römischen
Exemplaren, bei denen der Steg aus einem Runddraht gebildet wurde).
Herk.: Kunsthandel.
Mus. : Röm.-Germ. Mus., Köln; ehem. Slg. Niessen.
Mat. : Gold, Orientperlen, Kügelchen aus Chrysopras.
Maße: L 3,1 cm.
Lit. : Slg. Niessen, Taf. CXXXIV, Nr. 4521-22.
Borger, Kat. Röm.-Germ. Mus., Köln, 200, Abb. 282.
Das Paar entspricht den arsakidischen (s. Text), weshalb eine orientali-
sche Herkunft zu vermuten ist.
12.2.2 Herk.: Palmyra, Grabrelief.
Lit. : Ingholt, Syria 11, 1930, Taf. 40; Abb. 1.
Kaspar, JBM 49/50. 1969/70, 289, Abb. 6.
12.2.3 Herk.: Palmyra, Grabrelief.
Lit. : Colledge (1976) Taf. 85.
12.2.4 Herk.: Palmyra, Grabrelief.
Lit. : Mackay, Iraq 11, 1949, Taf. LXI, 3.
12.3 Ohrringe mit fünf Anhängern.
Der aus einem Goldblechstreifen bestehende Bügel geht in eine Platte über, die in
drei Scheiben aufgegliedert ist. Diese wie auch der Bügel sind mit Granulierarbeit
und Repoussé verziert. Fünf (an dem hier nicht abgebildeten Ohrring nur noch
drei erhaltene) Klapperblättchen baumeln an kurzen, dünnen Drahtösen von der
unteren Bügelseite herab.
Herk.: Sirkap/Taxila, Schatzfund.
Mus. : Archäol. Mus. Taxila.
Mat. : Gold.
Maße: 2,5 cm.
Lit. : Marshall, Taxila III, Taf. 190 b = Nr. 7, 8.

Typ 12 wird allgemein als römisch angesehen[82], weil er sich vom 1. - 3./4. Jh. n. Chr. im römischen Raum und Einflußbereich (Lyon[83], Ägypten[84] und Palmyra) in verschiedenen Varianten größter Beliebtheit erfreute und Vorformen nicht bekannt sind. Allerdings machte gerade das Fehlen von Vorformen in Italien und sein plötzliches Auftauchen in Pompeji und Herkulaneum[85] im Laufe des 1. Jh. n. Chr. stutzig.

In der Neubearbeitung seines Buches von 1980 weist Higgins erstmals auf einen möglichen Ursprung im Osten ,,(Palmyra?)''[86] hin.

Während jedoch für den römischen und, soweit ersichtlich, auch den ägyptischen Bereich[87] die Ansatzstelle des Hakens durch eine kleine Scheibe oder Perle bedeckt wird[88], zeichnet sich der in Palmyra und auf den Münzen der Musa dargestellte Typus durch das Fehlen einer solchen Scheibe oder Perle aus; d.h. die Ansatzstelle ist sichtbar, entweder in schlichter Form (s. Typ 12.1.1, 12.2.1) oder indem der Haken in zwei Spiralen ausläuft, wobei die Gabelung verziert sein kann (s. z.B. Typ 12.1.5, 12.2.4).

Zwar sind auch im vorderasiatischen Raum Vorformen nicht bekannt, doch läßt die Darstellung dieses Typus auf den Tetradrachmen von Phraates V. und Musa (Regierungszeit von 2 vor bis 4 n. Chr.) daran denken, daß der Typus im Orient älter ist als in Rom.[89] Gegen diese Vermutung spricht meines Erachtens nicht, daß die früheste uns überlieferte Trägerin dieses Ohrring-Typus, Musa, eine ehemalige

---

[82] Böhme, Schmuck der Römischen Frau, 11. Pfeiler, Goldschmuck, bes. Taf. 2, Nr. 3; Text S. 19. Higgens, Jewellery (1961) 185; (1980) 179. Breglia, Cat. Napoli, Taf. XXVI, Nr. 5. Becatti, Oreficerie Antiche, Nr. 502 a, b. Siviero, Gli Ori e le Ambre, Taf. 182 b, c, d.

[83] Pfeiler, Goldschmuck, Taf. 32.

[84] Parlasca, Mumienporträts, Taf. 18, Nr. 2; Taf. 20, Nr. 4; Farbtaf. G; Taf. 26, Nr. 4; Taf. 47, Nr. 4; Taf. 49, Nr. 2. Ders., Repertorio, Taf. 6, Nr. 20; Taf. 17, Nr. 69; Taf. 19, Nr. 79; Taf. 22, Nr. 95, 96; Taf. 23, Nr. 98; Taf. 24, Nr. 101; Taf. 26, Nr. 109, 110; Taf. 27, Nr. 115, Nr. 116; Taf. 32, Nr. 132 ff. Grimm, Mumienmasken, Taf. 106, Nr. 2.

[85] Pfeiler, Goldschmuck, 19.

[86] Higgens, Jewellery (1980) 179.

[87] s. Lit. Hinw. unter 82 und 84.

[88] Eine seltene Ausnahme s. Parlasca, Mumienporträts, Farbtaf. 6. Dieses Porträt ist insgesamt künstlerisch ungekonnt, wenig sorgfältig gearbeitet, so daß es als Beweismittel für Typ 12 nicht herangezogen werden kann.

[89] Vermutlich hat sich Typ 12 aus dem griechischen Ohrschmuck entwickelt. Ein Fund unbekannter Provenienz (s. Kassel, Antiker Schmuck, 1980, Kat. Nr. 51; vgl. hierzu Hadaczek, Ohrschmuck, 12 ff) und wahrscheinlich älter als Typ 12 könnte ein Hinweis auf eine mögliche Entwicklung aus dem Spiralohrring (vgl. hierzu Hadaczek, 12 ff) in Verbindung mit ,,Ohrgehänge mit Anhängern'' (vgl. hierzu Alexander, Nr. 68) sein. Eine andere Möglichkeit wäre die direkte Entwicklung aus dem ,,Ohrgehänge mit Anhängern'' (vgl. Alexander, Nr. 68). Er erhielt dann im Orient seine typische Form und gelangte dergestalt nach Italien.

römische Sklavin war. Zwar kann angenommen werden, daß sie diese Ohrgehänge aus Italien mitbrachte und aus persönlichen Gründen gerne trug, auch als sie bereits arsakidische Herrscherin war. Aber genauso begründet ist die Möglichkeit, daß sie diesen Ohrschmuck im Orient erhielt. Neben den zeitlichen Verhältnissen spricht m.E. vor allem die Schilderung Plinius d.Ä. über die Einführung dieses Schmuckes aus dem Ausland[90] mehr für eine Herkunft aus dem Orient.

Datierung:

12.1.1:	2 v. - 4 n.Chr. (Münze).
12.1.2-12.2.4:	Ab Ende der I. Periode von Palmyra (um 130/150), für die II. Periode gelten sie als charakteristisch, wurden aber auch noch in der III. Periode getragen.
12.3:	1. Jh. n. Chr.

Typ 13 (Taf. XVII)

Hantelohrringe mit Kastenfassungen

An eine ovale Fassung schmiegen sich rechts und links je eine Perle oder eine weitere, kleinere Fassung. Diese Formation ruht auf einem Querbalken, von welchem drei oder vier Anhänger herabhängen. Er ist belegt durch Funde und Darstellungen.

13.1 Herk.: Hatra, Statue der >bw.
    Lit. : z.B. Abb. Safar/Mustafa, 219, Abb. 211.
            z.B. Abb. Ghirshman (1962) Taf. 104.
13.2 Die ovale, querliegende Goldfassung enthält einen Granat. In den Quersteg sind drei rhombenförmige Steine (die beiden äußeren sind Granaten, der mittlere ist ein Türkis, wobei bei einem Ohrring die mittlere Füllung fehlt) eingelegt. Die drei Anhänger werden gebildet aus einem tropfenförmigen Granat in Goldeinfassung und einer unten offenen ,,Glocke''.
    Marshall (1911) und Higgins (1961) führen den Fund aus Ninive als römisch, ohne Fundangaben, Pfeiler (1970) als römisch, unbekannter Provenienz, an. Der Artikel von Curtis, in welchem die Herkunft des Paares richtiggestellt wurde, erschien erst 1976.
    Herk.: Ninive, Grab.
    Mus. : Brit. Mus., London.
    Mat. : Gold, Granat, Türkis.
    Maße: H 5,75 cm; Weite 2,0 cm.
    Lit. : Marshall, CJBM, Taf. LV, Abb. 2668-2669.
            Higgins (1961) Taf. 54, G.
            Pfeiler, Taf. 26, Abb. 1.
            Curtis, Abb. 91, Kat. Nr. 8.

---

[90] Plinius d.Ä., Naturalis Historiae IX, 114.

13.3 Von einer ovalen Kasteneinfassung hängt an einem Scharnier ein Quersteg mit vier
Perlenanhängern. Jeder setzt sich zusammen aus einem von Golddraht umwickelten
Steg, einer Orientperle und einer abschließenden Granulationspyramide. Am Aufhän-
ger rechts und links sowie beidseitig an der Kastenfassung ist jeweils noch eine Orient-
perle auf Golddraht aufgezogen. Den Hakenansatz verdeckt ein kleiner, runder
Chrysopras in Goldfassung. Auffallend ist das Scharnier am Ohrringverschluß.
Herk.: Seleukeia, Hortfund.
Mus. : Irak Mus. Baġdad, IM 11955.
Mat. : Gold, Perlen, Granat, Chrysopras.
Maße: L 5,7 cm, B 2,5 cm.
Lit. : Braidwood (1933) Taf. XXIV, Abb. 1.
        Rupp, Taf. II, A.
        Pope/Ackerman VII, Taf. 139 J, P.
        Colledge (1967) Taf. 11b.
        Colledge (1977) Taf. 42a.
        Hildesheim, Sumer - Assur - Babylon (1978) Abb. 184.
        München, Der Garten in Eden (1978) Abb. 190.

Der Typ gilt als römisch[91] (dat. zwischen 1.-3. Jh. n. Chr., mit gehäuftem Vorkommen ab Mitte des 2. Jh. n. Chr.), vor allem weil er als kunsthandwerklich und
zeitlich später auftretende Weiterentwicklung von Typ 12 angesehen wird. Ein Paar
aus Pompeji[92] (dat. 1. Jh. n. Chr.) repräsentiert nach dieser Meinung quasi die
Grundform, die dann bis ins 3. Jh. n. Chr. immer stärker verziert wurde. Aus diesem Grund wird zwischen den einfachen Stücken (hier Typ 12) und den komplizierter gestalteten Exemplaren nicht unterschieden. Nehmen wir die komplizierter
gestalteten römischen Stücke[93] als Vertreter für unseren Typus 13, so fällt auf den
ersten Blick zwischen den arsakidischen und den römischen eine große Ähnlichkeit
in der Komposition auf. Der zweite Blick erst macht deutlich, daß die römischen nie
in der ornamentalen Fülle, nie mit diesem unbekümmerten Schwelgen in Formen
und Farben und nie in dieser Kombination von Schwere und doch Eleganz erscheinen. Die römischen sind zwar manchmal elegant, tragen aber häufiger deutliche
Anzeichen von Serienherstellung, wie z.B. Disharmonie und Plumpheit in der Wirkung. Deshalb möchte ich bei Typus 13 eine eigenständige orientalische Entwicklung in arsakidischer Zeit annehmen. (s.a. Überlegungen bei Typus 11 und 12, zu
denen er, trotz seiner Eigenständigkeit, in Beziehung steht). Auf einigen Reliefs der

---

[91] Pfeiler, Goldschmuck, 84. Higgens, Jewellery (1961) Taf. 54 G; s.a. Lit. Hinw. bei Typ 12.
[92] Pfeiler, Goldschmuck, Taf. 2, Abb. 3. Breglia, Cat. Napoli, Taf. XXVI, 5. Becatti, Oreficerie
Antiche, Nr. 502 a, b. Siviero, Gli Ori e le Ambre, Taf. 182 b, c, d. Böhme, Schmuck der römischen
Frau, 11. Higgens, Jewellery (1961) 185; (1980) 179.
[93] El-Chehadeh, Schmuck in Syrien, Nr. 19, 20, 21. Greifenhagen, Schmuckarbeiten II, Taf. 48,
4; 50, 1, 3. Zahn, Slg. Baurat Schiller, Taf. 45, Nr. 75, 76 a, b, 79 a, b. Pollak, Slg. v. Nelidow,
Nr. 290, 293. Hoffmann/v. Claer, Gold- und Silberschmuck, Nr. 91. Marshall, CJBM, Taf. LV z.B.
Nr. 2659/60, Nr. 2665. Kassel, Antiker Schmuck (1980) z.B. Nr. 92, 93, 94, 95.

Gandhâra-Kunst tragen deutlich sichtbar nicht-indische Frauen diesen Ohrring-Typus bzw. Varianten[94] und unterscheiden sich u.a. dadurch von den Inderinnen.

Datierung:
13.1: um 100 n.Chr.
13.2: erste Hälfte des 2. Jh. n. Chr.
13.3: zw. 40-115/116 n. Chr. hergestellt, da nach Curtis wahrscheinlich 115/116 n. Chr. vor den einrückenden römischen Truppen versteckt.

Typ 14 (Taf. XVIII-XIX)

Amphorengehänge mit Fuß

Dieser wie der nachfolgende Typ 15 werden ,,Amphorenohrringe'' bzw. ,,Amphorengehänge'' genannt, weil die Grundform ihres Gehänges eine Amphora ist. Bei Typ 14 hat die Amphora einen Fuß, bei Typ 15 fehlt dieser. Der Amphorenfuß des Typus 14 kann in einer Öse für weitere Anhänger, in Perlen aus Steinen, in Granulationskügelchen oder in einer sockelartigen Basis enden. Der Bauch der Amphoren kann glatt sein, kommt i.d.R. jedoch mit Granulation und Einlagen vor. Typ 14 ist durch Originalstücke belegt.

14.1 Amphoren mit reicher Verzierung.

14.1.1-14.1.2
Von einem Ring hängt eine Amphora. Ihr aus getriebenem Blech gearbeiteter Körper ist durch Granulationsarbeit und vier tropfenförmigen Kastenfassungen (mit je einer Granatsteinfüllung) mit Granulationsring verziert. Ein herabhängender Steg zeigt, daß ehemals den Abschluß dieses Ohrringes eine Perle, die Amphorenbasis darstellend, gebildet hat. Die Henkel sind mit Granulationsperlen besetzt.

14.1.1 Herk.: Südrußland.
Mus.: Staatl. Mus. Berlin, Inv. 30219,434.
Mat.: vier Granatsteine, Gold.
Maße: H 3,3 cm.
Lit.: Greifenhagen II, Taf. 39, Abb. 14.

14.1.2 Herk.: Südrußland.
Mus.: Metrop. Mus. of Art, New York, N.Y.
Mat.: Granaten, Gold.
Maße: H 2,7-3 cm.
Lit.: Greifenhagen I, Taf. 24, Abb. 5.
Vgl. zu 14.1.1/14.1.2: New York, Mus. Dept. Anc. Near East 33.80.3, dat. parth./iran., 1.-2. Jh. n. Chr.
Ähnl. Stück: Hackens, Nr. 47.

---

[94] Ingholt, Gandhāran Art, Taf. 189. Rosenfield, Arts of the Kushans, Taf. 98a.

14.1.3 An einem schlichten Ohrring hängt an einer Öse ,,ein hohler Zylinder, der vorne mit drei, an der Seite mit je einem kegelförmigen sirischen[95] Granat verziert ist. An die Vorderaußenseite des Zylinders sind drei Ringe (zwischen ihnen zwei runde gefaßte, sirische Granaten) angelötet, an denen, und zwar den äußeren, je ein amphorenähnliches Anhängsel baumelt, dessen unterer Teil wahrscheinlich aus nun verlorenen Perlen oder Pasten bestand[96].''

Herk.: Beirut, zus. mit 14.1.4, 14.1.5, 19 gefunden.
Mus. : Slg. v. Nelidow.
Mat. : Gold, Granaten.
Maße: H 3,6 cm; L 2,4 cm.
Lit. : Pollak, Taf. XI, Nr. 221.
        Sotheby's (1931) Aukt. Kat., Abb. 11a.
        Ähnl. Stück: Hackens, Nr. 45 (unterer Teil der Amphorengehänge aus Koralle).

14.1.4 Halsteil einer goldenen Amphora mit vier Volutenhenkeln; alles mit Granulierarbeit verziert. Ein Steg ragt unten heraus. Er ist die Halterung für die verlorenen Perlen, die vermutlich aus Glas oder Stein den Bauch der Amphora bildeten.

Herk.: Beirut, zus. mit 14.1.3, 14.1.5, 19 gefunden.
Mus. : Slg. v. Nelidow.
Mat. : Gold.
Maße: H 3,4 cm.
Lit. : Pollak, Taf. XI. Nr. 224 (s.a. Nr. 223).

14.1.5 An einem Reifen vom Typ 1.1.1 hängt ,,ein hohler, ein wenig abgestumpfter Kegel, an dessen Außenseite drei kegelförmige sirische Granaten sitzen, die durch granulierte Linien voneinander getrennt sind. Am Kegel baumeln acht kleine in Kugeln endende Ketten[97].''

Herk.: Beirut, zus. mit 14.1.3, 14.1.4, 19 gefunden.
Mus. : Slg. v. Nelidow.
Mat. : Gold, Granaten.
Maße: H 3,5 cm.
Lit. : Pollak, Taf. XI, Nr. 222 (s.a. Nr. 223).
        Ähnl. Stück: Hackens, Nr. 46.

14.2 Amphoren mit einem in Kugeln aufgelösten Körper (Taf. XVIII).

14.2.1 Bei diesem Paar ist der Bauch langgezogen und besteht aus einer Anhäufung von Kugeln. Kleinere Granulationskügelchen wurden als Verbindungsstücke zwischen die größeren gelötet. Ein offener einfacher Ring ist an jedem Ohrring zum Aufhängen erhalten geblieben. Der Fuß der Amphora besteht aus einem

---

[95] ,,Der Mehrzahl aller roten Einlagen auf dem Schmuck ... besteht jedoch nicht aus Glas, sondern aus roten Halbedelsteinen, die meist zur Granatgruppe gehören und in der archäologischen Literatur mit den verschiedenen Bezeichnungen bedacht worden sind: Pyrope, syrische Granate, Hyazinthe, Rubine, Hessonite, Granaten und Almandine''. Rupp, Zelleneinlage, 12.
[96] Pollak, Slg. v. Nelidow, 78, Nr. 221.
[97] Pollak, Slg. v. Nelidow, 79, Nr. 222.

Steg, an dessen unterem Ende eine Granulationstraube hängt. Auf den Steg war vermutlich einst eine Perle aufgezogen. Die vier Volutenhenkel sind mit Granulation versehen.

Herk.: unbekannt.

Mus.: Metrop. Mus. of Art, New York, N.Y.

Mat.: Gold.

Maße: L 4.1 cm.

Lit.: BMMA 31, 1936, Nr. 2, S. 36, Abb. 1.

14.2.2 Bei diesem Stück ist das Oberteil wie bei 14.2.1 gebildet; doch ist der Bauch aus wesentlich größeren Kugeln und mit einem Netz aus Granulationskügelchen überzogen.

Herk.: unbekannt (Paar).

Mus.: Metrop. Mus. of Art, New York, N.Y.

Mat.: Gold.

Maße: L 3.2 cm.

Lit.: BMMA 31, 1936, Nr. 2, S. 36, Abb. 1.

14.3 Der Amphorenbauch ist langgezogen; Querrippen, Halbkugeln und Granulierarbeit verfremden die Form (Taf. XVIII).

14.3.1 ,,Der Ohrring besteht aus einem breiten, nach den Enden schmaler werdenden Blechstreifen, an dem vorne eine spitzovale Fassung für einen Stein angelötet ist. Ob dieser Stein der ursprüngliche ist, ist wegen seiner rundlichen Form zweifelhaft. Die Fassung ist mit einer Granulationsreihe umgeben. Unten ist an dem Ring eine plumpe Amphora mit der Mündung nach oben angelötet. Sie hat einen breiten Hals und vier Henkel in Form von Doppelvoluten aus Blechstreifen. Der Bauch ist mit sechs Halbkugeln besetzt, die von Granulation umrahmt werden und ein Kügelchen in der Mitte haben. Einzelne Kügelchen sitzen auch am Hals neben den Henkeln. Der untere Teil besteht aus einem quergerippten Zylinder und einem halbkugeligen Boden. An dem Zylinder sitzen sechs senkrechte Granulationsreihen, am Boden hängt ein Granulationstürmchen. Hals, Bauch, Unterteil und Boden, vielleicht auch die Halbkugeln, sind getrennt gearbeitete Stücke[98].''

Herk.: Kunsthandel, nach Angaben des Händlers aus dem Hauran.

Mus.: Nat. Mus. Damaskus, Inv. Nr. 17436.

Mat.: Gold.

Maße: L 6,2 cm.

Lit.: El-Chehadeh, Nr. 28.

14.3.2 Wie 14.3.1, jedoch kleiner und zarter gearbeitet; außerdem weisen die Volutenhenkel Granulationsverzierung auf. Die Füllung ging verloren.

Herk.: Dura-Europos, Haus.

Mus.: Yale Univ. Art Gallery, Dura Europos Coll.

Mat.: Gold.

Maße: L 4,5 cm.

Lit.: Dura-Europos, Prel. Rep. 4th Season, 246, Taf. XI, 2.
        Hinweis auch bei El-Chehadeh, Nr. 28.

---

[98] El-Chehadeh, Schmuck in Syrien, 38.

14.3.3 Der Amphorenbauch wird gebildet aus getriebenen Halbkugeln und geripptem Goldblech. ,,Sie werden durch Goldplättchen zusammengehalten; über die Außenkanten verlaufen Granulationsreihen, die in drei größeren Granulationskügelchen gipfeln. Granulationsperlen sitzen auch in den Zwickeln und an den Ecken und Kantenmitten des hochgestellten Randes eines dreieckigen Goldblechs[99]'', welches den Amphorenbauch abdeckt. Wahrscheinlich waren am Amphorenhals ehemals Volutenhenkel angelötet.

Herk.: Leihgabe zur Sonderausstellung in Kassel (Paar).
Mat. : Gold.
Maße: H 3,8 cm, Gewicht zus. 6,7 Gramm.
Lit. : Kassel, Antiker Schmuck (1980) Taf. 17, Nr. 89.

14.4 Amphoren mit Sockel (Taf. XIX).
14.4.1 Ohne Anhänger bzw. Anhängerösen am Sockel.
14.4.1.1 Bei diesem Stück sind der Bauch und der Sockel durch Blütenmuster verziert. Diese sind gestaltet aus Kastenfassungen mit grünlichweißer Schmelzeinlage. Grüne Schmelzeinlage ist auch in zwei der Henkelvoluten noch erhalten geblieben. Die Henkel sind mit Granulation besetzt. Außerdem sind die Ecken des sockelartigen Fußes mit Granulationspyramiden besetzt.

Mus.: Staatl. Mus. Berlin, Misc. 11863,174.
Mat.: grünl. Schmelzeinlage, Gold.
Maße: H 5 cm.
Lit. : Greifenhagen I, Taf. 21, Abb. 3.

14.4.1.2 In der Gesamtgestaltung ähnlich 14.4.1.1, die Verzierung ist jedoch einfacher: Granulation in Form von Blüten auf dem Bauch, in Form einer Traube auf dem Sockel.

Herk.: Kunsthandel, vielleicht Südrußland.
Mat. : Gold.
Maße: H 4,1 cm; Gew. 8,4 Gramm.
Lit. : Ars Antiqua AG, Luzern (1959), Aukt. Kat., Nr. 184, Taf. 70.

14.4.1.3 Wie 14.4.1.1, jedoch weist hier die ovale Fassung an ihrer oberen Spitze beidseitig je eine kleine, kreisrunde Fassung auf; der Bauch ist mit sehr reicher Granulierarbeit und runden Granaten verschönt.

Herk.: Kertsch - Pantikapaion.
Mus.: Mus. Louvre, Paris.
Mat.: Gold, Granaten.
Maße: H 5,5 cm.
Lit. : Coche de la Ferté (1956) Taf. 24, 3.

14.4.1.4 In der runden Kastenfassung befindet sich ein Almandin. Von den unteren Voluten der Henkel hängt jeweils eine Kette herab. Die Granulationsarbeit ist sehr sparsam verteilt über Hals, Bauch und Basis der Amphora.

[99] Naumann, Kassel, Antiker Schmuck (1980) 44.

Herk.: Südrußland.

Mus. : Röm. - Germ. Mus., Köln.

Mat. : Gold, Almandin.

Maße: H 4 cm; Gew. zus. 5,50 g.

Lit. : Borger, Röm.-Germ. Mus., Köln, 198, Nr. 275.

14.4.1.5 Der Bauch der Amphora ist verziert mit vier tropfenförmigen Kasteneinfassungen, welche mit je einem Granulationsring umgeben sind. Ein viereckiger Sockel schließt die Amphora ab. Weitere zarte Granulationsarbeit entlang der Henkel, an Hals und Schulter geben dem Stück ein elegantes Aussehen.

Herk.: Hauran.

Mus. : Nat. Mus. Damaskus, Inv. Nr. 17503.

Mat. : Gold, Einlegearbeit.

Maße: H 4,7 cm.

Lit. : El-Chehadeh, Abb. 32.

> Den Typen 14.4.1.1-14.4.1.5 ähnlich: Ohrring aus Tortosa (Tarţûs), Marshall, CJBM, Taf. LI, Nr. 2370-2371; Ogden, Taf. 20.

14.4.2 Amphorengehänge mit weiteren Anhängern bzw. Öse am Sockel (Taf. XIX).

14.4.2.1 Vom Sockel dieses Stückes hängen sechs spiralig umwickelte Anhänger mit je einem grünen Perlchen am Ende. Die tropfenförmige Fassung am Ohrringhaken trägt einen opalen grünen Stein.

Mus. : Staatl. Mus. Berlin, Misc. 11863,175.

Mat. : Gold, grüne Perlen, grüner Stein.

Maße: H 6,5 cm.

Lit. : Greifenhagen I, Taf. 21, Abb. 4.

14.4.2.2 Bei diesem Ohrringpaar besteht jeder Ohrring ,,aus dem eigentlichen Ohrring und einem großen Anhänger in Form einer Amphora. ... Das Erosfigürchen ist nicht vollplastisch gearbeitet, sondern ganz flach, Gesicht und Körperformen sind nur grob angedeutet, wobei Einzelheiten, z.B. Augen und Halsschmuck, durch Granulationskügelchen wiedergegeben werden. Die ganze Gestalt wirkt fast wie eine Karikatur. Der Bügel besteht aus einem Draht, der mit schmalen Blechstreifen umwickelt ist. Auf dem Bügel sitzt über dem Kopf des Eros eine runde Scheibe, die mit Drähten und einem Mittelbuckel zu einer zehn- bzw. zwölfblättrigen Rosette ausgebildet ist. Eine große Öse am Körper des Eros dient zur Befestigung einer schmalen Amphora, deren Hals, Körper, Fuß, Deckel und Henkel aus getrennt gearbeiteten Stücken bestehen. Bis auf die Perlung des die Henkel bildenden Drahtes ist das Gefäß unverziert. Am Deckel ist eine Rundöse befestigt, der Fuß ruht auf einer kleinen vierseitigen Basis. Unter dieser ist ebenfalls eine Öse angebracht (an dem einen Stück verloren), woran ursprünglich sicher eine lange, dünne Kette hing, die beide Ohrringe miteinander verband[100].''

---

[100] El-Chehadeh, Schmuck in Syrien, 41 f.

Herk.: Ghuslaniah, Nähe von Damaskus.
Mus. : Nat. Mus. Damaskus, Inv. Nr. 2652.
Mat. : Gold.
Maße: L 8,5 cm.
Lit. : El-Chehadeh, Nr. 31.
Zouhdi, AAS 21, 1971, Taf. XV, 11.

14.4.2.3 Ähnlich wie 14.4.2.2, jedoch tragen die Erosfiguren über dem Kopf einen runden Stein in Kastenfassung, außerdem weist die Amphora eine zarte, girlandenartige Verzierung an der Schulter und unter den Henkeln auf. Die Basis trug ehemals Glas- oder Steineinlagen. (Paar)
Herk.: Nähe Damaskus, Grab, zus. mit Typ 6.3.13 u. Kette 1.18.
Mus. : Brit. Mus., London.
Mat. : Gold.
Maße: H 7 cm.
Lit. : Marshall, CJBM, Taf. LI, Nr. 2324-25.

14.5 Amphorenohrring mit Blütenaufhänger und Anhängern.
14.5.1 Von einem blütenförmigen Anhänger hängt eine Amphora. Ihr Körper wird durch einen eingefaßten Türkis gebildet. Von zwei blattartig stilisierten Henkeln hängen insgesamt vier Goldkettchen mit je einer Muschelperle herab.
Herk.: ,,Bhir Mound''/Taxila.
Mus. : Archäol. Mus. Taxila.
Mat. : Gold, echte Perlen, Türkis für den Amphorenkörper.
Maße: H ca. 4,32 cm.
Lit. : Marshall, Taxila III, Taf. 190 a = Nr. 1.
Bhushan, 69, 2 (Abb. entnommen).

14.5.2 Die goldene Blüte trägt Spuren von Türkiseinlagen auf den Blütenblättern. Die goldene Amphora wird umgeben von acht Anhängerketten, an denen je ein Korn hängt. Die Henkel der Amphora sind umgedeutet zu zwei Reiterfiguren. Auf einem ,,Seepferd'' sitzt ein geflügelter Reiter.
Herk.: Sirkap/Taxila, Schatzfund.
Mus. : Archäol. Mus. Taxila.
Mat. : Gold, Türkis-Einlagen auf der Blüte.
Maße: H 11 cm.
Lit. : Marshall, Taxila III, Taf. 190 c = Nr. 2.
Bhushan, 65, 3; 66, 2 (Abb. entnommen, verkleinert).

Amphorengehänge waren äußerst beliebt in der antiken Welt. Sie lassen sich bis ins 6. Jh. v. Chr. im griechischen Raum zurückverfolgen[101], ohne daß sie an Beliebtheit in den nachfolgenden Jahrhunderten eingebüßt haben. Higgins[102] sieht den Ursprung dieses Typus folgendermaßen: ,,The type may have evolved by equipping

[101] Hadaczek, Ohrschmuck, 33.
[102] Higgens, Jewellery (1961) 166; (1980) 163.

a conical pendant with the few attachments necessary to convert it into an amphora, but an amphora is in itself a suitable motive for jewellery, because of its amuletic properties'' (s. Symbolik, Ohrring der Frauen, Typ 6).

Auf den ersten Blick unterscheiden sich die hier zusammengestellten Stücke nicht vom griechisch-hellenistischen Formenschatz. Erst Details geben Hinweise auf eine Verbindung zum arsakidischen Kulturkreis. Neben den bereits häufig genannten Kriterien: Granulation, Einlagen, Scharnieren wäre zuerst zu nennen das Hängen der Amphora an einem schlichten Ring (s. Typ 14.1.1-14.1.5). Diese Kombination ist im griechisch-hellenistischen Raum nicht üblich[103]. Weiter ist aufzuzählen die Verbindung von Amphorenhals und Volutenhenkeln mit einem in Kugeln aufgelösten Amphorenkörper (s. Typ 14.2.1-14.3.3). Zwar läßt sich ein aus Kugeln, auch unterschiedlicher Größe, zusammengestellter Anhänger in Trauben- oder Kegelform an älterem griechisch-hellenistischem Ohrschmuck feststellen[104], doch sind diese, da Amphorenhals und -henkel fehlen, nicht als Amphoren zu deuten. Die Gestaltung des Amphorenkörpers aus Kugeln könnte deshalb möglicherweise von älteren orientalischen Vorbildern beeinflußt sein[105]. Auch die Kombination von einer eleganten Amphora mit einem typisch arsakidenzeitlichen menschengestaltigen Ohrring (s. Typ 6) kann als orientalische Eigenheit angesehen werden (s. Typ 14.4.2.2 und 14.4.2.3). Nicht so sicher ist die orientalische Herkunft bei den Typen 14.4.1.1-14.4.1.4 und 14.4.2.1. Die etwas ungekonnte Herstellungsweise, vor allem aber die Gestaltung des Amphorenbauches irritieren. Im Gegensatz zu den anderen Amphoren, bei denen sich der Bauch von den Gefäßschultern ab zunächst wölbt, um sich dann in sanftem Schwung zu der Basis hin zu verjüngen (s. Typ. 14.4.1.5), haben diese Gefäße einen ausgesprochen kugeligen Bauch. Da sie aber mit dieser Bauchform die Entstehung des als typisch arsakidisch anzusehenden Ohrschmucks Typ 15 (Taf. XX) erklären, sie zudem die als arsakidisch geltenden Kriterien — Granulation, Einlagen und Scharniere — aufweisen, müssen sie wohl auch als arsakidisch angesehen werden. Ihre Herkunft ist weitgehend unbekannt. Als Sonderform lassen sich die zwei Funde aus Sirkap/Taxila (s. Typ 14.5.1, 14.5.2) den Amphorenohrringen zuordnen.

Damit liegen drei regionale Varianten des Amphorenohrringes vom Typus 14 aus arsakidischer Zeit vor. Eine elegante, hellenistisch beeinflußte aus dem syrischen

---

[103] Higgens, Jewellery (1961) Taf. 48 G; (1980) Taf. 48 C. Hadaczek, Ohrschmuck, Abb. 56.
[104] Higgens, Jewellery (1961) z.B. Taf. 48 B; Taf. 25 D; (1980) Taf. 25 F; 48 D.
[105] Hrouda, Assyrisches Flachbild, in etwa vergleichbar mit Taf. 8, Abb. 20. Maxwell-Hyslop, Jewellery, Taf. 249. Woolley, Ur-Excavations IX, Taf. 24, Nr. U 6680 A, B; U 6681; Taf. 34, U 17364 (lt. Grabungsbefund achämenidisch).

Raum (s. Typ 14.1.3-14.1.5, 14.3.1, 14.3.2, 14.4.1.5, 14.4.2.2-14.4.2.3), eine etwas ungekonnte, ungeschickte und gröber gearbeitete aus dem südrussischen Raum (s. Typ 14.1.1, 14.1.2, 14.4.1.1-14.4.1.4) und eine stark florale, flächige, dem Gegenstand entfremdete aus Indien (s. Typ 14.5.1, 14.5.2).

Datierung:

14.1.1:	etwa 1. Jh. v. Chr.
14.1.2:	
14.1.3:	
14.1.4:	ca. 1. Jh. v. Chr. (?).
14.1.5:	
14.2.1:	
14.2.2:	1./2. Jh. n. Chr.
14.3.1:	erste Hälfte des 3. Jh. n. Chr.
14.3.2:	erste Hälfte des 3. Jh. n. Chr.
14.3.3:	2. Jh. n. Chr. - 1. Hälfte d. 3. Jh. n. Chr.
14.4.1.1:	2. - 1. Jh. v. Chr.
14.4.1.2:	3. - 1. Jh. v. Chr.
14.4.1.3:	3. - 1. Jh. v. Chr.
14.4.1.4:	2. - 1. Jh. v. Chr.
14.4.1.5:	1. Jh. v. Chr. - 1. Jh. n. Chr.
14.4.2.1:	2. - 1. Jh. v. Chr.
14.4.2.2:	Mitte d. 1. Jh. v. Chr. - 1. Jh. n. Chr.
14.4.2.3:	ca. 1. Jh. n. Chr.
14.5.1:	5. Jh. v. Chr. - frühes 2. Jh. v. Chr.
14.5.2:	zw. 19 n. Chr. - ca. 70 n. Chr.

Typ 15 (Taf. XX)

Amphorengehänge ohne Fuß (vgl. Typ 14)

Durch das Fehlen eines Fußes unterscheiden sich die Amphorengehänge des Typus 15 von denen des Typus 14. Einige der zu diesem Typus gehörenden Amphoren erfuhren eine große gestalterische Veränderung. Durch Ausschneiden von Rundbögen (s. Typ 15.1-15.7), durch das Weglassen des unteren Gefäßbauches (s. Typ 15.6, 15.7) oder durch die völlige Auflösung in florale Elemente (s. Typ 15.8) ist bei einigen Stücken die ursprüngliche Grundform so stark geändert worden, daß die Zugehörigkeit zu diesem Typ nur noch schwach zu erkennen ist.

Zu den auf Tafel XX abgebildeten Originalfunden paßt noch ein in Hatra dargestellter Ohrring[106].

---

[106] Es läßt sich zeichnerisch schlecht wiedergeben; s. Rundbild aus Hatra, Mus. Bagdad, IM 58086.

15.1 und 15.2
Beide Paare ähneln sich außerordentlich. Ihre Grundform erinnert an eine Amphora (s.o.). Rundbögen sind aus dem Bauch ausgeschnitten. Die so erhaltenen Bogenöffnungen sind mit Granulationsreihen umrahmt. Beide Paare haben Glöckchenanhänger. Bei beiden fehlt das Befestigungsteil.

15.1 An dem unteren Teil des Gefäßbauches hängen drei Ösen mit je einer flachen Glocke.
    Herk.: Angeblich Amlaš.
    Mus.: Privat Coll. Paris.
    Mat.: Gold.
    Maße: H d. Amphora 1,98 cm; D 1,48 cm; L d. Ketten 2,1 cm; L d. Glocke 1,5 cm.
    Lit.: Porada, IA 7, 1967, Taf. XXIV, 7.
        Nach persönlicher Mitteilung von Herrn Prof. Dr. J. Werner, München, befindet sich im Museum von Dura-Europos ein ähnliches Paar.

15.2 An dem unteren Teil des Gefäßbauches hingen ursprünglich drei „geflochtene" Ketten für je ein längliches Glöckchen (erhalten insges.: fünf Kettchen, ein Glöckchen).
    Herk.: Angeblich Amlaš.
    Mus.: Privat Coll., New York.
    Mat.: Gold.
    Maße: H d. Amphora 2,2 cm; D 1,3 cm;
    Lit.: Porada, IA 7, 1967, Taf. XXIV, 6.

15.3 Vier Ösen in der mittleren Zone des gefäßförmigen Anhängers; eine Öse am Boden sowie eine Kette beweisen, daß ehemals weitere Ketten angebracht waren. Das Befestigungsteil fehlt.
    Herk.: Angebl. Taman.
    Mus.: Berlin, Staatl. Mus., Misc. 11863,138.
    Mat.: Silber.
    Maße: H 3,4 cm.
    Lit.: Greifenhagen I, Taf. 24,1.
        Greifenhagen II, Abb. 29.

15.4 Von einem Ohrring des Typus 7.3.2.2 hängt ein gefäßförmiger Anhänger. Gut gearbeitete Granatäpfel hängen von der Bauchmitte herab.
    Mus.: Metrop. Mus. of Art, New York, N.Y., Acc. Nr. MMA 94.
    Mat.: Gold.
    Maße: H 5,8 cm.
    Lit.: Porada, IA 7, 1967, Taf. XXIV, 5.

15.5 Auch bei diesem Stück hängen von der Bauchmitte an größeren Ringen Granatäpfel herab. Ausgeschnittene Rundbögen sind bei diesem Stück in mehreren Reihen entlang der Bauchmitte angeordnet.
    Mus.: Mus. f. Islamische Kunst, Berlin.
    Mat.: Silber.
    Maße: H ca. 5 cm.
    Lit.: Greifenhagen II, Abb. 30.

15.6 Von einem Ohrring des Typus 7.3.2.2 hängt ein Anhänger in der Form eines oberen Amphorenteils. Der untere Teil des Gefäßes fehlt ab der Bauchmitte. Volutenhenkel, Bogenöffnungen und Halsmitte sind mit Granulation verziert. Entlang der Bauchmitte sind Fassungen für Einlegearbeiten angebracht. Die Bauchmitte ist zugleich der untere Rand des Gehänges. An ihm hängen an Ringen Granatapfelgehänge (Paar).

Herk.: Seleukeia, Hortfund.
Mus. : Irak Mus. Baġdad.
Mat. : Silber.
Maße: H 6,5 cm.
Lit. : Braidwood, Taf. XXIV, 4, 5.
        Pope/Ackerman VII, Taf. 139 B, H.
        Rupp, Taf. II, B 4, 5.

15.7 Im Aufbau ähnlich wie 15.6. Das Befestigungsteil fehlt. Vom Gefäßbauch hängen Granatäpfel und Glöckchen herab. Auch 15.7 hat kleine Einfassungen für Steine oder Paste entlang der Bauchmitte.

Herk.: Seleukeia, Hortfund.
Mus. : Irak Mus. Baġdad.
Mat. : Silber.
Maße: H 3,8 cm.
Lit. : Braidwood, Taf. XXIV, 6.
        Pope/Ackerman VII, Taf. 139 A.
        Porada (1967) 104 b.
        Rupp, Taf. II, B 6.

15.8 Bei diesem Stück bilden Blütenblätter den Körper des Ohrringanhängers. Von einem Granulationskranz hängen an Ketten sechs flache Glöckchen herab. Das Befestigungsteil fehlt.

Herk.: Sirkap/Taxila, Schatzfund.
Mus. : Archäol. Mus. Taxila.
Mat. : Gold.
Maße: H ca. 6,7 cm.
Lit. : Marshall, Taxila III, Taf. 190 e = Nr. 26-28.
        Bhushan, 66, Abb. 1 (Abb. entnommen, stark verkleinert).

Typ 15 ist weit verbreitet: Hatra (s. Anmerk. S. 103), Seleukeia (Typ 15.6, 15.7), Amlaš (Typ 15.1, 15.2), Südrußland (Typ 15.3), Sirkap/Taxila (Typ 15.8) und zwei unbekannter Herkunft, heute im Metropolitan Museum, New York (Typ 15.4) und im Museum für Islamische Kunst, Berlin (Typ 15.5).

Aus der Verbreitung lassen sich, genau wie bei Typ 14, regionale Herstellungsmerkmale erschließen. Die eleganten, gekonnt hergestellten Stücke stammen aus den Zentren der altorientalischen Hochkulturen. Diesmal sind es Seleukeia und Hatra. Eine mesopotamische Spezialität waren neben der Eleganz vielleicht noch die zarte Granulation und die eingelegten Steine entlang der Amphorenmitte. Aus dem südrussischen Raum kommt 15.3, welches zeitlich sicher früher als die von Seleukeia anzusetzen ist. Infolge der Ähnlichkeit der Verzierung (Granulation in Verbindung mit Kettengeflecht) können die beiden Stücke aus dem Kunsthandel (Typ

15.4, 15.5) auch als aus diesem Raum kommend angesehen werden. Die beiden sehr schlichten Paare (Typ 15.1, 15.2) wurden nach Porada[107] entweder nicht fertig oder stellen provinziell-iranische Arbeiten dar. In Indien wurde das ursprünglich gefäßförmige Vorbild floral umgebildet, so daß die Verwandtschaft zu den obigen Stücken kaum noch zu erkennen ist.

Wegen des Vorkommens an den mittlerweilen berühmten Ohrringen aus Seleukeia (Typ 15.6, 15.7) gelten Granatäpfel allgemein als Charakteristika des arsakidenzeitlichen Schmuckes schlechthin. Tatsächlich sind sie gar nicht — so — häufig. Sie kommen vor an den bereits erwähnten Ohrringen (Typ 15.4-15.7), an einem Anhänger aus Amlaš (Typ 1, Taf. LIV), vielleicht an einem Anhängerpaar aus Sirkap/Taxila (Typ 2.2, Taf. LVI) und an einer goldenen Röhren-/Tubenperle aus Armazis-Chevi (Typ 17, Taf. LIII). Das Motiv kann nicht als typisch arsakidisch bezeichnet werden, da es eine lange orientalische Tradition und weite Verbreitung hat[108]. Es galt wohl als Symbol für Fruchtbarkeit und Leben. Ob jedoch jeder Anhänger, jede Darstellung eines Granatapfels gleich als symbolträchtig anzusehen ist, bezweifelt Börker-Klähn[109] und meint, zweifellos seien sie auch rein dekorativ bei Schmuck und Ornamenten verwendet worden.

(Zu Glöckchen s.a. Kränze der Frauen Typ 4, Taf. VII und Halsschmuck der Frauen, Anhänger Nr. 23, Taf. LIX-LX).

Datierung:
15.1:
15.2: ⟩1. Jh. v. Chr. - 2. Jh. n. Chr.
15.3:
15.4: ⟩1. - 2. Jh. n. Chr.
15.5:
15.6:
15.7: ⟩40 n. Chr. - 115/116 n. Chr.
15.8:   ca. 19 n. Chr. - ca. 70 n. Chr.

Typ 16 (Taf. XXI)

Keulen-Ohrringe
(Herkuleskeulen bzw. Herakleskeulen)[110]

[107] E. Porada, Of deer, bells, and pomegranates: IA 7, 1967, 99 ff.
[108] J. Börker-Klähn, Granatapfel: RLA III (1957-71) 616 ff.
[109] Ebenda, 626. S.a. F. Muthmann, Der Granatapfel, Symbol des Lebens in der Alten Welt (1982) bes. 149 ff.
[110] Zur Bezeichnung s. Hadaczek 52, Abb. 98 (Herakleskeule).
Aus der Arsakidenzeit ist die Herkuleskeule nur als Anhänger belegt. Es gibt aber im Kunsthandel

Die Bezeichnung ,,Herkuleskeule'' wird benutzt für einen keulenförmigen Anhänger, dessen Oberfläche mit Granulation und/oder Einlagen besetzt ist. Die Ein-
und Auflagen sollen die Astnarben auf der Keulen andeuten. Diese Form und Ausgestaltung entspricht den Darstellungen der Keule des Herkules auf Rundbildern
und Reliefs.

16.1 Keule an offenem Haken.
Das abgerundete Ende der Keule ist mit rötlicher Glaspaste geschmückt. Die Oberflä-
che ist besetzt mit kleinen, tropfenförmigen Einfassungen, in welcher jeweils eine Gra-
nulationsperle untergebracht ist. Je zwei glatte Drähte umschlingen Anfang und Ende
der Keule.
Herk.: Olbia.
Mus. : Brit. Mus., London.
Mat. : Gold, Glaspaste.
Maße: L 5,5 cm.
Lit. : Marshall, CJBM, Taf. LII, Nr. 2412.

16.2 Die Keule ist mit tropfenförmigen Einlagen und einem eingelegten unteren Abschluß
aus grüner Paste verziert.
Mus. : Staatl. Mus. Berlin, Misc. 11863,168.
Mat. : Gold, Einlagen aus grüner Paste.
Maße: L 3,3 cm.
Lit. : Greifenhagen I, Taf. 24, Abb. 3.

16.3 Der Körper der gedrungenen Keule ist mit Granulation und Einlagen aus Granat und
Türkis verziert.
Herk.: Emesa, Frauengrab (Grab 6).
Mus. : Nat. Mus. Damaskus.
Mat. : Gold, Granat, Türkis.
Maße: H 2,6 cm.
Lit. : Seyrig, Syria 30, 1953, Farbtaf. A.

16.4 Kantige Herkuleskeule.
Der Keulenkörper ist viereckig gearbeitet; auf jeder der vier Seitenflächen sind Einla-
gen in runder, ovaler und tropfenförmiger Fassung angebracht.
Herk.: Armazis-Chevi, Frauengrab (?), Grab 18.
Mus. : Staatl. Mus. Georgiens, S. Dshanachia, Tiflis.
Mat. : Gold, Granateinlagen.
Lit. : Apakidze et al., Taf. XII, Abb. 9, 10; Taf. LXXXVIII, oben.

Keulenförmige Anhänger sind kein speziell arsakidenzeitlicher Schmuck. Die wohl
ältesten Funde liegen aus Ägypten vor. Dort sind sie bereits im Mittleren Reich in

örtlich nicht zuzuordnende Exemplare (dat. zw. späthellenistisch bis 2. Jh. n. Chr.), bei denen die
Keule zum vorderen Teil eines Bügelohrringes gebogen wurde: Kassel, Antiker Schmuck (1980) Taf.
15, Nr. 68. Greifenhagen, Schmuckarbeiten II, Taf. 51, 5-7. Coll. Burton Y. Berry, Indiana (1973)
Taf. 52b.

Gebrauch gewesen[111]. Sie variieren in der Größe zwischen 3,3-6,8 cm. Sie sind aus Gold, Silber und Halbedelsteinen. Die goldenen weisen Granulation auf. Die keulen- bzw. zylinderförmigen Anhänger, die in Ägypten aus Ausgrabungen kommen, stammen wie die aus Emesa und Armazis-Chevi vorwiegend aus Frauengräbern. Auch im griechischen[112] und römischen[113] Raum waren sie gebräuchlich. Spätestens ab dem 3. Jh. n. Chr. waren sie von Britannien über die Rheinlande, die Gebiete um die mittlere Donau bis hin zur Schwarzmeerküste verbreitet. Auch hier gehörten sie stets zur Ausstattung von Frauen- und Kindergräbern[114].

Auf Darstellungen sind sie als Schmuck nicht abgebildet bzw. nicht identifizierbar.

Eventuelle Stileigentümlichkeiten der Arsakidenzeit lassen sich an den wenigen gefundenen Stücken nicht erkennen.

An der Beliebtheit des Motives zeigt sich deutlich der Verschmelzungsprozeß zwischen hellenistischer und iranisch-mesopotamischer Kultur, wie er für die Arsakidenzeit charakteristisch ist[115].

Angesichts der weiten Verbreitung des Keulenmotives sieht J. Werner[116] in der Schmuckkeule im europäisch-südrussischen Bereich ein Amulett, welches der Trägerin diente als ,,Schutzmittel gegen Unglück, und das — Böse — und zugleich als magischer Gegenstand, um Wachstum und Fruchtbarkeit zu sichern''. Eine im Grunde gleiche Meinung vertreten Spagnoli[117] und Rosenfield[118]. Sie weisen darauf hin, daß die Keule als Motiv sowohl auf arsakidischem Stuck in Nisa[119] wie auch als Attribut der Könige auf kuschanischen Münzen auftaucht. Die Keule ist ihrer Meinung nach die Waffe solarer und/oder chthonischer Gottheiten (Herkules, Mithras), die im Kampf gegen die Macht des Bösen, zur Aufrechterhaltung der natür-

---

[111] Wilkinson, Egyptian Jewellery, 55 ff, Taf. 1 C-E (zylinderförmige Anhänger), s.a. Aldred, Juwelen der Pharaonen, Taf. 46 außen.

[112] Hadaczek, Ohrschmuck, 52, Abb. 98.

[113] Marshall, CJBM, Nr. 2413 ff. Higgens, Jewellery (1961) Taf. 54 A; (1980) Taf. 54 A.

[114] J. Werner, Herkuleskeule und Donar-Amulett: JRGZ 11, 1964, 176 ff. Ders., Zwei prismatische Knochenanhänger (Donaramulette) von Zlechov: ČasMorMus 57, 1972, 133-140.

[115] R. Stucky u.a.: Berlin, Der Garten in Eden (1979) Nr. 163, 175. Haussig, Keule: Wörterbuch der Mythologie, 583. B. Roy, Mahābhārata (1961) 280 ff (Keulenkampf-Schilderung). Herodot, Historien, Polyhymnia 63. G. Widengren, Der Feudalismus im alten Iran (1968) 18, Anm. 42. Yast 10. 96.

[116] Werner a.O. JRGZ 11, 1964, 177 f.

[117] M. M. Spagnoli, The Symbolic Meaning of the Club in the Iconography of the Kuṣāṇa Kings: EW 17, 3-4, 1967, 248 ff.

[118] Rosenfield, Arts of the Kushans, 179-181.

[119] Deutl. Ansicht: Colledge, Parthian Art, 97, Abb. 41.

lichen Ordnung, dem Schutz des Lebens und der Gerechtigkeit eingesetzt wird. Als Symbol im allgemeinen soll sie das Böse strafen und abhalten (s.a. 1.1.2 Ohrschmuck der Frauen, Typ 6, Symbolik).

Datierung:
- 16.1:   ca. 2. Jh. n. Chr.
- 16.2:   ca. 2. Jh. n. Chr.
- 16.3:   1. Jh. v. Chr.
- 16.4:   2.-3. Jh. n. Chr.

Typ 17 (Taf. XXI)

Traubenohrringe

Schlichte Drahtringe oder Haken mit traubenförmigen Anhängern werden hier Traubenohrringe genannt. Ein Blick auf die Typentafel zeigt, daß in arsakidischer Zeit zwischen verschiedenen Varianten, die durch Originalfunde (s. Typ 17.1-17.2.2) und Darstellungen (s. Typ 17.3) belegt sind, unterschieden werden kann.

17.1 Ring mit dreiastiger Traube.
,,Ring aus gedrehtem Vierkantdraht, die glatten Enden bilden Haken und Öse. Daran hängt eine Traube, in Goldblech gepreßt; aus zwei Teilen zusammengesetzt[120].''
Herk.: Kertsch.
Mus.: Staatl. Mus. Berlin, GI. 145. 146 (Misc. 8436).
Mat.: Gold.
Maße: H 2,4 cm.
Lit. : Greifenhagen II, Taf. 39, Abb. 10.
        Hadaczek, 52, Abb. 97.
17.2 Ringe mit dreizipfeliger Traube.
Jeder der drei Zipfel (Säckchen) ist mit Granulationstrauben behangen.
17.2.1 Die Oberfläche ist mit Granulation überzogen.
        Herk.: Unbekannt, ehem. Slg. v. Gans.
        Mus.: Staatl. Mus. Berlin, Inv. 30219,643.
        Mat.: Gold.
        Maße: H mit Ring 3,1 cm.
        Lit. : Greifenhagen II, Taf. 52, Abb. 4.
17.2.2 Ähnl. wie 17.2.1, schlechter erhalten.
        Herk.: Amrit.
        Mus.: Coll. de Clercq.
        Lit. : de Ridder, Taf. III, Nr. 572.
                Ähnl. Stück: de Ridder, Taf. II, 568.

---

[120] Greifenhagen, Schmuckarbeiten II, 48.

s.a. Ohrringe d. Frauen, Typ 6.1.3.3, 6.2.6, 21.1-3, hier wird diese Traubenform als Anhänger mit einem anderen Ohrschmucktypus kombiniert.

17.3 Traubenohrring aus Kugeln.

Die Darstellung der Traube ist sehr schematisch, die des Befestigungsringes hingegen
sehr deutlich. Vielleicht soll es ein Lunula-Ohrring sein (vgl. Typ 7.1.1, Taf. XIV).

Herk.: Palmyra, Grabreliefs.

Lit.   : Deutl. Ansicht: z.B. Michalowski (1962, Ausgrab. 1960) 173, Abb. 190.
         Ghirshman (1962) Abb. 95.
         Colledge (1976) Taf. 63, 64.

Zu 17.1:

Charakteristisch für Typ 17.1 ist der Versuch einer realistischen Wiedergabe der
Traube durch die Herausarbeitung von zwei oberen Traubenästchen. Ein Frauen-
kopf aus Arsos[121], Zypern, dat. Anfang 3. Jh. v. Chr. trägt eine solchermaßen gear-
beitete Traube als Anhänger an einem Bügelohrring. Auf ostgriechischen
Grabreliefs[122], dat. (von einigen Ausnahmen abgesehen) zwischen dem 2. Jh. v.
Chr. — römische Kaiserzeit, erfolgte die Darstellung der Traube in gleicher
Weise[123]. Dieselbe Traubendarstellung findet sich auf palmyrenischen Reliefs wie-
der. Ein gut erhaltenes Beispiel liefert das große Tempelportal des Bel-Tempels[124].
Demzufolge ist dieser griechische Traubenohrring noch zu Beginn der Arsakiden-
zeit, vielleicht auch länger, in Kleinasien, Südrußland und Syrien getragen worden.
Die Tetradrachme des Hadrians aus Laodike bestätigt diese Annahme, denn auf
dem Revers trägt die Tyche einen aus zwei Trauben bestehenden Ohrschmuck, der
Typ 17.1 in etwa entspricht[125]. Deshalb wird das Stück aus Kertsch hier als Reprä-
sentant dieses Typus aufgeführt.

Zu 17.2 (17.2.1-17.2.2):

Fremdartig mutet die betont dreizipfelige Form von Typ 17.2 an. Ein älteres
Stück, angeblich aus Smyrna/Izmir[126], dat. 5./4. Jh. v. Chr., hat die gleiche Form.
Auf seiner Oberfläche befinden sich zusätzlich Ranken (eindeutig Weinranken) und

---

[121] Deutl. Ansicht: SCE IV, 3 (1956) Taf. IV, Text 85 ff.

[122] E. Pfuhl/H. Möbius, Die ostgriechischen Grabreliefs, Tafelbd. I (1977).

[123] Ebenda, bes. Nr. 735, 744, 749, 750 (?), 753, 756, 760, 766; s. zur Darstellungsweise der Traube
eine verblüffend ähnliche Auffassung auf dem späthethischen Felsrelief von Ivriz im Taurusgebirge,
dat. gegen 730 v. Chr.; s. im Gegensatz dazu die mehr schematischen Darstellungen auf assyrischen
Reliefs (z.B.: Orthmann, PKG 14, Taf. 233, 246, 247).

[124] Deutl. Ansicht: Klengel, Syria Antiqua, 137.

[125] H. Seyrig, Antiquités syriennes. Le phare de Laodicée: Syria 29, 1952, Taf. III, Abb. 3-5.

[126] Pollak, Slg. v. Nelidow, Taf. X, Abb. 203. Sotheby's (1931) Aukt. Kat., Taf. II, Abb. 89.

Granulationstrauben. Daher kann Typ 17.2 als Traube angesehen werden[127]. Obwohl die Herkunft bei fast allen vorhandenen Stücken unbekannt ist, kann dieser Typus dem arsakidischen Formenkreis zugerechnet werden, da er einmal als Anhänger eines typisch arsakidenzeitlichen Erotenohrringes gefunden wurde (s. Typ 6.2.6, Taf. XI) und in leicht abgewandelter Form aus dem arsakidenzeitlichen Taxila vorliegt (s. Typ 21, Taf. XXII). Diese Traubenform war offensichtlich beliebt, da sie nicht nur allein, sondern mehrfach (wie bereits oben berichtet) auch als Anhänger mit anderen Ohrschmucktypen (s. Typ 6.1.3.3, Taf. X; Typ 6.2.6, Taf. XI; Typ 21, Taf. XXII) kombiniert getragen wurde. Die Beliebtheit lag wohl im Symbolgehalt. Die Weintraube gehört zu den gebräuchlichsten Symbolen für Dionysos.

Zu Typ 17.3:
Siehe Typ 22

Datierung:
  17.1:   Anfang der arsakidischen Regierungszeit.
  17.2.1: vermutl. 1. Jh. n. Chr.
  17.2.2: arsakidenzeitlich.
  17.3:   100-150 n. Chr.

Typ 18 (Taf. XXI)

Kegel-Ohrgehänge

An einem offenen Ring hängt ein Kegel, dessen Bauch von der Schulter abwärts mit Flechten (?) überzogen ist.
Herk.: Seleukeia, Gruft 159.
Mus. : Irak Mus. Baġdad.
Lit. : Yeivin, Taf. XXI, 2.

Dieser an einem Ring hängende kegelförmige Anhänger aus Seleukeia darf nicht mit den Traubenohrringen von Typ 17 verwechselt werden. Ein Fund aus Taman[128], ein sehr schöner aus Zypern[129], dat. ca. 4. Jh. v. Chr., und ein weniger schöner, aber dem hier behandelten recht ähnlicher, dat. ca. 4. Jh. v. Chr.[130], bei denen der Hals jedoch nicht amphorenartig gestaltet ist, weisen sehr klar die Eigen-

[127] Vgl. hierzu Überlegungen v. Greifenhagen, Schmuckarbeiten II, 66, zu Ohrring 4, Taf. 52.
[128] Greifenhagen, Schmuckarbeiten I, Taf. 23, Nr. 16.
[129] Hadaczek, Ohrschmuck, 32, Abb. 55.
[130] Pollak, Slg. v. Nelidow, Taf. XI, Nr. 230.

ständigkeit der Kegelanhänger als eigenen Typus aus. Gemäß Münzdarstellungen muß er ,,in der ganzen griechischen Welt verbreitet gewesen sein[131]''. So scheint es sich bei Typ 18 um das Relikt des griechischen Kegel-Ohrgehänges zu handeln. Die Zufügung des Amphorenhalses verbindet das Kegel-Ohrgehänge mit dem Amphorengehänge.

Datierung:
   43 n. Chr. - 118 n. Chr.

Typ 19 (Taf. XXI)

Ohrring mit Tiergehänge

,,An einem runden Reifen (die Enden umschlingen sich), baumelt an einer runden Oese eine auf oblonger Basis stehende Taube, welche in dem Schnabel eine hängende Kette hält. Ebensolche Ketten baumeln an den vier Ecken der Basis. Der Leib der Taube ist mit Granulierarbeit bedeckt. An den Seiten des Leibes sitzt je ein ovaler sirischer Granat[132]. Der Steiss der Taube ist durch einen stützenden schmalen Streifen mit der Basis verbunden[133]'' (Paar).
Herk.: Beirut, zus. mit 14.1.3, 14.1.4, 14.1.5.
Mus. : Slg. v. Nelidow.
Mat. : Gold, Granaten.
Maße: H 4,5 cm.
Lit. : Pollak, Taf. X, Nr. 179.
        Sotheby's (1931) Aukt. Kat., Taf. 1, Abb. 12.

Das abgebildete Stück steht repräsentativ für Ohrringe mit Gehänge, bei welchen ein Tier vollplastisch auf einer Platte steht. Die Platte dient auch als Befestigungsmöglichkeit für Ketten mit Anhängern. Häufig sind es Glöckchen.

Ausgehend von diesem sehr frühen Stück aus Beirut und weiteren gut erhaltenen, zeitgleichen bzw. noch früheren Stücken[134] können die zahlreichen Tieranhänger (s. Halsschmuck der Frauen, Anhänger Nr. 21, Taf. LVI) aus Dura-Europos, Baġūz, Hatra und Masǧid-e Sulaimān auch als Teile von Ohrgehängen betrachtet werden. Die Fundlage in den Gräbern (ausschließlich Frauengräbern in Dura-Europos) gab keine befriedigende Antwort über ihre Verwendung. Rostovtzeff[135] erwog deshalb eine mögliche Benutzung als Amulett an Halsketten oder Ohrringen (vergleiche

---

[131] Hadaczek, Ohrschmuck, 33.
[132] S. Anm. 95, S. 97.
[133] Pollak, Slg. v. Nelidow, 63.
[134] Hadaczek, Ohrschmuck, 41, Abb. 76; S. 50, Abb. 91 ff. Greifenhagen, Schmuckarbeiten I, Taf. 38, Abb. 3. Segall, Kat. Mus. Benaki, Athen, Taf. 23, Abb. 54, 55.
[135] Dura-Europos, Prel. Rep. 9th Season II, 121; Taf. XLV, LIV, Grab 24, 40.

aber auch den Anhänger an einer Fibel in Gestalt einer Reiterfigur (s. Taf. LXVIII, Typ 6.2.2.4).

Als Typus gehören Ohrringe mit Tierfiguren, speziell Tauben, zu den verbreitesten Ohrgehängen des antiken Schmuckes. Drei Varianten der Befestigung gibt es:
— die Taube hängt an einer *Öse*, die auf ihrem Rücken angebracht ist, von einer runden Scheibe herab[136],
— die Taube ist Teil eines Bügelohrringes, dessen Verschlußöse und -haken sich an ihrem Hinterkopf oder ihrem Schwanz befinden[137],
— die Taube hängt an einem langen *Haken*, der auf ihrem Rücken angebracht ist[138].

Nach Segall[139] könnte die Anbringung an der Scheibe älter sein als die im Bügel. Unser Exemplar entspricht wegen der Öse auf dem Rücken der ältesten, griechischen Befestigungsart. Es entspricht wegen seiner Gehänge von Basis und Schnabel aber auch einem Paar aus einem der südrussischen Tumuli[140]. Die Kombination älterer griechischer Formen mit anderen Elementen war schon häufiger als Eigenheit arsakidenzeitlichen Schmuckes erwähnt worden. Sie zeigt sich auch wieder bei Typ 19.

(Ohrschmuck mit Tierfigürchen s.a. Bügelohrringe, Typ 5; Taf. IX).

Datierung:
Etwa frühes 3. Jh. v. Chr. (?).

Typ 20 (Taf. XXI)

Ohrring mit Lunula-Anhänger

Herk.: Dura-Europos, Hortfund.
Mus. : Yale Univ. Art Gallery, Dura-Europos Coll.
Mat. : Silber.
Maße: Dm 3,5 cm.

---

[136] Marshall, CJBM, Taf. XXXIII, Nr. 1917, 1919, 1921-1922. Hackens, Cat. Class. Coll., Nr. 31.
[137] Marshall, CJBM, Taf. XXXII, Nr. 1840. Segall, Kat. Mus. Benaki, Athen, Taf. 23, Nr. 54, 55. Hadaczek, Ohrschmuck, Abb. 91, 92. Ch. Alexander, Jewelry. The Art of the Goldsmith in Classical Times as illustrated in the Museum Collection. The Metropolitan Museum of Art (1928) 73. Amandry, Coll. H. Stathatos (1953) Taf. XLII, Nr. 244 f. Hamburg, Kunst der Antike (1977) Nr. 423 A.
[138] Hadaczek, Ohrschmuck, Abb. 76. Pollak, Slg. v. Nelidow, Taf. X, Nr. 175, 178 (?).
[139] Segall, Kat. Mus. Benaki, Athen, Bd. I, 63.
[140] Hadaczek, Ohrschmuck, Abb. 76.

Lit.   : Dura-Europos, Prel. Rep. 2nd Season, Taf. XLV, 2.
        Dura-Europos, Prel. Rep. 4th Season, Taf. XXVI.
        Pope/Ackerman VII, Taf. 138 D.

Datierung:
  Mitte 2. Jh. v. Chr. - 260 n. Chr.

Typ 21 (Taf. XXII)

Lunula-Ohrgehänge mit „Herkulesknoten[141]" und Traubenanhänger

Von einem lunulaförmig verdickten, goldenen Bügel hängt ein mehrzipfeliger Anhänger mit Granulationstrauben herab. Auf der vorderen Seite befindet sich ein eingearbeiteter „Herkulesknoten", von welchem ehedem noch ein weiterer Anhänger herabhing, wie eine an seinem unteren Ende befindliche Öse vermuten läßt. Oben auf dem Bügel ist eine zweite kleine Öse sichtbar. Sie diente zur Befestigung des Ohrrings an einem Aufhänger.
Herk.: Sirkap/Taxila, Schatzfund (5 Paare).
Mus. : Archäol. Mus. Taxila.
Mat. : Gold.
Maße: L ca. 9 cm.
Lit.   : Marshall, Taxila III, Taf. 190 g-i = Nr. 9-12, 15.
        Bhushan, 69, Abb. 6 (Abb. entnommen für 21.3).
        Ingholt (1971) Taf. 491.

„Herkulesknoten" und Blütenverzierung zählen zu den Charakteristika griechisch-südrussischer Juwelierkunst. Ihre Verarbeitung geschah bei den Stücken aus Sirkap/Taxila in einer dem griechischen Schmuckempfinden fremden Art. Dies hat sich schon häufiger als typisch für die nachhellenistische Goldschmiedekunst im indischen Raum erwiesen.

Datierung: ca. 19 n. Chr. - 70 n. Chr.

Typ 22 (Taf. XXII)

Ohrmuschelschmuck

Ohrmuschelschmuck besteht aus einem Ring oder einer Kette, welche um die Ohrmuschel gehängt werden. An dem vorderen Teil sind Schmuckelelemente angebracht. Sie sollen die Partie vor dem Gehörgang zieren (s. S. 116). Dieser Schmuck

---

[141] In der archäologischen Fachliteratur wird dieser Knoten „Herakles- bzw. Herkulesknoten" genannt. Eine neutralere Bezeichnung wäre „Kreuzknoten". Weiteres s. Anm. 20, S. 208.

ist für die Arsakidenzeit aus dem syrischen Raum durch Darstellungen und Funde belegt.

22.1 Ohrmuschelring
Dies ist ein Ring mit größerem Durchmesser, der um die Ohrmuschel gehängt wird. An seinem vorderen Teil sind mehrere Perlen angebracht.
22.1.1 Mit zweireihig angeordneten Perlen (?).
Herk.: Palmyra (Grabreliefs); Amrit (Sarkophag).
Lit. : Mackay, Iraq 11, 1949, 168, Abb. 2a, b.
München, Land des Baal (1982) Nr. 174.
Deonna, Syria 4, 1923, Taf. XXXI, 4.
Michalowski (1965, Ausgrab. 1962) Abb. 117.
22.1.2 Mit vielen Muschelperlen und Granulationspyramide.
Bei dem gut erhaltenen Reifen (s. Taf.) und einem ihm gleichenden Fragment sind auf einen Draht aufgereihte Muschelperlen an den vorderen Teil des Reifens mittels eines weiteren Drahtes gebunden. Bei dem guterhaltenen Stück ist unten eine Granulationspyramide angebracht.
Mus.: Arch. Mus. Kairo.
Mat.: Gold, Muschelperlen.
Maße: insges. 7,2 cm; Dm innen zw. 4,3-4,5 cm.
Lit. : Vernier II, Taf. XXXVII, Nr. 52 504, 52 505.

Das Ohrringpaar 22.1.2, dessen Reifenmaße eine bequeme Anbringung um die Ohrmuschel ermöglichen, entspricht in der Gestaltung den Darstellungen in Palmyra. Deshalb ist es nicht nur als Ohrmuschelschmuck zu deuten, sondern kann auch als Anschauungsmaterial für die Darstellungen in Palmyra herangezogen werden.

Die Granulationspyramide ist nicht als schematische Wiedergabe einer Traube (s. Typ 17) anzusehen, sondern als eigenständige Verzierung, die sich wohl aus griechischem Vorbild des 6.-4. Jh. v. Chr.[142] entwickelt hat und auch in Ägypten vorkommt (s. Mumienporträts[143]). So sind einige sehr ,,eckige'' Traubendarstellungen an palmyrenischem Ohrschmuck[144] ebenfalls als solche Granulationspyramiden zu verstehen.

22.2 Ohrmuschelketten
Dies sind Metallketten mit einer runden Scheibe, einer Amphora und einem Eroten-ohrring als Schmuckelemente.

---

[142] Hadaczek, Ohrschmuck, Abb. 31, 52, 53. Higgens, Jewellery, Taf. 48 B. Greifenhagen, Schmuckarbeiten II, Taf. 50, Abb. 12.
[143] Parlasca, Mumienporträts, z.B. Taf. 31, Abb. 1; Taf. 32, Abb. 2; Taf. 28, Abb. 2 (die abgerundete Form ist in Ägypten jünger).
[144] Z.B. Mackay, Jewellery of Palmyra: Iraq 11, 1949, Taf. LV, 1.

22.2.1 Zusammenhängend gefunden.
     Herk.: Tortosa (Tarṭûs).
     Mus. : Coll. de Clercq.
     Mat. : Gold, Einlagen.
     Lit.   : de Ridder, Taf. I, Nr. 57, 58.
22.2.2 Ein Stück zusammengehängt; eins als langes Gehänge abgebildet und wohl
     auch gefunden.
     Herk.: Amrit.
     Mus. : Coll. de Clercq.
     Mat. : Gold, Einlagen.
     Lit.   : de Ridder, Taf. I, Nr. 270, 278.

Diese Ketten sind nicht als lange Ohrgehänge zu verstehen, da sie relativ häufig zusammengehängt gefunden wurden (s. Taf. XXII, Typ 22.2.1). Der
Erotenohrring wurde entweder im Ohrläppchen befestigt oder hing befestigt an
den Ketten darunter (s. Abb.). Das Kettengehänge wurde so um die Ohrmuschel herumgeführt, daß die runde Einfassung und der Amphorenanhänger
senkrecht vor dem Gehörgang hingen, die Kette unsichtbar hinter der Ohrmuschel.

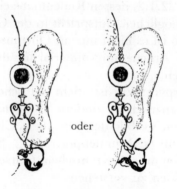

oder

In Palmyra wurde der Ohrmuschelschmuck in Verbindung mit mehreren, entlang des Ohrmuschelrandes befestigten Creolen getragen (s. Taf. XXII, Typ
22.1.1). Sofern ein Lunula- oder Trauben- bzw. Pyramidenohrring nicht bereits am
Ohrmuschelschmuck befestigt war, wurde er unter Umständen zusätzlich an das
Ohrläppchen gehängt.

Datierung:
22.1.1:   I. Period. v. Palmyra (-130/150 n. Chr.).
22.1.2:
22.2.1:   arsakidenzeitlich.
22.2.2:

1.1.3 Halsschmuck (Taf. XXIII-LXI)

Aus arsakidischer Zeit ist Halsschmuck der Frauen zahlreich überliefert. Nach den Konstruktionsformen kann er unterteilt werden in: Halsketten, Halsbänder, Halsreifen.

Die Halsketten (s. Typ 1-5, Taf. XXIII-XLIII), deren Charakteristika Schmalheit und Beweglichkeit sind, wurden in mehreren Ausführungen hergestellt:

— Perlenketten (s. Typ 1, Taf. XXIII-XXIV und Typ 2, Taf. XXIV-XXXII), bei denen Perlen oder figürliche wie nichtfigürliche Elemente auf einer Schnur aufgefädelt sind; die Schnur selbst wirkt dabei nicht als Schmuckelement.[1]

— wie ,,geflochten oder gestrickt wirkende'' Ketten (s. Typ 3, Taf. XXXIII-XXXIX) aus Silber- oder Golddrähten.

— Ketten aus ,,ineinandergehängten'' Elementen (s. Typ 4, Taf. XL-XLII, Kastenfassungen; s. Typ 5, Taf. XLIII, Silber- oder Golddraht); die einzelnen Schmuckelemente können durch Scharniere (s. Typ 4, Taf. XL-XLII) oder durch eine Haken- und Ösenkonstruktion (s. Typ 5; Taf. XLIII) verbunden sein.

Die Halsbänder (s. Typ 6 und Typ 7, beide Taf. XLIV) und die Halsreifen (s. Typ 8-10, alle Taf. XLV) fungieren nicht nur als Trageband für Anhänger, sondern sind zugleich und in besonderem Maße selber Schmuckelemente[2]. Das Band ist im Gegensatz zur Kette breiter und unter Umständen weniger beweglich.

Kette und Band, in gewisser Weise aber auch der Reif werden unterschiedlich gestaltet. Von Anfang an sind ,,zwei Kompositionsschemata vorhanden ... und zwar das Prinzip der betonten Mitte und der fortlaufenden Reihe bzw. Anordnung gleichförmiger Elemente. ... Das Kompositionsschema der betonten Mitte kann darin bestehen, daß an einem Halsband ein Einzelanhänger befestigt ist bzw. bei der Perlenkette mit in den Verband der Perlen eingefügt wird oder daß statt des einzelnen Anhängers mehrere Anhänger auftreten, wobei sich der mittlere Anhänger

---

[1] I. Blanck, Studien zum griechischen Halsschmuck der archaischen und klassischen Zeit, Diss. Mainz (1974) 54.
[2] Ebenda, 54.

entweder durch seine Größe oder andersartige Bildung von den übrigen Schmuckelementen abhebt. ... Das andere Kompositionsschema, das der fortlaufenden Anordnung, umfaßt eine Reihe von Anhängern'' ... aus gleichförmigen oder verschiedenen gestalteten Anhängern bzw. Perlen[3].

Halskette, -band und -reif wurden in der Regel nicht einzeln, sondern in Vergesellschaftung mit mehreren anderen getragen. Palmyra und Hatra belegen dies besonders deutlich für den syrischen Bereich. Die Tafeln XLVI-L geben einen Überblick über die dort dargestellten Kombinationen.

Eine weibliche Statue aus Perge[4] sowie die ägyptischen Mumienmasken und -porträts[5] zeigen, daß das Tragen von vielen Halsketten eine zumindest ab dem 1. Jh. n. Chr. zu beobachtende Mode im gesamten Orient war, die sich ab Ende des 1./Anfang des 2. Jh. n. Chr. auch in Rom nachweisen läßt. Sie muß aber als Fortbestand altorientalischer Mode angesehen werden, da sie sich bis zu den Anfängen der orientalischen Hochkulturen zurückverfolgen läßt.

Wahrscheinlich hatte der Halsschmuck der Frauen zur Zeit der Arsakiden neben dem schmückenden Charakter noch eine apotropäische Bedeutung. Die Formen der Anhänger (Granatapfel, Lunula, Lunula mit runder Scheibe, Efeublatt bzw. Blatt, Korn, Maske, Kopf, Phallus, Traube, Vogel bzw. Taube, Bulla, Ring, Hand mit Fica-Gebärde) weisen in diese Richtung[6]. Da Material und Farben schon von altersher magische Bedeutung haben[7], ist anzunehmen, daß z.B. die Farbe ,,blau'' auch in der Arsakidenzeit als Schutz gegen den ,,bösen Blick'' benutzt wurde, war doch der Augenstein als Schmuckstein sehr beliebt.

Wie sehr der Halsschmuck bei den Völkern der Antike als Symbolträger empfunden wurde, zeigen frühchristliche Mahnungen u.a. von Kirchenvätern, die den gesamten weiblichen Schmuck, insbesondere den Halsschmuck als Zeichen der Putzsucht und als Verstoß gegen christliche Glaubensvorstellungen ablehnten[8]. Die

---

[3] Ebenda, 121.

[4] J. Inan, Neue Porträtstatuen aus Perge: Festschrift Mansel'e Armağan (Mélanges Mansel), (1974) II, 652; Bd. 3, Taf. 204 a, b.

[5] Parlasca, Mumienporträts, z.B. Taf. 18, 1, 2. Grimm, Mumienmasken, z.B. Taf. 60, 3; Taf. 107, 4.

[6] Wrede, Lunulae im Halsschmuck, 244 ff. E. R. Goodenough, Jewish Symbols in the Greco-Roman Period (1953) Bd. II, III. S. Seligmann, Der böse Blick und Verwandtes (1910). Dura-Europos, Prel.Rep., 3rd Season, 107 ff.

[7] Zur magischen Kraft der Steine: W. E. A. Budge, Amulets and Talismans (1961) Kap. XV, XXV mit weiteren Lit. Hinweisen. E. W. Andrae, Vorderasien ohne Phönikien, Palästina und Kypros: Handbuch der Archäologie I, hrsg. von W. Otto (1939) 755. S.a. Lit. Hinw. unter Fingerschmuck der Frauen, Einleitung.

[8] Wrede, Lunulae im Halsschmuck 245 ff.

Sitte, den Halsschmuck mit Symbolgehalt zu versehen, reicht aber weit in altorientalische Tradition zurück[9].

Halsketten (Typ 1-5)

Perlenketten (Typ 1 und Typ 2)

Typ 1 (Taf. XXIII-XXIV)

Ketten aus gleichförmigen Perlen

Ketten, deren Perlen alle die gleiche Form haben, sei es z.B. kugel-, röhren- oder melonenförmig, auch wenn sie aus verschiedenem Material bestehen, werden unter Typ 1 zusammengefaßt.

Solche einfachen Perlenketten sind durch zahlreiche Darstellungen und Originale belegt. Die Wiedergabe der geläufigsten Darstellungen vermittelt einen Einblick in die Trageweise dieses Typus, der mit und ohne einen Anhänger eng um den Hals liegend, am Halsansatz oder in verschiedenen Längen bis auf die Brust herabhängend getragen wurde (s. Typ 1.1-1.10). Originale sind unter Typ 1.11-1.18 aufgeführt.

Ohne Anhänger

1.1 Herk.: Palmyra, Grabreliefs (um den Hals getragen).
    Lit. : z.B. Ingholt (1928) Taf. XIII, 3.

1.2 Herk.: Palmyra, Grabreliefs (um den Halsansatz getragen).
    Lit. : z.B. Ingholt (1928) Taf. XV, 1, 2, 3; XVI, 2.
          z.B. Browning, Abb. 10, 11.
          z.B. Coll. Bertone (1931) Aukt. Kat., Taf. X, Nr. 652.
          z.B. Colledge (1976) Taf. 61.

Mit rundem Anhänger

1.3 Herk.: Palmyra, Grabreliefs.
    Lit. : z.B. München, Land des Baal (1982) Nr. 178.

1.4 Herk.: Palmyra, Grabreliefs.
    Lit. : z.B. Mackay, Iraq 11, 1949, Taf. LX, 4.

Mit Lunula-Anhänger

Häufig wird die Lunula mit ein oder zwei Perlen kombiniert. Diese Kombination darf man angeblich als Anspielung auf die Sonne ansehen. Es gibt drei Kombinationsweisen: beide Sichelspitzen halten zusammen eine Perle; eine, meist größere Perle, ruht in der Mondsichel oder von beiden Sichelspitzen hängt je eine Perle.

1.5 Herk.: Palmyra, Grabreliefs (um den Hals getragen).
    Lit. : z.B. Ingholt (1928) Taf. XVI, 3.
          z.B. Coll. Bertone (1931) Taf. X, 651; XII, 664.

1.6 Herk.: Palmyra, Grabreliefs (brustlang).
    Lit. : z.B. Ingholt (1928) Taf. XV, 2.

---

[9] Vgl. Andrae, Gruft 45: Haller, Gräber und Grüfte, WVDOG 65, bes. 142 ff.

1.7 Herk.: Palmyra, Grabreliefs.
     Mus. : Mus. d. Amerik. Universität Beirut.

1.8 Herk.: Palmyra, Grabreliefs.
     Lit. : z.B. Mackay, Iraq 11, 1949, Taf. LVII, 2.

1.9 Herk.: Palmyra, Grabreliefs.
     Lit. : z.B. Coll. Bertone (1931) Aukt. Kat., Taf. X, Nr. 656.

1.10 Herk.: Palmyra, Grabreliefs (brustlang).
     Lit. : z.B. Ingholt (1928) Taf. XVI, 1.

1.11-1.13
     Ketten aus gleichförmigen Perlen unterschiedlichen Materials (milchig-weißem Chalcedon, blauem und weißem Glas, Achat, Karneol, Kristall, Glasperlen in Amberfarbe, roten Achatperlen mit weißer Inkrustation, blauer Fritte -Faust, Phallus, Körner), in moderner Aufreihung.
     Herk.: Hasani Mahaleh, Grab 4, Grab 7.
     Mus. : Teherān und Tokio.
     Mat. : s.o.
     Maße: moderne Aufreihung.
     Lit. : Sono/Fukai. Taf. XXXVIII, 3, 4; XLIII. 1.

1.14 Kette aus runden Goldperlen (Melonenperlen).
     Herk.: Sirkap/Taxila.
     Mus. : Archäol. Mus. Taxila.
     Mat. : s.o.
     Maße: Dm der Perlen ca. 0,48-0,62 cm.
     Lit. : Marshall, Taxila III, Taf. 192 e = Nr. 63, 64.
           Wheeler (1968) 111.

1.15 Kette aus 83 Tubenperlen.
     Herk.: Sirkap/Taxila.
     Mus. : Archäol. Mus. Taxila.
     Mat. : Gold.
     Maße: L der Perlen ca. 0,93-1,6 cm.
     Lit. : Marshall, Taxila III, Taf. 192 f = Nr. 66.

1.16 Kette aus (Gold ?) perlen mit Lunula-Anhänger.
     ,,Die Kette besteht aus dreiundzwanzig Hohlkugeln und einem mondsichelförmigen Anhänger. Dieser setzt sich aus dem eigentlichen Zierteil, der hornförmig gebogen und auf den Spitzen mit je einer Kugel besetzt ist, und einem angelöteten Röhrchen zusammen. Die Lötstelle ist mit fünf Kügelchen kaschiert. Die Kette, die ursprünglich länger gewesen sein muß, ist jetzt auf einem modernen Draht aufgezogen[10]''.
     Herk.: Kunsthandel, angebl. Südsyrien.
     Mus. : Nat. Mus. Damaskus, Inv. Nr. 4071.
     Mat. : Gold.
     Maße: L 15 cm, Dm d. Anhängers 1,6 cm.
     Lit. : El-Chehadeh, Nr. 42.

---

[10] El-Chehadeh, Schmuck in Syrien, 60.

1.17 Kette aus Goldperlen mit lunulaförmigem Anhänger.
,,Von den Perlen der Kette ist nur etwa die Hälfte erhalten. ... Die kugelförmigen
hohlen Goldperlen sind aus einem Ring kleiner Granulationskugeln und vier Perl-
drähten zusammengefügt. ... Der Anhänger in Form eines Kreisabschnittes ist mit
mehreren Perl- und tordierten Drähten belegt und enthält im Zentrum zwei birnenförmige Ziersteine, links einen roten Granat, rechts einen blauen unbestimmter
Art. Sie werden von einer gezackten Fassung aus Goldblech und einem mit Granu-
lationsdraht belegten Querriegel gehalten. In den Winkeln des Kreisabschnittes sitzen zwei längliche Blättchen. Die Ose ist zylinderförmig und zweifach gebaucht.
Die Befestigungsstelle am Anhänger ist mit einer kleinen Rosette kaschiert. Der Ei-
sendraht, auf den die Perlen aufgezogen sind, ist zweifellos modern[11]''.
Herk.: Ausgrabung i.d. Nähe v. Damaskus.
Mus. : Nat. Mus. Damaskus, Inv. Nr. 2988.
Mat. : s.o.
Maße: L 19 cm, L d. Anhängers 2,7 cm.
Lit. : El-Chehadeh, Nr. 41.
1.18 Kette aus 54 Perlen mit Lunula-Anhänger.
Die Perlen erwecken durch ihre Verarbeitung den Eindruck, als seien sie aus vielen
Granulationskügelchen zusammengefügt. Der Kettenverschluß gleicht zwei ,,Herku-
leskeulen''. Die Mitte des goldenen Lunula-Anhängers (?) wird ausgefüllt durch
einen birnenförmigen Granat und eine birnenförmige Füllung unbekannten
Materials.
Herk.: Grab bei Damaskus, zus. mit Ohrschmuck Typ 6.3.13, 14.4.2.3.
Mus. : Brit. Mus., London.
Mat. : s.o.
Maße: L d. Anhängers 3,3 cm.
Lit. : Marshall, CJBM, Taf. LVII, Nr. 2718.
        Higgings (1961) Taf. 50; (1980, Taf. 49 A).
        Pfeiler-Lippitz, Taf. 32, 2.

Die Zackeneinfassung der Steine in den Anhängern der Ketten 1.17 und 1.18 be-
gegnet uns häufiger (s. Scheitelschmuck der Frauen, Typ 1.1.1, 1.1.2, Taf. IV; Anhänger Nr. 6.1, Taf. LIV). Sie ist vor allem im hellenistischen Schmuck
Nordgriechenlands und Südrußlands[12] sehr häufig. El-Chehadeh[13] beweist an Hand
mehrerer Schmuckstücke ihre Verwendung im syrischen Raum auch noch im ganzen 1. Jh. n. Chr. und wahrscheinlich bis in etwa hadrianische Zeit. Ein neuerer
Fund aus Masǧid-e Sulaimān (s. Anhänger Nr. 6.1, Taf. LIV) belegt sie für die arsakidische Zeit auch im Iran. Dieses Festhalten an der Zackeneinfassung im alt-

[11] El-Chehadeh, Schmuck in Syrien, 57.
[12] Pfeiler, Goldschmuck, 87.
[13] El-Chehadeh, Schmuck in Syrien, Nr. 7, 13, 24, 28, 51.

orientalischen Raum wird verständlich, wenn man in dieser Verarbeitung nicht nur eine hellenistische Technik sieht, sondern auch an zeitlich ältere Belege aus dem mesopotamischen Raum (spätbabylonisch aus Ur; mittelassyrisch aus Assur)[14] denkt. Dann nämlich erscheint sie als eine in altorientalischer Tradition stehende Schmuckverzierung (s.a. Typ 2, Kompositketten).

Datierung:

1.1-1.10: 130/150 n. Chr. - erste Hälfte des 3. Jh. n. Chr.
1.11-1.13: 1. - 3. Jh. n. Chr.
1.14:   1. - 3. Jh. n. Chr.
1.15:   1. - 3. Jh. n. Chr.
1.16:   1. Jh. n. Chr.
1.17:   1. Jh. v. Chr. - 1. Jh. n. Chr.
1.18:   Marshall: ca. 1. Jh. n. Chr.
           Higgins: 200-100 v. Chr.
           El-Chehadeh: 1. Jh. v. Chr. - 1. Jh. n. Chr.

Typ 2 (Taf. XXIV-XXXII)

Kompositketten

Dies sind Ketten aus unterschiedlichen Perlen, mit und ohne Anhänger. Eine Fülle von Darstellungen und Funden ist vorhanden, weshalb verschiedene Varianten unterschieden werden können.

2.1 Ketten aus Perlen und Röhrenperlen (Tubenperlen).
    Abwechselnd sind kugelförmige und dünne röhrenförmige Perlen aufgereiht. Den Darstellungen (s. Typ 2.1.1-2.1.4) entspricht ein Original (s. Typ 2.1.5).
    2.1.1 Ohne Anhänger.
           Herk.: Palmyra, Grabreliefs.
           Lit. : z.B. Ingholt (1928) Taf. VIII, 1; XIII, 3.
    2.1.2 Lunula-Anhänger, die Sichelspitzen halten eine Perle.
           Herk.: Palmyra, Grabrelief.
    2.1.3 Mit Lunula-Anhänger.
           Herk.: Palmyra, Grabrelief.
    2.1.4 Mit rundem Anhänger.
           Herk.: Palmyra, Grabrelief.

[14] Assur: Maxwell-Hyslop, Jewellery, 173, Abb. 105. Andrae, Gruft 45: Haller, Gräber und Grüfte, WVDOG 65, Taf. 34 i/35b; Taf. 34a, f/35 d, h. Ur: Maxwell-Hyslop, Jewellery, Taf. 159. Woolley, Ur-Excavations IX (1962) Taf. 22, U 465 (über der Schicht Nebukadnezars, unter der persischen Schicht).

Lit. : Deutl. Ansicht: Mackay, Iraq 11, 1949, Taf. LVIII, 2.
       Browning, Abb. 7.
       Colledge (1976) Taf. 89.

2.1.5 Kette aus goldenen Perlen (vielleicht nicht in der Originalreihung) in verschiedenen Formen: 11 glatte, ovale Perlen (Dm 0,6 cm), 9 Melonenperlen (Dm 0,65 cm), 26 Tubenperlen (L 0,9 cm, Dm 0,3 cm).
      Herk.: Ninive.
      Mus. : Brit. Mus., London.
      Mat. : Gold.
      Maße: s.o.
      Lit. : Curtis (1976) 55, Taf. Nr. 101, Kat. Nr. 14.

2.2 Ketten aus verschiedenfarbigen und -gestaltigen Perlen, mit und ohne Anhänger (Taf. XXV-XXIX).

2.2.1 Herk.: Palmyra, Grabrelief.
      Mus. : Ny Carlsberg Glyptothek, Kopenhagen.

2.2.2 Herk.: Palmyra, Grabrelief.
      Lit. : Hahl, Taf. 7, Abb. 1, Nr. 56.
      Böhme, 29, Abb. 4.

2.2.3 Inkrustierte Perlen (?) vgl. Taf. LI, Nr. 18.
      Herk.: Palmyra, Grabrelief.
      Mus. : Palmyra.

2.2.4 Ketten aus mehrreihigen Perlschnüren mit zwischengefügten Schiebern zur flächigen Ordnung der Perlschnüre.

    2.2.4.1 Herk.: Palmyra, Grabreliefs.
         Lit. : z.B. Ingholt, Syria 11, 1930, Taf. LX, 1.
         z.B. Kaspar, BJM 49/50, 1969/70, 289, 6.
         z.B. München, Land des Baal (1982) Nr. 174.

    2.2.4.2 Herk.: Palmyra, Grabreliefs.
         Lit. : z.B. Deonna, Syria 4, 1923, Taf. XXXI, 4.
         Ähnl. Stück: Mackay, Iraq 11, 1949, Taf. LV, 1.
         Ähnl. Stück: München, Land des Baal (1982) Nr. 173.

    2.2.4.3 Originalfund.
        „Sechs Bündel von jeweils vier Drahtkettchen, in die kleine, linsenförmig geschliffene Granate eingereiht sind, dazwischen in Abständen längliche polygonale Glieder aus Goldblech. An den Enden dieser polygonalen Röhren Drahtösen zur Anbringung der Kettchen. Als Schlußstücke sechsseitige Pyramiden aus Goldblech mit Haken und Öse. An den feinen Drahtschlingen sind die Windungen antiken Runddrahtes zu bemerken[15]".
        Herk.: Kunsthandel (?).
        Mus. : Staatl. Mus. Berlin, GI. 32.
        Mat. : Gold, Granate.
        Maße: L 40 cm.
        Lit. : Greifenhagen II, Taf. 32, Abb. 2.

---

[15] Blank, Halsschmuck, 7.

2.2.5 Herk.: Palmyra, Grabreliefs.
   Lit. : Colledge (1976) Taf. 83.
     Ähnl. Stück: Böhme/Schottroff, Titelbild; Taf. II.
2.2.6 Herk.: Palmyra, Grabrelief.
   Mus. : Istanbul.
2.2.7 Wiedergabe gemusterter Glasperlen (?), vgl. Taf. LII, 7 oder sind es Kettenteile aus Gold bzw. Silber?
   2.2.7.1 Herk.: Palmyra, Grabreliefs.
      Lit. : Deutl. Ansicht: Mackay, Iraq 11, 1949, Taf. LVIII, 2.
         Deutl. Ansicht: Browning, Abb. 7.
         Colledge (1976) Taf. 89; (1967, Taf. 42).
         Vgl. Bossert Nr. 549.
   2.2.7.2 Herk.: Palmyra, Grabrelief.
      Mus. : Ny Carlsberg Glyptothek, Kopenhagen.
2.2.8 Eine Kette aus 34 walzenförmigen Fayenceperlen und 36 flachen Karneolperlen mit einem vasenförmigen, stark gerieften Anhänger aus hellblauer Fayence (moderne Aufreihung).
   Herk.: Angeblich aus Nordpersien, Kunsthandel.
   Mus. : Slg. Patti C. Birch.
   Mat. : s.o.
   Maße: H d. Anhängers 3,2 cm; Ges. L. 46 cm.
   Lit. : Pforzheim, Schmuck aus Persien (1974) Abb. 58.
     Vgl. Perlen aus Ghalekuti: Egami/Fukai/Masuda, Taf. XXXIV, 7; LXXVII, 105 ff.
2.2.9 Kette aus kleinen, runden, goldbelegten Fritteperlen und größeren Glasperlen. In der vorderen Mitte zwei längliche Glasperlen.
   Herk.: Kunsthandel, angebl. Amlaš.
   Mus. : Rijksmuseum van Oudheden, Leiden.
   Mat. : s.o.
   Maße: L 40 cm.
   Lit. : Kopenhagen, Skatte fra det Gamle Persien (1968) 99, Nr. 340.
     Leiden, Klassieke Kunst Uit Particulier Bezit (1975) Nr. 801 d.
2.2.10 Kette aus alternierend aufgezogenen kleinen und größeren runden Perlen aus verschiedenem Material. Die kleinen Perlen sind aus Gold und mit Granulationskügelchen zweireihig besetzt.
   Herk.: Kunsthandel, angebl. Amlaš.
   Mus. : Rijksmuseum van Oudheden, Leiden.
   Mat. : Größere Perlen: Granat, Lapislazuli, Pasten.
   Maße: L 48 cm.
   Lit. : Kopenhagen, Skatte fra det Gamle Persien (1968) 121, Nr. 341, s.a.
     342 ff. Leiden, Klassieke Kunst Uit Particulier Bezit (1975) Nr. 804.
2.2.11 Kette mit Anhänger.
   Kette aus Gold- und Granatperlen. Vorne zwei quadatische Goldfassungen mit zwei Befestigungsschlaufen und runder Granateinlage. Der Anhänger besteht aus einer runden und zwei rhombenförmigen Goldfassungen mit roter Einlage

(Granat oder Glas?). Von jeder der beiden rhombenförmigen Fassungen hängt jeweils ein flaches Glöckchen aus Gold (vgl. Ohrring 3.2, Taf. IX).

Herk.: Kunsthandel, angebl. Amlaš.

Mus. : Rijksmuseum van Oudheden, Leiden.

Mat. : s.o.

Maße: L 50 cm.

Lit. : Kopenhagen, Skatte fra det Gamle Persien (1968) 99, Nr. 339.
Leiden, Klassieke Kunst Uit Particulier Bezit (1975) Nr. 805.

2.2.12 ,,Halskette aus 52 kleinen, z.T. runden, z.T. fäßchenförmigen Glasperlen (einige davon Goldglasperlen) in moderner Aufreihung mit sechs irisierenden flachen Löwenkopf-Glasperlen (Amulette) und einem tropfenförmigen Glasanhänger in der Mitte''.

Herk.: Angeblich aus Nordpersien, Kunsthandel.

Mus. : Slg. Patti C. Birch.

Mat. : s.o.

Maße: H d. Anhängers 2,4 cm; Ges. L 44 cm.

Lit. : Pforzheim, Schmuck aus Persien (1974) Abb. 55.

2.2.13 Kette aus verschiedenen Perlen (Glas, Bernstein, Gold, Erdpech, dattelförmige Perle mit einer Spitze aus gehämmertem Goldblech, Onyx in Goldfassung) mit einem kornförmigen Anhänger (s.a. Taf. LVII, 22.1).

Herk.: Seleukeia, Gruft 131.

Mat. : s.o.

Maße: moderne Aufreihung.

Lit. : Yeivin, Taf. XIX, 4.
s.a.: weitere Halsketten aus Seleukeia: Kelsey Museum of Archaeology, University of Michigan, Seleuceia (1977) Nr. 1 ff.
s.a.: Bard-è Néchandeh: Ghirshman (1976) II, Taf. 16, GBN 179.
Masǧid-e Sulaimān: Ghirshman (1976) II, Taf. 31, G. MIS 179; Taf. XCV, 5; Taf. CVIII, 5.
s.a.: Fellmann, Taf. 14, Nr. 26; Taf. 15, Nr. 17; Taf. 17, Nr. 1; Taf. 18, Nr. 1, 2, 3.

2.2.14 ,,Halskette aus zwanzig verschiedenen großen Millefiori-Glaskugeln. Die Zeichnungen der Kugeln sind jeweils verschieden. In moderner Aufreihung mit 21 flachen Karneolperlen''.

Herk.: Angeblich aus Nordpersien, Kunsthandel.

Mus. : Slg. Patti C. Birch.

Mat. : Millefiori-Glaskugeln, Karneolperlen.

Maße: Kugeln, Dm zw. 1,5 cm und 2,5; Ges. L d. Kette 46 cm.

Lit. : Pforzheim, Schmuck aus Persien (1974) Abb. 48.

2.2.15 Halskette aus 14 grünen Glasperlen, in moderner Aufreihung mit 15 Filigran-Goldperlen zusammengestellt.

Herk.: Angeblich aus Nordpersien, Kunsthandel.

Mus. : Slg. Patti C. Birch.

Mat. : s.o.

Maße: Glasperlen Dm ca. 2 cm; Ges. L 44 cm.

Lit. : Pforzheim, Schmuck aus Persien (1974) Abb. 62.

2.2.16 ,,Halskette aus 27 unterschiedlich großen Glasperlen. Einige Perlen haben eine sehr schöne Iris, andere sind sog. Goldglasperlen, bei welchen in die Glasmasse dünne Goldfolien eingeschmolzen sind''.
Herk.: Angeblich aus Nordpersien, Kunsthandel.
Mus. : Slg. Patti C. Birch.
Mat. : s.o.
Maße: Dm d. Perlen zw. 0,5 und 1,5 cm; Ges. L 43 cm.
Lit. : Pforzheim, Schmuck aus Persien (1974) Abb. 51.

2.2.17 ,,Halskette aus 62, z.T. runden, z.T. fäßchenförmigen Goldglasperlen, modern aufgereiht mit einer größeren Goldperle in der Mitte''.
Herk.: Angeblich aus Nordpersien, Kunsthandel.
Mus. : Slg. Patti C. Birch.
Mat. : s.o.
Maße: L d. Perlen 2,1 cm; Ges. L 50 cm.
Lit. : Pforzheim, Schmuck aus Persien (1974) Abb. 52.

2.2.18-2.2.19
Halsketten aus verschiedenen Perlen: runden Perlen aus verschiedenen Halbedelsteinen, blaue Fritteperlen in Form von Körnern oder Phallus. Anscheinend waren einige der Fritteperlen golden bemalt.
Herk.: Hasani Mahaleh.
Mus. : Iran-Bastan Mus., Teherān.
Mat. : s.o.
Maße: moderne Aufreihung.
Lit. : Sono/Fukai, Taf. XXXVIII, 1, 2; Farbtaf. II, 3, 4.

2.2.20 Kette mit Anhänger.
Einige der Perlen haben eine weiße Inkrustation. Der quadratische Anhänger besteht aus Bronze. An seinen vier Ecken sind je zwei rote Achate angebracht. Einige der Achatperlen weisen weiße Inkrustationspünktchen auf. In der Mitte ist der Anhänger mit Kupfer gefüllt.
Herk.: Hasani Mahaleh, Grab 7.
Mus. : Iran-Bastan Mus., Teherān.
Maße: moderne Aufreihung.
Lit. : Sono/Fukai, Taf. XLIII, 2; LXXI, 1 (nur Anhänger, einige Perlen einzeln).

2.2.21 Halskette, bestehend aus goldenen Perlen, Perlen aus türkiser und weißer Glaspaste, Goldperlen mit Spiralen. Der Anhänger ist eine Goldmünze, die in breiter, durch drei Silberdrähte verzierter Silberfassung hängt.
Herk.: Angeblich aus Persien, Kunsthandel.
Mat. : s.o.
Maße: L d. Kette 53 cm; Anhänger Dm 4 cm.
Lit. : Gal. H. Vollmoeller, Zürich, Aukt. Kat. (1975) Abb. 240.

2.2.22 Die länglich-ovalen Perlen dieser Kette wurden aus Gold oder blauer Glaspaste hergestellt. Der Anhänger ist aus blauer, weiß verzierter Glaspaste mit Goldeinfassung. Der herabhängende Kegel ist in Gold gefaßt und aus gestreiftem Glas.
Herk.: Kunsthandel, Iran.

Mat. : s.o.
Maße: L d. Kette 41 cm.
Lit. : Gal. H. Vollmoeller, Zürich, Aukt. Kat. (1975) Abb. 241.
2.2.23 Die Perlen dieser Halskette sind aus Gold, Achat und Karneol. Der Anhänger
ist ein großer beige-weißer Achat in reich granulierter Goldeinfassung. Darunter
hängt ein weiß-beiger Achat, ebenfalls in Gold gefaßt.
Herk.: Kunsthandel, Iran.
Mat. : s.o.
Maße: L d. Kette 42 cm; Anhänger Dm 3,8 cm; Achat 2,7 cm.
Lit. : Gal. H. Vollmoeller, Zürich (1975) Abb. 242.
2.2.24 Perlenkette mit fünf runden Anhängern.
,,Fünf runde Goldblechscheiben mit Anhängerösen bilden in moderner Aufreihung zusammen mit 20 Granatperlen und 26 vermutlich modernen Goldperlen einen Halsschmuck. Die Scheiben sind mit schmalen Hochkantdrähten in Form von vierstrahligen Sternen mit gebogenen Strahlen geschmückt. Um die Scheiben läuft je ein gedrehter, dünner Golddraht''.
Herk.: Angeblich aus Nordpersien, Kunsthandel.
Mus. : Slg. Patti C. Birch.
Mat. : s.o.
Maße: Dm d. Scheiben ca. 2,6 cm; Ges. L 38 cm.
Lit. : Pforzheim, Schmuck aus Persien (1974) Abb. 53.
2.2.25 Halskette aus Perlen in Melonen-, Röhren- und Kugelform; die Perle in der vorderen Mitte ist prismatisch geformt.
Herk.: Region Amlaš (?).
Mus. : Coll. J. van Lier, Amsterdam.
Mat. : Gold, Glas.
Lit. : Brüssel, Art Iranien Ancien (1966) Nr. 431.
2.2.26 Halskette aus Halbedelstein-Perlen in verschiedenen Formen: die Perle in der vorderen Mitte ist prismatisch geformt, zu ihren beiden Seiten folgen jeweils zwei länglich ovale, dann bis zum Verschluß röhrenförmige Perlen mit pfeilspitzenartig gearbeiteter unterer Seite. Den Verschluß bzw. die hintere Mitte bildet eine größere ovale Perle.
Herk.: Germi.
Lit. : Kambaksh-Fard.
2.3 Perlenketten, gebildet aus länglichen, anhängerförmig wirkenden Perlen, in Korn-, Amphoren-, Pfeilspitzen-, Tropfen- oder Granatapfelform. Häufig sind die länglichen Perlen alternierend mit kleineren runden aufgezogen.
2.3.1 Kette mit unverzierten tropfenförmigen Perlen.
Herk.: Palmyra, Grabrelief.
Mus. : Palmyra.
2.3.2 Ketten mit verzierten tropfenförmigen Perlen.
(dargestellte Goldperlen mit farbigen Einlagen?).
2.3.2.1 Herk.: Palmyra, Grabrelief.
Mus. : Palmyra.
2.3.2.2 Herk.: Palmyra, Grabrelief.
Mus. : Mus. Louvre, Paris.

128   SCHMUCK ZUR ZEIT DER ARSAKIDEN

2.3.3   Ketten aus länglichen Perlen mit Querrillen.
(dargestellte Glasperlen ?).
Herk.: Palmyra, Relief.
Lit. : Klengel, 161.
Schlumberger, Taf. 16.
2.3.4   Perlenketten, bestehend aus runden Perlen, körner- und amphorenförmigen
Anhängern.
2.3.4.1 ,,Halskette aus 32 größeren und 31 kleineren getreidekornförmigen An-
hängern, in moderner Aufreihung mit 62 kleinen blauen Glasperlen''.
Herk.: Angeblich aus Nordpersien, Kunsthandel.
Mus. : Slg. Patti C. Birch.
Mat. : s.o.
Maße: L d. größeren Anhänger 1,8 cm; Ges. L 40 cm.
Lit. : Pforzheim, Schmuck aus Persien (1974) Abb. 46.
2.3.4.2 ,,Halskette aus 19 goldenen amphorenartigen Anhängern, in moderner
Aufreihung mit 18 getreidekornartigen Gliedern und 38 kleinen Gold-
perlen''.
Herk.: Angeblich aus Nordpersien, Kunsthandel.
Mus. : Slg. Patti C. Birch.
Mat. : s.o.
Maße: L d. Amphore ca. 2,2 cm; Ges. L 35 cm.
Lit. : Pforzheim, Schmuck aus Persien (1974) Abb. 47.
2.3.5   Kette aus 89 pfeilkopfartigen und tropfenförmigen Elementen.
Herk.: Sirkap/Taxila.
Mus. : Archäol. Mus. Taxila.
Mat. : Gold.
Maße: L jedes Elementes ca. 2,54 cm.
Lit. : Marshall, Taxila III, Taf. 192 d = Nr. 62.
2.3.6   Ketten aus kleinen Perlen und Amphorenanhängern.
2.3.6.1 ,,Halskette aus 37 goldenen Amphoren-Anhängern, in moderner Auf-
reihung mit 76 kleinen runden Goldperlen''.
Herk.: Angeblich aus Nordpersien, Kunsthandel.
Mus. : Slg. Patti C. Birch.
Mat. : s.o.
Maße: H einer Amphore ca. 3 cm; Ges. L. 52 cm.
Lit. : Pforzheim, Schmuck aus Persien (1974) Abb. 59.
2.3.6.2 ,,Halskette aus 49 kleinen goldenen Amphora-Anhängern, am unteren
Ende mit einer kleinen Granulationspyramide besetzt. In moderner
Aufreihung mit kleinen hellblauen, walzenförmigen Fayence-Perlen''.
Herk.: Angeblich aus Nordpersien, Kunsthandel.
Mus. : Slg. Patti C. Birch.
Mat. : s.o.
Maße: H einer Amphore ca. 1,6 cm; Ges. L 39 cm.
Lit. : Pforzheim, Schmuck aus Persien (1974) Abb. 50.
2.3.7   Netzartige Perlenketten.

2.3.7.1 Perlenkette mit herabhängenden, netzartig angeordneten Perlen und abschließender Perlreihe mit ovalen Anhängern und einem mittleren scheibenförmigen Gehänge mit drei Perlanhängern.

Herk.: Palmyra, Grabreliefs.

Lit. : z.B. Gawlikowski, 415. Abb. 3.

Ähnl. Stück: Mackay, Iraq 11, 1949, Taf. LVII, 2.

Ähnl. Stück: Bossert, Nr. 551.

2.3.7.2 Ähnl. wie 2.3.7.1; der scheibenförmige Anhänger ist jedoch größer, hat drei Anhängerketten mit blattförmigen Enden und hängt an zwei Bändern (?) herab.

Herk.: Palmyra, Grabreliefs.

Lit. : Colledge (1976) Taf. 85.

2.4 Perlenketten mit blütenförmigen Anhängern (Taf. XXXII).

2.4.1-2.4.3

Diese drei Ketten gleichen sich sehr. Nach einer Perlenreihe folgt eine Reihe aus sehr zart gearbeiteten Blütenformationen, wobei eine kreisrunde immer mit einer aus vier Blättern zusammengesetzten Blüte variiert wird. Den Abschluß bildet jeweils eine Reihe von Anhängern, die von den Blüten herabhängen. Es kann sich hierbei um Ringe (2.4.1), um Perlen (2.4.2) oder Halbmonde (2.4.3) handeln. Den Verschluß bilden Bänder.

Herk.: Sirkap/Taxila.

Mus. : Archäol. Mus. Taxila.

Mat. : Gold.

Maße: H jedes Anhängers ca. 4,7 cm.

Lit. : Marshall, Taxila III, Taf. 193, Nr. 56, 57, 58.

Marshall (1960) Taf. VI.

Bhushan, 66,3; 70, 2-4 (Abb. entnommen).

Perlenketten waren sicherlich der häufigste Kettentypus. Es ist anzunehmen, daß neben den im Katalog aufgeführten Materialien auch Muschel- bzw. Orientperlen verwendet wurden, sind sie doch im arsakidenzeitlichen Schmuck z.B. an Ohrringen nachgewiesen (s. Typ 13.3, Taf. XVII) und aus dem achämenidischen Sūsa belegt. Chares von Mytilene, ein Zeitgenosse Alexanders des Großen, berichtet, daß die Muschelperlen bei Persern, Medern und allen Asiaten beliebt sei und Schmuck aus ihnen höher geschätzt sei als jener aus Gold. Ebenso gab es sicherlich Perlenketten aus Naturmaterialien (Holz, Leder, Federn u.ä.) sowie Perlen aus duftenden Substanzen. Da letztere noch heute im orientalischen Raum verkauft werden und literarische Belege über enge Halsketten aus fermentierten Gewürznelken und langen Halsketten aus Kampfer sowie Ambra aus dem 9. Jh. n. Chr. vorliegen,[16] kann ihre Verwendung bereits in noch früherer Zeit vermutet werden.

---

[16] Ibn al-Waššā, Das Buch des buntbestickten Kleides (1984) Bd. II, 75.

Die phantasiereichen und farbenfrohen Kompositketten haben eine lange orientalische Tradition. Ein Schmuckfund aus dem achämenidischen Sūsa[17] z.B. zeigt, daß auch in vorarsakidischer Zeit im orientalischen Raum Perlenketten aus Türkisen, Lapislazuli, Karneol, Gold, Amethyst und Orientperlen in verschiedenen Perlenformen und unterschiedlichsten Längen getragen wurden. Überhaupt scheint die Freude an der unbekümmerten Verwendung von Material und damit Farben und unterschiedlichen Perlenformen geradezu ein Charakteristikum orientalischen Halsschmuckes zu sein, woher sich die spezielle Erwähnung polychromen Halsschmuckes in Arabien (Nabatäer) bei Strabo (778)[18] erklärt.

Die Perlenkette 2.2.21 (Taf. XXVIII) hat u.a. Quadraspiralperlen. In Anlehnung an Mallowan führt Maxwell-Hyslop[19] zwei Haupttypen solcher Perlen auf:
— Typ 1 (Tell Brāk)
  Hier laufen die beiden Röhrenenden in vier Spiralen aus.
— Typ 2 (Mâri, Lothal, russ. Armenien, Nord-West-Persien mit z.B. Marlik, Ziwīye, Amlaš)
  Hier wird eine Röhre am oberen und unteren Ende von je einem Draht sichtbar umwickelt. Aus dieser Umwicklung heraus bildet sich rechts und links an den beiden Enden je eine Spirale. Diese Spiralen wirken aufgesetzt.
Darüber hinaus gibt es noch weitere Varianten, wie z.B. Nachbildungen aus Fritte und die frühe Form aus dem Königsfriedhof von Ur. Letzere sind in diesem Zusammenhang ohne Bedeutung. Die in den als arsakidenzeitlich angesehenen Ketten befindlichen Quadraspiralperlen sind dem von Maxwell-Hyslop aufgeführten Typ 2 zuzuordnen. Maxwell-Hyslop weist auf einen möglichen Symbolgehalt in Bezug zu einer weiblichen Gottheit und damit apotropäischen Charakter dieser Perlen hin[20].

Die Ketten mit länglichen Perlen (Typ 2.3.1-2.3.7.2) entsprechen einem häufiger im antiken, bes. hellenistischen Halsschmuck belegten Typus[21]. Die netzartige Gestaltung des Halsschmuckes ist älter und läuft über die arsakidische Zeit hinaus

---

[17] De Morgan, MDP VIII (1905) Taf. V.
[18] Blank, Halsschmuck, 6.
[19] Maxwell-Hyslop, Jewellery, 34. M. E. L. Mallowan, Excavations at Brak and Chagar Bazar, Iraq 9, 1947, 171 ff.
[20] Maxwell-Hyslop, Jewellery, 34.
[21] S. Erörterung bei Higgins, Jewellery (1961) 168 ff; (1980) 165 ff; (1961) Taf. 49; Farbtaf. C; (1980) Taf. 49 B. Segall, Kat. Mus. Benaki, Athen, Taf. 12, Nr. 34. Blank, Halsschmuck, Tafeln. Marshall, CJBM, Taf. XXII, Nr. 1461, 1462 mit weit. Lit. Hinw. Higgens, Jewellery (1961) Taf. 33; (1980) Taf. 34.

weiter[22]. In der abgebildeten Form steht Typus 2.3.7.1-2.3.7.2 in hellenistischer Tradition. El-Chehadeh weist im Zusammenhang mit der Zackeneinfassung von Steinen (s. Halsschmuck der Frauen, Typ 1.17, 1.18) darauf hin, daß sich im syrischen Raum hellenistisches Formengut länger gehalten hat — was auch bei diesem Kettentypus zutrifft (s.a. Typ 3.9).

Die Art, wie die einzelnen Elemente ineinandergefügt sind, verweist den Typus 2.4 (2.4.1-2.4.3, Taf. XXXII) in Beziehung zum griechischen Halsschmuck[23].

Datierung:

2.1.1:	ab ca. 130/150 n. Chr. - vor allem 2. Hälfte d. 2. Jh. n. Chr. u. 1. Hälfte d. 3. Jh.
2.1.2:	n. Chr.
2.1.3:	
2.1.4:	
2.1.5:	1. Hälfte des 2. Jh. n. Chr.
2.2.1:	
2.2.2:	
2.2.3:	ca. 130/150 n. Chr. - erste Hälfte 3. Jh. n. Chr.
2.2.4.1:	
2.2.4.2:	
2.2.4.3:	3. Jh. n. Chr.
2.2.5:	
2.2.6:	
2.2.7.1:	ca. 130/150 n. Chr. - erste Hälfte 3. Jh. n. Chr.
2.2.7.2:	
2.2.8:	
2.2.9:	2. Jh. v. Chr. - 2. Jh. n. Chr.
2.2.10:	2. Jh. n. Chr.
2.2.11:	1. Jh. n. Chr.
2.2.12:	
2.2.13:	2. - 1. Jh. v. Chr.
2.2.14:	
2.2.15:	43 n. Chr. - 118 n. Chr.
2.2.16:	1. Jh. v. Chr. - 1. Jh. n. Chr.
2.2.17:	2. - 3. Jh. n. Chr.
2.2.18:	vermutl. 1. Jh. n. Chr.
2.2.19:	vermutl. 1. Jh. n. Chr.
2.2.20:	1.- 3. Jh. n. Chr.
2.2.21:	
2.2.22:	
2.2.23:	2. Jh. v. Chr. - 2. Jh. n. Chr.
2.2.24:	

---

[22] Z.B. Greifenhagen, Schmuckarbeiten I, Taf. 50, Nr. 2 (dat. 5./6. Jh. n. Chr. aus Ägypten).
[23] Higgens, Jewellery (1961) Taf. 27 B, Taf. 28; (1980) Taf. 27 B, Taf. 28.

2.2.25:	vermutl. 1. Jh. n. Chr.
2.2.26:	um 150 v. Chr. - 1. Jh. n. Chr.
2.3.1:	130/150 n. Chr. - 1. Hälfte d. 3. Jh. n. Chr.
2.3.2.1:	2. Jh. n. Chr.
2.3.2.2:	2. Jh. n. Chr.
2.3.3:	wahrscheinl. 1. Hälfte d. 1. Jh. n. Chr./Anfang 2. Jh. n. Chr.
2.3.4.1:	vermutl. 2. - 1. Jh. v. Chr.
2.3.4.2:	vermutl. 2. - 1. Jh. v. Chr.
2.3.5:	1. Jh. n. Chr.
2.3.6.1:	vermutl. 2. Jh. n. Chr.
2.3.6.2:	vermutl. 1. Jh. v. Chr. - 1. Jh. n. Chr.
2.3.7.1:	2. Hälfte d. 2. Jh. n. Chr.
2.3.7.2:	Mitte d. 2. Jh. n. Chr.
2.4.1:	
2.4.2:	19 n. Chr. - ca. 70 n. Chr.
2.4.3:	

Typ 3 (Taf. XXXIII-XXXIX)

Wie geflochten bzw. gestrickt wirkende Halsketten

Ketten aus Silber- oder Golddrähten, die wie „geflochten bzw. wie gestrickt" wirken, sind durch Darstellungen und Originalfunde belegt.

In der Antike gab es mehrere Herstellungsverfahren. Die Grundlage bildete immer das Zusammenschweißen des Drahtes zu kleinen Drahtringen. „Diese können dann zu einer Doppelschlaufe zusammengedrückt, umgebogen und ineinandergehakt werden" (s. Abb. 1). „Die einzelnen, zweigeteilten Schlaufen können auch in sich um 90° verdreht werden, wodurch abwechselnd senkrecht und waagerecht liegende Ösen entstehen" (s. Abb. 2). „Eine kompakte Wirkung wird erzeugt, wenn jeweils zwei Ösen ineinandergezogen werden" (s. Abb. 3). „Durch radiale Anordnung solcher Glieder entsteht ein ‚Fuchsschwanz' (oft irrtümlich als ‚geflochtene Kette' bezeichnet", s. Abb. 4). „Neben- sowie Übereinanderordnung der Glieder ergibt ein flaches Band (oft irrtümlich als ‚Flechtband' bezeichnet"[24], s. Abb. 5). Eine geflochtene Wirkung wird auch durch eine bestimmte Verarbeitung des Runddrahtes erzielt. „Zwei festzusammengedrehte Runddrähte bilden einen Kordeldraht" (s. Abb. 6). „Zwei in gegeneinanderliegenden Richtungen gedrehte und nebeneinandergelegte Kordeldrähte erwecken den Anschein eines Zopfes und werden daher Kordelzopf genannt"[25] (s. Abb. 7).

[24] Hoffmann/v. Claer, Gold- und Silberschmuck, 226. Abb. 1, 3, 4: Higgens, Jewellery (1961) 15; (1980) 17a-c. D. Strong/D. Brown, Roman Crafts (1976) 59. Abb. 2: Hoffmann/v. Claer, Gold- und Silberschmuck, 67, Nr. 43b. Abb. 5: Hoffmann/v. Claer, Gold- und Silberschmuck, 19, Abb. 12b.

[25] Hoffmann/v. Claer, Gold- und Silberschmuck, 220. Abb. 6, 7: Hoffmann/v. Claer, Gold- und Silberschmuck, 220 B, C. Hoffmann/Davidson, Greek Gold Jewelry, 37, Abb. I, J.

Auf den Darstellungen an Grabreliefs kommen drei Kettenarten vor: eine kordelig wiedergegebene (Typ 3.1.1-3.1.5, Taf. XXXIII), eine wie ein „Zopf'' geflochtene (Typ 3.1.6-3.1.10, Taf. XXXIII) und eine aus mehreren „Zöpfen'' geflochtene
(Typ 3.3.1-3.3.3, Taf. XXXVI). Die Zuordnung von Typ 3.1.1-3.1.5 (Taf.
XXXIII) zu Originalstücken fällt schwer, weil Originalfunde von Kordelketten oder
gewendelten Halsreifen mir nicht bekannt sind. Vielleicht handelt es sich bei ihnen
nur um schlichtere Steinmetzarbeiten des Typus 3.1.6 ff.

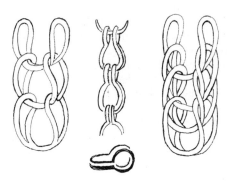

Abb. 1, 2, 3

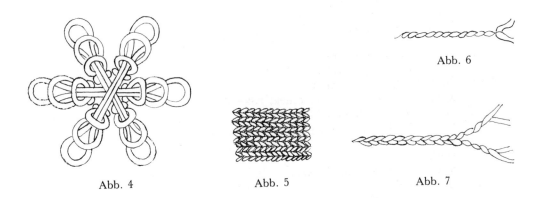

Abb. 4   Abb. 5   Abb. 6

Abb. 7

3.1 Durchgehende, kordelig oder geflochten wirkende Ketten.
          — Kordelig wirkende Halsketten —
    3.1.1   Schlichte Kette.
             Herk.: Palmyra, Grabrelief.
             Lit. : Mackay, Iraq 11, 1949, Taf. LV. 1.
                     Ähnl. Stück: München, Land des Baal (1982) Nr. 174.

3.1.2   Kette mit rundem Anhänger.
        Herk.: Palmyra, Grabrelief.
        Lit.   : München, Land des Baal (1982) Nr. 175.
3.1.3   Kette mit ovalem Anhänger.
        Herk.: Palmyra, Grabreliefs.
        Lit.   : z.B. Michalowski (1962, Ausgrab. 1960) Abb. 170.
                 z.B. Colledge (1976) Taf. 93.
                 z.B. München, Land des Baal (1982) Nr. 181.
3.1.4   Kette mit ovalem Anhänger.
        Herk.: Palmyra, Grabrelief.
        Lit.   : Deutl. Ansicht: Colledge (1976) Taf. 91.
3.1.5   Kette mit Lunula-Anhänger; an beiden Spitzen eine Perle.
        Herk.: Palmyra, Relief.
        Lit.   : Deutl. Ansicht: Klengel, 161.
                 Deutl. Ansicht: Colledge (1976) Taf. 38.
                 Schlumberger, Taf. 16.

— Geflochten wirkende Halsketten —
Die folgenden Ketten unterscheiden sich durch die Länge und die Anhänger. Es
gibt lunulaförmige Anhänger (3.1.6), ovale Anhänger (3.1.7), runde Anhänger
(3.1.8), tropfenförmige Anhänger (3.1.9) sowie runde Anhänger mit Perlenge-
hänge (3.1.10).
3.1.6   Herk.: Palmyra, Grabrelief.
        Lit.   : Deutl. Ansicht: Browning, Abb. 7.
                 Mackay, Iraq 11, 1949, Taf. LVIII, 2.
                 Colledge (1976) Taf. 89.
3.1.7   Herk.: Palmyra, Grabrelief.
        Lit.   : München, Land des Baal (1982) Nr. 178.
3.1.8   Herk.: Palmyra, Grabrelief.
        Lit.   : Ingholt (1928) Taf. XV, 3.
3.1.9   Herk.: Palmyra, Grabrelief.
        Mus. : Ny Carlsberg Glyptothek, Kopenhagen.
3.1.10 Herk.: Palmyra, Grabrelief.
        Lit.   : Ny Carlsberg Glyptothek, Kopenhagen.
3.1.11 Fuchsschwanzkette.
        Herk.: Sirkap/Taxila.
        Mus. : Archäol. Mus. Taxila.
        Mat. : Gold.
        Maße: L ca. 50 cm.
        Lit.   : Marshall, Taxila III, Taf. 192 g = Nr. 68.
3.1.12 Geflochten wirkende Drahtkette mit Anhänger.
        ,,Die aus geflochtenem Draht bestehende Kette trägt am Verschluß ein Medail-
        lon, das mit der Darstellung einer Maske, vermutlich einer Theatermaske, ver-
        ziert ist. Den eigentlichen Schmuck bildet ein ovaler Anhänger, der mit einem
        großen Stein besetzt ist. Die glatte Fassung ist mit einem breiten Blechstreifen

umgeben. Unten sind vier Bommeln angebracht, die je eine Glasperle tragen. Die Bommeln sind aus einem Stück Draht so gearbeitet, daß sie oben eine Öse bilden und ein Ende spiralig um das andere gewickelt ist[26]''.

Herk.: al-Zawiah, Südsyrien.

Mus. : Nat. Mus. Damaskus, Inv. Nr. 6041.

Mat. : Gold (?), Glasperlen.

Maße: L d. Kette 33 cm; L d. Anhängers 3.7 cm.

Lit. : El-Chehadeh, Nr. 43.

3.2 Kordelig oder geflochten wirkende Ketten mit vorne eingehängter Schmuckplatte (Taf. XXXIV-XXXVI).

3.2.1-3.2.3 Mit ovaler Schmuckplatte, ohne Anhänger.

3.2.1 Herk.: Palmyra, Grabrelief.

Mus. : Nat. Mus. Damaskus.

3.2.2 Herk.: Palmyra, Weihrelief.

Lit. : Deutl. Ansicht: Klengel, 161.

Schlumberger (1969) Taf. 16.

Colledge (1976) Taf. 38.

3.2.3 Herk.: Palmyra, Grabreliefs (brustlang).

Lit. : Deutl. Ansicht: z.B. Ghirshman (1962) Taf. 92.

3.2.4 Mit runder Schmuckplatte.

3.2.4.1 Silberne Fuchsschwanzkette mit rundem Medaillon.

Die beiden Silberketten enden vorne in einem Medaillon, welches mit einem Granulationsstern geschmückt ist. Am Verschluß befinden sich zwei Ösen, die vermuten lassen, daß diese Halskette am Nacken durch Bänder zusammengebunden wurde.

Herk.: Dura-Europos, Südecke der Bastion.

Mus. : Yale Univ. Art Gallery, Dura Europos Coll.

Mat. : Silber.

Maße: L d. Kette 46 cm; Dm d. Scheibe 5,5 cm.

Lit. : Dura-Europos, Prel. Rep. 4th Season, 255, Taf. XXV, 1, 2, 3.

Pope/Ackerman I, 466, Abb. 124 (Abb. entnommen).

3.2.4.2 Goldene Halskette mit Medaillon und angehängter goldener Parfümflasche.

Zwischen zwei Fuchsschwanzketten ist ,,eine flache runde Amulettkapsel mit verziertem Deckel'' befestigt. ,,Die beiden Ketten enden einmal in glatten Goldblechkapseln mit Haken und Öse, zum anderen in zylinderförmigen Kapseln mit rechteckigen grünen Einlagen. Mit Hilfe kleiner Scharniere, deren Stiftköpfe Granateinlagen enthalten, werden die Kettenteile an der flachen Amulettkapsel befestigt. Diese übernimmt die dekorative Wirkung der Zierverschlüsse. ... Sie ist reich verziert: Ein vollplastisch aus einem Amethyst herausgeschnittener Widderkopf wird von einem Randmuster aus alternierenden ovalen Granaten und

---

[26] El-Chehadeh, Schmuck in Syrien, Nr. 43.

Türkisen in Chatons umgeben. Zur Kette gehört eine goldene, mit kleinen Granatkegeln ... besetzte Parfümflasche. Zwei kurze Kettenenden
befestigen sie so an der Halskette, daß sie direkt unterhalb der Amulettkapsel herabhängt[27]''.

Herk.: Armazis-Chevi, Frauengrab Nr. 7.

Mus. : Staatl. Mus. Georgiens, S. Dshanachia, Tiflis.

Mat. : Gold, Granat, Türkis, Amethyst mit Widderkopf.

Maße: L 43 cm; Dm d. Kapsel 5,5 cm; H d. Anhängers 4,2 cm.

Lit. : Apakidze et al., Farbtaf. IX; Taf. LXXX, 12; LXXXI; Abb.
         49; Abb. 50; Abb. 51.
         Pfeiler, Taf. 22.
         Schlitz, 27.
         Mepisaschwili/Zinzadse, 37.

3.2.4.3 Zwei Halsketten mit angehängter Parfümflasche.

Die Kettenenden der ersten Flasche tragen unten je eine kugelige Sma-
ragdperle. Der Inhalt des Fläschchens besteht nach Zahn aus hellbrau-
nen Knollen, ,,die noch jetzt einen ziemlich kräftigen moschusartigen
Geruch von sich geben''. Bei der zweiten Kette ist ein runder Stülp-
deckel erhalten. Seine Oberseite wird von einem Granat, umgeben von
vier mit blauer Füllung versehenen Herzblättchen, verziert. Der Inhalt
besteht nach Zahn aus ,,hellbraunen, jetzt geruchlosen Knollen und
Staub von solchen''.

Herk.: Olbia, Nekropole.

Mus. : Slg. Galerie Bachstitz.

Mat. : s.o. Gold.

Maße: Erste Kette: Ges. L 11 cm, H d. Fläschchens 2,7 cm.
         Zweite Kette: L d. Kette 15,5 cm; H d. Fläschchens 4,5 cm.

Lit. : Belin de Ballu, Taf. LXXVIII, Abb. 1.
         Zahn, Slg. Gal. Bachstitz I, 30; Taf. 27, Nr. 92 J, K.

3.2.5 Netzartig gearbeiteter Reif (Kette ?, Variante zu 3.2.1-3.2.4.3).

Der goldene Halsreif ist aus zwei Teilen zusammengesetzt, ,,die gleichmäßig mit
parallelen Reihen kleiner Granulationskegel besetzt sind. Jeder einzelne Stein
sitzt in einer runden, aufgesetzten Goldfassung. Zusammengehalten werden die
Teile durch ein einfaches Scharnier und durch eine zwischengesetzte Zierscheibe
mit seitlichen Scharnieren. Die Zierscheibe ist abwechselnd mit tropfenförmigen
Granaten und Türkisen besetzt, die etwa blütenförmig angeordnet sind[28]''.

Herk.: Armazis-Chevi, Grab 6 (Frauengrab ?).

Mus. : Staatl. Mus. Georgiens, S. Dshanachia, Tiflis.

Mat. : Gold, Granaten, Türkise.

Maße: Dm 20-22 cm.

Lit. : Apakidze et al, Farbtaf. IV; Taf. LXV; LXVI, 23.
         Pfeiler, Taf. 21.

---

[27] Pfeiler, Goldschmuck, 79.
[28] Pfeiler, Goldschmuck, 79.

Mongait, 14.
Mepisaschwili/Zinzadse, 37.

3.2.6-3.2.11
Ketten, bei denen von der vorderen Schmuckplatte Anhänger herabhängen.
Die Anhängerzahl variiert zwischen zwei bis fünf. Die Anhänger bestehen aus kurzen
geflochten wirkenden Ketten. Ihre Enden sind kugel-, blatt- oder pfeilförmig. Sie hängen von einem runden oder ovalen Mittelmedaillon herab.

3.2.6 Herk.: Palmyra, Grabreliefs.
     Lit. : z.B. Ingholt, Syria 11, 1930, Taf. LX, 1.
           z.B. Kaspar, JBM 49/50, 1969/70, 289, Abb. 6.

3.2.7 Herk.: Palmyra, Grabreliefs.
     Lit. : z.B. Ingholt (1928) Taf. V, 1; XIII, 3.
           z.B. Mackay, Iraq 11, 1949, Taf. LVI.
           z.B. Michalowski (1960, Ausgrab. 1959) Abb. 110.
           z.B. Böhme/Schottroff, Taf. II.

3.2.8 Herk.: Palmyra, Grabrelief.
     Mus. : Mus. Louvre, Paris.

3.2.9 Herk.: Palmyra, Grabrelief.
     Mus. : Ny Carlsberg Glyptothek, Kopenhagen.

3.2.10 Herk.: Palmyra, Grabrelief.
     Mus. : Palmyra.

3.2.11 Herk.: Palmyra, Grabrelief.
     Lit. : Hahl, BJ 160, 1960, Taf. 7, Nr. 1.
           Böhme, 29, Abb. 4.

3.3 Breite, lang über die Brust hängende Ketten mit Medaillon und Anhängern.
  3.3.1 Herk.: Palmyra, Grabrelief.
      Mus. : Ny Carlsberg Glyptothek, Kopenhagen.
  3.3.2 Herk.: Palmyra, Grabrelief.
      Mus. : Ny Carlsberg Glyptothek, Kopenhagen.
  3.3.3 Herk.: Palmyra, Grabrelief.
      Mus. : Ny Carlsberg Glyptothek, Kopenhagen.

3.4 Geflochtene Kette mit Medaillon und Anhängern in Verbindung mit einer Ringkette
mit Medaillon.
Herk.: Palmyra, Grabrelief.
Lit. : Deutl. Ansicht: Colledge (1976) Taf. 89; (1967, Taf. 42).
      Browning, Abb. 7.
      Mackay, Iraq 11, 1949, Taf. LVIII, 2.
      Gawlikowski (1966) 417, Abb. 5.
      Kopenhagen, Ny Carlsberg Glyptothek, Slg. v. Poulsen (1968) 75.

3.5 Geflochtene Ketten mit Medaillon und mit Anhängern (ohne Fassung der Kettenenden,
d.h. die Ketten enden vorne direkt in einem Medaillon).
  3.5.1 Herk.: Palmyra, Grabrelief.
      Mus. : Mus. Louvre, Paris.
  3.5.2 Herk.: Palmyra, Grabrelief.
      Mus. : Ny Carlsberg Glyptothek, Kopenhagen.

3.5.3 Herk.: Palmyra, Grabrelief.
   Mus. : Mus. d. Amerik. Universität, Beirut.
3.6 Taillenlange Ketten mit einem Anhänger (Taf. XXXVII).
  3.6.1 Mit rundem Anhänger.
    Herk.: Hatra, Rundbilder.
    Lit. : Safar/Mustafa, 186, Abb. 179.
       Ähnl., aber nur brustlang: Safar/Mustafa, 250, Abb. 240. Colledge
       (1967) Taf. 53. Ghirshman (1962) Taf. 106.
  3.6.2 Mit herzförmigem Anhänger.
    Herk.: Hatra, Rundbild.
    Lit. : Safar/Mustafa, 219, Abb. 211.
       Ghirshman (1962) Taf. 104.
  3.6.3 Mit hufeisen- bzw. lunulaförmigem Anhänger, an dessen Spitzen ein Steg befe-
    stigt ist, von welchem eine runde Scheibe hängt.
    Herk.: Hatra, Rundbild.
    Lit. : Safar/Mustafa, 306, Abb. 307.
3.7 Geflochten wirkende, nabellange Kette mit einer großen runden Scheibe als Anhänger
  (Taf. XXXVII).
  Herk.: Hatra, Weihrelief und Statue der Atargatis.
  Lit. : Ingholt (1954) Taf. VI, Nr. 1; Taf. VII, Nr. 2.
     Homès-Fredericq, Taf. VIII, 4; ähnl. Taf. IV, 2a.
     Schlumberger, 146.
     Safar/Mustafa, 192, Abb. 183.
     Colledge (1977) Taf. 35.
     Ghirshman (1962) Taf. 98.
3.8 Zweizopfig dargestellte nabellange Ketten.
  In Brusthöhe werden die Ketten einmal (3.8.1) oder zweimal (3.8.2) durch quadratische
  Schmuckplatten unterteilt. Die Ketten münden in rechteckige, verzierte Platten, die mit
  einer Perle abschließen (Taf. XXXVII).
  3.8.1 Herk.: Hatra, Rundbild.
    Lit. : Deutl. Ansicht: Safar/Mustafa, 250, Abb. 241.
  3.8.2 Herk.: Hatra, Rundbild.
    Lit. : Deutl. Ansicht: Safar/Mustafa, 250, Abb. 240; S. 251.
       Deutl. Ansicht: Ghirshman (1962) Taf. 106. Colledge (1967) Taf. 53.
3.9 Geflochten bzw. gestrickt wirkende Ketten mit zahlreichen Anhängern.
  Auf ihrer gesamten Länge sind die relativ schmalen Ketten mit ovalen, pfeilförmigen
  oder tropfenförmigen, oft mehrteiligen Elementen behängt (Taf. XXXVIII-XXXIX).
  3.9.1 Herk.: Hatra, Rundbild; Palmyra, Grabrelief.
    Lit. : Hatra: Safar/Mustafa, 232, 397.
       Palmyra: Mackay, Iraq 11, 1949, Taf. LVII, 1.
  3.9.2 Mit einem zusätzlich eingehängten Mittelmedaillon, von welchem drei Anhänger
    herabhängen.
    Herk.: Palmyra, Grabrelief.
    Lit. : Eilers, AfO 16, 1952/53, 313.
  3.9.3 Herk.: Hatra, Rundbild.

Lit.   : Safar/Mustafa, 181, Abb. 174; 219, Abb. 211.
Deutl. Ansicht: z.B. Ghirshman (1962) Taf. 103.
Deutl. Ansicht: z.B. Colledge (1967) Taf. 60, 61.
3.9.4 Herk.: Hatra, Rundbild.
Lit.   : Safar/Mustafa, 250, Abb. 241.
3.9.5 Zwischen der Kette und den Anhängern befinden sich netzartig angeordnete Perlen.
Herk.: Palmyra, Grabreliefs.
Lit.   : z.B. Ingholt, Syria 11, 1930, Taf. LX. 1.
z.B. Kaspar, JBM 49/50, 1969/70, 289, Abb. 6.
3.9.6 Herk.: Hatra, Rundbild.
Lit.   : Safar/Mustafa, 256/257.
3.9.7 Goldene Kette mit grünglasierten Fayence-Perlen (in Amphorenform ?).
Die Oberfläche der Perlen ist mit senkrechten Vertiefungen verziert. Jede Perle hat eine goldene Kappe und ein goldenes Ende. Die kleinen zylindrischen Perlen sind weiß.
Herk.: Unbekannt.
Mat. : s.o.
Lit.   : Sotheby's, Aukt. Kat. 1975, Abb. 89.
3.9.8 Kette mit amphorenähnlichen Anhängern und zylindrischen Perlen.
Von den goldenen Ketten hängen hellgrün glasierte birnenförmige Fayenceperlen mit goldenen Kappen und Schuhen. Die zylindrischen Perlen sind ebenfalls aus hellgrün-glasierter Fayence.
Mat. : s.o.
Lit.   : Sotheby's, Aukt. Kat. 1975, Abb. 90.
3.9.9 Kette mit amphorenähnlichen Anhängern und runden Glasperlen (ähnl. wie 3.9.7-3.9.8), sog. blau-weiße Augenperlen bilden den „Amphorenbauch", die kleinen Perlen sind aus Fayence hergestellt.
Mat. : s.o.
Lit.   : Sotheby's Aukt. Kat. 1975, Abb. 91.

Ketten von Typ 3.1.1-3.1.12 wurden noch in jüngerer Zeit getragen, wie zwei Beispiele aus Armazis-Chevi[29] und aus Dura-Europos[30] zeigen.

Typ 3.2.1-3.2.11 war, wie die nachfolgend genannten Stücke nur beispielsweise beweisen sollen, in der gesamten römischen Welt bekannt: eines unbekannter Her-

[29] Apakidze et al., Mccheta I, Taf. XLVI, 10 (Mitte 3. Jh. n. Chr.).
[30] Die Halskette aus Dura-Europos wird von Ackerman: Pope/Ackerman, Survey VII, Taf. 139 D, als „parthisch" aufgeführt. Die Kette wird nur kurz im Prel. Report of 4th Season, 256 erwähnt. Sie wurde in einem Gefäß zusammen mit Münzen aus der Zeit zw. 213 n. Chr. - 253 n. Chr. gefunden. Die Datierung der Münzen paßt meines Erachtens gut zum Stil des Anhängers, der dem spätrömischen Schmuck des 3. Jh. n. Chr. entspricht. Die Kette kann folglich nicht als arsakidenzeitlich angesehen werden.

kunft, dat. um 200 n. Chr.,[31] eines aus Pompeji,[32] heute im Museum Neapel, dat. 1. Jh. v. Chr. - 1. Jh. n. Chr., Darstellungen auf Mumienporträts in Ägypten[33] und auf Grabsteinen, heute in Bonn und Mainz,[34] dat. 1. Jh. n. Chr.

Die Schmuckplatte mag bei 3.2.4.2 als Behälter für Substanzen mit apotropäischer Funktion gedient haben (Abb. 8).

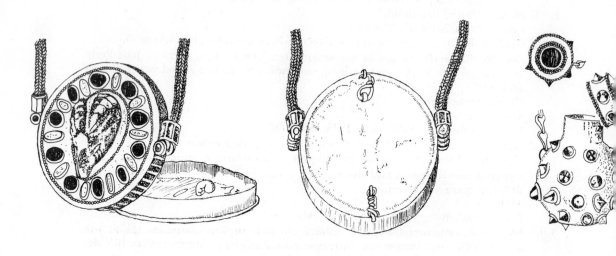

Abb. 8
(Nach Apakidze et al., Mccheta)[35]

Der Widderkopf auf der Schmuckplatte gleicht auffallend dem auf einem Halsschmuckanhänger aus der mittelassyrischen Gruft 45 in Assur[36] und zeigt wiederum das enorme Beharrungsvermögen an einmal gefundenen Formen im altorientalischen Schmuck.

[31] Higgens, Jewellery (1961) Taf. 57 B (1980, Taf. 58 B). S.a. Marshall, CJBM, Nr. 2737.
[32] Mailand, Ori e Argenti, Nr. 525; s.a. dortige Lit. Hinw. (dat. 1. Jh. v. Chr. - 1. Jh. n. Chr.). Siviero, Ori e le Ambre, Taf. 136, 137. Breglia, Cat. Napoli, Taf. XXXII, 4.
[33] Grimm, Mumienmasken, Taf. 106, Nr. 2 (dat. Mitte 3. Jh. n. Chr.), Taf. 107, Nr. 4 (dat. nach 350 n. Chr.).
[34] Böhme, Schmuck der römischen Frau, Abb. 34, 35.
[35] Apakidze et al., Mccheta I, Abb. 50, 51.
[36] Andrae, Gruft 45: Haller, Gräber und Grüfte, WVDOG 65, Taf. 34 S.

Die Parfümflaschen-Anhänger sind keinesfalls selten, scheinen aber im südrussisch-zentralasiatischen Raum mehr benutzt worden zu sein.[37]

Der Halsschmuck aus Armazis-Chevi (Typ 3.2.5) wird hier als Variante der geflochtenen Halsketten aufgeführt, weil er auf den ersten Blick diesem Typus gleicht. Tatsächlich bestehen die beiden Seitenteile aber aus netzartig zusammengefügten Runddrähten, weshalb er eher als Halsreif anzusehen ist. Die Netzlöcher sind mit Granat und Türkis gefüllt.

Als Vorbilder für diesen netzartig gearbeiteten Reifen können achämenidische Schmuckstücke aus Pasargadai[38] angesehen werden. Dort wurden in einem Schatzfund u.a. ein Paar Ohrringe gefunden, deren Bügel in der Gestaltung dem Halsreif ähneln. Die Bügel sind aus vielen kleinen runden, leicht konvex gebogenen, aneinandergelöteten Ringen gebildet. Sie sind derart zusammengelötet, daß sie einen innen hohlen runden Reifen ergeben. Auf die Lötstellen ist jeweils eine Granulationsperle gesetzt — was dem Reif insgesamt eine große Zartheit, aber auch eine gewisse Prunkhaftigkeit gibt. Für das Ausfüllen der „Netzmaschen'' gibt ein anderer achämenidischer Ohrring[39] das Vorbild ab.

Die Netzkonstruktion ist auch im griechisch-hellenistischen Schmuck bekannt. Bereits Segall[40] hat dafür Beispiele zusammengestellt. Sie sieht in der Netzarbeit eine im orientalischen Kunstkreis geübte Technik und weist darauf hin, daß das erneute Aufblühen orientalischer Mode in der griechischen Schmuckkunst des 4. und 3. Jh. v. Chr. zusammenhängt mit dem zu dieser Zeit starken achämenidischen Einfluß. Die griechischen Stücke haben einen festen Kern, über den das „Netz'' gezogen ist. Insofern unterscheiden sie sich von den achämenidischen Stücken und dem aus Armazis-Chevi. Der Halsreif aus Armazis-Chevi steht also in orientalisch-achämenidischer Tradition.

Die breiten und recht langen Ketten (Typ 3.3.1-3.8.2) waren wahrscheinlich (!) nicht Fuchsschwanzketten, sondern sog. Flechtbänder. Da aber Originalfunde fehlen, können nur Vermutungen über das Aussehen geäußert werden. Es fällt dem Be-

---

[37] G. Borovka, Sarmatian Art (1928) Taf. 37c. T. Sulimirski, The Sarmatians (1970) Taf. 42. R. S. Jenyns/W. Watson, Chinese Art (1963) 33.

[38] D. Stronach, Pasargadae (1978) Taf. 148a, b, c. Ders., Excavations at Pasargadae, Third Preliminary Report: Iran III, 1965, Taf. XI a.

[39] Ders., Pasargadae, Taf. 150a. Ders., Excavations at Pasargadae: Iran III, 1965, Taf. XI d.

[40] Segall, Kat. Mus. Benaki, Athen, Bd. I, 41 f, Bd. II, Taf. 10, Nr. 35. S.a. Hoffmann/Davidson, Greek Gold Jewelry, Nr. 53. Amandry, Coll. H. Stathatos (1953) Abb. 69; Taf. XLIV, Nr. 253; Taf. XLV, Nr. 254.

trachter griechisch-hellenistischer Halsschmuck ein, der aus mehreren, z.B. sechs aneinandergeschweißten, seltener gelöteten Zopfreihen besteht (s. Abb. 5). Vor- und Vergleichsformen aus dem altorientalischen Raum fehlen. Andererseits liegen aus Ägypten[41] und der Gandhâra-Kunst[42] in der Gesamtgestaltung recht ähnliche Stücke vor[43].

Datierung:

3.1.1:
3.1.2:
3.1.3: ab ca. 130/150 n. Chr.
3.1.4:
3.1.5:
3.1.6:
3.1.7:
3.1.8: 2. Jh. n. Chr. und erste Hälfte d. 3. Jh. n. Chr.
3.1.9:
3.1.10:
3.1.11: 1. Jh. n. Chr.
3.1.12: Anfang 2. Jh. n. Chr. - frühes 3. Jh. n. Chr.
3.2.1: bis ca. 150 n. Chr.
3.2.2: bis 150 n. Chr. (wahrscheinl. 1. Hälfte 1. Jh. n. Chr.).
3.2.3: ca. 130/150 n. Chr. - 1. Hälfte 3. Jh. n. Chr.
3.2.4.1: ab ca. 57 v. Chr.
3.2.4.2: zw. 64 n. Chr. - 157 n. Chr.
3.2.4.3: 1.-2. Jh. n. Chr.
3.2.5: Ende 2. Jh. n. Chr.
3.2.6-3.4: ab ca. 130/150 n. Chr. - 1. Hälfte 3. Jh. n. Chr.
3.5.1:
3.5.2: 2.-3. Jh. n. Chr.
3.5.3:
3.6.1:
3.6.2: 2. Jh. n. Chr.
3.6.3:
3.7: 2. Jh. n. Chr.
3.8.1: 1. Hälfte d. 2. Jh. n. Chr.
3.8.2: 1. Hälfte d. 2. Jh. n. Chr.

[41] Aldred, Juwelen der Pharaonen, Taf. 24, 32. Kayser, Ägyptisches Kunsthandwerk, Abb. 118. Wilkinson, Egyptian Jewellery, Abb. 43, 47, 66, Farbtaf. V, VIII, Taf. LI ff.
[42] Marshall/Foucher, Monuments of Sāñchī II, Taf. XXXVII.
[43] Die Anhänger der Ketten 3.7, 3.8.1, 3.8.2 erinnern den heutigen Betrachter an sogenannte Korantaschen. Von diesen ausgehend ist zu vermuten, daß die dargestellten schweren Anhänger mit Steinen besetzte Kupfer-, Silber- oder Golddöschen waren, die Substanzen, Amulette o.ä. enthielten (vgl. Kette 3.2.4.2, Abb. 8, S. 140).

3.9.1:   1. Jh. n. Chr.
3.9.2:   Mitte des 2. Jh. n. Chr.
3.9.3:   um 138 n. Chr.
3.9.4:   2. Jh. n. Chr.
3.9.5:   2. Jh. n. Chr.
3.9.6:   2. Jh. n. Chr.
3.9.7:
3.9.8:   ca. um 150 v. Chr. - 250 n. Chr.
3.9.9:

Typ 4 (Taf. XL-XLII)

Ketten aus bunten Steinen in Kastenfassungen

Die sanft geschliffenen, mugeligen Steine (Cabochons) in runder, ovaler, rechteckiger oder quadratischer Kastenfassung geben diesen Ketten ein eigenes Gepräge. Sie sind überliefert durch Darstellungen und durch Originale. An den Darstellungen sind zwischen den großen Einfassungen deutlich sichtbar die Verbindungsscharniere in Form von Perlen, Streifen oder Würfeln angedeutet. Allerdings kann dieser Kettentyp auch ohne Verbindungsscharniere dargestellt sein (z.B. Typ 4.1.4). Diese Ketten können auch Anhänger haben (z.B. Typ 4.1.5).

Varianten sind 4.7.1-4.7.5. Es sind Gliederketten (vgl. Typ 5), Fuchsschwanzketten (vgl. Typ 3) oder Perlketten (vgl. Typ 2), die vorne ein oder mehrere Cabochons und andere Schmuckteile halten. Die Dominanz der Cabochons ist so stark, daß diese Ketten dem Typ 4 zugeordnet werden müssen.

4.1.1-4.4 Reliefdarstellungen.
4.1 Ketten aus alternierenden runden und eckigen Fassungen.
    4.1.1 Herk.: Palmyra, Grabrelief.
          Mus. : Palmyra.
    4.1.2 Herk.: Palmyra, Grabreliefs.
          Lit. : z.B. Colledge (1976) Taf. 92.
    4.1.3 Herk.: Palmyra, Grabreliefs.
          Lit. : z.B. Ingholt (1928) Taf. XVI, 1.
              z.B. Mackay, Iraq 11, 1949, Taf. LVIII. 1.
              Ähnl. Stück: Ingholt (1928) Taf. XV, 3.
              Ähnl. Stück: Michalowski (1962, Ausgrab. 1960) Abb. 170.
              Ähnl. Stück: Mackay, Iraq 11, 1949, Taf. LII, 2.
    4.1.4 Herk.: Palmyra, Grabreliefs.
          Lit. : Ähnl. Stück: München, Land des Baal (1982) Nr. 178.
    4.1.5 Kette mit Anhänger.
          Herk.: Palmyra, Grabrelief.
          Mus. : Palmyra.
    4.1.6 Herk.: Palmyra, Grabrelief.
          Lit. : Ghirshman (1962) Taf. 92.

4.2 Ketten aus ovalen Anhängern.
    4.2.1 Herk.: Palmyra, Grabrelief.
        Lit.   : Deutl. Ansicht: Colledge (1976) Taf. 89.
               Mackay, Iraq 11, 1949, Taf. LVIII, 2.
               Browning, Abb. 7.
               Gawlikowski. Abb. 5.
               Kopenhagen, Ny Carlsberg Glyptothek, Slg. v. Poulsen (1968) 75.
    4.2.2 Herk.: Palmyra, Grabrelief.
        Mus. : Palmyra.
4.3 Ketten aus runden Fassungen.
    4.3.1 Herk.: Palmyra, Grabreliefs.
        Lit.   : z.B. Mackay, Iraq 11, 1949, Taf. LV, 1.
               z.B. Ingholt, Berytus 5, 1938, Taf. XLVI, 3.
    4.3.2 Kette mit Anhänger.
        Herk.: Palmyra, Grabrelief.
        Mus. : Palmyra.
4.4 Kette aus ovalen und runden Fassungen.
    Herk.: Palmyra, Grabrelief.
    Lit.   : Ingholt (1928) Taf. XVI, 3.

4.5-4.7 (4.5.1-4.7.2) Originale.
4.5 Granatcabochons in ovaler Fassung mit breitem Rand.
    4.5.1   Mit zwei Perlen zu beiden Seiten der Scharniere.
        Mus. : Brit. Mus., London.
        Mat. : Gold, roter Glasfluß.
        Maße: L 6,2 cm.
        Lit.   : Pfeiler, Taf. 26, Abb. 2.
               Marshall, CJBM, Taf. LVIII, Nr. 2747.
    4.5.2   Ohne Perlen an den Scharnieren.
        Herk.: Armazis-Chevi, Frauengrab.
        Mus. : Staatl. Mus. Georgiens, S. Dshanachia, Tiflis.
        Mat. : Gold, Granat.
        Lit.   : Apakidze et al., Farbtaf. VI, 5; Taf. LXVI, 38; Taf. LXXX, 17.
               Mongait, 14.
4.6 Mehrere ovale Fassungen in verschiedenen Größen, eine quadratische und eine runde Kastenfassung bilden den erhaltenen Bestand dieser Halskette. Die Fassungen sind mit goldenen Granulationspyramiden verziert und enthalten gelbliche, rote, rot-schwarze und grünliche Einlagen. Von den vorderen Fassungen hängen zweigliedrige Klapperbleche herab. Das jeweils obere Glied enthält eine rote Einlage, das jeweils untere hat Glockenform.
    Herk.: Dailamān (?), Iran.
    Mus. : Coll. K. Rabenou, New York, N.Y.
    Mat. : s.o.
    Lit.   : Ghirshman (1962) 100, Abb. 112.
              Paris (1961) Kat. Nr. 741.

4.7 Kombination von Kastenfassungen und Ketten vom Typ 2, 3 oder 5.

    4.7.1 ,,Als Mittelstück fungieren hier drei ovale Goldfassungen mit breiten Rändern und farbigen Einlagen, ... von Luchsköpfen gehalten. Die Fassungen wurden zudem ursprünglich von Naturperlen gerahmt, deren Befestigungsdrähte erhalten sind. Wohl nicht ganz ursprünglich, wenn auch sicher antike Zutaten, sind weitere runde und ovale Glaspasten, die in Goldblech gefaßt vom Mittelstück herabhängen. Die Luchsköpfe enden im 'Kragen' aus schwarzweiss gestreiftem Glas, wohl Achat-Imitationen, die in Goldblechhülsen mit granuliertem - Hundezahnmuster- stecken. ... Zwischen die Luchsköpfe und die äußeren Chatons des Mittelstückes sind zusätzlich Goldblechrotellen, das heißt durchbohrte Scheiben mit drei nebeneinanderliegenden Granulationsreihen, gesetzt[44]''.

        Herk.: Palaiokastro.

        Mat. : s.o.

        Lit.   : Arvanitopullos, AM 37, 1912, Taf. 6, 1.

               Pfeiler-Lippitz, Taf. 30, 1.

    4.7.2 Zwei goldene Fuchsschwanzketten enden vorne jeweils in einem goldenen Tierkörper. Beide Tiere halten mit dem Maul eine goldene Öse, an der ein ovales goldenes Medaillon mit einer bläulichen Einlage hängt. Der Rand der Einfassung ist mit kleinen Granulationspyramiden verziert.

        Herk.: Angeblich Dailamān, Iran.

        Mus. : Coll. K. Rabenou, New York, N.Y.

        Mat. : Gold, blau-rötliche Einlegearbeit.

        Lit.   : Ghirshman (1962) 100, Abb. 112.

               Paris (1961) Kat. Nr. 741.

               Ähnl. Stück: Alexander, Taf. I oben.

    4.7.3 Kette aus drei Medaillons.

        Auf den beiden äußeren ist je ein Adler in Repoussé-Technik mit runder Einlage auf dem Körper und als Auge. Das mittlere Medaillon hat eine ovale Glaseinlage und Granulationspyramiden auf dem breiten Rand der Goldfassung. Zwei kurze Fuchsschwanzketten mit Ösen an ihren Enden vervollständigen die Kette.

        Herk.: Unbekannt, Kunsthandel?

        Mus. : Coll. particuliere, New York, N.Y.

        Mat. : Gold, rote Einlegearbeit.

        Lit.   : Paris (1961) Kat. Nr. 740.

    4.7.4 Drei Kastenfassungen mit schmalem Rand hängen zwischen zwei goldenen Luchsköpfen. Diese bilden den Abschluß von zwei Fuchsschwanzketten. Der Haken-Ösen-Verschluß der Halskette wird an beiden Kettenenden durch eine herzförmige Kastenfassung verziert.

        Herk.: Artjukhov, Grab.

        Mat. : Gold, Glaseinlagen (?).

        Lit.   : Higgins (1961) 169, Abb. 27; (1980) Taf. 50 A.

---

[44] B. Pfeiler-Lippitz, Späthellenistische Goldschmiedearbeiten: AK 15, 1972, 108 ff.

4.7.5   Drei ovale Kastenfassungen mit Ketten aus Gold-, Smaragd-, Muschel-, Karneol-, Mondstein-, Achat- und Glasperlen.
Herk.: Kunsthandel.
Mus. : Cleveland Museum of Art, Clevel., Ohio.
Mat. : s.o.
Lit. : Berkeley, University Art Mus. (1974) Nr. 192.

Ein Fragment unbekannter Provenienz (Typ 4.5.1, Taf. XLI) sowie Funde aus Armazis-Chevi (Typ 4.5.2, Taf. XLI) wären vergleichbar speziell mit der Darstellung 4.2.2 (Taf. XL), aber auch mit den anderen Steinmetzarbeiten in Palmyra (s.a. Kopfschmuck der Frauen, Kopfputzgehänge, Typ 1, Taf. III).

Wie ägyptische Mumienmasken und -porträts[45], die Figur einer Priesterin aus Perge[46], Darstellungen in Palmyra und Originalfunde aus Armazis-Chevi zeigen, war dieser Kettentyp weit verbreitet und wurde häufig mit anderen Ketten zusammen getragen.

Weil diese Ketten klare Formen zeigen, was als ein Charakteristikum des römischen Schmuckes angesehen wird, gelten sie als typisch römischer Halsschmuck[47]. Tatsächlich aber zeigen Typus 4.6-4.7.5 die Herkunft aus einem anderen Kulturkreis an. So sind derartige Cabochoneinfassungen wiederzufinden bei älteren Stücken aus dem Schwarzmeergebiet, s. z.B.:
— Kette von der Krim[48], dat. 4.-3. Jh. v. Chr.
— Diadem[49], dat. 4.-3. Jh. v. Chr.
Diese Beispiele zeigen, daß zumindest die Goldschmiedekunst des Schwarzmeergebietes für die Stücke aus den ersten nachchristlichen Jahrhunderten Pate gestanden hat. Die Schlichtheit der Ausgestaltung mag dem römischen Geschmack entsprochen haben. Aber auch nichtrömische Stücke aus den arsakidischen Gebieten zeichnen sich durch Schlichtheit in der Gesamtkomposition aus. Die Anbringung von Perlchen bei 4.5.1 wie auch die Scharnierverarbeitung bei 4.5.1 und 4.5.2 weisen jedoch eher in Richtung orientalische Schmuckkunst als in römische, da beides im römischen Schmuck nicht geläufig war (s. z.B. Kette aus Lyon, Böhme, Schmuck der römischen Frau, 45, Abb. 20, dat. 2. Hälfte d. 2. Jh. n. Chr., bei der die Verbindung durch Haken und Öse hergestellt wird; siehe ferner die Halskette unbe-

---

[45] Grimm, Mumienmasken, Taf. 110, Nr. 3; Taf. 112, Nr. 4. Parlasca, D'arte Greco-Romano, Taf. 59.
[46] Inan, Porträtstatuen aus Perge III, Taf. 204 a, b.
[47] Böhme, Schmuck der römischen Frau, 7; Abb. 5, S. 30; Abb. 6, S. 31; Abb. 20, S. 45; Abb. 21, S. 46. Pfeiler, Goldschmuck, 5.
[48] R. Rücklin, Das Schmuckbuch (1901) II, Taf. 14.
[49] Hoffmann/Davidson, Greek Gold Jewelry, Nr. 4, 5.

kannter Herkunft, Pfeiler, Goldschmuck, Taf. 31; ähnlich Böhme, Schmuck der römischen Frau, Abb. 19, 21; anders die Kette bei Pfeiler, Goldschmuck, Taf. 30; zwar in Rom gefunden, kann aber aufgrund des Schmetterlingsanhängers und anderer Details eine Arbeit aus dem Schwarzmeergebiet sein).

Datierung:

4.1.1-4.1.6: ab 200 n. Chr.
4.2.1-4.2.2: 2. Jh. n. Chr.
4.3.1:   2. Jh. n. Chr.
4.3.2:   ab 200 n. Chr.
4.4:   2. Jh. n. Chr.
4.5.1:   Mitte 2. Jh. n. Chr.
4.5.2:   2. Hälfte d. 2. Jh. n. Chr.
4.6:   1. Jh. v. Chr.
4.7.1:
4.7.2: >3. Jh. v. Chr. - 3. Jh. n. Chr.
4.7.3:
4.7.4:
4.7.5: >2. Jh. v. Chr.

Typ 5 (Taf. XLIII)

Ketten aus Kettengliedern

Ketten dieses Typus sind in erster Linie belegt durch Originalfunde. Obwohl die Wiedergabe dieser relativ zarten Ketten an Bildwerken schwierig ist, lassen sich einige auch auf Darstellungen erkennen.

5.1 Halskette aus Golddraht mit Hand als Anhänger.
,,Als Anhänger eine aus Blech gebildete Kapsel mit oben gezacktem Randstreifen, die einen flachen Karneol umschließt (modern eingesetzt oder wenigstens wieder befestigt?), und weiter eine goldene Hand, die den unheilabwehrenden Gestus der Fica macht. Nägel und Fingergelenke sind durch Ziselierung gegeben. Um das Handgelenk ein strickförmig gewundenes Armband. Das Stück ist hohl gearbeitet und mit einer Masse gefüllt[50]''.
Herk.: Kunsthandel.
Mus. : Slg. Baurat Schiller.
Mat. : Gold.
Maße: L d. Kette 38,5 cm; L d. Anhängers 4,5 cm.
Lit. : Zahn, Slg. Baurat Schiller, Taf. 59, Nr. 119.
       Ähnl. Stück: Kassel, Antiker Schmuck (1980) Taf. 8, Nr. 25.

---

[50] Zahn, Slg. Baurat Schiller, 61.

5.2 Halskette mit Medaillon.

,,In der Mitte einer aus feinen länglichen ösenartig verbundenen Golddrähten, an denen elf schwärzliche Glasperlen rotieren, gebildeten Kette sitzt ein convexes, im Centrum mit einer Rosette geschmücktes Medaillon. An letzterem baumeln an Ketten zwei naturalistisch gearbeitete Epheublätter. Am einen Ende der Kette Hacken, am anderen ein kleines Medaillon, an dem eine runde Oese sitzt[51]''.

Herk.: Caesarea, heute Kayseri, Kappadokien.

Mus. : Slg. v. Nelidow.

Mat. : Gold, Glas.

Maße: L 36,5 cm.

Lit. : Pollak, Taf. XIV, Abb. 381.

5.3 Halskette mit Halbmondanhänger.

Die Kette ist nabellang; sie bestand vermutlich aus Kettengliedern.

Herk.: Seleukeia, dargestellt auf Terrakottafiguren.

Lit. : Van Ingen, Taf. XV, Abb. 105, 106 = Nr. 207, 208.

      Invernizzi: Mesopotamia 8-9, 1973/74, Taf. 76.

5.4 Gliederkette mit Perlen und Gehänge.

Das Collier aus auf Golddraht aufgezogenen Perlen wird vorne durch eine ovale Fassung, die zwischen zwei kleinen runden Fassungen hängt, betont. Von der ovalen Fassung hängen, kreuzförmig angeordnet, vier weitere kleinere Fassungen (drei runde, eine tropfenförmige) herab. Je eine von den beiden runden Einfassungen des Colliers trägt eine das ,,Kreuz'' haltende Kette. Ein zusätzliches Scharnier zwischen der mittleren ovalen Einfassung des Colliers und der obersten des ,,Kreuzes'' soll dessen Hängen stabilisieren.

Herk.: Olbia.

Mus. : Slg. Galerie Bachstitz.

Mat. : Gold; Einlage in der mittleren Fassung Chalcedon, in den beiden seitlichen Smaragd; Einlage im Anhänger: in den beiden senkrechten Fassungen befindet sich jeweils ein Granat, in den beiden waagrecht angeordneten ein Smaragd.

Maße: L der Kette 39 cm; B des Mittelstückes 5,5 cm.

Lit. : Belin de Ballu, Taf. LXXVIII, 3.

      Zahn, Slg. Gal. Bachstitz I, Taf. 26, Nr. 92 C.

5.5 Zweireihige Halskette aus Goldösen und Saphirperlen. Von der Mitte der unteren Kette hängt ein goldener Anhänger in Form einer dreizipfeligen Traube.

Herk.: Kunsthandel.

Mat. : Gold.

Maße: L 37 cm.

Lit. : Gal. Georges Petits, Paris (1911), Ausstell. Kat., Taf. X, Nr. 272.

5.6 Ketten mit drei Medaillons.

In Brusthöhe hängen an einer Panzerkette (?) (5.6.1), an einer doppelten Ringkette (?) (5.6.2) oder einer doppelten Perlenkette (?) (5.6.3) zwei Medaillons, in der Regel mit menschlicher Büste, aber auch mit Adlerfigur. Ein drittes Medaillon, in gleicher Verarbeitung, hängt etwas tiefer; es wird von Ketten gehalten, die von den beiden anderen Medaillons herabhängen.

---

[51] Pollak, Slg. v. Nelidow, 126, Nr. 381.

5.6.1 Herk.: Palmyra, Grabreliefs.
    Lit. : Kaspar, JBM 49/50, 1969/70, 304, Abb. 18.
        Ähnl. Stück: Archaeology 20,1, 1967, 6.
5.6.2 Herk.: Palmyra, Grabrelief.
    Lit. : Hahl, BJ 160, 1960, Taf. 7, Abb. 1.
        Böhme (1974) 29, Abb. 4.
        Altheim (1939) Abb. 63.
5.6.3 Herk.: Palmyra, Grabrelief.
    Lit. : Mackay, Iraq 11, 1949, Taf. LVIII, 1.

Datierung:
  5.1:   2.-3. Jh. n. Chr.
  5.2:   2. Jh. n. Chr.
  5.3:   Terrakotta: vermutl. Schicht II (69/70 n. Chr. - 115/120 n. Chr.) oder
            Schicht I (115/120 n. Chr. - 200 n. Chr.).
            Grabfunde: 118 - 230 n. Chr. (Schicht I der Begräbnisse).
  5.4:   1.-2. Jh. n. Chr.
  5.5:   2. Jh. n. Chr.
  5.6.1-5.6.3: erste Hälfte des 3. Jh. n. Chr.

Halsbänder (Typ 6-7)

Typ 6 (Taf. XLIV)

Breite Halsbänder (Zierbänder)

Breite Halsbänder sind durch Darstellungen (s. Typ 6.1-6.5), aber auch einige wenige Originale (s. Typ 6.6-6.9) belegt. Die Darstellungen und die Originalfunde geben einen Eindruck von den anscheinend variationsreichen und prächtig wirkenden Halsbändern der Arsakidenzeit.

6.1 Herk.: Palmyra, Grabrelief.
    Mus.: Istanbul.
6.2 Herk.: Palmyra, Grabrelief.
    Mus.: Palmyra.
6.3 Herk.: Palmyra, Grabrelief.
    Mus.: Istanbul.
6.4 Herk.: Palmyra, Grabreliefs.
    Lit. : z.B. Weidemann, Taf. 67.
        z.B. Michalowski (1966, Ausgrab. 1963/64) Abb. 55.
        z.B. Ingholt (1928) Taf. X, 2.
6.5 Herk.: Hatra, Rundbild.
    Mus.: Irak Mus. Baġdad.
6.6 Das Halsband besteht aus 84 Goldstreifen, auf die jeweils vier Kreise eingedrückt sind. Es wurde mit Bändern am Nacken zusammengebunden.

Herk.: Sirkap/Taxila.
Mus. : Archäol. Mus. Taxila.
Mat. : Gold.
Maße: Länge der Streifen ca. 2,54 cm.
Lit. : Bhushan, 70, 5 (Abb. entnommen).
        Marshall, Taxila III, Taf. 193 = Nr. 61.
        Marshall (1960) Taf. VI.

6.7 Dies ist ein Halsband aus 116 eng aneinandergefügten lilienähnlichen Gliedern. Es wurde wahrscheinlich mit Bändern am Nacken zusammengehalten.
Herk.: Sirkap/Taxila.
Mus. : Archäol. Mus. Taxila.
Mat. : Gold, hohl.
Maße: ist so lang, daß es möglicherweise auch ein Gürtel gewesen sein könnte, B ca. 1,4 cm.
Lit. : Marshall, Taxila III, Taf. 194 a = Nr. 77.
        Bhushan, 70, 1

6.8 Gürtel oder Halskette aus 130 ,,doppelmondförmigen'' Stücken. Die Teile sind aus dünnem Gold; hohl.
Herk.: Sirkap/Taxila.
Mus. : Archäol. Mus. Taxila.
Mat. : Gold.
Maße: B ca. 1,6 cm.
Lit. : Marshall, Taxila III, Taf. 194 d = Nr. 76.
        Wheeler (1968) 111.

6.9 Brustlange Kette (oder Gürtel) aus 494 dreistufigen Gliedern.
Herk.: Sirkap/Taxila.
Mus. : Archäol. Mus. Taxila.
Mat. : Gold.
Maße: B ca. 0,8 cm.
Lit. : Marshall, Taxila III, Taf. 194 c = Nr. 75.

Für einige Halsbänder, wie 6.1, 6.2, 6.5 gibt es Beispiele aus dem altorientalischen Bereich (z.B. Halsschmuckdarstellungen von dem späthethitischen Grabstein aus Sam'al/Zincirli[52] und auf urartäischen Attaschen[53]). Ein im äußeren Erscheinungsbild ähnliches Stück wie 6.6 wurde aus achämenidischer Zeit in Pasargadai gefunden[54].

[52] Deutl. Ansicht: E. Akurgal, Orient und Okzident (1966) Abb. 13. Ders., Die Kunst der Hethiter (1961) Taf. 130.
[53] Deutl. Ansicht: E. Akurgal. Die Kunst Anatoliens von Homer bis Alexander (1961) Abb. 17, 18, 24.
[54] Stronach, Pasargadae, Taf. 158a.

Datierung:

6.1:
6.2: ⟩2. Jh. n. Chr. (Anfang 3. Jh. n. Chr.).

6.3: 2. Jh. n. Chr.
6.4: 2. Jh. n. Chr.
6.5: bis 2. Jh. n. Chr.
6.6:
6.7:
6.8: ⟩19 n. Chr. - ca. 70 n. Chr.
6.9:

Typ 7 (Taf. XLIV)

Dünne Halsbänder als Träger von Schmuckstücken

Von einigen Darstellungen ist dieser Halsschmuck überliefert.

7.1 Band oder Kette mit Anhänger.
An einem Band um den Kehlkopf hängt eine einzelne Perle oder ein Medaillon (?).
Herk.: Palmyra, Grabrelief.
Lit. : München, Land des Baal (1982) Nr. 181.

7.2 Kette oder Band mit zwischengehängtem Medaillon.
Ein Medaillon mit einer fünfblättrigen Blüte hängt an zwei Ösen zwischen zwei Kettenteilen.
Herk.: Palmyra, Grabrelief; Hatra, Rundbild.
Lit. : Palmyra: Deonna, Syria 4, 1923, Taf. XXXI, 4.
        Hatra: Safar/Mustafa, 219, Abb. 211; ähnl. 116, Abb. 92.
        Deutl. Ansicht: Ghirshman (1962) Taf. 104.

7.3 Kette oder Band mit Perlen und Anhänger.
Der medaillonartige Anhänger hängt zwischen zwei größeren, rhombenförmigen Perlen.
Herk.: Palmyra, Grabrelief.
Lit. : Coll. Bertone (1931) Aukt. Kat., Taf. XI, Nr. 658.

7.4 Kette oder Band mit drei runden Anhängern.
Herk.: Palmyra, Grabrelief.
Lit. : München, Land des Baal (1982) Nr. 179.

7.5 Kette oder Band mit Anhänger und Perlen.
Zwischen zwei runden und zwei trapezförmigen Perlen hängt ein runder Anhänger.
Herk.: Palmyra, Grabrelief.
Lit. : Klengel, 167.

Datierung:

7.1: 2. Viertel d. 2. Jh. n. Chr.
7.2: Anfang 3. Jh. n. Chr.
7.3: 2. Jh. n. Chr.
7.4: spätes 2./ frühes 3. Jh. n. Chr.
7.5: 2./3. Jh. n. Chr.

Halsreifen (Typ 8-10)

Typ 8 (Taf. XLV)

Halsreif mit Schmuckplatte

Auf einigen Darstellungen kommt dieser eng um den Hals liegende Reif, der in der vorderen Mitte eine Einfassung für Glas- oder Steineinlagen besitzt, vor. Kleine Unterschiede in den Darstellungen gehen eher auf die unterschiedliche Sorgfalt der Steinmetzen als auf Typenunterschiede zurück.

Herk.: Hatra, Rundbild.
Lit. : Safar/ Mustafa, 250, Abb. 240; S. 251; 306, Abb. 307.
        Deutl. Ansicht: Ghirshman (1962) Taf. 106.
        Colledge (1967) Taf. 53.

Es ist ein bei Frauen selten dargestellter Halsschmuck. Er gleicht dem von Männern häufig getragenen Halsschmuck Typ 3 (s. Taf. LXXXIX-XCI, eventuell noch Typ 7, Taf. XCIV). Weiteres s. S. 259 ff.

Vereinzelt lassen sich Darstellungen des gleichen Schmuckes bei Männern und Frauen beobachten (s. z.B. einfache Scheibenfibel bei Frauen und Männern Taf. LXII und XCVI; Armschmuck der Frauen Typ 9.7, Taf. LXXVII und Armschmuck der Männer Typ 4.1, Taf. XCIX; Halsschmuck der Frauen Typ 6.4, 6.5, Taf. XLIV und der Männer Typ 2, Taf. LXXXVIII), ohne daß eine Begründung dafür gegeben werden kann.

Datierung:
    2. Jh. n. Chr.

Typ 9 (Taf. XLV)

Gerillte Halsreifen

Durch einige Darstellungen und durch einen Originalfund ist dieser Halsschmuck bei Frauen belegt.

9.1 Herk.: Hatra, Relief; Dura-Europos, Wandgemälde.
     Lit. : Hatra: Safar/Mustafa, 202 f.
                 Deutl. Ansicht: Ghirshman (1962) Taf. 98.
             Dura-Europos: Breasted, Syria 3, 1922, Taf. XLII, XLV.
                 Cumont (1926) Taf. XXXVI, XXXIX.
9.2 Halsreif mit Medaillonanhänger.
     Dieser Halsreif ist wohl nicht vollständig erhalten. Er ist mit zwei Querrillen, verziert durch Perldrähte, und zwei (?) Scharnieren zum Öffnen und Schließen ausgestaltet.

Bei dem zum Reif gehörenden Anhänger sind um eine kleine quadratische Einfassung vier tropfenförmige Kasteneinfassungen so angeordnet, daß sie eine Blüte bilden. Zwischen jedem Blütenblatt befindet sich eine kleine kreisrunde Einfassung; auf dem Bügel eine weitere tropfenförmige.

Herk.: Emesa, Grab 11.
Mus. : Nat. Mus. Damaskus.
Mat. : Gold, Granaten, Türkise.
Maße: Reif: B 2,4 cm; Dm außen 28,5 cm; Medaillon: Dm 3,8 cm.
Lit. : Seyrig, Syria 30, 1953, Farbtaf. A; Taf. VII, 2.

Den Darstellungen in Hatra und Dura-Europos entspricht der Reiffund aus Emesa. Breite metallene Reifen, deren Oberfläche mehrfach gerillt ist, um die Glanzwirkung des Metalls zu erhöhen, waren auch als Halsschmuck der Männer, allerdings mit eingefügter Schmuckplatte, beliebt (vgl. Halsschmuck der Männer, Typ 3.1.16, Taf. XC; Typ 3.1.17, Taf. XCI).

Datierung:
  9.1: Hatra: 2. Jh. n. Chr.
    Dura-Europos: 1. Jh. n. Chr.
  9.2: 1. Jh. v. Chr.

Typ 10 (Taf. XLV)

Schmale Reifen mit verschiedenartigen Anhängern

Dieser Typ ist durch zahlreiche Darstellungen auf palmyrenischen Grabreliefs überliefert.

10.1 Reif mit Lunula-Anhänger.
  Herk.: Palmyra, Grabrelief.
  Lit. : Ny Carlsberg Glyptothek, Kopenhagen.
10.2 Reif mit Lunula-Anhänger, zwischen den Sichelspitzen·der Lunula eine Perle.
  Herk.: Palmyra, Grabrelief.
  Mus. : Palmyra.
10.3 Reif mit rundem Anhänger.
  Herk.: Palmyra, Reliefs.
  Lit. : Colledge (1976) Taf. 92, 97.
10.4 Reif (?) mit ovalem Anhänger.
  Herk.: Palmyra, Grabreliefs.
  Lit. : Ingholt (1928) Taf. XV, 2; XVI, 1.
      Sadurska (1977) Abb. 107.
10.5 Reif mit tropfenförmigem Anhänger.
  Herk.: Palmyra, Grabrelief.
  Mus. : Ny Carlsberg Glyptothek, Kopenhagen.

Datierung:

10.1:
10.2:
10.3:⟩ ab ca. 130/150 n. Chr. - 1. Hälfte des 3. Jh. n. Chr.
10.4:
10.5:

Kettenkombinationen

(Taf. XLVI-L)

Es folgt eine Übersicht über die Kombinationen der in Palmyra und Hatra dargestellten Kettentypen.

Einreihiger Halsschmuck (Taf. XLVI)
Von ganz schlichten Perlenketten (1) reicht die Variationsbreite bis zu schweren, breiten, mit Steinen besetzten Halsreifen (19).
Lit.: Taf. XLVI, 3: Coll. Bertone (1931) Taf. X, Nr. 651.
       Taf. XLVI, 8: Coll. Bertone (1931) Taf. XI, Nr. 658.

Zweireihiger Halsschmuck (Taf. XLVII)
Die oberste Kette ist häufig eine schlichte Perlenkette, manchmal mit Anhänger. Sie wird eng um den Hals oder am Halsansatz getragen. Die zweite Kette scheint immer prunkvoll gewesen zu sein. Häufig schmückte sie ein großer Anhänger mit oder ohne weitere Gehänge.
Lit.: Taf. XLVII, 2 : Colledge (1976) Taf. 95.
       Taf. XLVII, 3 : Colledge (1976) Taf. 91.
       Taf. XLVII, 15: Eilers, AfO 16, 1952/53, 313.

Dreireihiger Halsschmuck (Taf. XLVIII)
Deutlicher als bei den zweireihig getragenen Ketten zeichnet sich eine gewisse Systematik in der Trageweise (oder war es nur die Darstellungsweise der Steinmetzen?) ab. Die oberste Kette ist in der Regel eine eng um den Hals oder um den Halsansatz liegende Perlenkette, mit oder ohne Anhänger; seltener sind es Halsreifen (7, 11, 12), breitere, verzierte Halsbänder (15) oder verschiedenste Kompositketten (13, 16). Die zweite Halskette ist sehr häufig eine Kette aus Cabochonfassungen (7, 11, 12, 14, 15,). Die dritte und unterste Kette ist etwa brustlang und sehr häufig eine Perl- oder Flechtkette mit Anhänger oder Medaillon mit oder ohne weitere Gehänge.
Von dieser Systematik gab es Abweichungen, wie z.B. Abbildung 6 und 10 zeigen. In beiden Fällen ist die zweite bzw. dritte Kette eine Perlenkette mit netzförmig angeordneten Perlen und weiteren Anhängeren.
Lit.: Taf. XLVIII, 2 : Ähnl. Ingholt (1928) Taf. XV, 2.
       Taf. XLVIII, 4 : Ähnl. Ingholt (1928) Taf. XV, 1.
       Taf. XLVIII, 7 : Ingholt (1928) Taf. XVI, 1.

Taf. XLVIII, 8 : Ingholt (1928) Taf. XIII, 3.
Taf. XLVIII, 16: Ingholt, Berytus 5, 1938, Taf. XLVI.
             Ähnl. Stück: München, Land des Baal (1982) Nr. 174.

Vierreihiger Halsschmuck (Taf. XLIX)

Wieder ist häufig die oberste Kette eine schlichte, eng um den Hals oder Halsansatz liegende Perlenkette. Seltener nehmen ihre Stelle ein Halsreif (9, 10) oder ein Halsband (8) ein. Für die Anordnung der weiteren Ketten gab es offensichtlich keine Vorlieben. Ketten mit Kastenfassungen, Ketten mit Gehänge oder Medaillon, Ketten aus verschiedenen Perlen mit und ohne Gehänge wechseln einander ab. Wichtig für die Anordnung war wohl nur eine gefällige, aber durchaus dynamische Wirkung auf den Betrachter. Bei Abb. 8 und 10 sind die untersten Ketten etwa taillenlang; bei 9 reicht sie bis etwa zur Bauchmitte.

Lit.: Taf. XLIX, 1: Hahl, BJ 160, 1960, Taf. 7,1.
                 Altheim (1939) Abb. 63.
     Taf. XLIX, 6: Ingholt (1928) Taf. XV, 3.
                 Kaspar, JBM 49/50, 1969/70, 298, Abb. 14.

Fünfreihiger Halsschmuck (Taf. L)

s. Sechs- und siebenreihiger Halsschmuck.

Lit.: Taf. L, 2: Browning, Abb. 11.
             Ähnl. Michalowski (1962, Ausgrab. 1960) Abb. 170.

Sechs- und siebenreihiger Halsschmuck (Taf. L)

Wieder ist in der Regel die oberste Kette eine schlichte, eng um den Halsansatz liegende Perlenkette. Für die Anbringung der weiteren Ketten gilt, wie für den vierreihigen Halsschmuck, daß es keine Regeln gab, sondern die ausgewogene, dynamische, sicherlich farbenprächtige Wirkung das einzige Kriterium für die weitere Anordnung war. Bei Abbildung 2 ist die unterste Kette taillenlang.

Lit.: Taf. L, 1: Mackay, Iraq 11, 1949, Taf. LVIII, 1.
     Taf. L, 2: Browning, Abb. 7.
             Colledge (1976) 89.
             Mackay, Iraq 11, 1949, Taf. LVIII, 2.
             Gawlikowski, Abb. 5.
     Taf. L, 3: Kaspar, JBM 49/50, 1969/70, 304, Abb. 13.

Besonderheiten (Taf. L)

Bei den Darstellungen dieses Halsschmuckes ist nicht deutlich zu erkennen, ob es sich um eine stilistische Eigenart der Steinmetze bei der Wiedergabe mehrerer Halsketten handelt oder um die Darstellung eines zusammenhängenden breiten ,,Halskragens''.

Lit.: Taf. L, 1: München, Land des Baal (1982) Nr. 174.
     Taf. L, 2: Mackay, Iraq 11, 1949, Taf. LVII, 1.

Perlenformen (Taf. LI-LIII)

Die abgebildeten Perlen kommen entweder in den bereits angeführten Ketten vor oder sind Einzelfunde.

Steinperlen (Taf. LI)

Der Formenreichtum ist groß. Rund, oval, röhren-, tonnen-, bohnen-, tropfen-, pfeil-, prisma- oder blütenförmig sind die meisten Verarbeitungen. Wichtig scheint bei der Verarbeitung die Erreichung der bestmöglichen Wirkung des Materials gewesen zu sein. Inkrustierte Perlen (6, 18) wurden ebenfalls hergestellt.

1. Granatperle
   Herk.: Kunsthandel.
   Lit. : Pforzheim, Schmuck aus Persien (1974) Abb. 53.
2. Steinperle
   Herk.: Kunsthandel.
   Lit. : Pforzheim, Schmuck aus Persien (1974) Abb. 53.
3. Achatperle
   Herk.: Germi, Masǧid-e Sulaimān, Kunsthandel, Assur.
   Lit. : Germi: Kambaksh-Fard.
           Masǧid-e Sulaimān: Ghirshman (1976) Taf. 56, G.MIS 346.
           Kunsthandel: Brüssel, Art Iranien Ancien (1966) Taf. 431.
           Assur: Andrae/Lenzen, WVDOG 57, Taf. 47 d.
4. Steinperle
   Herk.: Noruzmahaleh.
   Lit. : Egami/Fukai/Masuda, Taf. XLII, 6.
5. Amberperle
   Herk.: Noruzmahaleh.
   Lit. : Egami/Fukai/Masuda, Taf. XIX, 6.
6. Achatperle
   Herk.: Armazis-Chevi, Hasani Mahaleh, Tell Umar.
   Lit. : Armazis-Chevi: Apakidze et al., 58, Abb. 26.
           Hasani Mahaleh: Sono/Fukai, Taf. XLIII, 8.
           Tell Umar: Braidwood, z.B. Taf. XIX, 4.
7. Bohnenförmige Steinperlen
   Herk.: Ḥoramrūd, Grab A IV; Hasani Mahaleh.
   Lit. : Ḥoramrūd: Egami/Fukai/Masuda, Taf. LVI, 6.
           Hasani Mahaleh: Sono/Fukai, Taf. LXXI, 18; XLIII, 7a, b.
8. Achat mit Bronzeaufhänger
   Herk.: Palmyra.
   Lit. : Michalowski (1964, Ausgrab. 1962) 179, Abb. 210.
9. Geschliffene Edelsteinperle
   Herk.: Armazis-Chevi.
   Lit. : Apakidze et al., 101, Abb. 11.
10. Stein (vielleicht auch Glas od. Fayence)
    Herk.: Hasani Mahaleh.
    Lit. : Sono/Fukai, Taf. LXIV, 9.
11. Herk.: Armazis-Chevi.
    Lit. : Apakidze et al., 92, Abb. 26.
12. Achatperle
    Herk.: Germi.
    Lit. : Kambaksh-Fard (pers.).

13. Achatperle
     Herk.: s. Fritte- u. Fayenceperlen, Nr. 1.
     Lit. : Kambaksh-Fard (pers.).
14. Herk.: Armazis-Chevi.
     Lit. : Apakidze et al., 92, Abb. 21.
15. Plättchen mit zwei Löchern.
     Herk.: Armazis-Chevi.
     Lit. : Apakidze et al., Abb. 25; 1; 16; Abb. 43; 17.
16. Stein (vielleicht auch Glas od. Fayence)
     Herk.: Hasani Mahaleh.
     Lit. : Sono/Fukai, Taf. LXIV, 10.
17. Karneolperle
     Herk.: Nordpersien.
     Lit. : Pforzheim, Schmuck aus Persien (1974) Abb. 58.
18. Karneolperlen mit weißem Glas (Email)
     Herk.: Nordpersien.
     Lit. : Pforzheim, Schmuck aus Persien (1974) Abb. 78.
19. Skarabäus
     Herk.: Palmyra.
     Lit. : Michalowski (1960, Ausgrab. 1959) 203, Abb. 227.
20. Muschel
     Herk.: Palmyra.
     Lit. : Michalowski (1960, Ausgrab. 1959) 201, Abb. 224.
              Fellmann, Taf. 14, Abb. 31.

Glasperlen (Taf. LII)

   Neben einfarbigen Perlen in runder, ovaler und länglich gedrehter Form gab es mehrfarbige, sog. Millefiori-Glaskugeln (7).
1. Glasperle mit Löwenkopf
     Herk.: Kunsthandel.
     Lit. : Pforzheim, Schmuck aus Persien (1974) Abb. 55.
2. Holz- und Glasperle
     Herk.: Nowruzmahaleh, Kunsthandel.
     Lit. : Nowruzmahaleh: Egami/Fukai/Masuda, Taf. XLIX, 36; XLVIII, 15.
              Kunsthandel: Pforzheim, Schmuck aus Persien (1974) Abb. 62.
3. Glas (?)
     Herk.: Assur, Kunsthandel.
     Lit. : Gal. H. Vollmoeller, Zürich (1975) Aukt. Kat., Abb. 241.
4. Kleine runde Perle
     Herk.: Kunsthandel.
     Lit. : Pforzheim, Schmuck aus Persien (1974) Abb. 44.
5. Ovale Perle
     Herk.: Kunsthandel.
     Lit. : Pforzheim, Schmuck aus Persien (1974) Abb. 58.
              s.a. Fayenceperle Nr. 6.

6. Mandelförmige Perle
   Herk.: Kunsthandel.
   Lit. : Pforzheim, Schmuck aus Persien (1974) Abb. 55.
           s.a. Fritte- und Fayenceperlen, Nr. 1.
7. Millefiori-Glaskugeln
   Herk.: Kunsthandel, Hasani Mahaleh.
   Lit. : Kunsthandel: Pforzheim, Schmuck aus Persien (1974) Abb. 49.
           Hasani Mahaleh: Sono/Fukai, Taf. LXXI, 4, 6, 7, 8; Taf. XLIII, 2, 3.
8. Gedrehte Perlen
   Herk.: Nowruzmahaleh.
   Lit. : Egami/Fukai/Masuda, Taf. XLVIII, 26, 27; Taf. XXIII, 4-6; Farbtaf. 2.
9. Prismenförmige Perle
   Herk.: Nowruzmahaleh.
   Lit. : Egami/Fukai/Masuda, Taf. XLVIII, 10. Farbtaf. 2.
10. Länglich-ovale Perle
    Herk.: Nowruzmahaleh.
    Lit. : Egami/Fukai/Masuda, Taf. XLVIII, 17.

Fritte- und Fayenceperlen (Taf. LII)

Sicherlich billiger Schmuck, welcher vielleicht Glasperlen vortäuschen sollte, waren die Perlen aus Fritte und Fayence (s.a. Fritteanhänger, Taf. LVII, LVIII).

1. Mandelförmige Perle
   Herk.: Nowruzmahaleh, Ḥoramrūd.
   Lit. : Egami/Fukai/Masuda, Taf. XIX, 6; LVI, 4.
2. Walzenförmige Perle
   Herk.: Kunsthandel und Dailamān.
   Lit. : Pforzheim, Schmuck aus Persien (1974) Abb. 58.
3. Röhrenförmige Perlen
   Herk.: Kunsthandel
   Lit. : Pforzheim, Schmuck aus Persien (1974) Abb. 50.
4. Melonenförmige Perle
   Herk.: Hasani Mahaleh.
   Lit. : Sono/Fukai, Taf. LXXI, 19; Taf. XLIII, 9.
5. Körnerförmige Perle
   Herk.: Kunsthandel und Dailamān.
   Lit. : Pforzheim, Schmuck aus Persien (1974) Abb. 58.
6. Abgerundete Perle
   Herk.: Kunsthandel.
   Lit. : Pforzheim, Schmuck aus Persien (1974) Abb. 44.

Goldperlen (Taf. LIII)

Zahlreiche Formen und Verarbeitungsweisen haben die Goldperlen. Zu unterscheiden ist zwischen Perlen nur aus Gold und Perlen aus Gold mit Einlagen aus Glas, Schmelz oder Stein (13, 16, 19, 21, 24). Die ersteren konnten rund, oval oder melonenförmig sein. Die röhren- oder tubenförmigen Perlen konnten gerippt, mit Doppelspiralen versehen, mit Aufhängeösen oder mit Gehängen in runder Form, Glocken oder Granatäpfeln versehen sein. Filigranperlen (18, 20) wurden ebenso hergestellt wie Perlen mit Granulation (22) oder mit herausgearbeiteten Motiven (25, 26).

1. Goldglasperle, bei welcher in die Glasmasse dünne Goldfolie eingeschmolzen ist.
   Herk.: Kunsthandel.
   Lit.   : Pforzheim, Schmuck aus Persien (1974) Abb. 51.
2. Runde Goldperle, die Lötnaht verläuft über dem Perlenbauch.
   Herk.: Kunsthandel.
   Lit.   : Pforzheim, Schmuck aus Persien (1974) Abb. 47, 59.
3. Röhrenperle
   Herk.: Kunsthandel.
   Lit.   : Leiden, Klassieke Kunst Uit Particulier Bezit (1975).
4. Röhrenperle
   Herk.: Ninive.
   Lit.   : Curtis (1976) Taf. 101.
5. Spiralperle
   Herk.: Kunsthandel.
   Lit.   : Gal. H. Vollmoeller, Zürich (1975) Aukt. Kat., Abb. 242.
6. Runde Perle
   Herk.: Ninive.
   Lit.   : Curtis (1976) Taf. 101.
7. Größere Lampion-Perle
   Herk.: Kunsthandel.
   Lit.   : Brüssel, Art Iranien Ancien (1966) Nr. 431.
8. Kleinere Lampion-Perle
   Herk.: Kunsthandel.
   Lit.   : Brüssel, Art Iranien Ancien (1966) Nr. 431.
9. Fäßchenförmige Goldglasperle
   Herk.: Kunsthandel.
   Lit.   : Pforzheim, Schmuck aus Persien (1974) Abb. 52.
10. Gebauchte Perle
    Herk.: Kunsthandel.
    Lit.   : Pforzheim, Schmuck aus Persien (1974) Abb. 52.
11. Mandelförmige Perle
    Herk.: Kunsthandel.
    Lit.   : Pforzheim, Schmuck aus Persien (1974) Abb. 46, 47.
12. Körnerförmige Perle
    Herk.: Kunsthandel.
    Lit.   : Pforzheim, Schmuck aus Persien (1974) Abb. 47, 58.
13. Eckige Fassung mit Einlage
    Herk.: Armazis-Chevi, Grab.
    Lit.   : Apakidze et al., Abb. 43, 4, 6; Abb. 52, 9, 10; Taf. LXVI, 34; LII, 13.
14. Doppelspiralperle
    Herk.: Kunsthandel.
    Lit.   : Brüssel, Art Iranien Ancien (1966) Nr. 414.

15. Tubenperlen
    Herk.: Armazis-Chevi, Sirkap/Taxila.
    Lit. : Armazis-Chevi: Apakidze et al., Abb. 43, Nr. 12-14.
              Sirkap/Taxila: Marshall, Taxila III, Taf. 191 q = Nr. 84.
16. Eckige Goldfassung (gearbeitet als Perle)
    Herk.: Kunsthandel.
    Lit. : Leiden, Klassieke Kunst Uit Particulier Bezit (1975) Nr. 801 d.
17. Perlen mit Anhängern
    Herk.: Armazis-Chevi.
    Lit. : Apakidze et al., Abb. 43, Nr. 3, 5, 7; Taf. LXVI, Nr. 40-42.
18. Filigranperle (mit grünlicher Einlage)
    Herk.: Sirkap/Taxila.
    Lit. : Marshall, Taxila III, Taf. 191 h = Nr. 59, a-f.
19. Goldperle mit Einlage
    Herk.: Sirkap/Taxila.
    Lit. : Marshall, Taxila III, Taf. 192 b = Nr. 70.
20. Filigranperle
    Herk.: Kunsthandel.
    Lit. : Pforzheim, Schmuck aus Persien (1974) Abb. 62.
21. Goldperle mit Einlegearbeit (Türkis, Granat), z.T. Granulationskränzchen um die
    Steineinlagen.
    Herk.: Armazis-Chevi.
    Lit. : Apakidze et al., Farbtaf. I, 2; Abb. 11, Nr. 6-10.
22. Granulationsperle (Dm 1 cm)
    Herk.: Seleukeia.
    Lit. : München, Der Garten in Eden (1979) Nr. 184.
23. Perle mit Goldarbeit
    Herk.: Sibirische Sammlung Peters I.
    Lit. : Rudenko, Taf. XXI, 49.
24. Perle mit Zellen für Einlegearbeit.
    Herk.: Sirkap/Taxila.
    Lit. : Marshall, Taxila III, Taf. 191 x, y = Nr. 167, 168.
25. Perle (Ohrring?) mit Namen der Besitzerin ,,AUTOFRADAT'', dat. 1.-2. Jh. n.
    Chr.
    Herk.: Unbekannt.
    Lit. : Lukonin, Taf. 47 (Heyne-Tb, Abb. 48).
26. Goldperlen mit erhaben herausgearbeiteten Ibissen.
    Herk.: Seleukeia.
    Lit. : Braidwood, Taf. XIX, 3.

Anhänger (Taf. LIV-LXI)

1 Doppelkonischer Stein mit gefaßten tierköpfigen Enden
    Dieser Anhänger besteht aus einem langen, doppelkonisch gearbeiteten Achat. An seinen
    beiden Enden ist je ein Rentierkopf aus Gold angebracht. Glocken- und Granatäpfelan-

hänger befinden sich an den Ohren und Hornspitzen der Tiere und an der Kette, welche die beiden Tierköpfe zusätzlich verbindet. Die Mitte des Achats ist umgeben von einem goldenen Ring mit einer Öse für das Kettenband. Weitere Ösen befinden sich am Hals der Tiere. Die Augen und Ohren der Tiere waren vermutlich einst eingelegt. Drei kleine Einfassungen am unteren Teil des goldenen Bandes für die mittlere Öse sind mit vermutlich Granaten eingelegt. Auffallend ist, daß der Anhänger so angehängt wird, daß Ketten, Anhänger und Tierköpfe nach unten hängen. Die Granatäpfelanhänger dienten ehemals den Glocken als Klöppel, indem sie bei jeder Bewegung gegen die Glocken stießen; Glockenschlegel fehlen.

Herk.: Angebl. Amlaš, Kunsthandel.
Mus. : Privatsammlung.
Mat. : Gold, Achat, Fayence (?).
Maße: L 11 cm.
Lit. : Porada, IA 7, 1967, Taf. XXII, 1, 2; XXIII, 1, 2; XXIV, 1-3.

Ähnliche, nicht abgebildete Stücke:
An den beiden Enden je ein goldener Löwenkopf; das Verbindungsstück ist aus Karneol.
Herk.: Emesa, Frauengrab Nr. 11.
Mus. : Nat. Mus. Damaskus.
Mat. : Gold, Karneol.
Maße: L 8 cm.
Lit. : Seyrig, Syria 30, 1953, 19, Abb. 2.
        s.a. Zouhdi, AAS 21, 1971, Taf. XIV, 3.
Stein in Form einer Doppelpyramide.
Zum Durchziehen der Befestigungsschnur bzw. -kette dienten zwei silberne Ösen oder Hülsen, welche die Spitzen umfassen.
Herk.: Babylon, Grab 238, auf der Brust der Toten gefunden.
Mat. : Karneol. Silber.
Maße: L 1,4 cm.
Lit. : Reuther, WVDOG 47, Taf. 95, Abb. 238 b.

Der Anhänger wird von Porada[55] aufgrund der Kombination von Geweih und Glocke verglichen mit Funden aus Kamunta im Kaukasus und aus einem Kurgan der Dnjepr Region. Im letzteren wurden im Grab eines Kriegers Glockenständer gefunden, die jeweils von einem grob gearbeiteten Rentierkopf gekrönt sind. Von den Spitzen ihrer Geweihe hängen Glöckchen in verschiedener Ausführung herab.

Nach Porada kommt die Kombination von Glöckchen- und Granatapfelanhänger aus Transkaukasien. So kann gesagt werden, daß fär dieses Stück eine südrussische Herkunft wahrscheinlich ist.

---

[55] Porada, Deer, bells, pomegranates: IA 7, 1967, 99 ff. J. P. Mohen, Préhistoire de l'art en Urss avant les Scythes: Archéologia 127, 1979, 69 (bes. deutl. Ansicht des Kamunta-Fundes).

Der Anhängertyp als solcher ist häufiger belegt. Der älteste mir bekannte Fund stammt aus Marlik[56]. Von einem Silberarmreif hängt ein goldener Querbalken mit je einem Adlerkopf an beiden Enden. Er wird ins 10.-9. Jh. v. Chr. datiert. Zwei Anhänger mit je einem Löwenkopf an den Enden sind von Artamonow in neuen Aufnahmen publiziert[57]. Ein sehr zart wirkender Fund stammt angeblich aus Kleinasien[58], dat. 3. Jh. v. Chr.

Porada meint, daß der Anhänger wegen seines vermutlichen Symbolcharakters als Schmuck für die Priester gedient haben könnte. Außerdem zeigen ihrer Meinung nach Abbildungen, Reliefs und Rundbilder, daß Adel, Krieger und Bürger zumindest teilweise unterschiedliche Schmuckstücke zu tragen pflegten. Für einen Frauenschmuck ist er ihr zu unweiblich. Er wird trotzdem hier unter Frauenschmuck aufgeführt, weil auf einem Grabrelief aus Palmyra eine Frau einen ähnlich anmutenden Anhänger zu tragen scheint[59].
(Zur Symbolik s. Anhänger Nr. 20).

Datierung:
  1: Ende 1. Jh. n. Chr. - 2. Jh. n. Chr.

2 Medaillon-Anhänger (2.1, 2.2)
  Zwei silberne Anhänger mit reicher Ornamentik auf der Platte und Anhängerketten (vier mit körner- oder blattähnlichen Enden bei 2.1; mit fünf Perlen an den Enden bei 2.2). Die Aufhängeösen sind blütenartig gestaltet. Vielleicht sind beide Stücke Teile von Ohrringen, da sie als Paar gefunden wurden.
  Herk.: Sirkap/Taxila.
  Mus. : Archäol. Mus. Taxila.
  Mat. : Silber.
  Maße: Dm ca. 3,2 cm.
  Lit. : Marshall, Taxila III, Taf. 190 d, f = Nr. 3-6.
          Bhushan, 69, Abb. 3, 7.

  Datierung:
  zw. 19 n. Chr. - ca. 70 n. Chr.

3 Ovale Medaillons
  Herk.: Masǧid-e Sulaimān.

---

[56] E. O. Negahban, A Preliminary Report on Marlik Exavation 1961-62 (1964) Taf. 70. Maxwell-Hyslop, Jewellery, Taf. 148, S. 195.
[57] M. I. Rostovtzeff, Iranians and Greeks in South Russia (1922) Taf. IX, 2. Artamonow, Goldschatz der Skythen, Taf. 34, 36, 37, 52. P. Amandry, La Grèce d'Asie et l'Anatolie du 8e au 6e siècle avant Jésus-Christ: Anatolica 2, 1968, Taf. VIII, Abb. 10.
[58] Hoffmann/Davidson, Greek Gold Jewelry, 147 ff, Nr. 53; Farbtaf. IV. Coche de la Ferté, Bijoux antiques, Taf. XXV, 1.
[59] K. Michalowski, Palmyra (1968) Taf. 88.

Mus. : Iran-Bastan Mus., Teherān.
Mat. : Bronze.
Maße: H 2,4 cm; Dm 2 cm.
Lit. : Ghirshman (1976) Taf. CVII, 4, 5; Taf. 79, G.MIS 585 (Abb. entnommen).
Diese Fassung wird im Ausgrabungsbericht als Anhänger bezeichnet (vgl. Halsschmuck
d. Frauen, Typ 7.4, Taf. XLIV).

Datierung:
ab 2. Jh. v. Chr.

4 Mandelförmiger Anhänger mit Inkrustation in blau, rot und grün. Am oberen Ende ist
  eine kleine Öse.
  Herk.: Masǧid-e Sulaimān.
  Mus. : Iran-Bastan Mus., Teherān.
  Mat. : Bronze, Inkrustation.
  Maße: H 3,3 cm; L 2,1 cm.
  Lit. : Ghirshman (1976) Taf. CVII, 8; Taf. 78, G.MIS 552 (Abb. entnommen).

5 Der mandelförmige Anhänger ist nach oben zu einem Befestigungssteg verlängert. In der
  Mitte des Anhängers befindet sich eine spitzovale Jadeeinlage.
  Herk.: Masǧid-e Sulaimān.
  Mus. : Iran-Bastan Mus., Teherān.
  Mat. : Silber, Jadeeinlage.
  Maße: L 4,4 cm; B 1,4 cm;
  Lit. : Ghirshman (1976) Taf. CVII, 7; Taf. 79, G.MIS 584 (Abb. entnommen).

6 Mandelförmige Anhänger mit Steineinlage.
  6.1 Die Fassung der Steineinlage ist zackig.
      Herk.: Masǧid-e Sulaimān.
      Mus. : Iran-Bastan Mus., Teherān.
      Mat. : Gold, Jade.
      Maße: H 3,5 cm; B 1,7 cm.
      Lit. : Ghirshman (1976) Taf. CVII, 6; Taf. 79, G.MIS 628 (Abb. entnommen).
  6.2 Auf der Anhängeroberfläche befinden sich mehrere Kastenfassungen mit roten Einla-
      gen und einige Granulationskügelchen in Dreieranordnung. Die Kastenfassungen
      sind durch Granulation eingerahmt. Als Anhänger dient ein Glöckchen.
      Herk.: Kunsthandel, Täbris, Iran.
      Mus. : Leihgabe zur Sonderausstell. Kassel, 1980.
      Mat. : Gold, Granat.
      Maße: L mit Glöckchen 4,5 cm; B 1,65 cm; Gew. 2,9 Gramm.
      Lit. : Kassel, Antiker Schmuck (1980) Farbtaf. III, Nr. 27.

Zu 4, 5, 6 (6.1, 6.2):
    Nr. 4 läßt sich vergleichen mit blattförmigen kleinen Behältern für magische
Substanzen, wie sie in Dura-Europos zahlreich vorliegen. Deshalb könnte es sich

bei Nr. 4 um den Deckel eines solchen Behälters handeln. Die Behälter werden in Dura-Europos datiert zwischen der 2. Hälfte des 2. Jh. n. Chr. - 1. Hälfte d. 3. Jh. n. Chr.[60] (s.a. Nr. 15).

5 und 6 sind meines Wissens Unikate.

Datierung:
    Nr. 4: vielleicht auch 2. Hälfte d. 2. Jh. n. Chr. - 1. Hälfte d. 3. Jh. n. Chr.
    Nr. 5 und 6: arsakidenzeitlich.

7 Runder Anhänger

Anhänger mit Öse und einer eingelegten vierblättrigen Blüte (Rosettenblätter aus Granat; Anhänger-Scheibe mit grünlichem Glasfluß ausgefüllt).
Herk.: Armazis-Chevi, Frauengrab 6.
Mus. : Staatl. Mus. Georgiens, S. Dshanachia, Tiflis.
Mat. : s.o., Gold.
Lit. : Apakidze et al., Taf. VI, 4; Taf. LXVI, 26.
        Mongait, 14.

8 Goldmedaillon

Dies ist ein runder Anhänger mit zwei goldenen Befestigungsösen. Der Rand ist von einem goldenen Flechtband umgeben. Im Medaillon befindet sich eine sechsblättrige Rosette aus Einlegearbeit. Das Innere des Medaillons ist mit Glaspaste (gelb, weiß), die Rosettenblätter sind mit Türkis (?) gefüllt.
Herk.: Seleukeia, Hortfund.
Mus. : Irak Mus. Baġdad.
Mat. : s.o.
Maße: Dm 3,2 cm.
Lit. : Braidwood, Taf. XXIV, Abb. 2, Nr. 3.
        Pope/Ackerman VII, Taf. 139 N.
        Colledge (1967) Taf. 11 d.
        Rupp, Taf. II, B 3.

9 Rundes Amulett

Dieses runde Amulett hat seitlich zwei breite Ösen. Die Fläche ist mit acht kreisrunden Ornamenten verziert.
Herk.: Nuzi.
Mat. : Kupfer.
Maße: Dm von Öse zu Öse ca. 5 cm.
Lit. : Starr II, Taf. 141 E (Abb. entnommen).

Zu 7, 8, 9:

Belegt sind Anhänger mit Rosettenmotiv durch drei Originalfunde: einer aus Armazis-Chevi (Nr. 7), einer aus Emesa, Grab 11 (Taf. XLV, Typ 9.2) und einer

---

[60] Dura-Europos, Fin. Rep. IV, 1, Taf. VIII.

aus Seleukeia (Nr. 8). Das Rondell aus Nuzi (Nr. 9) mit den seitlichen Ösen war wohl ein mit Halsband getragenes Medaillon, wie es in Palmyra dargestellt ist (s. Taf. XLIV, Typ 7.2).

Das Rosettenmotiv ist lange im Orient belegt; z.B.:

— in Troia VI als Kopf einer Goldnadel; die elf Blätter der Rosette sind mit Emaileinlage gefüllt, die Blütenmitte ist durch Repoussé hervorgehoben[61].

— in altbabylonischer Zeit kommt es als Motiv auf einem Medaillon vor, welches eine Gottheit um den Hals trägt[62].

Datierung:
  7: 2.-3. Jh. n. Chr.
  8: zw. 40 n. Chr. - 115/116 n. Chr.
  9: um Anfang 3. Jh. n. Chr.

10 Blitzsymbol
  Anhänger in Form eines Blitzes, wie er aus dem Alten Orient überliefert ist[63].
  Herk.: Dura-Europos, Hortfund.
  Mus. : Yale University Art Gallery, Dura-Europos Coll.
  Mat. : Silber.
  Lit. : Dura-Europos, Prel. Rep. 2nd Season, Taf. XLV. 3. (s.a. Beschreib. 78, Nr. 8 und Anmerk. 78, 2).
  Datierung:
    Mitte 2. Jh. n. Chr. - 260 n. Chr.

11 Doppelmedaillon
  An eine runde Fassung schließt sich eine weitere birnenförmige an. Durchzogen werden beide längs- und querseitig von je einem wie geflochten wirkenden Steg. An den Verbindungsstellen sitzt jeweils eine kleine runde Kastenfassung mit Glaseinlagen in rot und grün.
  Herk.: Emesa, Grab 6.
  Mus. : Nat. Mus. Damaskus, Inv. No. 3552/7692.
  Mat. : Gold, Granat, Türkis.
  Maße: Dm 4 cm × 2 cm.
  Lit. : Seyrig, Syria 30, 1953, Farbtaf. A.

12 Ring
  Herk.: Dura-Europos, Grab 13, 22, 29, 32, 37.
  Mus. : Yale University Art Gallery, Dura-Europos Coll.

---

[61] H. Schliemann, Ilios, Stadt und Land der Trojaner (1881) 544, Nr. 835. Maxwell-Hyslop, Jewellery, 56, Abb. 41.
[62] Maxwell-Hyslop, Jewellery, 87, Abb. 62 c, d.
[63] U. Seidl, Göttersymbole und -attribute, Blitzbündel: RLA III (1957-71) 485.

Mat. : Bronze, Silber.
Maße: Dm zw. 1.6-2.7 cm.
Lit.   : Dura-Europos, Prel. Rep. 9th Season II, Taf. XL, XLI, XLVIII, XLIX, LI.

Zu 11, 12:

Gelegentlich hingen an den Ketten, wie Grabfunde zeigen, geometrisch anmutende Formen (s. in diesem Zusammenhang auch Halsschmuck der Frauen Typ 7.3, 7.5; Taf. XLIV).
Ring und Doppelmedaillon gehören in diese Kategorie des Schmuckes.

Datierung:
11: 1. Jh. v. Chr.
12: 1. Jh. v. Chr. - 2. Jh. n. Chr.

13 Lunulae
Halbmondförmige Gebilde, vermutlich Kettenanhänger (?).
Herk.: Germi, Gräber (6 Stück).
Lit.   : Kambaksh-Fard (Abb. entnommen).

Der Verwendungszweck dieser halbmondähnlichen Gebilde ist nicht ganz klar. Es könnte sich um Anhänger handeln, denn aus Taxila/Bhir Mound[64] sind aus hellenistischer Zeit vergleichbare goldene Anhänger vorhanden. Zu denken wäre auch an Aufnähschmuck, der für die weibliche und männliche Tracht teilweise verwendet wurde (für den letzteren Fall s.a. 1.2.7 Aufnähschmuck, Taf. CI).

Datierung:
arsakidenzeitlich.

14 Anhänger aus Achat an Bronzeöse (vgl. Taf. LI, 8).
Herk.: Palmyra.
Mat.   : s.o.
Maße: L 1 cm; B 0,7 cm.
Lit.   : Michalowski (1964, Ausgrab. 1962) 179, Abb. 210.

Wertvolle Steine wie dieser Achat wurden auch so verarbeitet, daß ihre Größe und Farbe voll zur Geltung kommen konnten. In diesem Falle wurde ihnen eine Metallöse als Anhänger zugefügt.

---

[64] M. Wheeler, Flames over Persepolis (1968) 111.

Datierung:
um 150 n. Chr.

15 Amulett-Behälter an einer kleinen Öse (s.a. Nr. 4).
Herk.: Armazis-Chevi, Grab 9.
Mus.: Staatl. Mus. Georgiens, S. Dshanachia, Tiflis.
Mat.: Gold.
Lit.: Apakidze et al., Abb. 62, 1, 1a (Abb. entnommen).

Datierung:
Mitte 2. Jh. n. Chr.

16 Anhänger aus Kristallstein.
Zwei Drähte halten den Stein, wobei sie sich oben gegenseitig umwinden und so eine Befestigungsöse bilden.
Herk.: Hasani Mahaleh, Grab 4.
Mus.: Iran-Bastan Mus., Teherān.
Mat.: Kupfer, Kristall.
Maße: Kristallstein 2,8 cm; Dm ca. 1 cm.
Lit.: Sono/Fukai, Taf. LXIV, 13; XXXVIII, 11.

Vergleichbar ist diese Herstellung mit zwei Exemplaren, die 1977 im Museum für Kunst und Gewerbe in Hamburg[65] ausgestellt waren. Es handelt sich um Augenperlen, die immer paarweise in ähnlicher Art wie Nr. 16 von Silberdraht eingefaßt sind. Über die Herkunft der Hamburger Stücke ist leider nichts bekannt. Auch ihre Datierung wirft Probleme auf. Frühere Exemplare aus altorientalischem Raum sind mir bekannt z.B. aus Ziwīye[66] und Pasargadai[67], womit als erwiesen betrachtet werden kann, daß Steine im Orient auch auf diese Weise gefaßt wurden. Hoffmann deutet auch für die Hamburger Stücke altorientalische Herkunft an[68].

Datierung: 1.-3. Jh. n. Chr.

17 Schlüsselanhänger
Herk.: Seleukeia, Grab 54, 62, 66, 67, 159.
Mat.: Bronze (Grab 54, 62), Knochen (Grab 66, 67, 159).
Lit.: Yeivin, Taf. XIV, 1.
(Weiteres s. unter Fibeln der Frauen, Typ 1).

[65] Hamburg, Kunst der Antike (1977) Nr. 410.
[66] Maxwell-Hyslop, Jewellery, Taf. 179; s.a. Taf. 110.
[67] Stronach, Excavations at Pasargadae, Third Prel. Rep., Taf. XIV g. Ders., Pasargadae, Taf. 156a.
[68] H. Hoffmann: Hamburg, Kunst der Antike (1977) Nr. 410.

Datierung:
    zw. 118-230 n. Chr.

18 Phallisches Amulett
    ,,Hand aus Bein nach rechts mit zwischen Zeige- und Mittelfinger eingeschlagenem
    Daumen. Nach links endet das Amulett stumpf (Penis ?). Um die Mitte tordiertes
    Bronzedrähtchen geschlungen, das zu einem Aufhänger mit Öse emporgedreht ist[69]''.
    Herk.: Palmyra, Grabanl. i. Tempelbez. d. Baalshamin, Grab 2.
    Mus.: Palmyra.
    Mat.: Bronze, Bein.
    Maße: L 3,2 cm; H 0,9 cm ohne Aufhänger (mit 2,9 cm).
    Lit.: Fellmann, 35; Taf. 14, Abb. 21 u. S. 54, Abb. 19,3.

    Das Phallussymbol, jedoch nicht in dieser Ausgestaltung, ist im Orient sehr
alt.

    Ulbert[70] schreibt zu einem ähnlichen Anhänger, allerdings mit zusätzli-
chem Stierkopf, aus einem römischen Donau-Kastell: ,,Phallusamulette waren in der römischen Kaiserzeit keine Seltenheit und wurden von Menschen
und Tieren getragen. Um die apotropäische Kraft zu heben, wurden dem
Phallus verschiedene andere Symbole beigegeben. ... Nicht unwichtig war dabei auch das Rohmaterial. Gold, Silber, Bein, Bernstein, Koralle und Glas
konnten die schützende Kraft vermehren''. Für das Amulett vom Typ Aislingen vermutet er eine ... ,,(oberitalienische?) Werkstatt der frühen Kaiserzeit''.
    Sicher darf dem Amulett aus Palmyra ebenfalls römischer Einfluß bzw.
römische Herkunft zugesprochen werden, denn Phallus in Verbindung mit
Fica-Gebärde ist mir aus älterer Zeit im orientalischen Raum nicht bekannt.
Interessant is, was Plinius d.Ä. zu Apotropaia in Form eines Phallus für den
römischen Bereich sagt: quamquam religione tutatur et Fascinus[71], imperato-
rum quoque, non solum infantium custos, qui deus inter sacra Romana a
Vestalibus colitur et currus triumphantium sub his pendens defendit medicus
invidiae, iubetque eosdem respicere similis medicina linguae, ut sit exorata a
tergo Fortuna gloriae carnifex[72]. Nach Fellmann lag die apotropäische Kraft
in der Abwehr des ,,bösen Blickes[73]''.

Datierung:
    ca. 150 v. Chr. - Anfang 1. Jh. n. Chr.

---

[69] R. Fellmann, Le Sanctuaire de Baalshamin à Palmyre, V, Die Grabanlage (1970) 35.
[70] G. Ulbert, Die römischen Donau-Kastelle Aislingen und Burghöfe: Limesforschungen 1 (1959)
73, Taf. 20, Abb. 9.
[71] Geist oder Dämon des Phallus.
[72] Hinweis von Wrede, Lunulae im Halsschmuck, 244 f; Plinius d. Ä., Nat. Hist. 28, 39.
[73] Fellmann a.O. 104.

19 Anhänger mit liegendem Eber
   Bei diesem kleinen liegenden Eber hängen von der Schnauze und den beiden Vorder-
   pfoten jeweils ein Goldplättchen oder eine Goldperle herab.
   Herk.: Armazis-Chevi, Frauengrab, Nr. 6.
   Mus. : Staatl. Mus. Georgiens, S. Dshanachia, Tiflis.
   Mat. : Gold.
   Lit. : Apakidze et al., Farbtaf. VI, 3; Taf. LXVI, 36.

   Auf einer Basis liegende Tiere sind auch aus südrussischen Funden belegt[74].
Sie tragen dort ebenfalls Klapperblättchen im Maul bzw. Schnabel und an der
Basis. Somit ist eine Herkunft aus dem östlichen Schwarzmeergebiet für diese
Form anzunehmen (s.a. Ohrring der Frauen, Typ 19, Taf. XXI).

Datierung:
   2. Jh. n. Chr. (um 190 n. Chr.).

20 Protomen-Anhänger (Taf. LV)
   Dieser Bronzeanhänger besteht aus zwei zusammengefügten Tierprotomen: Fohlen (?).
   Herk.: Masǧid-e Sulaimān.
   Mus. : Iran-Bastan Mus., Teherān.
   Mat. : Bronze.
   Maße: H 3,2 cm; L 3,1 cm.
   Lit. : Ghirshman (1976) Taf. CI, 8; Taf. 27, G.MIS 87.

   Moorey[75] vergleicht zwei ähnliche Stücke in der Adam Coll. mit Funden aus
Luristān und weist dabei auch auf dieses Exemplar aus Masǧid-e Sulaimān hin.
Nach U. Seidl[76] und M. Riemschneider[77] gehört dieses Motiv in die Anfänge altvorderasiatischer Symbolik. In der vorliegenden Ausführung folgt es offenbar
einer einheimischen iranischen Tradition, welche sich bis in arsakidische Zeit
erhalten hat, auch wenn ähnliche Stücke in Italien und Griechenland vorkommen[78].

Datierung:
   Arsakidenzeit.

---

[74] Greifenhagen, Schmuckarbeiten I, Taf. 38, Nr. 3.
[75] P. R. S. Moorey, Ancient Persian Bronzes in the Adam Collection (1974) Abb. 57, 58.
[76] U. Seidl, Die babylonischen Kudurru-Reliefs: BaM 4, 1968, 157 ff.
[77] M. Riemschneider, Augengott und Heilige Hochzeit (1953) 37 ff. Woolley, Ur-Excavations, Royal Cemetery II, Taf. 142.
[78] P. Orlandini, Piccoli bronzi raffiguranti animali, rinvenuti a Gela e a Butera: ArchCl 8, 1956,
bes. Taf. I, 3.

21 Anhänger in Form von stehenden Tierfigürchen (Taf. LVI)
  21.1 und 21.2 Gazellenfigürchen
      Bei jeder der beiden Gazellen befindet sich auf dem Rücken eine Öse und zu Füßen
      eine Basis für vier Anhänger.
      Herk.: Masǧid-e Sulaimān.
      Mus. : G.MIS 383: Mus. Louvre, Paris, Sb 9310.
            G.MIS 451: Iran-Bastan Mus., Teherān.
      Mat. : Bronze.
      Maße: H 3,7 cm; L 2,2 cm.
      Lit. : Ghirshman, Iran IX (1971) Taf. IIIc.
            Ghirshman (1976) Taf. CI, Abb. 12, 13; Taf. 56, G.MIS 451; Taf. 72,
            G.MIS 383 (Abb. entnommen).
  21.3-21.5 Gazellenanhänger
      In der Stilisierung unterscheiden sich die Stücke von 21.1 und 21.2.
      Herk.: Masǧid-e Sulaimān.
      Mus. : Mus. Louvre, Paris, Sb 7307 und Teherān.
      Mat. : Bronze.
      Maße: L zw. 4-6 cm.
      Lit. : Ghirshman (1976) 21.3: Taf. 25, G.MIS 83; 21.4: Taf. 27, G.MIS 84;
            21.5: Taf. 27, G.MIS 85 (Abb. entnommen) und Taf. CI, Abb. 4, 5, 6.
            s.a. Hatra: Safar/Mustafa, 320, Abb. 330.
  21.6-21.8 Gazellenanhänger
      Aus dem gleichen Fund stammen insgesamt sechs sehr ähnlich aussehende Gazel-
      len, von denen die drei besterhaltenen hier abgebildet sind; im Bauch oder auf dem
      Rücken eine Möglichkeit zur Befestigung der Anhängerkette und zu Füßen eine
      Basis mit Löchern für weitere Anhängerketten.
      Herk.: Dura-Europos, Stadt, Marktplatz (Läden).
      Mus. : Yale Univ. Art. Gallery, Dura Europos Coll.
      Mat. : Bronze.
      Lit. : Dura-Europos, Prel. Rep. 5th Season, 85, Taf. XXIII, 1 (Abb. ent-
            nommen).
  21.9 Ziegenanhänger (?) mit Anhängerketten
      Eine Kette mit Glöckchen hing noch am Anhänger, zwei weitere Ketten lagen
      in der Nähe; bei einem weiteren ähnlichen Anhänger lagen drei Glöckchen in der
      Nähe, während zwei der Anhängerketten noch von der Basis zu Füßen des Tieres
      hingen.
      Herk.: Dura-Europos, Grab 24, 40 und Stadtgebiet; Baġūz.
      Mus. : Yale Univ. Art Gallery, Dura Europos Coll.
      Mat. : Bronze.
      Maße: H ohne Kette aus Grab 24: 3.3 cm; aus Grab 40: 3,7 cm.
      Lit. : Dura-Europos, Prel. Rep. 9th Season II, Taf. XLV (Abb. entnommen),
            LIV.
    Weiteres s. Ohrschmuck der Frauen, Typ 19.

Datierung:
   21.1-21.5: ca. 1. Jh. v. Chr.
   21.6-21.9: ca. 1. Jh. v. Chr. - 2./3. Jh. n. Chr.

22 Anhänger aus Fritte, Fayence, Glas oder Stein (Taf. LVII-LVIII)

Diese Anhänger werden hier aus technischen Gründen zusammen aufgeführt. Sofern nicht andere Angaben gemacht werden, sind sie aus dunkelblauer bis gelblich-grüner Fritte oder Fayence.

22.1 Körner
    Herk.: Dura-Europos, Grab 35, 24, 40, 23.
    Lit. : Dura-Europos, Prel.Rep. 9th Season II, Taf. XLVI, L, XLIII, LIV.
    Herk.: Seleukeia.
    Lit. : Yeivin, Taf. XIX, 4, 5.
    Herk.: Hasani Mahaleh, Grab 4 (Frauengrab).
    Lit. : Sono/Fukai, Taf. LXIV, 7, 8.
    Herk.: Masğid-e Sulaimān.
    Lit. : Ghirshman (1976) Taf. 39, G.MIS 328.

22.2 Faust mit Fica-Gebärde
    Herk.: Dura-Europos, Grab 35, 24.
    Lit. : Dura-Europos, Prel.Rep. 9th Season II, Taf. XLVI, L.
    Herk.: Babylon, Schatzfund.
    Lit. : Wetzel et al., WVDOG 62, Taf. 41 b.
    Herk.: Hasani Mahaleh, Grab 4 (Frauengrab).
    Lit. : Sono/Fukai, Taf. LXIV, 11.

22.3 Männliches Geschlechtsteil: Schamdreieck mit Skrotum und Penis
    Herk.: Babylon, Schatzfund.
    Lit. : Wetzel et al., WVDOG 62, Taf. 41b.
    Herk.: Dura-Europos, Grab 23, 40.
    Lit. : Dura-Europos, Prel. Rep. 9th Season II, Taf. XLIII, LIV.
    Herk.: Hasani Mahaleh, Grab 4 (Frauengrab).
    Lit. : Sono/Fukai, Taf. LXIV, 12.
    Herk.: Masğid-e Sulaimān (H 1,8 cm).
    Lit. : Ghirshman (1976) Taf. 26, G.MIS 95.

22.4 Weibliches Geschlechtsteil: Schamdreieck (Traube?)
    Herk.: Babylon, Schatzfund.
    Lit. : Wetzel et al., WVDOG 62, Taf. 41b) 12-15.
    Herk.: Dura-Europos, Grab 23, 24.
    Lit. : Dura-Europos, Prel. Rep. 9th Season II, Taf. XLIII, XLVI.

22.5 Maske, Kopf, Gesicht (Stein)
    Herk.: Babylon, Schatzfund.
    Lit. : Wetzel et al., WVDOG 62, Taf. 45c) 2 (Abb. entnommen).

22.6 Vögel (Glas und Stein)
    Herk.: Dura-Europos, Grab 40 (Glas)
    Lit. : Dura-Europos, Prel. Rep. 9th Season II, Taf. LII.
    Herk.: Babylon, Schatzfund (Stein)
    Lit. : Wetzel et al., WVDOG 62, Taf. 45c) 7.

22.7 Sonstige, nicht genau erkennbare Formen aus Stein
    Herk.: Babylon (Schatzfund)
    Lit. : Wetzel et al., WVDOG 62, Taf. 45c) 6, 13, 14 (Abb. entnommen).

22.8   Ovaler Anhänger mit Büste eines geflügelten Genius in Hochrelief (Fritte)
       Herk.: Dura-Europos, Stadt.
       Lit. : Dura-Europos, Prel. Rep. 4th Season, 258 (Abb. entnommen).
22.9   Lunula-Anhänger (grünes Glas)
       Herk.: Dura-Europos, Grab 23.
       Lit. : Dura-Europos, Prel.Rep. 9th Season II, Taf. XLIII.
22.10 Kette aus verschiedenen Fritteanhängern und Glasperlen
       — 16 melonenförmige Perlen, sechs davon mit Längsrippen (blau-türkise Fritte),
         sieben mit stumpfer Oberfläche, drei aus hell- bis mittelgrünem Glas (eine da-
         von mit Stierkopf).
       — sechs körnerförmige Anhänger.
       — zwei Fäuste mit Fica-Gebärde.
       — zwei Anhänger in Form des weiblichen Geschlechtsteils (oder Traube?).
       — zwei Anhänger in Form des männlichen Geschlechtsteils.
       — ein undefinierbarer Anhänger, links oben.
       — in der Mitte Figur des ägypt. Gottes Bes (?).
       Maße: Gew. 41,8 Gramm, L 24,4 cm.
       Lit. : Coll. Burton Y. Berry (1973) 30, Abb. 34.

Wirklich zahlreich sind Fritteanhänger-Funde vor allem in Form von Körnern.
Dabei kommen drei ziemlich ähnlich aussehende Macharten vor (s. Taf. LVII),
ohne daß eine weitere Bedeutung dieser Unterscheidung erkennbar ist. Ebenso
häufig sind Faust mit Fica-Gebärde sowie männliches und weibliches Geschlechtsteil. Seltener gefunden wurden bis jetzt Tierkörper, Köpfe, Masken, Lunula-
Anhänger und Medaillons.

Fritteanhänger waren bis an den Bosporus und das nordpontische Gebiet ver-
breitet.
(Zur Symbolik s. Anhänger Nr. 18; Ohrschmuck der Frauen Typ 6. J. J. Bachofen, Die
Unsterblichkeitslehre der orphischen Theologie, Gesammelte Werke VII, 1958. Andrae,
Gruft 45: Haller, Gräber und Grüfte, WVDOG 65, 132, bes. 142 ff.).

Datierung:
       22.1: Dura-Europos: 1. Jh. v. Chr. - 2. Jh. n. Chr.
             Seleukeia: 43 - 118 n. Chr.
             Hasani Mahaleh: 1. - 3. Jh. n. Chr.
             Masǧid-e Sulaimān: ab 1. Jh. v. Chr.
       22.2: Dura-Europos: 1. Jh. - 2. Jh. n. Chr.
             Babylon: 1. - 2. Jh. n. Chr.
             Hasani Mahaleh: 1. - 3. Jh. n. Chr.
       22.3: Dura-Europos: 1. Jh. v. Chr. - 2. Jh. n. Chr.
             Babylon: 1. - 2. Jh. n. Chr.
             Hasani Mahaleh: 1. - 3. Jh. n. Chr.
             Masǧid-e Sulaimān: ab 1. Jh. v. Chr.
       22.4: Dura-Europos: 1. Jh. v. Chr. - 1. Jh. n. Chr.
             Babylon: 1. - 2. Jh. n. Chr.

22.5: Dura-Europos: 2. Jh. v. Chr. - 1./2. Jh. n. Chr.
Babylon: 1. - 2. Jh. n. Chr.
22.6: Dura-Europos: 2. Jh. n. Chr.
Babylon: 1. - 2. Jh. n. Chr.
22.7: Babylon: 1. - 2. Jh. n. Chr.
22.8: Dura-Europos: 1. Hälfte d. 3. Jh. n. Chr.
22.9: Dura-Europos: 1. Jh. v. Chr.
22.10: 1. Jh. v. Chr. - 1./2. Jh. n. Chr.

23 Glöckchenanhänger (Taf. LIX-LX)
  23.1   Konische Glocken
         Herk.: Dura-Europos, Grab 23, 24, 35, 40, 41.
         Mat. : Bronze.
         Maße: in der Regel: H zw. ca. 1,5-3.3 cm; Dm ca. 1,5 cm.
         Lit. : Dura-Europos, Prel. Rep. 9th Season II, Taf. XLIII, XLVI, L, LII, LIII,
                 LIV, LV.
  23.2   Glocken in Rundbogenform
         Herk.: Armazis-Chevi, Grab 6 (Frauengrab).
         Mat. : Gold.
         Lit. : Apakidze et al., Abb. 43,5 (Abb. entnommen); Taf. LXVI, 42; vgl. Abb.
                 25,4; Taf. XXXVII, 14; XXXIX, 7a; LII, 2.
                 s.a. Glöckchen an Ohrring Typ 3.2, Taf. IX; Typ 13.2, Taf. XVII;
                     Typ 15.1, 15.7, 15.8, Taf. XX.
                 Glöckchen an Anhänger Typ 1, Taf. LIV.
                 Glöckchen an Anhänger Typ 6.2, Taf. LIV.
  23.3   Konische Glocke mit massiver Öse
         Herk.: Nowruzmahaleh.
         Mat. : Bronze.
         Maße: Dm 1,5 cm; H 2 cm.
         Lit. : Egami/Fukai/Masuda, Taf. XLIX, 34; XIX, 7 (Abb. entnommen).
  23.4   Glocke mit massiver Öse und Kalottenglöckchen
         Lit. : Safar/Mustafa 173, Abb. 166.
  23.5   Kalottenglöckchen
         Herk.: Hasani Mahaleh, Grab 7.
         Lit. : Sono/Fukai, Taf. LXXI, 9.
  23.6   Kupferkonus
         Der Ausgräber sieht darin einen Beschlag. Die Deutung als Glocke erscheint mir
         wahrscheinlicher.
         Herk.: Nuzi, Grab.
         Mat. : Kupfer.
         Lit. : Starr II, Taf. 141 B (Abb. entnommen).
  23.7   Parabelförmige Glocke und Kalottenglocke
         Herk.: Palmyra, Grab 7, 5, 9, 2 u. weitere.
         Mat. : Bronze.
         Lit. : Fellmann, Taf. 16, Abb. 11, 20.
                 Michalowski (1960, Ausgrab. 1959) 200 ff.

23.8   Konisches Glöckchen mit massiver Öse
        Herk.: Assur.
        Mat. : Kupfer.
        Lit. : Andrae/Lenzen, Taf. 46, f 14706 g.
23.9   Kalottenglöckchen, Glöckchen mit betonter Schulter, Glöckchen mit geschwun-
        gener Wandung.
        Herk.: Samaria.
        Mat. : Bronze.
        Lit. : Reisner/Fisher/Lyon, Bd. I, 362, Abb. 235; Bd. II, Taf. 82 f, m (Abb.
                entnommen).
23.10   Parabelförmige Glocken
        Herk.: Masğid-e Sulaimān.
        Mat. : Bronze.
        Lit. : Ghirshman (1976) Taf. 28, G.MIS 72; Taf. 41, G.MIS 222, 223; Taf.
                60, G.MIS 273, 292, 343 (Abb. entnommen).
                s.a. vergleichbares Glöckchen: Trümpelmann, Tell Abqaᶜ, Iraq.
23.11   Glöckchen mit geschwungener Wandung und Kalottenglöckchen.
        Herk.: Sirkap/Taxila.
        Mat. : Kupfer, Bronze.
        Lit. : Marshall, Taxila III, Taf. 176, Nr. 344-351.

Glöckchen waren allem Anschein nach ein sehr beliebter Zierat am Schmuck. Die zahlreich in Gräbern und auf Darstellungen belegten Stücke geben Hinweise auf ihre Verwendung. Aus der Fundlage in den Gräbern ist ihre Anbringung an Halsketten[79] und als Gürtelzier (in den ungestörten Frauengräbern von Dura-Europos wurden sie in großer Anzahl häufig in der Nähe der Taille gefunden) zu erschließen. Darstellungen beweisen noch die Anbringung an Armschmuck bei Frauen (s. Typ 7.1.2, Taf. LXXIV) und am Halsband zweier Löwen auf dem Weihrelief des Adadiabos in Dura-Europos[80]. Bei Originalfunden sind sie außerdem befestigt an Anhängern (s. Typ 1, Taf. LIV; Typ 21.9, Taf. LVI) und an Ohrringen (s. Typ 13.2, Taf. XVII).

Sie sind meist aus Bronze, kommen aber auch in Kupfer (Nuzi, Masğid-e Sulaimān), Gold (Armazis-Chevi, Ohrringe aus Ninive) und Silber (Masğid-e Sulaimān) vor.

Das Tragen von Glöckchen war in der Zeit der Arsakidenherrschaft weit verbreitet, und zwar über den Bereich des Partherreiches hinaus. Als Beispiele seien angeführt die Funde aus Sidon[80], aus dem Goldschatz einer ägyptischen Königin

---

[79] Babylon: Reuther, Babylon, WVDOG 47, 265, Grab 239. Dura-Europos: Toll, Dura-Europos, Prel. Rep. 9th Season II, 121 f. Assur: Andrae, Partherstadt Assur, WVDOG 57, 96, Taf. 46 f.
[80] Deutl. Ansicht: Klengel, Syria Antiqua, 72. S.a. Colledge, The Parthians, Taf. 67. Colledge, Parthian Art. Taf. 33. Schlumberger, Hellenisierte Orient, Taf. 17.

in Meroe (1. Jh. n. Chr)[81], Glöckchen als Schmuck von Tänzerinnen auf indischen Reliefs und auch die Funde aus Gräbern der westlichen Han-Zeit in China[82]. Damit fügt sich die Verwendung von Glöckchen als Schmuck in den Rahmen des damals Üblichen ein.

Einfache konische Glockchen, parabelförmige Glocken, Glocken mit geschwungener Wandung, flache kalottenförmige Glocken, sowie rundbogige Glocken mit rechteckiger Öffnung sind die Grundformen, zwischen denen es Übergänge gibt. Typ 23.2 ist im Kaukasus belegt und auch in Ninive gefunden worden. Es dürfte sich um eine Variante handeln, die im östlichen Teil des Arsakidenreiches zuhause war. Da die Klöppel nicht innen angebracht waren, sondern von außen anstießen, kann man diese als Varianten, Fortentwicklungen von Klapperblechen ansehen, woraus sich auch ihre merkwürdige Form und Konstruktion erklären würde. Besonders häufig sind die Varianten der außen konischen, innen aber rund gestalteten Glocken.

Zur Symbolik s. Kopfschmuck der Frauen, Kränze, Typ 4.

Datierung:
23.1 : 1. Jh. v. Chr. - 2. Jh. n. Chr.
23.2 : 2. Jh. n. Chr. (Anfang?)
23.3 : 1./2. Jh. n. Chr.
23.4 : um Anfang 3. Jh. n. Chr.
23.5 : 2. und 3. Jh. n. Chr.
23.6 : 1. - 3. Jh. n. Chr.
23.7 : ab 40 v. Chr.
23.8 : ca. 150 v. Chr. - Anfang 1. Jh. n. Chr.
23.9 : 1. - 3. Jh. n. Chr.
23.10: 1. Jh. v. Chr.
23.11: 1. Jh. n. Chr.

24 Siegelanhänger (antike Stücke, Taf. LXI)
24.1 Rollsiegel aus Lapislazuli
Zwei Anbeter mit erhobenen linken Händen vor einer sitzenden Gottheit, deren rechte Hand ausgestreckt ist (da. 2400-1800 v. Chr.).
Herk.: Dura-Europos, Stadt.
Lit. : Dura-Europos, Prel. Rep. 4th Season, 258 A (Abb. entnommen).
24.2 Stempelsiegel aus Chalzedon
Beter vor einem Symbol (?), dat. 600-400 v. Chr.
Herk.: Dura-Europos, Stadt.
Lit. : Dura-Europos, Prel. Rep. 4th Season, 258 B (Abb. entnommen).

[81] M. Meurdrac/L. Albanèse, A travers les nécropoles Grêco-Romaines de Sidon: BMB 2, 1938, 85, 5. S.a. H. Schäfer (Hrsg.), Ägyptische Goldschmiedearbeiten (1910) Taf. 32, Abb. 278.
[82] M. Hayashi, Kandai no bunbutsu. Archäol. Funde aus der Han-Zeit (1976).

24.3 Rollsiegel
Siegel mit Figurenband (dat. Ur-III-Zeit ?).
Herk.: Seleukeia, Gruft 159.
Lit. : Yeivin, Taf. XXI, 3.
24.4 Rollsiegel
Mann mit Streitkolben vor Göttin (dat. altbabylonisch).
Herk.: Masǧid-e Sulaimān.
Lit. : Ghirshman (1976) Taf. CVI, 1, 2; Taf. 79, G.MIS 577, 576 (Abb. entnommen).
24.5 Ovales Stempelsiegel
Kampf mit einem Löwen (dat. achämenidisch).
Herk.: Masǧid-e Sulaimān.
Lit. : Ghirshman (1976) Taf. CVI, 1, 2; Taf. 79, G.MIS 576 (Abb. entnommen).

Wie schon früher, so hat man auch in der arsakidischen Zeit alte Roll- und Stempelsiegel getragen. Das historische Interesse mag daran ebenso beteiligt gewesen sein wie der Glaube an den Amulettcharakter des Gegenstandes, der Darstellung und des Materials.

Datierung der Fundsit.:
24.1: ⎫
24.2: ⎭ Anfang 3. Jh. n. Chr.
24.3:   43-118 n. Chr.
24.4: ⎫
24.5: ⎭ arsakidenzeitlich.

1.1.4 Fibeln (Taf. LXII-LXVIII)

Zur arsakidischen Frauentracht gehörte offenbar keine Fibel. So sind mir aus dem arsakidischen Herrschaftsgebiet nur zwei Fibelfunde aus Masǧid-e Sulaimān (s. Typ 4.1 und Typ 5; beide Taf. LXVI) bekannt. Auch für das syrische Randgebiet weist Toll[1] ausdrücklich auf die fibelfreie hellenistische und arsakidische Schicht von Dura-Europos hin. Dieser Fundbestand entspricht den Wandmalereien arsakidischer Zeit in Dura-Europos. Auf ihnen sind ebenfalls keine Fibeln zu sehen.

Es sind die Darstellungen in Hatra, Edessa und vor allem die zahlreichen auf den Grabreliefs von Palmyra sowie die wenigen prachtvollen Funde aus Dura-Europos und dem Hauran[2], die fälschlicherweise den Eindruck einer großen Beliebtheit der

[1] N. P. Toll, Fibulae: Dura-Europos, Fin. Rep. IV - The Bronze Objects (1949) 45.
[2] El-Chehadeh, Schmuck in Syrien, Nr. 35-39.

Fibel zur Zeit der Arsakidenherrschaft erwecken. Aber Hatra, Edessa und Palmyra waren politisch selbständig und außerhalb des Arsakidenreiches. Die Fibelfunde aus Dura-Europos datieren erst in die Zeit der römischen Besatzung der Stadt[3].

Angesichts der Fibelfunde und -darstellungen kann vermutet werden, daß in Syrien die Tracht unter dem Einfluß der römischen Kultur, zunehmend ab dem 2. Jh. n. Chr., gestanden hat. Der römische Einfluß bewirkte offenbar, daß in Hatra und Edessa[4] das landesübliche, langärmelige Untergewand mit einem von der griechischen Kleidung abgeleiteten Obergewand kombiniert und dieses, genau wie das griechische Gewand in Palmyra, auf der linken Brust mit einer Fibel zusammengehalten wurde[5].

Darstellungen griechisch gewandeter Göttinnen zeigen auch im arsakidischen Gebiet auf jeder Schulter eine Fibel, die den Chiton zusammenhalten.

Die Fibeln lassen sich in vier Typen einteilen:
1. Die Scheibenfibel[6] (Typ 1, Taf. LXII-LXV) ist die am häufigsten vertretene Form. Mehrere Varianten lassen sich unterscheiden. Die Scheibenfibel mit Kreisdekor (Typ 1.1.1-1.1.5, Taf. LXII) ist in den drei von Parthien politisch unabhängigen Städten Palmyra, Hatra und Edessa dargestellt. Auf Palmyra beschränken sich die Darstellungen und Funde der Scheibenfibeln in reich verzierter Ausführung[7] (Typ 1.2.1-1.2.17, Taf. LXII-LXIII), in Form eines Zahnrades (Typ 1.3.1-1.3.3, Taf. LXIV), mit Sternmotiv (Typ 1.4, Taf. LXIV), mit Blütendekor bzw. in Form einer Blüte (Typ 1.5.1-1.5.2, Taf. LXV) und mit Radmotiv (Typ 1.6, Taf. LXV).
2. Die Plattenfibel (Typ 2, Taf. LXVI) ist ebenfalls in Palmyra belegt.
3. Die Ringfibel (Typ 3, Taf. LXVI) ist durch eine undeutliche Darstellung vermutlich in Palmyra vertreten. Ihr liegt eine völlig andere Konstruktion als den beiden zuerst genannten Fibeln zugrunde. Sie besteht aus einem ringförmig gebogenen offenen Draht, auf welchen die Fibelnadel mittels einer Öse aufgezogen ist.

---

[3] J. Johnson: Dura-Europos, Prel. Rep. 2nd Season, 78 ff, Taf. XLIV, 1. A. Perkins: Dura-Europos, Prel. Rep. 9th Season, 58, Taf. XII.

[4] Segal, Edessa the blessed City, bes. Taf. 3.

[5] S.a. Fresco von der Auffindung des Moses durch die Pharaonentochter in der Synagoge von Dura-Europos, datiert Anfang/Mitte 3. Jh. n. Chr., also römische Zeit der Stadt, auf dem die Ägypterinnen anscheinend Fibeln tragen.

[6] Erklärung unter Typ 1.

[7] Eine solche Fibel ist in Hatra eine Ausnahme. Dort trägt das Standbild der Abu bint Damiūn eine auf der Schulter (vgl. Safar/Mustafa, Hatra, 8/9; 70, Abb. 11). Dieses Standbild ist insgesamt schematisch gearbeitet und offensichtlich ein Versuch, palmyrenische Kunst nachzuahmen.

4. Die Bügelfibel (Typ 4, 5, 6, Taf. LXVI-LXVIII) ist durch Funde aus Masǧid-e Sulaimān und Palmyra sowie durch Darstellungen in Palmyra belegt. Verschiedene Ausführungen liegen vor: die Fibel vom sog. Mittellatène-Schema (Typ 4, Taf. LXVI), die Aucissa-Fibel (Typ 5, Taf. LXVI) und eine trapezförmige Fibel mit Blüte oder Tierkopf (Typ 6.1, 6.2, Taf. LXVII-LXVIII).

Typ 1 (Taf. LXII-LXV)

Scheibenfibeln

,,Eine Scheibenfibel besteht aus der Fibelscheibe (Fibelbasis), dem Belag (Email- oder Preßblechbelag), der sich auf der Oberseite der Basis befindet, und der an der Unterseite der Scheibe befestigten Nadelkonstruktion (Backenscharnier oder Spiralkonstruktion) und dem Nadelhalter. Das namengebende Fibeldetail ist die Basis, die stets eine Scheibe, d.h. (mathematisch) einen platten Körper, darstellt[8]''. Die Komposition der Verzierung ist bei den Scheibenfibeln aus Email und denen aus Preßblech gleich; jedoch gibt es dann technisch bedingte Unterschiede. Bei den Emailfibeln sind die Motive aus Schmelzmasse gegossen[9], bei den Preßblechfibeln werden sie aus Preßlech, Glaspasten- und Steineinlagen, Granulation und Filigranarbeiten zusammengefügt.

Die Scheibenfibel ist durch Darstellungen und Originalfunde, wie schon in der Einleitung erwähnt, für Palmyra, Hatra, Edessa und Dura-Europos belegt.

1.1. Scheibenfibeln mit Kreisdekor (Taf. LXII).

Auf vielen Grabreliefs in Palmyra, auf Rundbildern in Hatra und Götterfiguren sowohl in Palmyra als auch in Hatra befinden sich Darstellungen dieser schlichten runden Fibel. Der Rand wird häufig durch ein oder mehrere eingeritzte Linien und manchmal eine zusätzliche Perlenreihe geschmückt[10].

1.1.1 Herk.: Palmyra, Reliefs.
     Lit.   : z.B. Colledge (1976) Taf. 38, Taf. 62.
1.1.2 Herk.: Palmyra, Reliefs.
             Hatra, Rundbilder.
     Lit.   : Palmyra: z.B. Klengel, 161.
              Colledge (1976) Taf. 38, 39, 61, 62.

---

[8] S. Thomas, Die provinzialrömischen Scheibenfibeln der römischen Kaiserzeit im freien Germanien: BJV 6, 1966, 121. Dies., Die germanischen Scheibenfibeln der römischen Kaiserzeit im freien Germanien: BJV 7, 1967, 5.

[9] K. Exner, Die provinzialrömischen Emailfibeln der Rheinlande: BRGK 29-30, 1939-40, 31 ff.

[10] Die Abbildungen geben eine Auswahl der Varianten wieder. S.a. das wohl jüngere Stück aus dem Nat. Mus. Damaskus: München, Land des Baal (1982) Kat. Nr. 199 und weitere dort erwähnte Exemplare.

Hatra: z.B. Safar/Mustafa, 250, Nr. 240; 252, Nr. 243.
             z.B. Colledge (1967) Taf. 53.
             z.B. Ghirshman (1962) Taf. 106.

1.1.3 Herk.: Palmyra, Grabrelief.
      Lit. : Ingholt, Berytus 1, 1934, Taf. X.
           Colledge (1976) Taf. 65.
1.1.4 Herk.: Palmyra, Grabreliefs.
      Lit. : z.B. Ingholt (1928) Taf. XV, 2, 3 ff.
1.1.5 Herk.: Palmyra, Grabreliefs.
      Lit. : z.B. Coll. Bertone (1931) Aukt. Kat., Taf. X, 651.

1.2. Scheibenfibeln mit reicher Verzierung (Taf. LXII-LXIII).

Dies sind runde Fibeln, deren Rand häufig hufeisenförmig eingebuchtet ist. Jede der Einbuchtungen ist mit einer Perle, einem Blattmotiv oder einem geometrischen Muster gefüllt. Dadurch unterscheiden sich diese Fibeln von den Zahnradfibeln (Typ 1.3), bei welchen die Randeinbuchtungen leer sind. Die Mitte der Scheibe ist von einem Perlenkranz umgeben. Die Abbildungen auf der Tafel sind eine repräsentative Auswahl der dargestellten Fibeln.

1.2.1 Herk.: Palmyra, Grabreliefs.
      Lit. : z.B. Colledge (1976) Taf. 92.
1.2.2 Herk.: Palmyra, Grabreliefs.
      Lit. : z.B. Michalowski (1966, Ausgrab. 1963/64) Abb. 80.
1.2.3 Herk.: Palmyra, Grabreliefs.
      Lit. : z.B. Michalowski (1968) Taf. 88.
           z.B. Ingholt, Berytus 5, 1938, Taf. XLVIII, 4.
1.2.4 Herk.: Palmyra, Grabrelief.
      Lit. : Colledge (1976) Taf. 89.
           Browning, Abb. 7.
           Mackay, Iraq 11, 1949, Taf. LVIII, 2.
1.2.5 Herk.: Palmyra, Grabreliefs.
      Lit. : Coll. Bertone (1931) Aukt. Kat., Taf. IX, Abb. 650.
           Cumont, Syria 3, 1922, Taf. L, 2.
1.2.6 Herk.: Palmyra, Grabrelief.
      Lit. : Ähnl. Stück: Michalowski (1966, Ausgrab. 1963/64) Abb. 83.
1.2.7 Herk.: Palmyra, Grabreliefs.
      Lit. : z.B. Deonna, Syria 4, 1923, Taf. XXXI, 1.
           z.B. Ingholt (1928) Taf. XVI, 3.
1.2.8 Herk.: Palmyra, Grabrelief.
      Mus. : Palmyra.

Als diesen Darstellungen entsprechend können aufgrund der Verzierung mit Granulation und Kastenfassungen, der Ausgestaltung des Randes sowie der Herkunft die Originalfunde 1.2.9-1.2.17, heute in verschiedenen Museen und Sammlungen, angesehen werden.

1.2.9   Ovale Fibel mit Golddrahtverzierung.
        ,,Ein dreischichtiger Stein (Sardonyx?) wird ... durch den übergreifenden Rand des
        Rahmens festgehalten. Auf dem Rahmen saßen in einfachen, mit einem Granula-
        tionsdraht umgebenen Fassungen sechs Steine, von denen noch zwei vorhanden
        sind. Dazwischen sind kurze Stücke von Granulationsdraht in Form von C-Spiralen
        und Wellenlinien angeordnet. Ein weiterer Draht liegt auf dem Rand.
        Auf der Rückseite ist eine Öse erhalten, ein zweiter Teil der Befestigung ist mit ei-
        nem Stückchen des Bodens herausgebrochen. Deshalb ist... unsicher, ob das Stück
        eine Fibel ist[11]''.
        Herk.: aus dem Hauran.
        Mus. : Nat. Mus. Damaskus, Inv. Nr. 8838.
        Mat. : Gold, Sardonyx (?).
        Maße: L 4,5 cm; B 3,2 cm; Gew. 5,8 Gramm.
        Lit.   : El-Chehadeh, 51, Nr. 37.

1.2.10 Ovale Fibel mit Flechtband und Halbkugelverzierung ,,Ein ovaler dreischichtiger
        Stein (Sardonyx ?) wird von einem glatten Blechstreifen gehalten, der... mit Nägeln
        am Untergrund befestigt ist. Um diesen ist ein Flechtband herumgelegt, das aus zwei
        Strängen von je zwei Drähten besteht. Nach außen folgen ein glatter Draht, eine
        Reihe getriebener Halbkugeln und am Rand ein tordierter Draht. Die Rückseite des
        kastenförmigen Schmuckstückes ist beschädigt. Da nur noch eine Öse, nicht aber ei-
        ne Nadel erhalten ist, ist nicht sicher, ob es sich um eine Fibel oder eine andere Art
        von Schmuck handelt[12]''.
        Herk.: Aus dem Hauran.
        Mus. : Nat. Mus. Damaskus, Inv. Nr. 1375.
        Mat. : Gold, Sardonyx (?).
        Maße: H 3,8 cm; B 2,8 cm; Gew. 7,73 Gramm.
        Lit.   : El-Chehadeh, 50, Nr. 35.
                 Zouhdi, AAS 13, 1963, Taf. 5,2 oben, nach S. 82 (arab.).

1.2.11 Ovale Fibel mit Gemme.
        ,,Die etwas beschädigte Gemme des schlecht erhaltenen Schmuckstückes zeigt den
        thronenden Jupiter mit Zepter und Adler. Der Stein ist in die Kastenfassung einge-
        lassen und wird durch Übergreifen des Randes festgehalten. Ein glatter Streifen, ei-
        ne Reihe getriebener Halbkugeln und ein tordierter Draht auf dem Rand bilden den
        weiteren Schmuck. Zwei Reste der Befestigungsvorrichtung auf der Rückseite kann
        ich nicht sicher deuten. Deshalb bleibt auch hier unklar, ob es sich um eine Fibel
        oder ein andersartiges Schmuckstück handelt[13]''.
        Herk.: Aus einem Grab im Hauran.
        Mus. : Nat. Mus. Damaskus, Inv. Nr. 3088.
        Mat. : Gold, Gemme.
        Maße: H 2,6 cm; B 2,1 cm; Gew. 6,2 Gramm.
        Lit.   : El-Chehadeh, 50, Nr. 36.

---

[11] El-Chehadeh, Schmuck in Syrien, 51.
[12] El-Chehadeh, Schmuck in Syrien, 50, Nr. 35.
[13] El-Chehadeh, Schmuck in Syrien, 50, Nr. 36.

1.2.12 Ovale Fibel mit Gemme und Rankenverzierung.

,,Das stark beschädigte Schmuckstück war ursprünglich wohl kreisrund. Die Befestigung ist unbekannt. Der breite Rahmen ist mit einem getriebenen Rankenornament und zwei Reihen kleiner getriebener Halbkugeln am äußeren und inneren Rand verziert. Außerdem befindet sich zwischen dem inneren Rand und der Ranke noch eine Reihe von Halbkreisen. In der Mitte sitzt in einer glatten Fassung eine ovale Gemme. Sie zeigt eine stehende nackte, wohl männliche Figur, die nicht genauer erkennbar ist.

Das Rankenornament besteht aus dem wellenförmig verlaufenden Stengel, Trauben und herzförmigen Blättern. Obwohl die Blätter eher an Efeu erinnern, zeigen die Früchte deutlich die Form von Weintrauben. ... Übrigens scheint Kat. Nr. 38 für ein normales Schmuckstück zu zerbrechlich. Vielleicht ist es nur als Totenschmuck gearbeitet worden[14]''.

Herk.: Aus dem Kunsthandel.
Mus.: Nat. Mus. Damaskus, Inv. Nr. 7503.
Mat.: Gold, Gemme.
Maße: Dm 3,9-4,2 cm; Gew. 5,1 Gramm.
Lit.: El-Chehadeh, 53, Nr. 38.

1.2.13 Ovale Fibel mit Granulationsverzierung.

Bei diesem Fragment handelt es sich vermutlich um eine Fibelplatte; der Verschluß ist verlorengegangen. ,,Ovale Schmuckplatte aus hellem Gold; um einen (vielleicht nicht ursprünglich zugehörigen) ovalen Lagenachat relativ grobe, zu langgezogenen Dreiecken geformte Granulation. Um den Stein und am Rand der Platte ein Zopfmuster aus gedrehtem Golddraht[15]''.

Herk.: Nordpersien.
Mus.: Slg. Patti C. Birch.
Mat.: s.o.
Maße: Dm 4,5 cm.
Lit.: Pforzheim, Schmuck aus Persien (1974) Nr. 80.

1.2.14 Ovale Fibel mit Kastenfassungen auf dem Rand.

,,Ovale Brosche, aus Blech gearbeitet und mit Schwefel gefüllt. Oben ein in besonderem, niederem Rahmen gefaßter ovaler, gewölbter und polierter, tiefdunkler Stein (nach Auskunft von Prof. E. Seeliger, Berlin, handelt es sich um einen Korund oder dunklen Saphir). Darum waagrechter Rand, den ein aufgelegter Reif von gekörntem Draht, schräggekniffenes Blechband mit Kügelchen und kapselartige Fassungen mit eingesetzten Granaten und grünen Gläschen zieren. Nadel weggebrochen[16]''.

Herk.: Südrußland.
Mus.: Staatl. Mus. Berlin.
Mat.: s.o.
Maße: H 6,7 cm; Dm 2,5 cm.

---

[14] El-Chehadeh, Schmuck in Syrien, 53, Nr. 38.
[15] Pforzheim, Schmuck aus Persien (1974) Nr. 80.
[16] Greifenhagen, Schmuckarbeiten I, 41, Nr. 9/11.

Lit. : Greifenhagen I, Taf. 17, Nr. 11; Farbtafel II, 4. Ogden, Farbtaf. 10. Vgl. späteres Stück: Greifenhagen I, Taf. 54, 7 und Farbtaf. VI, 3, angebl. aus Syrien.

1.2.15 Langovale Fibel mit Gemme.

Die Gemme zeigt eine Amazone auf dem Pferd. Vor ihr steht ein Grieche, welchen sie mit einem Speer angreift.

Herk.: Unbekannt.

Mus.: Brit. Mus., London.

Mat.: Gold, Intaglio.

Maße: L 3,3 zu 3 cm.

Lit. : Marshall, CJBM, Taf. LXV, Nr. 2872.

1.2.16 Ovale Fibel mit Palmettenverzierung.

Der Rand ist mit Palmetten in Repoussé-Technik ausgestaltet. Der Stein oder die Paste, die ehemals die Mitte ausgefüllt haben, fehlen ebenso wie Nadel und Nadelhalter.

Herk.: Tortosa (Tarṭûs).

Mus.: Brit. Mus., London.

Mat.: Gold.

Maße: L 3,2 cm.

Lit. : Marshall, CJBM, Taf. LXV, Nr. 2864.

1.2.17 Runde Fibel mit Kastenfassungen auf dem Rand.

Der Rand ist mit acht Kastenfassungen besetzt. Erhalten sind von den Füllungen noch zwei Granatsteine und zwei aus blauer Glaspaste. Der innere Teil war ehemals mit Stein oder Paste gefüllt.

Herk.: Tortosa (Tarṭûs).

Mus.: Brit. Mus., London.

Mat.: s.o., Gold, Granat, Glaspaste.

Maße: Dm 3 cm.

Lit. : Marshall, CJBM, Taf. LXV, Nr. 2863.

1.3. Scheibenfibeln mit gezahntem Rand (Taf. LXIV).
,,Zahnradfiblen[17]''

Dieser Typus ist durch Darstellungen und Originalfunde belegt.

1.3.1 Runde Fibel mit sieben ,,Zähnchen'' und Steineinlage (?) in der Mitte.

Herk.: Palmyra, Grabreliefs.

Lit. : z.B. Ingholt (1928) Taf. XV, 1.

   z.B. Browning, Abb. 11.

1.3.2 Fibel mit sieben, nach außen gerundeten Zähnen.

Herk.: Palmyra, Grab d. Zabda.

---

[17] Bezeichnung nach El-Chehadeh, Schmuck in Syrien, 86.

Mus. : Palmyra.

Mat. : Bronze.

Maße: Dm 2,5 cm.

Lit. : Michalowski (1960, Ausgrab. 1959) 201, Abb. 225.

1.3.3 Ovale Zahnradfibel mit zehn ,,Zähnen'' und mit konvexem Stein.

Diese Fibel besteht aus zwei Lagen von Goldblech, welche die Rücken- und Vorderseite der Fibel bilden. Sie werden von einem ca. 5 mm breiten Goldblechstreifen zusammengehalten. Der Hohlraum zwischen ihnen war vermutlich ehemals mit Wachs, Teer oder ähnlichem gefüllt. Ein Haken ist am oberen Teil der Fibelrückseite, Teile einer Nadel sind am unteren Teil der Fibelrückseite erhalten. Der ovale Mittelrahmen ist mit acht Goldnägeln (sieben sind erhalten) auf der Fibel befestigt. Der Rahmen ist ca. 0,35 cm breit, unverziert. Um diesen Rahmen laufen ein gerippter Golddraht und zwei, ein Zopfmuster bildende Drähte. Es folgt eine Reihe von Goldkügelchen (jedes ist mit einem kleineren besetzt), ein breiter geflochtener Zopf und eine Reihe aus geripptem Golddraht. Auf jeder Zacke sitzt eine runde Einfassung, welche mit einem gerippten Golddraht umgeben ist. Granate und blasse bläulich-grüne Cabochons wechseln sich in den Einfassungen ab. Die mittlere Gemme ist aus dunkel-grünem Stein (Dm ca. 0,41 cm × 0,22 cm), in welchen das Bild des Narziß geschnitten ist.

Herk.: Dura-Europos, Palast, südöstl. v. Zim. 45-49.

Mus. : Nat. Mus. Damaskus, Inv. Nr. 7008.

Mat. : s.o.

Maße: H 8,8 cm (n. Pfeiler 12 cm); Weite 7 cm; D 0,80-0.90 cm.

Lit.   : Dura-Europos, Prel. Rep. 9th Season III, Taf. XII; ausführl. Erörterung d. Motives auf d. Gemme dch. Ann Perkins, S. 58 ff.

Pfeiler, Taf. 17.

El-Chehadeh, Nr. 34.

Schlumberger, 71 (Farbtaf.).

Abdul-Hak, Kat. Damaskus (1951) Taf. 7, 2.

1.4 Scheibenfibel mit Sternmotiv[18] (Taf. LXIV).

Durch Darstellungen ist Typ 1.4 belegt.

Fibel mit fünfzackigem Sternmotiv auf der Fibelscheibe.

Herk.: Palmyra, Grabrelief.

Mus. : Palmyra.

1.5 Scheibenfibel mit Blütendekor (Taf. LXV).

,,Blütenfibel''

Die Gestaltung der Fibelscheibe gleicht einer Blüte. Sie ist durch Darstellungen und Funde belegt.

---

[18] Die Bezeichnung ,,Sternfibel'' wird für Fibeln der Männer, Typ 2, Taf. XCVI verwendet. Die abgebildeten Fibeln bei Mackay, Iraq 11 ,1949, Abb. 8a-c müssen als jünger (spätrömisch, frühbyzantinisch) eingestuft werden; vgl. S.178 und Hackens, Classical Jewelry, Nr. 73.

1.5.1 Runde Scheibenfibel mit neun Blütenblättern.
Herk.: Palmyra, Grabrelief.
Lit. : El-Chehadeh, Beilage 6 f.

1.5.2 Blütenfibel, aus Blech getrieben und mit Stein besetzt.
,,Das stark zerdrückte Schmuckstück ist in Form einer geöffneten Margue-
ritenblüte aus Goldblech getrieben, jedoch nicht rund, sondern entspre-
chend der Gemme in der Mitte oval. Die etwas beschädigte Gemme zeigt
einen nackten, stehenden Mann mit Helm. Auf der Rückseite ist eine Öse
erhalten, ein weiterer Rest ist vielleicht als Ansatz einer Nadel zu deuten.
Da auch dieses Stück sehr zerbrechlich ist, handelt es sich vielleicht ... nicht
um eine Fibel für den täglichen Gebrauch, sondern um Totenschmuck[19]''.
Herk.: Kunsthandel.
Mus. : Nat. Mus. Damaskus, Inv. Nr. 13156.
Mat. : Gold, Gemme.
Maße: H 5,3 cm; B 4,6 cm; Gew. 6 Gramm.
Lit. : El-Chehadeh, 54, Nr. 39.

1.6 Scheibenfibel mit Radmotiv (Taf. LXV).

Das Motiv auf der Fibelscheibe gleicht einem Rad mit Radspeichen. Durch Darstel-
lungen ist sie überliefert.
Herk.: Palmyra, Grabrelief.
Mus. : Palmyra.

Die aufgezählten Scheibenfibeln wurden in Palmyra mit und ohne Anhänger dargestellt.
Es folgt eine Auswahl der Scheibenfibeln mit den verschiedenen Anhängern (Taf. LXV,
A-G).

A Herk.: Palmyra, Grabrelief.
   Lit. : Seyrig, Syria 11, 1930, Taf. XL, 1.
           Kaspar, JBM 49/50, 1969/70, 289, Abb. 6.
B Herk.: Palmyra, Grabrelief.
   Lit. : Ingholt (1928) Taf. XIII, 3.
           Mackay, Iraq 11, 1949, Taf. LVI.
C Herk.: Palmyra, Grabrelief.
   Lit. : Mackay, Iraq 11, 1949, Taf. LII, 2.
D Herk.: Palmyra, Grabreliefs.
   Lit. : z.B. Böhme, 29, Abb. 4.
           z.B. Hahl, Taf. 7, Abb. 1.
           z.B. Altheim (1939) Abb. 63.
E Herk.: Palmyra, Grabrelief.
   Lit. : Ähnl. z.B. Browning, Abb. 10.
F Herk.: Palmyra, Grabrelief.

---

[19] El-Chehadeh, Schmuck in Syrien, 54, Nr. 39.

Lit.   : Boston, Romans and Barbarians (1976/77) Nr. 61, Farbtaf. VI, S. 46.
         Gup/Spencer, Abb. 14.
         Boston, Class. Coll. (1963) Taf. 258, Nr. 240.
         Colledge, EW 29, 1979, Abb. 19.
         Ogden, Taf. 1.
G Herk.: Palmyra, Grabrelief.
Lit.   : Mackay, Iraq 11, 1949, Taf. LX, 1.

Typ 1.1.1-1.1.5 und 1.2.1-1.2.8 sowie 1.6 sind nur von Darstellungen überliefert. Originalfunde aus Palmyra und dem syrischen Raum belegen als Vorbilder für diese Darstellungen sowohl die Emailfibeln (Typ 1.3.2; Taf. LXIV) wie auch die Preßblechfibeln (Taf. LXIII).

Alle sechs Scheibenfibel-Ausführungen (Typ 1.1-1.6) wurden mit oder ohne Gehänge getragen (s. Taf. LXV, A-G). Das Gehänge bestand aus einem Anhänger an einem Kettchen. Bei den Darstellungen der wie geflochten wirkenden Anhängerketten ist wahrscheinlich eine „Fuchsschwanzkette", bei den schraffiert dargestellten ein spiralig umwickelter Draht (s. Ohrschmuck der Frauen, Typ 11.1.1.2, Taf. XVI) gemeint. Von den Anhängern sind verschiedene Formen überliefert. Sehr zahlreich sind tropfen- und efeublattförmige dargestellt (vgl. die als römisch geltende Fibel bei Becatti[20] und die jüngere Fibel im Ausstellungs-Katalog, Land des Baal[21]). Nicht minder beliebt waren schlüssel- bzw. l-förmige Anhänger. Eine Grabbüste in Palmyra läßt ein im einzelnen nicht mehr genau erkennbares florales Dessin als Anhänger erahnen[22].

An Hand der Grabbüste der Habbē (heute im Louvre Museum, Paris), bei der eine Kordel, vom Hals ausgehend, um die schwere Scheibenfibel geschlungen zu sein scheint, vermutet Mackay[23], daß schwere Exemplare wahrscheinlich nicht nur mittels der Nadel, sondern zusätzlich durch eine Kordel gehalten wurden.

Die Beziehungen zwischen den römischen[24], germanischen[25] und nordsyrischen Scheibenfibeln müssen in den ersten nachchristlichen Jahrhunderten eng gewesen

[20] Becatti, Oreficerie Antiche, Taf. CXLIX, Abb. 527.
[21] München, Land des Baal (1982) Nr. 199, S. 214.
[22] Michalowski, Palmyre, Fouilles Polonaises 1961 (1963) Abb. 198; dort datiert Ende 2./Anfang 3. Jh. n. Chr., wahrscheinlich eher Mitte 2. Jh. n. Chr., hier nicht abgebildet, da zu undeutlich.
[23] Mackay, Jewellery of Palmyra: Iraq 11, 1949, 180.
[24] Exner a.O., bes. Taf. 13, 14. E. Ettlinger, Die römischen Fibeln in der Schweiz (1973) Taf. 14-15. A. Böhme, Die Fibeln der Kastelle Saalburg und Zugmantel: SaalbJb 29, 1972, Taf. 25 ff. E. Riha, Die römischen Fibeln aus Augst und Kaiseraugst: Forschungen in Augst 3 (1979) Taf. 57 ff. Thomas a.O. Taf. 9, 10.
[25] G. Ulbert, Ein Preßblechmodel aus dem römischen Museum Augsburg: JRGZ 13, 1966, 204, Abb. 1, 2. J. Werner, Die beiden Zierscheiben des Thorsberger Moorfundes (1941) Taf. 13. Thomas a.O. BJV 7, 1967, 12 ff.

sein, weisen sie doch vergleichbare Muster auf. Die orientalische Eigenheit ist offenbar wieder die Ausgestaltung in starker Polychromie, die eine Freude an Farben und
Formen spüren läßt.

Auch die Trageweise ist orientalisch. Während die Scheibenfibeln, wie überhaupt
Fibeln, im römischen Bereich auf verschiedene Weise getragen wurden: z.B. auf
beiden Schultern jeweils eine oder sogar mehrere, manchmal zusätzlich auf der
Brust noch eine, wird in Palmyra, Hatra und Edessa nur eine Fibel auf der linken
Brustseite getragen. Diese Trageweise scheint sich an einheimischer, nordsyrischer
Tradition zu orientieren (vgl. die Darstellung aus Zincirli)[26].

Eine weitere orientalische, vielleicht sogar speziell arsakidische Eigenart sind die
l-förmigen Schlüsselanhänger[27] an den Fibeln (s.a. Typ 6). Im Deutschen Schloß-
und Beschlägemuseum Velbert[28] befindet sich ein ca. 5.2 cm großes Bronze-
exemplar mit rundem Bart, angeblich von der türkisch-syrischen Grenze (s. Abb.
S. 187), welches mit den dargestellten Schlüsseln vergleichbar ist.

Da zur Zeit der Arsakidenherrschaft Schlüssel als Grabbeigaben, als Fibelanhän-
ger und als Attribute von Gottheiten verwendet wurden, ist zu fragen, ob die Schlüs-

[26] Luschan, Ausgrabungen in Sendschirli IV, Taf. LIV. Genge, Nordsyrisch-südanatolische Reliefs II, Taf. 54.
[27] Die Figur der Bathana in Kopenhagen (s. Mackay, Iraq 11, 1949, Taf. LVII, 1) hält einen Schlüssel in Händen, und auf einem Sarkophag aus Palmyra (s. Berlin, Museumskatalog, 1891,
344, Nr. 863) lassen sich die dargestellten l-förmigen Anhänger als Schlüssel identifizieren. Hinzu
kommen religiöse Darstellungen, in der Regel Götter, die Schlüssel in den Händen halten. Bei den
griechischen Kulten sind es hauptsächlich die Göttinnen Hekate, Persephone und Dike (s. W. H.
Groß, Schloß und Schlüssel: PAULY V, 1975, 18 f). Möglicherweise im Umkreis des Mithrakultes
ist es ein löwenköpfiger Gott, in der Regel mit einer dicken Schlange um den Leib, welcher häufig
ein oder zwei Schlüssel in den Händen hält. Seine Bedeutung ist unklar, er wird aber wohl als ,,Herr''
über den Tod und die Seelen nach dem Tode, welchen er Tore zur Unterwelt bzw. höheren Sphären
öffnet oder verschließt, zu verstehen sein (s.: M. J. Vermaseren, Mithras ,1965, 95, Abb. 49. K. Walters, The Cult of Mithras in the Roman Provinces of Gaul ,1974, Taf. VII. L. A. Campbell, Mithraic
Iconography and Ideology, 1968, 352, Taf. VII ff. P. Grimal, Mythen der Völker II, 1967, 42. J.
Duchesne-Guillemin, Symbolik des Parsismus ,1961, 84. J. R. Hinnells, Reflections on the Lion-
Headed Figure in Mithraism: AI, 4 ,1975, 333 ff).
Als Symbol ist der Schlüssel auch in der christlichen Ikonographie sowie dem mosaischen Glauben
(s. Yeivin, 42 f, Anm. 20) bekannt. Nicht zuletzt ist für die Identifizierung der l-förmigen Anhänger
der Ausgrabungsbericht von Seleukeia wichtig. S. Yeivin, berichtet auf Seite 42 von einem Grab, in
welchem zwischen den Fingerknochen ein aus Knochen geschnitzter Miniaturschlüssel (s. Halsschmuck der Frauen, Anhänger, Nr. 17, Taf. LV) gefunden wurde. Außer diesem in situ entdeckten
Schlüssel gibt es noch weitere aus Bronze und Knochen (nicht publiziert). Bereits Yeivin meinte zu
diesem Befund, daß es sich um eine speziell arsakidenzeitliche Grabbeigabe handeln muß, denn derartige Funde wurden nicht vor der II. Periode von Seleukeia, dem Beginn der arsakidischen Epoche,
gemacht. Eine Erklärung bietet möglicherweise die noch heute im Iran geübte Sitte, den Soldaten im
Krieg einen metallenen — Schlüssel zum Paradies — um den Hals zu hängen.
[28] Diesen Hinweis verdanke ich dem Deutschen Schloß- und Beschlägemuseum, Velbert. Schlüssel:
mit freundl. Genehmigung des Deutschen Schloß- und Beschlägemuseums Velbert, Inv. Nr. 7029.

sel an den Fibeln eine religiöse Bedeutung hatten. Da nach Mackay[29] auf einem der Schlüssel in palmyrenisch ,,ewige Wohnung'' steht, ein Ausdruck, der in Palmyra häufig für das Grab benutzt wurde, und nach Drijvers[30] auf einem anderen die griechische Inschrift ,,Sieg dem Zeus'', ist diese Frage wohl zu bejahen. Alle Trägerinnen dieser Schlüssel aber als Anhängerinnen eines bestimmten Kultes anzusehen, wäre sicherlich übertrieben[31], zumal im 2. und besonders im 3. Jahrhundert n. Chr. in allen römisch beeinflußten Gebieten Symbole von den sozial aufgestiegenen und reich gewordenen Bevölkerungsteilen übernommen worden waren, ohne deren kulturellen oder religiösen Charakter zu berücksichtigen. Sich auf seinem Grabrelief mit einem den Jenseitsvorstellungen verbundenen Schlüssel darstellen zu lassen war offenbar in Mode gekommen. Die Schlüssel lösten die in der I. Periode von Palmyra auf den Grabreliefs beliebt gewesenen Spindel und Spinnrocken ab. Aufgrund seiner Symbolik wurde der Schlüssel im täglichen Leben möglicherweise gar nicht an Fibeln getragen[32].

Andererseits ist zu berücksichtigen, daß bis in rezente Zeit in einigen Gebieten, z.B. Transsylvanien[33], Afghanistan[34] und Ägypten[35] schlüsselförmige Anhänger von

[29] Mackay, Jewellery of Palmyra: Iraq 11, 1949, 167.

[30] Drijvers, Heiligtum: Antike Welt 3, 1976, 37, Abb. 11.

[31] H. Lehner, Orientalische Mysterienkulte im römischen Rheinland: BJ 129, 1924, 64 z.B. meint, daß im Rheinland bestimmte Grabbeigaben aus Bronze, unter ihnen auch Schlüssel, nichts mit der Verbreitung des Mithraskultes zu tun haben, da der Kult eine weitere Verbreitung als die Schlüsselfunde hatte.

[32] Eine andere Meinung vertritt Mackay, Iraq 11, 1949, 167. Sie sieht in den Schlüsseln an den Fibeln — Haushaltsschlüssel— und in ihnen einen Hinweis auf Rechts- und Machtfunktionen der Trägerin (vgl. hierzu Funktion der Schlüssel als Rechts-, Macht- und Würdeträger sowie in Volksglaube und Allegorie ganz allgemein bei S. Canz, Schlüssel — Schlösser und Beschläge, 1977, 28 ff).

[33] J. Winkel, Folk Ornament in Romania: Bead Journal 3 (3-4), 1978, 7-11. E. Secosan, Metal Jewelry and Ornament in Romanian Folk Art: Ornament 4 (3), 1980, 19-23.

[34] Afghanistan Journal, Jg. 9, (3), 1982, 82, Abb. 12, Rückenschmuck der Uzbeken aus Chiwa.

[35] P. W. Schienerl, The Protective Power of Romanian Key-Shaped Pendants: Ornament 5 (2), 1981, 10-11.

Frauen und jungen Mädchen z.B. am Gürtel oder Rückenschmuck getragen wurden und wohl noch werden. Befragungen der Frauen über die Hintergründe dieser Gewohnheit ergaben keine befriedigenden Antworten. Die Bedeutung der Anhänger war den Trägerinnen nicht geläufig. Jedenfalls hatten die Schlüssel keine konkrete, praktische Funktion, sondern wurden getragen wegen der Besonderheit der Form und aus Freude an ihrem ,,Geklappere''. Winkel[36], Secosan[37] und Schienerl[38] sehen in diesen rezenten Anhängern ein Relikt aus römischer Zeit. Schienerl schließt von der äußeren Form auf das ursprüngliche Material der Schlüssel, nämlich Eisen und sieht somit im schlüsselförmigen Anhänger grundsätzlich eine Beziehung zur Eisen-Magie[39] und deshalb einen Schutz vor Dämonen. Über die Schlüsselform mag dem Anhänger darüber hinaus die Funktion ,,Böses aus allen Bereichen auszusperren'' zugekommen sein.

Datierung:

1.1.1:	3. Jh. n. Chr.
1.1.2:	2. Jh. n. Chr.
1.1.3:	2. Jh. n. Chr.
1.1.4:	2. und 3. Jh. n. Chr.
1.1.5:	3. Jh. n. Chr.
1.2.1:	3. Jh. n. Chr.
1.2.2:	3. Jh. n. Chr.
1.2.3:	2. und 3. Jh. n. Chr.
1.2.4:	2. Jh. n. Chr.
1.2.5:	2. Jh. n. Chr.
1.2.6:	2. Jh. n. Chr.
1.2.7:	2. Jh. n. Chr.
1.2.8:	2. Jh. n. Chr.
1.2.9:	
1.2.10:	zweite Hälfte d. 2. Jh. n. Chr. und 1. Hälte d. 3. Jh. n. Chr.
1.2.11:	
1.2.12:	zweite Hälte d. 2. Jh. n. Chr.
1.2.13:	3. Jh. v. Chr. - 3. Jh. n. Chr.
1.2.14:	1./2. Jh. n. Chr.
1.2.15:	
1.2.16:	3. Jh. n. Chr.
1.2.17:	
1.3.1:	2. Jh. n. Chr.

---

[36] Winkel a.O.
[37] Secosan a.O.
[38] Schienerl a.O.
[39] Dem Eisen wurde und wird heute noch im Orient schützende Kraft zugeschrieben.

1.3.2:   150 n. Chr.
1.3.3:   erstes Viertel d. 3. Jh. n. Chr.
1.4.1:
1.4.2:
1.4.3: $\Big\rangle$ 3. Jh. n. Chr.
1.4.4:
1.5.1:
1.5.2: $\Big\rangle$ 3. Jh. n. Chr.
1.6:   3. Jh. n. Chr.

Datierungen der Scheibenfibeln mit Anhängern (A-G).
 A -   Mitte 2. Jh. n. Chr. (Ende 1. Periode v. Palmyra).
 B -
 C - $\Big\rangle$ 2. Jh. n. Chr.
 D -
 E -
 F - $\Big\rangle$ 2. Hälfte d. 2. Jh. n. Chr.
 G -

Typ 2 (Taf. LXVI)

Eckige Plattenfibel mit Giebel

Bei dieser rechteckigen Fibel ist die obere Schmalseite der Platte giebelartig gestaltet. Der Rand ist von Perlstab umrahmt.
Herk.: Palmyra, Grabrelief.
Lit. : Simonsen, Taf. XIV, D 16.
        El-Chehadeh, Beilage 6 j.

Diese Fibel ist nur aus Palmyra von einer Darstellung belegt. Sie paßt in das Formengut der römischen Emailfibeln, wie sie in Dura-Europos aus der Zeit der römischen Besatzung (165 n. Chr. - 256 n. Chr.) gefunden wurden[40]. Somit kann Typ 2 als Übernahme aus dem römischen Kulturkreis angesehen werden.

Datierung:
Die Fibel wird von El-Chehadeh in die 1. Periode von Palmyra datiert. Nach Ingholt würde aber die Darstellung nur einer Schulterlocke und vor allem das Fehlen der Augenstern- und Irismarkierung in die III. Periode von Palmyra weisen. Auch das Halten des Schleiers in den Händen anstelle des Tragens der für die I. Periode typischen Spindel und Rocken weist in die III. Periode (ab 200 n. Chr.). Diese spätere Datierung der Büste würde übereinstimmen mit dem Vorkommen der römischen Emailfibel in Dura-Europos.

[40] Toll, Fibulae, Taf. IX, Abb. 25, 30.

Typ 3 (Taf. LXVI)

Ring- oder Omegafibel[41]

Da auf der Darstellung diese Fibel zur Hälfte durch einen Umhang verdeckt wird, ist der Typus schwer zu erkennen. Entweder handelt es sich um eine ovale Platte, die von einer Nadel durchstochen ist oder um eine ungenau dargestellte Ring- bzw. Omegafibel.
Herk.: Palmyra, Grabrelief.
Mus. : Palmyra.

Ich sehe in der Darstellung eine Ring- oder Omegafibel (s. Abb.), wie sie im provinzialrömischen Raum[42] von der frühesten Kaiserzeit bis ins 3. Jh. n. Chr. gern getragen wurde. Damit würde diese Fibel in einem zeitlich und kulturell entsprechenden Kontex stehen. Angeblich handelt es sich um eine alte iranische Fibelform[43].

Datierung:
Aufgrund des einfachen Stirnbandes und der Schmuckarmut der dargestellten Trägerin kann die I. Periode von Palmyra angenommen werden (bis 150 n. Chr.).

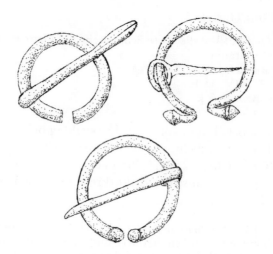

---

[41] Erklärung s.S. 177. Nach Böhme sind bei der Omegafibel die Ringenden umgebogen, umgerollt; bei der Ringfibel nicht (s. Böhme, Fibeln der Kastelle Saalburg, 46).
[42] Ettlinger, Römische Fibeln, 26, Taf. 15, Abb. 11-14. Böhme, Fibeln der Kastelle Saalburg, Taf. 31, Nr. 1230, 1219, 1227 (Abb. entnommen).
[43] R. Ghirshman, Fibule en Iran. Collection de M. Foroughi: IA 4, 1964, 93, Abb. 1. Maxwell-Hyslop, Jewellery, Farbtaf. F.

Typ 4 (Taf. LXVI)

Fibeln vom Mittellatène-Schema

Der schwach gebogene Bügel, der langgezogene Nadelhalter und der von ihm ausgehende, zum Bügel zurückgebogene Draht sind die Charakteristika dieses Typus.

4.1 Auffällig an dieser Fibel ist der in fünf Ösen gebogene Draht auf dem Bügel.
  Herk.: Masǧid-e Sulaimān.
  Mus. : Iran-Bastan Mus., Teherān.
  Mat. : Bronze.
  Maße: L 6,7 cm; H 2,1 cm.
  Lit. : Ghirshman (1976) Taf. CVII, 2; Taf. 79, G.MIS 580 (Abb. entnommen).
4.2 Der Ausgräber beschreibt dieses Stück folgendermaßen:
  „Fibel aus Eisen mit langem Fussraster und einfachem gebogenem Federbügel ohne Spirale. Intakt, stark verrostet[44]". Meines Erachtens hat vermutlich der Rost die Spirale zerstört, so daß der Eindruck von einer spirallosen Fibel erweckt wird.
  Ebenso wird der zum Mittelatène-Schema gehörende Draht am Nadelhalter durch Oxidation zerstört worden sein; denn die Länge des Nadelhalters läßt das ehemalige Vorhandensein eines solchen Drahtes vermuten.
  Herk.: Palmyra, Grabanl. i. Tempelbez. d. Baalshamîn.
  Mus. : Palmyra.
  Mat. : Eisen.
  Maße: L 5,2 cm.
  Lit. : Fellmann, 67; Abb. 17,7; Taf 19,9.

Dieser Typus ist im Orient bereits aus Amlaš, Gordion[45], Boğazköy und weiteren kleinasiatischen Orten[46], dat. 1. Jh. v. Chr. - 1. Jh. n. Chr. belegt. Schon Ghirshman[47] und Bittel[48] weisen auf die Vergleichbarkeit mit keltischen Fibeln hin. Bittel schreibt: „Das Verbreitungsgebiet dieses Fibeltypus, jedoch nicht dieser speziellen Variante, ist außerordentlich groß, liegt aber mit Mitteleuropa — Oberitalien bis Niedergermanien — dem Donauraum und Osteuropa einschließlich Südrußlands im wesentlichen durchaus auf europäischem Boden, wo eine ganze

---

[44] Fellmann, Le Sanctuaire V, Die Grabanlage, 67.
[45] Ghirshman, Fibule en Iran: IA 4, 1964, 94, Taf. XXII, 2.
[46] K. Bittel, Boğazköy IV. Funde aus den Grabungen 1967 und 1968 (1969) Abb. 10; S. 45 ff. Boehmer, Kleinfunde von Boğazköy, WVDOG 87, Taf. XLIV, Nr. 1264. S.a.: U. Schaaff, Eine „Mittellatène"-Fibel aus Kleinasien: JRGZ 17, 1970, 297 ff. H. Polenz, Gedanken zu einer Fibel vom Mittellatèneschema aus Kayseri in Anatolien: BJ 178, 1978, 181 ff. K. Peschel, Fibeln mit Spiralfuß: ZfA 6, 1972, 1-42.
[47] Ghirshman, Fibule en Iran: IA 4, 1964, 94.
[48] Bittel, Boğazköy IV, 45.

Reihe von Varianten nachweisbar ist, die in ihren letzten Ausläufern bis in die mittlere römische Kaiserzeit reichen. Der Typus ist auch im östlichen Mittelmeergebiet und in Kleinasien belegt, aber so spärlich, daß er ohne Zweifel dort nicht als ursprünglich, sondern als Fremdform in einer Umwelt anzusehen ist, die die Fibel als Trachtelement im Gegensatz zu älteren Zeiten nicht mehr kannte. Man hat früher gelegentlich daran gedacht, die in Kleinasien gefundenen Exemplare mit den Galatern in Verbindung zu bringen...''[49]. Eine Überlegung, die meines Erachtens nicht abwegig ist, denn Bittel weist in seiner Arbeit nach, daß dieser Typ überwiegend im östlichen Kleinasien gefunden wurde, dem Gebiet der Trokmer, eines galatischen Stammes.

Auch 4.2. kann in diesen Zusammenhang gehören, wenn auch wegen der Korrosion des Eisens keine Entscheidung ratsam ist.

Datierung:
4.1: erste Hälfte des 1. Jh. v. Chr.
4.2: um 150 v. Chr.

Typ 5 (Taf. LXVI)

Aucissa-Fibel

Der hochgebogene Bügel mündet in einem kurzen Nadelhalter. Am Bügel ist eine kleine Öse für Anhänger[50] befestigt.

Herk.: Masǧid-e Sulaimān.
Mus. : Iran-Bastan Mus., Teherān.
Mat. : Fibelbügel aus Bronze, Nadel aus Eisen.
Maße: L 6 cm.
Lit. : Ghirshman (1976) Taf. CX, 4; Taf. 74, G.MIS 665 (Abb. entnommen).

Weitere Exemplare liegen vor z.B. aus: Boğazköy[51], Kermānšāh[52] und Dura-Europos (z.Z. d. röm. Besetzung).[53]

Dieser Fibeltypus, benannt nach dem gelegentlich zu lesenden Werkstattnamen ,,Aucissa'' auf der Innenseite des Bügels, fand im Zusammenhang mit den römi-

---

[49] Ebenda, 45.
[50] P. Calmeyer, Zu einigen vernachlässigten Aspekten der Medischen Kunst: PARI 2, 1974, 127, Abb. 15, 17 (als Vergleich f. Anhänger).
[51] Boehmer, Kleinfunde von Boğazköy, WVDOG 87, 67, Taf. VIII, 167.
[52] Ghirshman, Fibule en Iran: IA 4, 1964, 90 ff, Taf. XXXII, 1 (mit Knopfende des Nadelhalters).
[53] Toll, Fibulae, Taf. X, Abb. 11 ff; s.a. Lit. Hinweis Nr. 54.

schen Eroberungen eine weite Verbreitung. Er wird allgemein frühkaiserzeitlich datiert[54].

Datierung:
1. Jh. n. Chr.

Typ 6 (Taf. LXVII-LXVIII)

Trapezförmige Fibeln

Dieser Typ ist im Orient nur durch Darstellungen auf palmyrenischen Grabreliefs belegt.

Er tritt in zwei Varianten auf: mit vier-, fünf- oder sechsblättriger Blüte (Typ 6.1) oder mit einem Tierkopf (Löwenkopf, Typ 6.2) oberhalb der trapezförmigen Platte. Bei den Fibeln mit Blüte zeigt die Platte in der Regel florale Motive, häufig einen Ölzweig (s. z.B. Typ 6.1.1.3) oder ein Akanthusblatt (s. z.B. Typ 6.1.1.2). Es kommen aber auch unverzierte Platten (s. z.B. Typ 6.1.1.1) oder solche mit zwei Akanthusstauden (s. z.B. Typ 6.1.2.2) vor. Bei den tierköpfigen Fibeln scheinen die mit unverzierter Platte zu überwiegen, wobei in jedem Falle mit der Unverziertheit der Platte eine Randbetonung in Form eines Perlstabes, einer Kordel oder einer eingeritzten Linie (s. z.B. Typ 6.2.1.1) einhergeht. Eine Ausnahme bildet Typ 6.2.1.4 durch sein geometrisches Motiv auf der Platte. Die Fibeln wurden mit oder ohne Anhänger dargestellt. Als Anhänger kommen vor: zwei Efeublätter (s. Typ 6.1.2.1), Schlüssel in ein- oder zweifacher Ausführung (s. z.B. Typ 6.1.2.2, 6.1.2.4) oder ein Reiterfigürchen (s. Typ 6.2.2.4). Einzigartig ist Fund 6.3 aus Dura-Europos. Er wird gerne mit dem Fibeltyp 6.1 verglichen. Genaugenommen entspricht er aber in verschiedenen Punkten nicht Typ 6: geometrisch gestaltete Fibelplatte, drei Anhängerösen, Nadelgestaltung (s. Rückseite).

6.1 Trapezförmige Fibeln mit Blüte (Taf. LXVII).
    6.1.1 Ohne Anhänger.
        6.1.1.1 Herk.: Palmyra, Grabreliefs.
            Lit. : Deonna, Syria 4, 1923, Taf. XXXI, 4.
        6.1.1.2 Herk.: Palmyra, Grabreliefs.
            Lit. : z.B. Colledge (1976) Taf. 64.
        6.1.1.3 Herk.: Palmyra, Grabrelief.
            Lit. : Deonna, Syria 4, 1923, Taf. XXXI, 3.
    6.1.2 Mit Anhängern.
        6.1.2.1 Mit dargestelltem Verschlußteil (Scharnier?).
            Herk.: Palmyra, Grabrelief.
            Lit. : Coll. Bertone (1931) Aukt. Kat. Taf. X, Nr. 656.
        6.1.2.2 Herk.: Palmyra, Grabrelief.
            Lit. : Colledge (1976) Taf. 83.

---

[54] Ulbert, Römische Donaukastelle: Limesforschung 1, 68, Anm. 48.

6.1.2.3   Herk.: Palmyra, Grabrelief.

              Lit.   : Ähnl. Stück: Mackay, Iraq 11, 1949, 166, Abb. 1, 1.

6.1.2.4   Herk.: Palmyra, Grabrelief.

              Mus. : Palmyra.

6.2 Trapezförmige Fibeln mit Löwenkopf (Taf. LXVIII).

     6.2.1 Ohne Anhänger.

         6.2.1.1   Herk.: Palmyra, Grabrelief.

                Lit.   : z.B. Colledge (1976) Taf. 63.

         6.2.1.2   Herk.: Palmyra, Grabrelief.

                Lit.   : z.B. Ingholt (1928) Taf. XIII, 1.

         6.2.1.3   Herk.: Palmyra, Grabreliefs.

                Lit.   : z.B. Mackay, Iraq 11, 1949, Taf. LVII, 2.

                      Coll. Bertone (1931) Aukt. Kat., Taf. XII, Nr. 664.

                      Ähnl. Stück: Ghirshman (1962) Taf. 94.

         6.2.1.4   Herk.: Palmyra, Grabrelief.

                Lit.   : Michalowski (1962, Ausgrab. 1980) 191, Abb. 212.

                      Gawlikowski (1966) 412, Abb. 1A.

     6.2.2 Mit Anhängern.

         6.2.2.1   Herk.: Palmyra, Grabrelief.

                Lit.   : z.B. Mackay, Iraq 11, 1949, Taf. LV, 1.

         6.2.2.2   Herk.: Palmyra, Grabrelief.

                Lit.   : Ähnl. Stück: Gawlikowski, 415, Abb. 3.

         6.2.2.3   Herk.: Palmyra, Grabrelief.

                Lit.   : Mackay, Iraq 11, 1949, Taf. LV, 2.

         6.2.2.4   Herk.: Palmyra, Grabrelief.

                Lit.   : München, Land d. Baal (1982) Nr. 174.

6.3 Trapezförmige Silberplatte mit Kastenfassungen (Taf. LXVIII).

Dies ist vermutlich ein Fibelfragment. Erhalten geblieben ist die trapezförmige Silberplatte mit einem eingelassenen weißen, polierten Stein in einer kleinen runden Scheibe und drei Ösen. Die Platte selbst ist durch gedrehten Silberdraht in sechs Felder eingeteilt. In den vier unteren Feldern befinden sich kreisrunde Kasteneinfassungen; in den beiden oberen Feldern je eine Kasteneinfassung für Glaspaste (?). Granulationsarbeit und gedrehter Silberdraht entlang der Ränder und an den Ecken geben der Platte ein zartes Aussehen.

Herk.: Dura-Europos, Hortfund.

Mus. : Yale Univ. Art Gallery, Dura Europos Coll.

Mat. : Silber; Kasteneinfassungen waren mit Granaten besetzt.

Maße: L 9 cm (nach Colledge, 1977: ca. 6 cm)

Lit.   : Mackay, Iraq 11, 1949, 166, Abb. 1 d (Abb. entnommen)

        Pope/Ackerman VII, Abb. 139 M.

        Dura-Europos, Prel. Rep. 2nd Season, 78, Taf. XLIV, 1.

        Dura-Europos, Prel. Rep. 4th Season, Taf. XXVI, 5.

        Colledge (1977) Taf. 42c.

        Gup/Spencer, Abb. 16.

        Rückseite: Fotographie d. Yale Univ. Art Gallery, Dura-Europos Coll., Inv. Nr. 1929.403.

Vergleichsmöglichkeiten liegen nicht vor. Falls 6.3 tatsächlich ein Originalfund des ansonsten nur von Darstellungen in Palmyra bekannten Typus 6 ist, lassen die Ausgestaltung des Nadelansatzes und des Nadelhalters auf der Rückseite der Platte eher an einen eigenständigen palmyrenischen Typus denken. Auch Colledge[55] sieht Fibeltypus 6 als eine regionale Erscheinung an.

Die blütenköpfige Fibel wurde in Palmyra nur während der I. Periode (bis ca. 150 n. Chr.) getragen. Die tierköpfige Fibel war offensichtlich beliebter, da sie auf den Grabreliefs auch während der II. und III. Periode der Stadt dargestellt wurde. Ihre lange Verwendung hängt wohl mit ihrem Symbolwert zusammen. Zu vermuten ist, daß sie in Verbindung gestellt wurde mit dem bereits bei Typ 1 erwähnten löwenköpfigen Gott, welchem offenbar eine Rolle im Zusammenhang mit dem Tod zugesprochen wurde. So mag die Fibel mit Löwenkopf im Laufe der Zeit auf Grabreliefs zu einem Symbolträger geworden sein (Sieg über den Tod, Auferstehungsgedanke?). Ob diese Fibel von den Lebenden so lange getragen wurde, läßt sich nicht sagen. Von der Fibel mit Löwenkopf läßt sich ein Symbolbezug zur Fibel mit Blüte herstellen. Auf vielen Grabreliefs erscheinen Lorbeerzweig oder Lorbeerzweig mit Blüte am Grabtuch im Hintergrund des dargestellten Verstorbenen[56]. Dem Lorbeerblatt wurde bei den Griechen eine kathartische Kraft für Leib und Seele zugesprochen. Bei den Römern galt es als Zeichen des Sieges und Friedens. Verschiedenen Göttern, u.a. Dionysos und Bel wurde es als Pflanze zugeordnet[57]. So würde folgerichtig auch die Blüte an der Fibel Ausdruck eines Jenseitsgedankens sein. Auch das Akanthusblatt, mit welchem so häufig die Fibelplatten ausgefüllt sind, kann hier als in Beziehung zu Tod und Toten stehend[58] gesehen werden (Besprechung der Anhänger s. Typ 1).

Datierung:
  6.1: bis 150 n. Chr.
  6.2: I. - III. Periode v. Palmyra (1.-3. Jh. n. Chr.).
  6.3: 2. Jh. n. Chr. (150/180 n. Chr.).

1.1.5 Armschmuck (Taf. LXIX-LXXVII)

In der Arsakidenzeit wurde, wie Grabfunde und zahlreiche Darstellungen zeigen, Schmuck am Handgelenk und am Oberarm getragen. Die Trageweise hing meines

---

[55] Colledge, Art of Palmyra, 152.
[56] z.B. Klengel, Syria Antiqua, 167.
  z.B. Ghirshman, Iran, Parther und Sasaniden, Taf. 94.
  z.B. Bossert, Altsyrien, Taf. 551, 557.
  z.B. Colledge, Art of Palmyra, Taf. 74, 93, 94.
[57] K. Ziegler, Lorbeer: PAULY 3 (1969) 736/737.
  J. Murr, Die Pflanzenwelt in der griechischen Mythologie (1890, Neudr. 1969).
[58] Schneider, Kulturgeschichte des Hellenismus II, 34.

Erachtens mit der Art der Frauentracht zusammen. So ist bei der Frauentracht mit enganliegenden, langen Ärmeln der Schmuck nur am Handgelenk dargestellt (im Bereich der Gandhâra-Kunst allerdings auch am Oberarm[1].) Bei den kurzärmeligen und ärmellosen Frauentrachten erscheint Schmuck auch am Oberarm. Auffallend häufig ist Oberarmschmuck an Darstellungen griechisch gekleideter Göttinnen zu sehen. Er wurde aber auch von sterblichen Frauen getragen, denn in Gräbern wurde mehrmals in der Nähe des Ellbogens (häufig oberhalb des Ellbogens) Schmuck gefunden[2].

Der Armschmuck aus der Arsakidenzeit läßt sich in Armreifen (Typ 1-8, Taf. LXIX-LXXVI) und Armbänder (Typ 9, Taf. LXXVII) einteilen. Die Armreifen liegen vor als geschlossene Reifen (Typ 1-3, Taf. LXIX), als offene Reifen (Typ 4, Taf. LXX-LXXI) und als verschließbare Reifen (Typ 5-8, Taf. LXII-LXXVI). Als Verschluß wurden verwendet der Wickelverschluß (Typ 5, Taf. LXII) und das Scharnier (Typ 6, 7, 8, Taf. LXXIII-LXXVI; die Technik des Scharnierverschlusses ist sehr genau zu sehen bei Typ 6.2, Taf. LXXIII und Typ 8.1.1, Taf. LXXV). Die Scharniere verbinden entweder zwei halbkreisförmige Bügel (s. Typ 6, Taf. LXXIII) oder die beiden Enden des Reifens mit einem weiteren, in unterschiedlicher Ausführung hergestellten Schmuckelement (s. Typ 7.2.2, 7.2.3, 7.2.4, alle Taf. LXXIV und Typ 8.1.1, Taf. LXXV). Die Verschlußform ist aber nicht so charakteristisch, als daß nach ihr eine Typeneinteilung erfolgen sollte. Es ist die Gestaltung des Reifens, die so vielfältig und vor allem augenfällig ist, daß sie das Kriterium für die Einteilung abgibt.

Typ 1 (Taf. LXIX)

Glatte, geschlossene Reifen

Durch Originalfunde und von Darstellungen ist dieser Typ für die arsakidische Zeit belegt.

Gefunden wurden Reifen aus Gold und Bronze, sie wurden aber sicher auch aus anderem Material hergestellt; zu denken ist beispielsweise an Silber, Kupfer, Holz und Knochen. Als Anhänger konnte ein Glöckchen getragen werden.
(Weiteres über Glöckchen unter Halsschmuck der Frauen, Anhänger 23, Taf. LIX-LX und zur Symbolik unter Kopfschmuck d. Frauen, Kränze, Typ 4).
1.1 Unverzierte Reifen (in verschiedenen Breiten).
    1.1.1 Breiter massiver Reif.

---

[1] z.B. Rosenfield, Arts of the Kushans, Taf. 50. Weidemann, Zur Kunst und Chronologie der Parther und Kuschan: JRGZ 18, 1971, Taf. 61.
[2] Yeivin, Tombs Found at Seleucia, 44, 49.

Fund (s. Tafelabbildung).
Herk.: Palmyra, Grabanlage, Grab 6.
Mus. : Palmyra.
Mat. : Bronze.
Lit. : Fellmann, 49, Taf. 14, Abb. 35.

Darstellung (nicht auf Tafel abgebildet).
Herk.: Palmyra, Grabrelief.
Lit. : z.B. Ingholt (1928) Taf. XVI, 1.

Schmaler Reif (nicht auf Tafel abgebildet).
Herk.: Dura-Europos, Stadt.
Mus. : Yale Univ. Art Gallery, Dura Europos Coll.
Mat. : Bronze.
Maße: Dm ca. 6 cm.
Lit. : Dura-Europos, Prel. Rep. 2nd Season, Taf. XLV, 4.

1.1.2 Reif mit Glöckchenanhänger.
Herk.: Palmyra, Grabrelief.
Lit. : z.B. deutl. Ansicht: Ingholt (1928) Taf. XV, 2.
z.B. Colledge (1976) Taf. 61, 62.

1.2 Reif mit eingelegtem Stein.
Herk.: Armazis-Chevi, Grab 6.
Mus.: Staatl. Mus. Georgiens, S. Dshanachia, Tiflis.
Mat. : Gold.
Lit. : Apakidze et al., Abb. 139, 7; Taf. LXVI, 33, 33a.

Datierung:
  1.1.1: um 150/125 v. Chr.
  1.1.2: ab ca. 200 n. Chr.
  1.2:   um 190 n. Chr.

Typ 2 (Taf. LXIX)

Reifen mit runder Schmuckplatte

Augenfällig an Typ 2 ist die runde Schmuckplatte auf dem Reif. Dadurch unterscheidet er sich von Typ 1.2, bei dem lediglich eine farbige Einlage dem Reif zugefügt ist.

2.1 Glatte Reifen mit Schmuckplatte.
  2.1.1 Originalfund, die Schmuckplatte ist verloren gegangen.
Herk.: Dura-Europos.
Mus. : Nat. Mus. Damaskus.
Mat. : Bronze (?)
Lit. : Kat. Damaskus (1951) Taf. V, 2.
Mackay, Iraq 11, 1949, Taf. LXII, 1.
S.a. Darstellung auf Grabrelief in Palmyra:
Colledge (1976) Taf. 93 (mit gemustertem Reif).
Brit. Mus. Guide, London (1976) 246, Nr. 37.

  2.1.2 Reif mit Schmuckplatte und Glöckchenanhänger.
    Herk.: Palmyra, Grabreliefs.
    Mus. : Palmyra.
 2.2 Gedrehter Reif mit Schmuckplatte. Am Reif hängt ein verziertes Glöckchen.
   Herk.: Palmyra, Grabreliefs.
   Lit. : Ähnl. Stück: Ghirshman (1962) Taf. 92.
     Ähnl. Stück: Colledge (1976) Taf. 92.

Wie die Übersicht zeigt, stammen ein Original aus Dura-Europos und einige Darstellungen aus Palmyra. Die für den Typus charakteristische Schmuckplatte bestand gemäß Originalfunden aus Ägypten[3] und Bithynien[4] aus einem dünnen gepreßten, runden Blech. Vorstellbar ist auch eine größere, dekorativ gestaltete Kastenfassung mit Stein- oder Glaseinlage[5]. Ein ägyptischer „Goldblechreif[6]" aus Toukh-er Quarmous mit einer Schmuckplatte aus gepreßtem Goldblech datiert spätes 4./frühes 3. Jh. v. Chr.; Greifenhagen datiert die aus Bithynien (Kleinasien) ins 2./3. Jh. n. Chr. Somit gehören unsere syrischen Stücke offenbar zu einem Armreiftypus, der zwischen dem 4./3. Jh. v. Chr. und dem 2./3. Jh. n. Chr. weit verbreitet war und gerne getragen wurde.

(Zu Glöckchen s. Halsschmuck der Frauen, Anhänger, 23 Glöckchen-Anhänger, Taf. LIX-LX; zur Symbolik s.a. Kopfschmuck der Frauen, Kränze, Typ 4).

Datierung:
  2.1.1: 2. Hälfte des 2. Jh. n. Chr. - 3. Jh. n. Chr.
  2.1.2: Ende 2. Jh. n. Chr./frühes 3. Jh. n. Chr.
  2.2:

Typ 3 (Taf. LXIX)

Verzierter geschlossener Reif

Entlang der Mitte des Reifens läuft eine Perlreihe. Dieser Typus ist nur von Darstellungen belegt.

Herk.: Elfenbeinstatuette.
   Relief der „Ištar" aus dem Bereich des Nabū-Tempels in Palmyra (Reif am rechten Oberarm der Göttin).
   Relief in Airtam.

---

 [3] Hoffmann/Davidson, Greek Gold Jewelry, 173, Abb. und Nr. 64.
 [4] Greifenhagen, Schmuckarbeiten II, Taf. 37, Abb. 1-4.
 [5] Siviero, Ori e le Ambre, Nr. 235, 236, Taf. 173 a, b.
 [6] Pfeiler, Goldschmuck, 21.

Lit. : Elfenbeinstatuette: Pope/Ackerman VII, Taf. 134 E.
　　　　　　　Sarre, Abb. 8.
　　　Relief in Palmyra: Deutl. Ansicht: Klengel, 161.
　　　Relief in Airtam: Ghirshman (1962) Taf. 347 (mittlere Figur).

Dieser Typ ist am Handgelenk und am Oberarm dargestellt. Die Einfachheit des Ornamentes läßt zunächst an eine weitverbreitete, schematische Darstellungsweise von Schmuck denken — wurde das Dekor in Palmyra doch gleichermaßen für die Darstellung von Gewandborten angewandt[7]. Aber dieser Annahme widersprechen Fingerringe, gefunden unter dem Inšušinak-Tempel in Sūsa[8], dat. 13.-12. Jh. v. Chr. Bei einem der Fingerringe laufen entlang der Reifmitte zwei Reihen Goldkügelchen. Ähnlich wird man sich die Verzierung der Armreifen des Typus 3 auch denken können. Hatten die Steinmetze und Elfenbeinschnitzer bei ihrer Arbeit einen derartigen Reif vor Augen, so stellten sie Schmuck dar, der in langer orientalischer Goldschmiedetradition stand.

Datierung:
2./1. Jh. v. Chr. - 130/150 n. Chr.

Typ 4 (Taf. LXX-LXXI)

Offene Reifen

Sie sind überwiegend durch Originalfunde belegt.

4.1 Offene unverzierte Reifen.
　　4.1.1 Breiter unverzierter Reif.
　　　　Herk.: Hatra, Rundbild.
　　　　Lit. : Safar/Mustafa, 9; 70, Abb. 11.
　　　　　　S.a. offene Reifen (?) aus Taxila:
　　　　　　Es sind hohle Reifen mit Trompetenenden; der Reif war in einem Stück gearbeitet oder in der hinteren Mitte so durchgeschnitten, daß ein beweglicher Verschluß durch die Zufügung von Drähten entstand (s. Abb. S. 200).
　　　　　　Mus. : Archäol. Mus. Taxila.
　　　　　　Mat. : Gold.
　　　　　　Maße: Dm ca. 7-8 cm.

[7] z.B. Ghirshman, Iran, Parther und Sasaniden, Abb. 13.
[8] Amiet, Elam, 412, Taf. 311-313. Coche de la Ferté, Bijoux antiques, Taf. II, 1. De Mecquenem: MDP VII (1905) Taf. XIV. Maxwell-Hyslop, Jewellery, Taf. 132 b.

Lit. : Marshall, Taxila III, Taf. 195 d, g = Nr. 125-132; s.a. c = Nr. 116-119, f = Nr. 120, 121.

4.1.2 Schmaler offener, unverzierter Reif.
Herk.: Hasani-Mahaleh, Grab 4; Nuzi.
Mus. : Tokio.
Mat. : Kupfer.
Maße: Dm 10 cm.
Lit. : Hasani-Mahaleh: Sono/Fukai, Taf. LXIII, 10; Taf. XXXVIII, 6.
Nuzi: Starr II, Taf. 141 F.

4.2 Offene schlichte Reifen (drei) mit profilierten Enden.
Herk.: Germi, Grab.
Lit. : Kambaksh-Fard (Abb. entnommen).
4.3 Offene Reifen mit abgeplatteten, an der Oberfläche ziselierten, Enden.
4.3.1 Herk.: Masǧid-e Sulaimān.
Mus. : Mus. Louvre, Paris, Sb 9019.
Mat. : Bronze.
Maße: Dm 6,5 cm.
Lit. : Ghirshman (1976) Taf. 40, G.MIS 339a (Abb. entnommen).
4.3.2 Herk.: Masǧid-e Sulaimān.
Mus. : Iran-Bastan Mus., Teherān.
Mat. : Bronze.
Maße: Dm 7 cm.
Lit. : Ghirshman (1976) Taf. 54, G.MIS 298b (Abb. entnommen).
4.4 Offener Reif mit Pufferenden.
Herk.: Sirkap/Taxila (Paar).
Mus. : Archäol. Mus. Taxila.
Mat. : Silber.
Maße: Dm ca. 8,6 cm.
Lit. : Marshall, Taxila III, Taf. 195 a = Nr. 102/3.
4.5 Quergerillter Armreif.
Herk.: Hasani Mahaleh, Grab 4.

Mus. : Tokio.
Mat. : Kupfer.
Maße: Dm 11 cm.
Lit. : Sono/Fukai, Taf. LXIII, 9; XXXVIII, 7.
        s.a. Taf. LXIII, 11; XXXVIII, 5.
4.6 Tierkopfreifen.
    4.6.1   Offener, gedrehter Reif mit Tierkopfenden.
             Herk.: Kunsthandel, Luristan (?).
             Mus. : Slg. Patti C. Birch.
             Mat. : Bronze.
             Maße: B 11,4 cm.
             Lit. : Pforzheim, Schmuck aus Persien (1974) Abb. 45.
    4.6.2   Offene, mit Kreuzen, Strichen und Kreisen verzierte Reifen; an den Reifenen-
             den je ein Widderkopf.
             Herk.: Dura-Europos, Grab 22, 49 und Stadtgebiet.
             Mat. : Silber und Bronze.
             Lit. : Dura-Europos, Prel. Rep. 9th Season II, Taf. XL (Grab 22), Taf. LVII
                    (Grab 49).
    4.6.3   Offene Reifen mit Schlangenkopfenden.
             4.6.3.1 Herk.: Germi, Dura-Europos.
                    Mus. : Dura-Europos: Yale.
                    Mat. : Bronze (?).
                    Lit. : Germi: Kambaksh-Fard.
                         Dura-Europos: Dura-Europos, Prel. Rep. 2nd Season, 82; Taf.
                       XLV, 4; zwei stark zerstörte Reifen, ähnlich dem bei Alexan-
                       der, Abb. 80 abgebildeten; vgl. hierzu Fingerringe der Frauen
                       Typ 15, Taf. LXXXII.
             4.6.3.2 Herk.: Masǧid-e Sulaimān.
                    Mus. : Iran-Bastan Mus., Teherān.
                    Mat. : Bronze.
                    Maße: Dm 6,5 cm.
                    Lit. : Ghirshman (1976) Taf. 54, G.MIS 317 (Abb. entnommen).
4.7 Zweiteiliger Reif (mit Scharnier ?).
    Herk.: Masǧid-e Sulaimān.
    Mus. : Mus. Louvre, Paris, Sb 8847.
    Mat. : Bronze.
    Maße: Dm 12,6 cm.
    Lit. : Ghirshman (1976) Taf. 54, G.MIS 266 (Abb. entnommen).

Für den Orient sind offene Armreifen, fast möchte man sagen: charakteristisch, da sie der weitaus häufigste Armreiftypus sind. Es gab in der Arsakidenzeit offene Armreifen mit glattem und mit gedrehtem Reif. Die Reifenenden waren unterschiedlich gestaltet: glatt, abgeplattet, mit Puffern oder mit Tierkopf. Die glatten

Reifenenden und die Tierkopfenden haben im Orient eine lange Tradition[9], die in der Arsakidenzeit fortgeführt wurde.

Datierung:

4.1.1:	2. Jh. und 3. Jh. n. Chr.
4.1.2:	1.-3. Jh. n. Chr.
4.2:	3. Jh. v. Chr. - 3. Jh. n. Chr.
4.3.1:	um 1. Jh. v. Chr. - Anfang 3. Jh. n. Chr.
4.3.2:	um 1. Jh. v. Chr. - Anfang 3. Jh. n. Chr.
4.4:	1. Jh. n. Chr.
4.5:	1.-3. Jh. n. Chr.
4.6.1:	arsakidenzeitlich.
4.6.2:	1. Jh. v. Chr. - 1. Jh. n. Chr.
4.6.3.1:	1. Jh. v. Chr. - 1. Jh. n. Chr.
4.6.3.2:	um 1. Jh. v. Chr. - Anfang 3. Jh. n. Chr.
4.7:	um 1. Jh. v. Chr. - Anfang 3. Jh. n. Chr.

Typ 5 (Taf. LXXII)

Reifen mit ,,Wickelverschluß''

Diese Bezeichnung kennzeichnet den Verschluß des Reifens, bei welchem die Enden des Drahtes jeweils spiralig um das gegenüberliegende Reifenteil gewickelt werden (s.a. Ohrschmuck der Frauen, Typ 1, Taf. VIII und S. 54, Abb. 1). Die Reifen sind unterschiedlich gestaltet.

Typ 5 ist durch Darstellungen und Funde belegt.

5.1 Glatte Reifen.
    Herk.: Liegen sehr zahlreich vor, z.B.: Tell Amran; Armazis-Chevi; Nuzi; Taxila; Masǧid-e Sulaimān; Dura-Europos, Grab 6, 49.
    Mat. : Gold, Bronze, Kupfer.
    Maße: Dm 5,2 cm - ca. 6,5 cm.
    Lit. : Tell Amran: Pillet, Abb. XI, 3.
        Armazis-Chevi: Apakidze et al., Abb. 139, 6; Taf. LXXXVII, 3, 3a.
        Masǧid-e Sulaimān: Ghirshman (1976) Taf. CIII, 2; Taf. 35, G.MIS 405, 406.
        Nuzi: Starr, Taf. 141 H.
        Taxila: Marshall, Taxila III, Taf. 195 b = 105-115.
        Dura-Europos: Dura-Europos, Prel. Rep. 9th Season II, Taf. LVII.
        S.a. El-Chehadeh, Nr. 44, 45.

[9] Negahban, Prel. Rep. on Marlik Excavation, Taf. 74, 77. Maxwell-Hyslop, Jewellery, 196, Taf. 149. Hrouda, Kulturgeschichte des assyrischen Flachbildes, Taf. 9. Stronach, Pasargadae, Third Prel. Report: Iran 3, 1965, Taf. X a-c. Ders. Pasargadae, Taf. 146 d, 147, 160 c. De Morgan, Mémoires, MDP 8 (1905) 48, Abb. 76; Taf. V, 1, 2. G. Pudelko, Altpersische Armbänder: AfO 9, 1933/34, 85 ff. P. Amandry, Orfèvrerie Achéménide: AK 1, 1958, Taf. 8 ff. Pope/Ackerman, Survey VII, Taf. 121, 122.

5.2 Glatter Reif mit verdickter Mitte.
  Herk.: Dura-Europos, Grab 40, an beiden Handgelenken je einer.
  Mus. : Yale Univ. Art Gallery, Dura-Europos Coll.
  Mat. : Silber.
  Maße: Dm 3,9/4 cm.
  Lit.   : Dura-Europos, Prel. Rep. 9th Season II, Taf. LIV.
5.3 Gedrehte Reifen.
  (Ausgewählt für die Tafel wurden drei repräsentative Exemplare).
    5.3.1 Mit dünnem Reif und kleinen Verschlußknoten.
      Herk.: Dura-Europos, Grab 49; Masǧid-e Sulaimān.
      Mus. : Dura-Europos: Yale Univ. Art Gallery, Dura-Europos Coll.
             Masǧid-e Sulaimān: Mus. Louvre, Paris, Sb 9017.
      Mat. : Dura-E. - Silber; Masǧid-e S. - Bronze.
      Maße: Dura-E. - Dm 4 cm; Masǧid-e S. - Dm 6 cm.
      Lit.   : Dura-Europos: Prel. Rep. 9th Season II, Taf. LVII.
             Masǧid-e Sulaimān: Ghirshman (1976) Taf. 42, G.MIS 224; Taf. CIII,2.
    5.3.2 Mit zwei großen, eng zusammenstehenden Verschlußknoten.
      Herk.: Dura-Europos, Grab 6-XV.
      Mus. : Yale Univ. Art Gallery, Dura-Europos Coll.
      Mat. : Silber.
      Maße: H 4,7 cm; Dm 4,8 cm bzw. 4,6 cm.
      Lit.   : Dura-Europos, Prel. Rep. 9th Season II, Taf. XXXVII.
    5.3.3 Mit zwei weit auseinanderstehenden Verschlußknoten.
      Herk.: Dura-Europos, Grab 24-XIV.
      Mus. : Yale Univ. Art Gallery, Dura-Europos Coll.
      Mat. : Silber.
      Maße: H ca. 4 cm; Dm ca. 4 cm.
      Lit.   : Dura-Europos, Prel. Rep. 9th Season II, Taf. XLVI.
5.4 Aus zwei oder drei gedrehten Drähten.
    5.4.1 Herk.: Dura-Europos, Grab 6-IV; Palmyra, Grab 2.
      Mus. : Yale Univ. Art Gallery, Dura-Europos Coll.
      Mat. : Bronze.
      Maße: Dm 6,5 cm.
      Lit.   : Dura-Europos: Prel. Rep. 9th Season II, Taf. XXXV.
             Palmyra: Fellmann, 34; Taf. 14, Abb. 25.
    5.4.2 Herk.: Khusfin/Südsyrien.
      Mus. : Nat. Mus. Damaskus, Inv. Nr. 7016.
      Mat. : Gold.
      Maße: Dm 6,5 cm.
      Lit.   : El-Chehadeh, Nr. 46.
s. auch Typ 7.3

Die im Katalog aufgeführten Fundorte lassen auf eine große Beliebtheit dieses Typus im arsakidischen Bereich schließen.

Sein charakteristisches Kennzeichen — der „Wickelverschluß'' — wird erklärt mit der Möglichkeit, leicht und jederzeit die Weite des Armreifens verändern zu können. Wahrscheinlicher aber handelt es sich nur um die Technik, mit der man ein Stück Draht am einfachsten und trotzdem dekorativ zu einem Ring formen kann —gibt es doch diesen Wickelverschluß auch an Ohrringen und Fingerringen. Armreifen mit Wickelverschluß sind aus fast allen Teilen der antiken Welt bekannt. So aus dem gräko-römischen[10], iberischen[11], keltischen[12], indischen[13] sowie ägyptischen[14] Raum.

Wie die Zusammenstellung zeigt, hat Typ 5 verschiedene Reifenverarbeitungen: glatter Reif (s. Typ 5.1), konisch zugespitzter Reif (s. Typ 5.2), tordierter bzw. Reif mit geriefter Oberfläche (s. Typ 5.3) und Reif, bestehend aus zwei oder mehr zusammengewickelten Drähten (s. Typ 5.4).

Bei den aus mehreren Drähten gewickelten Reifen dieses Typus hat schon El-Chehadeh[15] zwischen zwei verschiedenen Herstellungstechniken unterschieden. Bei der einen werden mehrere dünne Drähte in engen Windungen so gewickelt, daß innen ein Hohlraum entsteht, in welchem u.U. ein gerader Draht als Kern liegt. Um solche Stücke scheint es sich bei den Funden aus Palmyra und Dura-Europos (s. Typ 5.4.1) zu handeln. Bei der anderen Herstellungstechnik werden zwei Drähte lediglich zusammengewunden (s. Typ 5.4.2).

Bereits Herzfeld[16] wies darauf hin, daß Typ 5 schon aus Tepe Gijān, Kiš, Moghul-Ghundai, dem Zhōb-Tal und Assur vorliegt und somit dieser Typus, trotz seines Vorkommens im europäischen La-Tène als ursprünglich orientalisch angesehen werden muß.

Datierung:
5.1:   3. Jh. v. Chr. - 3. Jh. n. Chr.
5.2:   2. Jh. n. Chr.
5.3.1: um 1. Jh. v. Chr. - 1. Jh. n. Chr.
5.3.2: bis 1. Jh. n. Chr.

[10] El-Chehadeh, Schmuck in Syrien, 63, Nr. 44. Böhme, Schmuck der römischen Frau, Abb. 21; s.a. Zit. Nr. 14.
[11] K. Raddatz, Die Schatzfunde der Iberischen Halbinsel vom Ende des dritten bis zur Mitte des ersten Jahrhunderts vor Chr. Geb. Untersuchungen zur Hispanischen Toreutik: MF 5, 1969, 126.
[12] W. Krämer, Silberne Fibelpaare aus dem letzten vorchristlichen Jahrhundert: Germania 49, 1971, 115/116, Taf. 21, 27 und Anmerkung Nr. 28.
[13] z.B. Hallade, Indien-Gandhâra, Abb. 149.
[14] Vernier, Égyptiennes Bijoux et Orfèvreries II, Taf. XIV, XVI.
[15] El-Chehadeh, Schmuck in Syrien, 65.
[16] E. Herzfeld, Iran in the Ancient East (1941) 148, Abb. 264.

5.3.3: 1. Jh. v. Chr. - 1. Jh. n. Chr.
5.4.1: Dura-Europos: 1. Jh. n. Chr.
       Palmyra: 150 v. Chr. - Anfang 1. Jh. n. Chr.
5.4.2: 1. Hälfte d. 3. Jh. n. Chr.

Typ 6 (Taf. LXXIII)

Bügelarmreifen

Diese Bügelarmreifen bestehen aus einem etwa zwei Drittel des Armes umschlie-
ßenden Schmuckbügel und einem kürzeren Verschlußbügel. Die beiden Teile sind
durch Scharniere miteinander verbunden. Verschiedene Originalfunde liegen vor.

6.1 Scharnierarmreifen mit glatter gewölbter Oberfläche.
    Die Reifenteile sind glatt gearbeitet; der größere Teil ist zur Mitte hin leicht verdickt.
    Herk.: Armazis-Chevi, Grab 6.
    Mus. : Staatl. Mus. Georgiens, S. Dshanachia, Tiflis.
    Mat. : Gold.
    Lit. : Apakidze et al., Taf. LXVI, 12, 12a; Abb. 139, 1, 2. (Abb. entnommen, stark
            verkleinert).
6.2 Scharnierarmreifen mit facettenartig gearbeiteter Oberfläche.
    Auf dem kürzeren Reifenteil sitzt in der Mitte ein Stein in runder Kastenfassung, auf
    dem längeren in der Mitte ein ovaler Stein in Kastenfassung.
    Herk.: Armazis-Chevi, Grab 7.
    Mus. : Staatl. Mus. Georgiens, S. Dshanachia, Tiflis.
    Mat. : Gold, Granat.
    Maße: Dm 6,1 × 4,8 cm.
    Lit. : Apakidze et al., Farbtaf. X, 5, 6; Abb. 139, 4; Taf. LXXX, 15, 15a.
            Pfeiler, Taf. 24.
6.3 Scharnierarmreifen mit gewellter Oberfläche.
    Die Oberfläche des Reifens ist mit wellenförmigen Vertiefungen, die gratig aneinander-
    stoßen, versehen. Beide Reifenteile tragen einen ovalen Stein in Kastenfassung.
    Herk.: Armazis-Chevi, Grab 6.
    Mus. : Staatl. Mus. Georgiens, S. Dshanachia, Tiflis.
    Mat. : Gold, Granat.
    Maße: Dm 6,2; 5,9 cm.
    Lit. : Apakidze et al., Abb. 139, 5; Farbtaf. V; Taf. LXVI, 10, 10a.
            Pfeiler, Taf. 23.

Zu Stil und Technik s. S. 45, Haarschmuck der Frauen.

Datierung:
    6.1: zw. 64 n. Chr. - 157 n. Chr.
    6.2 und 6.3: um 190 n. Chr.

Typ 7 (Taf. LXXIV)

Gedrehte Reifen

Zwei Varianten liegen vor: Bei der einen werden mehrere glatte Drähte zusammengedreht (Typ 7.1), bei der anderen werden ein glatter und ein gedrehter Draht zusammengedreht (Typ 7.2). Zu 7.3 s. weiter unten.
Typ 7 ist durch zahlreiche Darstellungen und Funde belegt.

7.1 Reifen aus glatten Drähten.
   (auf Darstellungen in Form von gedrehten Stricken gearbeitet)
   7.1.1 Herk.: Palmyra (Grabreliefs), Hatra (Rundbilder), Dura-Europos (Fresken).
      Lit.   : z.B. Colledge (1976) Taf. 68.
              z.B. Cumont. Taf. XXXVI, XXXIX.
              z.B. Parlasca, Collq. de Strasbourg (1973) Taf. 3.5.
              z.B. Safar/Mustafa, 250.
   7.1.2 Reif mit Glöckchenanhänger.
      Herk.: Palmyra, Grabrelief.
      Lit.   : z.B. Colledge (1976) Taf. 92.
7.2 Reifen aus glatten und gedrehten Drähten.
   (auf Darstellungen in Form von schrägverlaufenden Punktreihen und Graten gearbeitet)
   7.2.1 Herk.: Palmyra, Grabrelief.
      Lit.   : Ingholt (1928) Taf. XIII, 3.
   7.2.2 Der gedrehte Reif ist als Scharnierreif gearbeitet. Das kurze Verbindungsteil ist als Herkulesknoten geformt. Auf ihm sitzt in einer Kastenfassung ein Achat.
      Herk.: Dura-Europos, Hortfund.
      Mus. : Yale Univ. Art Gallery, Dura-Europos Coll.
      Mat. : Silber, Achat.
      Maße: Dm 6,5 cm.
      Lit.   : Pope/Ackerman VII, Taf. 139 C.
              Dura-Europos, Prel. Rep. 2nd Season, 78, Taf. XLV, 1.
              Dura-Europos, Prel. Rep. 4th Season, Taf. XXVI, 2.
   7.2.3 Gedrehter Reif mit Widderkopfenden.
      Die beiden Widderkopfenden des dargestellten gedrehten Reifens halten die ovale Schmuckplatte in ihren Mäulern.
      Herk.: Palmyra, Grabrelief.
      Lit.   : Seyrig, Syria 29, 1952, 233, Abb. 13.
   7.2.4 Reif mit Verschlußspange (Fußknöchelschmuck ?).
      Der gedrehte Reifteil wird durch eine glatte, leicht gebogene Verschlußspange geschlossen.
      Herk.: Dura-Europos, Hortfund (insges. 3 Stück).
      Mus. : Nat. Mus. Damaskus.
      Mat. : Silberdraht.
      Maße: Dm 7,2 cm.
      Lit.   : Mackay, Iraq 11, 1949, Taf. LXII, 1.
              Dura-Europos, Prel. Rep. 2nd Season, 78, Taf. XLIV, 2.

7.3 Massiver Reif, Oberflächenwirkung von 7.2 imitierend.
   Bei diesem massiven, grob gearbeiteten Reif ist der Wickelverschluß leicht beschädigt.
   Auf die Reifoberfläche ist ein Muster gearbeitet, welches die Wirkung und Herstellung
   der Reifen vom Typus 7.2 imitiert.
   Herk.: Dura-Europos, Hortfund.
   Mus. : Yale Univ. Art Gallery, Dura-Europos Coll.
   Mat. : Silber.
   Maße: Dm 7,5 cm.
   Lit. : Dura-Europos, Prel. Rep. 2nd Season, 78 ff, Taf. XLV, 5.
         Pope/Ackerman VII, Taf. 138 H.
         Colledge (1967) Taf. 11a.

   Unter 7.1 wird ein Armreif aus glatten Drähten geführt. Er liegt nur von Darstellungen vor. Deshalb können über die Verarbeitungstechnik nur Vermutungen geäußert werden. Drei Möglichkeiten bieten sich an:
— glatte Drähte, die zusammengedreht wurden,
— ein Draht, welcher tordiert wurde,
— ein Reif, dessen Oberfläche so gestaltet ist, daß der Eindruck eines gedrehten
   Reifens entsteht.
   Über den Verschluß ist nichts bekannt. Der Reif ist mit und ohne Glockenanhän-
ger belegt.
   Unter 7.2 werden hier Armreifen aus glatten und gedrehten Drähten geführt.
Diese Variante ist durch Darstellungen (Typ 7.2.1, 7.2.3) und Originalfunde (Typ
7.2.2, 7.2.4) belegt. Auch dieser Reif kann auf verschiedene Arten gefertigt werden:
— glatter und fein gezwirnter Draht werden zusammengedreht und an den Enden
   zusammengehalten,
— der Reif ist tordiert bzw. die Oberfläche ist in Wellentäler aufgefächert; in die
   Vertiefungen wird fein gedrehter oder gerippter Draht gelegt,
— der Reif ist tordiert bzw. die Oberfläche in Wellentäler aufgefächert, in die Vertiefungen werden Granulationskügelchen gelegt.
   Typ 7.2 ist mit Scharnierverschluß gearbeitet. Der Verschlußteil ist unterschiedlich gestaltet:
— Der Verschlußteil wird von einem sog. ,,Herkulesknoten'' mit Achateinsatz verziert (s. Fund aus Dura-Europos, Typ 7.2.2).
— Der Verschlußteil ist zwischen zwei Tierköpfen mit Scharnieren eingehängt und
   besteht aus einer mit einem Stein besetzten Verschlußkappe (s. Typ 7.2.3).
— Der Verschlußteil besteht aus glatten, leicht gebogenen Spangen (s. Typ 7.2.4).
   Unter 7.3 läuft ein massiver Reif, in dessen Oberfläche das Muster von 7.2 eingearbeitet ist.

Typ 7 wurde den Darstellungen in Palmyra und Hatra zufolge nicht gerne alleine getragen. Bevorzugt wurde eine Kombination mit anderem Armschmuck oder das Tragen beider Varianten des Typus 7 (7.1 und 7.2), letzteres besonders gerne in Palmyra (s. Taf. LXXVI, A-D).

Typ 7.1 war gemäß den Mumienmasken und -porträts[17] bis nach Ägypten verbreitet. Er scheint, verglichen mit der Datierung von Typ 7.2, die ältere Variante des Typus 7 zu sein.

Bei Typ 7.2 müssen Reif und Verschluß getrennt besprochen werden. Die Herkunft der Reifgestaltung ist nicht ganz klar, scheint nach Hoffmann und Davidson[18] jedoch ursprünglich achämenidisch zu sein — war aber besonders im griechisch-skythischen Bereich[19] recht häufig. Der ,,Herkulesknoten'' auf dem Verschlußteil des Reifens 7.2.2 ist ein in Vorderasien, Ägypten und Griechenland[20] gebräuchliches Motiv. Bevorzugt verwendet wurde es bei griechischem und griechisch beeinflußtem Schmuck. Deshalb kann bei Typ 7.2.2 von einer griechischen Arbeit gesprochen werden.

Bei 7.2.3 wird der Verschlußteil von zwei Tierköpfen gehalten. Tierkopfarmreifen mit einer Stein-, Glas- oder Gemmeneinlage sind überaus zahlreich aus der römischen Welt belegt[21]. Dabei handelt es sich jedoch ausschließlich um Armreifen

---

[17] Parlasca, Mumienporträts, Taf. 43, 1. Grimm, Mumienmasken, Taf. 67, 1; Taf. 93, 1; Taf. 95, 1 und 95, 2; Taf. 96, 4; Taf. 111, 1.

[18] Hoffmann/Davidson, Greek Gold Jewelry, 163, Abb. 58.

[19] Artamonow, Goldschatz der Skythen, Taf. 205, 279, 313.

[20] In Ägypten: ,,Bei der zweiten Art des Verschlusses wird der Gürtel mit dem Knoten versehen, der in der Hieroglyphe t͟s wieder zu erkennen ist. Es dürfte dies der Kreuzknoten sein, der auch Samariter- oder Heraklesknoten genannt wird, der deshalb als die ideale Verbindung von zwei Bändern erscheinen mußte, weil beide Teile in der Verschlingung absolut gleich behandelt werden. ... Als ,,vollkommener'' Knoten wird er daher angewendet, um die Wappenpflanzen von Ober- und Unterägypten um das ⍌-Zeichen zu binden, ein Symbol für die Vereinigung der beiden Länder. Wohl ebenfalls um dieser Eigenschaft willen findet er als Amulett Verwendung. ... Ein beliebtes Element ist er an Schmuckstücken. Außerdem kommt er neben dem Galaschurz als Trachtenbestandteil im Alten Reich und auch in späteren Epochen vor''. (Aus: E. Staehelin, Untersuchungen zur ägyptischen Tracht im Alten Reich, Münch. Ägypt. Stud., 1966, 16 f; Taf. XXIII, 15-17; XXIV 18a-20; XXXVIII, 54). Aldred, Juwelen der Pharaonen, Taf. 34, 36. Wilkinson, Egyptian Jewellery, Taf. IV, VI. In Vorderasien: Entwicklung und Verbreitung, s. Fuhr, Ein altorientalisches Symbol, 41 ff. s.a. Tracht der Meder und Perser. Bedeutung: Liebessymbol ?; Fuhr a.O. 41 ff. In Griechenland: (Schmuck): Deutl. Schmuckansichten: z.B. Hoffmann/Davidson, Greek Gold Jewelry, Abb. 83 ff. Greifenhagen, Schmuckarbeiten II, Taf. 6. Higgens, Jewellery (1961) Taf. 45 A; Taf. 46. Bedeutung: übelabwehrend; Segall, Griechische Goldschmiedekunst, 39; Bonnet, RE 379.

[21] Marshall, CJBM, Taf. LXIII, Nr. 2787. Böhme, Schmuck der römischen Frau, Abb. 24, Abb. 29. Pfeiler, Goldschmuck, Taf. 20, 2. Marshall, CJBM, Taf. LXV, Nr. 2815. Higgens, Jewellery (1961) Taf. 61 D. Greifenhagen, Schmuckarbeiten I, Taf. 57, 1; 57, 2. Segall, Kat. Mus. Benaki, Athen II, Taf. 41, Abb. 190, 192.

mit Schlangenkopfenden. Der Reif ist dort entweder glatt, wobei häufig Schlangen-schuppen zumindest über den vorderen Teil des Reifes verlaufen, oder der Reif wird aus dicken, spiralig gewickelten Drähten gebildet. Widderkopfenden hingegen waren, wie auch die einfacheren Bronzereifen aus Dura-Europos (s. Typ 4.6.2, Taf. LXXI) beweisen, im Orient beliebt. Widderkopf-, wie auch Ziegenkopf-(Antilopenkopf-) Enden weisen einen griechischen, wenn nicht sogar nach Amandry[22] achämenidischen Einfluß auf. So ergibt sich als Resümee der Untersu-chung für Typ 7.2.3 sowohl bei der Gestaltung des Reifens wie der Tierkopfenden ein stark griechischer Einfluß, der sich seinerseits aber auf ältere achämenidische Vorbilder zurückverfolgen läßt. Für den griechischen Einfluß spricht auch die Nachweisbarkeit dieser Reifgestaltung in der Gandhâra-Kunst[23] und das offensicht-liche Fehlen in Hatra, einer von griechischen Siedlern kaum bewohnten Stadt. In Palmyra und Dura-Europos wurden Typ 7.1 und 7.2 getragen.

Typ 7.3 aus Dura-Europos wird aufgrund der Fundumstände in die erste Hälfte des 3. Jh. n. Chr. datiert. Seine einfache, schematische Herstellungsweise, die den Eindruck von ,,Massenherstellung'' erweckt, läßt an eine Übernahme aus einer rö-mischen Werkstätte denken. Diese Annahme würde mit der Datierung, die in die Zeit der römischen Besatzung fällt, übereinstimmen.

Datierung:
- 7.1.1: Hatra: ab Anfang 2. Jh. n. Chr.
  Palmyra: ab 1. Periode.
  Dura-Europos: 1. Jh. n. Chr.
- 7.1.2: ab ca. 200 n. Chr. (III. Periode v. Palmyra).
- 7.2.1: nur in Palmyra auf den Darstellungen der I.-III. Periode zu sehen.
- 7.2.2: um 200 n. Chr.
- 7.2.3: Anfang 3. Jh. n. Chr. (III. Periode von Palmyra).
- 7.2.4: arsakidenzeitlich.
- 7.3   erste Hälfte d. 3. Jh. n. Chr.

Typ 8 (Taf. LXXV-LXXVI)

Manschetten-Armreifen

Dies sind feste, bandartige Reifen mit Scharnierverschluß. Sie kommen in schmaler (Typ 8.1) und breiter (Typ 8.2) Ausführung vor. Die Darstellungen lassen vermuten, daß die Breitenunterschiede zwischen den beiden Typvarianten fließend waren (vgl. Typ 8.1.6.1).

[22] Zit. nach Hoffmann/Davidson, Greek Gold Jewelry, 162.
[23] Hallade, Indien - Gandhâra, Taf. XIV.

Weil besonders die breiten Reifen (Typ 8.2) wie Manschetten oberhalb des Hand-
gelenks um den Unterarm liegen, wird dieser Armreiftypus als ,,Manschettenarm-
reif'' bezeichnet. Typ 8 ist durch Funde und Darstellungen belegt.

8.1 Schmale Reifen.
   8.1.1 Reif in Durchbruchstechnik.
       Armreif mit Blütenmotiv, eingefaßten Steinen bzw. Glaspaste und sorgfältig ge-
       arbeiteter Öffnungsplatte an Scharnieren.
       Herk.: Sirkap/Taxila.
       Mus. : Archäol. Mus. Taxila.
       Mat. : Gold, Einlegearbeit.
       Maße: H ca. 5 cm.
       Lit. : Marshall, Taxila III, Taf. 196 a = Nr. 137, 138.
              Bhushan, 69, Nr. 1, 4.
              Colledge (1977) Taf. 42b.
              Seyrig, Syria 29, 1952, 232, Abb. 12 (Abb. entnommen, verkleinert).
   8.1.2 Reif in Durchbruchstechnik.
       Armreif ähnl. wie 8.1.1.
       Herk.: Sirkap/Taxila.
       Mus. : Archäol. Mus. Taxila.
       Mat. : Gold, Einlegearbeit.
       Maße: H ca. 5 cm.
       Lit. : Marshall, Taxila III, Taf. 196 b = Nr. 139.
              Bhushan, 69, Nr. 5.
   8.1.3 Reif mit s-Muster in Durchbruchstechnik.
       Gearbeitet ist dieser Reif wie die vorigen — jedoch ist die Durchbruchsarbeit aus
       einem vierreihig angeordnetem s-Motiv. Die Einlage auf der Verschlußkappe ist
       bei dem einen Reif aus Bergkristall, bei dem anderen aus Glaspaste.
       Herk.: Sirkap/Taxila (Paar).
       Mus. : Archäol. Mus. Taxila.
       Mat. : Gold.
       Maße: Dm ca. 6.3 cm, H 4.7 cm.
       Lit. : Marshall, Taxila III, Taf. 196 c = Nr. 140; 196 e = Nr. 141.
              Bhushan, 69, Nr. 8.
              Seyrig, Syria 29, 1952, 232, Abb. 11 (Abb. entnommen, verkleinert).
   8.1.4 Reif mit s-Muster in Durchbruchstechnik.
       Gearbeitet ist dieser Reif wie die vorigen — jedoch ist die Durchbruchsarbeit aus
       einem zweireihig angeordnetem s-Motiv. Die Blätter der Verschlußkappe sind
       mit Feldspat gefüllt.
       Herk.: Sirkap/Taxila.
       Mus. : Archäol. Mus. Taxila.
       Mat. : Gold.
       Maße: Dm ca. 4.5 cm.
       Lit. : Marshall, Taxila III, Taf. 196 d = Nr. 142/143.
   8.1.5 Reif in Filigran-Technik.

In Filigran-Technik ist eine Wein- bzw. Efeuranke gearbeitet. Einige Blätter der Ranke sind mit herzförmigen oder mandelförmigen Granaten oder Glasfüllungen eingelegt. Den Reifenrand bilden drei zusammengefügte Drähte.

Herk.: West-Syrien (Kunsthandel).

Mus. : Oriental Institute, Chicago, Inv. Nr. A 29788.

Mat. : Gold, Granate bzw. Glasfüllung.

Maße: Dm 6,4 cm, H 2,4 cm.

Lit. : Pfeiler, Taf. 9.

      Hoffmann/Davidson, 159, Nr. 56.

8.1.6 Reifen mit einreihiger Feldereinteilung.

    8.1.6.1 Die Felder sind mit einer achtblättrigen Blüte gefüllt.

        Herk.: Nippur.

        Mat. : Silber.

        Lit. : Hilprecht, 20, Abb. 9.

    8.1.6.2 Die Felder sind mit einer vierblättrigen Blüte gefüllt.

        Herk.: Palmyra, Grabreliefs.

        Lit. : Gawlikowski, 415, Abb. 3 (schmal).

           Ähnl. Stück, aber breiter, mit Akanthusrosette (Typ 8.2 ?):

           Colledge, Art of Palmyra, Taf. 85.

           Mackay, Iraq 11, 1949, Taf. LVII, 2.

           Coll. Bertone, Aukt. Kat., Taf. XII, Nr. 664.

           Bossert, Altsyrien, 169, Nr. 551.

    8.1.6.3 Die Felder sind mit einem geometrischen Dekor gefüllt.

        Herk.: Palmyra, Grabrelief.

        Lit. : Mackay, Iraq 11, 1949, Taf. LXI, 3.

8.2 Breite Reifen.

    8.2.1 Reif mit zweireihiger Feldereinteilung.

        Die Felder sind mit einem Kreisdekor gefüllt.

        Herk.: Palmyra, Grabrelief.

        Lit. : Starcky, BMB 12, 1955, Taf. XVII, 1.

    8.2.2 Reif mit zweireihiger Feldereinteilung.

        Die Felder sind mit einem Kreuzmuster gefüllt.

        Herk.: Palmyra, Grabrelief.

        Lit. : München, Land des Baal (1982) Nr. 174.

    8.2.3 Reif mit zweireihiger Feldereinteilung.

        Die Felder sind mit einer vierblättrigen Blüte gefüllt.

        Herk.: Palmyra, Grabrelief.

        Lit. : Mackay, Iraq 11 (1949) 177, Abb. 6a.

           Ähnl. Stück: Altheim (1939) Abb. 63.

           Ähnl. Stück: Hahl, BJ 160, 1960, Taf. 7, 1.

    8.2.4 Reif mit zweireihiger Feldereinteilung.

        Die Felder sind mit einer vierblättrigen Blüte gefüllt. Deutlich sichtbar ist in der vorderen Mitte ein Scharnier am Verschluß dargestellt.

        Herk.: Palmyra, Grabrelief.

        Lit. : Sadurska, Collq. de Strasbourg 1973, Taf. VII, 14.

           Sadurska (1977) 161, Abb. 108.

8.2.5 Reif mit zweireihiger Feldereinteilung.
Die Felder sind mit einer sechsblättrigen Blüte oder einem geometrischen Dekor gefüllt.
Herk.: Palmyra, Grabrelief.
Lit. : Seyrig, Syria 29, 1952, 233, Abb. 13.

8.2.6 Reif mit zweireihiger Feldereinteilung.
Die Felder sind mit einer vierblättrigen Blüte oder einem Tiermotiv gefüllt. Die dargestellten Tiere sollen wohl liegende Buckelrinder sein. Über ihrem Rücken befindet sich ein Kreismotiv (Sonne ?).
Herk.: Palmyra, Grabrelief.
Lit. : z.B. Colledge (1976) Taf. 89.
        z.B. Browning, Abb. 7.
        z.B. Mackay, Iraq 11, 1949, Taf. LVIII, 2.

8.2.7 Fragment eines dargestellten Reifens.
Offensichtlich sollte ein breiter Reif mit Feldereinteilung dargestellt sein. Das noch erhaltene Mittelfeld zeigt zwei frontal dargestellte Reiterfigürchen. Jedes sitzt auf einem Tier. Zwischen ihnen vermutlich Darstellungen von einer runden und zwei tropfenförmigen Kastenfassungen sowie Granulation (?).
Herk.: Palmyra, Grabrelief.
Lit. : Seyrig, Syria 29, 1952, 233, Abb. 14 (Abb. entnommen).

8.2.8 Fragment eines dargestellten Reifens.
Die noch erhaltenen Felder sind mit Tiermotiven gefüllt. In einem Feld befindet sich über dem Rücken des Widders ein geometrisches Motiv, vermutlich eine Kastenfassung andeutend.
Herk.: Palmyra, Grabrelief.
Lit. : Seyrig, Syria 29, 1952, 233, Abb. 15 (Abb. entnommen).

Verglichen werden die Darstellungen des Typus 8.1 aus Palmyra häufig mit den Funden aus Taxila (Typ 8.1.1-8.1.4).[24] Verglichen werden jene mit Funden aus Alexandria und Wales[25], Palaiokastro[26], Baktrien[27], einem Exemplar im Römisch-Germanischen Museum zu Köln[28], einem aus Kertsch[29] und zwei Reifen in Madrid[30]. Ihnen kann ein Reif aus Nippur (s. 8.1.6.1) zugeordnet werden. Aus dem Ausgrabungsbericht geht seine zeitliche Zuordnung nicht eindeutig hervor, aber da er vergleichbar ist mit Reifendarstellungen in Palmyra (s. z.B. 8.1.6.2), kann er als arsakidenzeitlicher Originalfund dieses Typus angesehen werden.

[24] S.a. Darstellungen im indischen Raum z.B. Rosenfield, Arts of the Kushan, Taf. 49, 54; Ingholt, Gandhāran Art, Taf. 400.
[25] Pfeiler, Goldschmuck, Taf. 10. Alexandria: Segall, Kat. Mus. Benaki, Athen II, Nr. 45. Wales: Marshall, CJBM, Taf. LXIV, Nr. 2798-2799.
[26] Pfeiler-Lippitz, Späthell. Goldschmiedearbeiten, Taf. 33, 2, 3.
[27] R. D. Barnett, The Art of Bactria and the Treasure of the Oxus: IA 8, 1968, Taf. XI, Abb. 1.
[28] Ders. Taf. XI, 3.
[29] Seyrig, Antiquités de la nécropole d'Emèse: Syria 29, 1952, 232, Abb. 10.
[30] A. Parrot/M. H. Chéhab/S. Moscati, Die Phönizier (1977) Abb. 292-293.

Bandartige Armreifen, auch mit beweglicher Verschlußplatte, haben im Vorderen Orient eine lange Tradition[31]. Freilich haben sich im Laufe der Jahre Herstellung und Ausgestaltung mit dem Zeitgeschmack und den technischen Möglichkeiten gewandelt. Welch unterschiedliche Kulturen die Goldschmiedearbeiten in arsakidischer Zeit beeinflußten, zeigen die Armreifen dieses Typus.

So kommen aus den hellenistisch beeinflußten Gebieten Sirkap/Taxila und Syrien Exemplare, die in dieser Schmucktradition stehen (s. Typ 8.1.1, 8.1.2, 8.1.5). Sie bezaubern durch ihre intellektuell durchgearbeiteten, mit großer Zartheit ausgeführten, realistisch-idealistisch gestalteten vegetabilen Motive und durch einen unbekümmerte Lebenskraft ausdrückenden Überschwang an Farben (Polychromie).

Daneben strahlen die Exemplare 8.1.3, 8.1.4, obwohl ebenfalls aus Sirkap/Taxila, einen ganz anderen Geist aus. Ihr s-Muster (s. Überlegungen zum s-Muster, S. 259) wirkt wie erstarrt zu rein dekorativer Wirkung. Damit erinnern sie an ägyptische Goldschmiedearbeiten[32]. Diese Erstarrung, als Ausdruck und Ergebnis einer Überfeinerung, mag bei den Funden aus Taxila dem Geschmack des Hofes entsprochen haben.

Die Tradition des alten Orients zeigt sich in den Typen 8.1.6.1-8.1.6.3, 8.2.1-8.2.5. Dem altorientalischen Dekor haftet etwas Gemüthaftes an. Dieser Wesenszug bleibt, trotz der Auseinandersetzung mit der hellenistischen und römischen Kunst, während der arsakidischen Zeit erhalten und zeigt sich deutlich bei diesen Armreifen.

Es ist unklar, ob die Stücke von Typ 8.2 offen oder geschlossen waren, denn Originalstücke wie auch direkte Vorläufer sind unbekannt. Sie mögen zum Teil offen gewesen sein, wie der Armreif aus Nippur (Typ 8.1.6.1), aber auch durch Scharniere verschlossen gewesen sein, wie einige Darstellungen (Typ 8.2.4, 8.2.5) vermuten lassen. Weiterhin bleibt offen, ob die Reifen in Durchbruchstechnik wie die Typen 8.1.1-8.1.5 oder in Treibarbeit, wie der bereits genannte Silberreif aus Nippur, hergestellt worden sind[33].

[31] Maxwell-Hyslop, Jewellery, z.B. Taf. 89; S. 249, Abb. 151; S. 123, Abb. 87.

[32] Kayser, Ägyptisches Kunsthandwerk, Abb. 218. Aldred, Juwelen der Pharaonen, Taf. 135. Wilkinson, Egyptian Jewellery, Taf. LXII A, B.

[33] Wie 8.2 vielleicht noch ausgesehen haben könnte, illustrieren möglicherweise Armreifen aus jüngerer Zeit und anderen Kulturräumen. Sie können vielleicht als Hinweise auf die Herstellungstechniken der palmyrenischen Stücke gewertet werden. So läßt ein byzantinisches Armreifpaar (vgl. z.B.: Brüssel, Splendeur de Byzance ,1982, 190, E. 1. W. F. Volbach/J. Lafontaine - Dosogne, Byzanz und der christliche Osten, PKG 3 ,1968, Taf. 73 c) mit seiner zweireihigen Felderanordnung und den sich

Ebenso unklar ist die Herkunft des Typus 8.2. Vorbilder sind keine überliefert. Da aber die ,,Spinnerin'' auf dem ebenso benannten neuelamischen Relief aus Susa sehr breite offene Armreifen trägt[34], kann vielleicht ein Vorbild aus Elam angenommen werden. Colledge sieht ebenfalls iranischen Ursprung[35].

Typ 8.1 und 8.2 wurden in Kombination mit 7.2 getragen (s. Taf. LXXVI, C-D). Handelt es sich dabei wirklich um das Tragen von zwei Armreifen oder hat man sich diesen kombinierten Armschmuck anders vorzustellen? Beim afghanischen Volksschmuck gibt es Frauenarmreifen, die den Darstellungen in Palmyra gleichen[36]. Es sind silberne und auch teilvergoldete Stücke, die aus einem manschettenartig zu bezeichnenden breiten Teil und einem schmaleren wulstartigen Teil, vergleichbar in Wirkung und Oberflächengestaltung mit Armreif Typ 7, gebildet wurden. Es wurden also zwei Armreiftypen zu einem verarbeitet! El-Chehadeh glaubt bei den palmyrenischen Reifen allerdings an eine Selbständigkeit der beiden Teile, weil auf zwei Büsten im Louvre, die Lage der gedrehten Armreifen vom unteren Rand der Manschettenarmreifen deutlich abweicht[37].

Zahlreichen Grabreliefs und Rundbildern zufolge wurden Typ 7 und 8 in Hatra und Palmyra (vielleicht auch in andere Orten?) gerne in Verbindung mit anderem Armschmuck getragen. Die Tafel LXXVI bringt eine repräsentative Auswahl dieser Darstellungen.
A Herk.: Hatra, Rundbild.
  Lit.   : Safar/Mustafa, 250, Abb. 240.
B Herk.: Palmyra, Grabrelief.
  Mus. : Palmyra.
C Herk.: Palmyra, Grabrelief.
  Lit.   : Mackay, Iraq 11, 1949, Taf. LXI, 3.
D Herk.: Palmyra, Grabrelief.
  Lit.   : Mackay, Iraq 11, 1949, Taf. LVIII, 1.
       Simonsen, Taf. X.

---

in jedem Feld befindenden Emailmotiven an diese Herstellungsmöglichkeit auch für die palmyrenischen Armreifen denken. Breite Elfenbeinarmreifen aus Afrika (s. London, Jewellery through 7000 Years, 1976, Taf. 12, Nr. 324 b) bringen mich auf die Idee, daß möglicherweise Elfenbein auch als Material für die palmyrenischen Armreifen verwendet worden sein könnte. Mit Elfenbeinschnitzereien aus Indien ließen sich auch die indischen Motive (Buckelrinder, turbantragende Reiter; vgl. Turban: Rosenfield, Arts of the Kushans, Taf. 82, 92; Chandra, Costumes in India, Taf. II, S. 18 ff) auf den Armreifen 8.2.6, 8.2.7 erklären. Auf den Reliefs konnten die Steinmetze natürlich die verschiedenen Herstellungstechniken aufgrund derselben bildlichen Wirkung nur gleich darstellen.
[34] Orthmann, PKG 14, deutl. Ansicht: Taf. 296a.
[35] Colledge, Art of Palmyra, 152.
[36] Janata, Schmuck in Afghanistan, Taf. 34, 2, 3; Taf. 35, 4.
[37] El-Chehadeh, Schmuck in Syrien, 94. Vgl. Mackay, Jewellery of Palmyra: Iraq 11, 1949, Taf. LVII, 2. (Louvre, Paris) und Taf. LVIII, 1 (Ny Carlsberg Glyptothek, Kopenhagen).

Datierung:

8.1.1-8.1.4: zw. 19 n. Chr. - ca. 70 n. Chr.
8.1.5:   1. Hälfte d. 2. Jh. v. Chr. (?).
8.1.6.1:   arsakidenzeitlich (?).
8.1.6.2:
8.1.6.3:   Ende 1./Anfang 2. Jh. n. Chr.
8.2.1-8.2.8: Mitte 2. - Mitte 3. Jh. n. Chr.

Typ 9 (Taf. LXXVII)

Armbänder und Armketten

Armbänder und -ketten sind im Gegensatz zu Armreifen beweglich. Sie sind durch Darstellungen und Funde belegt.

9.1 Armband aus sieben dreireihigen Fischelementen.
    Den Verschluß bildet eine mit Zelleneinlagen verzierte Scheibe.
    Herk.: Sirkap/Taxila.
    Mus. : Archäol. Mus. Taxila.
    Mat. : Gold.
    Maße: L jeden Fisches ca. 3,4 cm.
    Lit. : Marshall, Taxila III, Taf. 194 b = Nr. 78.
            Bhushan, 69, 9 (Abb. entnommen).
9.2 Flechtband (?) mit Schmuckplatte.
    Das Flechtband wurde in Form von blattförmigen Gliedern dargestellt.
    Herk.: Palmyra, Grabrelief.
    Mus. : Nat. Mus. Damaskus.
9.3 Flechtarmband mit kegelartigem Schmuckelement.
    Ein Silberdraht „twisted back upon itself in chain pattern" wurde durch den kegelförmigen Einsatz an den Enden geschlossen.
    Herk.: Dura-Europos. Hortfund.
    Mus. : Yale Univ. Art Gallery, Dura Europos Coll.
    Mat. : Silber.
    Maße: Dm 6.5 cm.
    Lit. : Dura-Europos, Prel. Rep. 2nd Season, 82, Taf. XLVI, 2, 3.
            Pope/Ackerman VII, Taf. 138 J.
9.4 Flechtarmband aus zwei Drähten (?).
    Herk.: Hatra, Rundbild.
    Mus. : Museum Hatra.
9.5 Perlenband.
    Herk.: Hatra, Rundbild.
    Mus. : Museum Hatra.
9.6 Armband aus ovalen und stäbchenförmigen Schmuckelementen in alternierender Anordnung.
    Herk.: Palmyra, Weihrelief.
    Mus. : Nat. Mus. Damaskus.

9.7 Armband aus runden Kastenfassungen.
    Die runden Fassungen werden durch Scharniere zusammengehalten; diese Scharniere
    werden mittels Perlen oder Stegen dargestellt.
    Herk.: Hatra, Rundbild.
    Lit. : Safar/Mustafa, 250, Abb. 240.
9.8 Flechtband aus mindestens vier Drähten (?).
    Dieser Typ ist dargestellt in Form eines Perlstabes mit beidseitig angeordneten blattför-
    migen Gliedern.
    Herk.: Palmyra, Grabrelief.
    Lit. : Mackay, Iraq 11, 1949, 177, Abb. 6 b.

Zu 9.1:

   Dieses Armband wurde in Sirkap/Taxila in ,,Late Śaka-Parthian'' Schicht gefunden. Das Fischmotiv gilt als typisch für die Kuschankultur, ist aber auch ein Symbol
der syrischen Atargatis und ihrer Mythen[38] sowie ein christliches Zeichen.

Datierung:
   ca. 19 n. Chr. - 70 n. Chr.

Zu 9.2:

   Der Darstellung 9.2 entspricht ein zeitlich nahes Stück aus Armazis-Chevi[39]. Dieses wird aufgrund der Gemme und der schlichten Arbeit als Stück aus einer römischen Werkstätte angesehen.

Datierung:
   Vermutlich 2. Jh. n. Chr.

Zu 9.3 und 9.4:

   Im römischen Schmuck gab es auch aus wellenförmig gelegtem Golddraht gewun-
dene Armbänder[40]. Die Wellen sind so gelegt, daß sich eine Reihe von nebeneinan-
derliegenden Kreisen bildet. So können beide als ,,römisch'' angesehen werden.

Datierung:
   9.3: Mitte 2. Jh. n. Chr. (?)
   9.4: 2. Jh. n. Chr.

---

[38] Colledge, Art of Palmyra, 209 (s. Weihrelief aus Hatra, Sessel der Göttin, deutl. Ansicht: Colledge, Parthian Art, Taf. 35; Ghirshman, Iran, Parther und Sasaniden, Taf. 98). Dura-Europos, Prel.
Rep. 3rd Season (1932) 108.
[39] Apakidze et al., Mccheta I, Farbtaf. II, 3; Abb. 138, 3; Taf. XLVI, 14.
[40] Schönes Beispiel: Siviero, Ori e le Ambre, Taf. 175 a, b; Nr. 238/9 aus Pompeji.

Zu 9.5:

Die Darstellung aus Hatra wird wohl ein einreihiges Perlenarmband meinen, denn bei den Gräbern von Seleukeia wird mehrmals der Fund von einreihigen Perlenarmbändern am Unter- und/oder Oberarm weiblicher Skelette erwähnt[41].

Datierung:
   Hatra: um 100 n. Chr.
   Seleukeia: zw. 43 n. Chr. - 230 n. Chr.

Zu 9.6:

Dieses Stück entspricht durch die Schlichtheit der Form römischem Geschmack und könnte als römisch beeinflußt bzw. als römisch angesehen werden[42].

Datierung:
   1. Jh. n. Chr. - viell. noch Anf. 2. Jh. n. Chr.

Zu 9.7:

Dieser Armschmuck kommt auch als Männerarmschmuck vor (s. Typ 4.1, Taf. XCIX; vgl. Halsschmuck der Männer, Typ 6, Taf. XCIII und Halsschmuck der Frauen, Typ 6.5, Taf. XLIV).

Datierung:
   um 138 n. Chr.

Zu 9.8:

Dieses Armband ist häufiger dargestellt, so z.B. am rechten und linken Unterarm einer Frauenbüste im Museum Palmyra, an einem Armfragment im Museum der Amerikanischen Universität Beirut (vgl. Ingholt, PS 445), am rechten und linken Arm einer Frauenbüste in Kopenhagen (vgl. Simonsen, D 22, 23, Taf. XVII). Mackay[43] erwähnt ein weiteres Büstenfragment aus Palmyra, welches zeigt, daß dieses Armband auch am Oberarm getragen wurde. Aufgrund der noch erhaltenen Kleidung denkt sie an das Bildnis einer Tänzerin nicht-semitischer Herkunft und sieht den Ursprung dieses Armbandtypus nicht im einheimischen Schmuck. Vermutlich handelt es sich jeweils um die Darstellung eines Flechtbandes aus vier Silberdrähten[44].

---

[41] Yeivin, Tombs Found at Seleucia, 44, 49.
[42] Böhme, Schmuck der römischen Frau, Abb. 21.
[43] Mackay, Jewellery of Palmyra, 177, Abb. 6b.
[44] Vgl. Zouhdi, Cat. du Musée de Damas, Abb. 119.

Datierung:
   I. - III. Periode von Palmyra.

Im Vergleich zu den zahlreichen Armreifen sind wenig Armbänder belegt. Man möchte deshalb annehmen, Armbänder seien während der Arsakidenzeit bei den Frauen nicht sonderlich beliebt gewesen.

1.1.6 Fingerschmuck (Taf. LXXXVIII-LXXXII)

Entsprechend der altorientalischen Tradition waren auch zur Zeit der Arsakiden Fingerringe sehr beliebt. Aus Palmyra in besonderem Maße, aber auch aus Hatra sind zahlreiche Darstellungen von Fingerringen überliefert. So zierten, gemäß den Darstellungen, bis zu sechs Ringe die Hand einer Frau, also auch mehrere Ringe einen Finger. Auch der Daumen wurde mit einem Ring geschmückt. Besonders beliebt scheint der kleine Finger der linken Hand als Träger von ein oder mehreren Ringen gewesen zu sein. Gerne steckte man sich auch ein oder zwei Ringe auf den zweiten Finger. Äußerst kostbare oder auffällige Ringe trugen die Frauen am Ringfinger der rechten Hand (s. Typ 6).

All dies entspricht der römischen Frauenmode der nachchristlichen Zeit, die in allen mit römischer Kultur in Berührung gekommenen Ländern üblich war. Hatte diese Mode aber auch ihren Ursprung in Rom? Nach F. Henkel[1] wurde das gleichzeitige Tragen mehrerer Ringe und das Tragen eines Ringes am kleinen Finger in Rom erst mit dem wachsenden Reichtum eingeführt. Die Anregung läßt sich, wiederum nach Henkel, auf griechischen, etruskischen, ägyptischen, südrussischen und nicht zuletzt orientalischen Einfluß zurückführen.

Wie stark in den ersten drei nachchristlichen Jahrhunderten gerade die Fingerringe internationalisiert waren, zeigt Henkels Buch über ,,Die römischen Fingerringe der Rheinlande und der benachbarten Gebiete''. Orientalische, speziell syrische Einflüsse tauchen in Westeuropa auf. Sie werden erklärt durch eingewanderte orientalische Handwerker, durch orientalische Hilfstruppen, vereinzelte orientalische Soldaten und Offiziere in den Armee der westlichen Provinzen, durch Händler und das System der römischen Beamtenlaufbahnen[2]. Andererseits lassen sich westliche

---

[1] F. Henkel, Die römischen Fingerringe der Rheinlande und der benachbarten Gebiete (1913) Bd. I. 210 ff. 258 ff.

[2] So lebte z.B. Publius Helvius Pertinax 160-163 n. Chr. in Syrien, 163-165 n.Chr. in Britannien, 175-182 n.Chr. mit Unterbrechungen wieder in Syrien, 185-187 n.Chr. abermals in Britannien und später in Afrika. Auch Q. Lollius Urbicus weist Judäa und Britannien als Laufbahnstationen auf. Die beiden erwähnten Beamten waren keine Ausnahme (vgl.: H. W. Böhme, Römische Beamtenkarrie-

Einflüsse an den Fingerringen des Orients feststellen[3], hervorgerufen durch ähnliche kosmopolitische Verhältnisse in den städtischen Handelszentren des Arsakiden- reiches und der angrenzenden Gebiete.

Über die kulturgeschichtlichen Hintergründe des Ringtragens bei den Frauen ist, außer daß der Ring Träger eines Siegels ist, aus dem arsakidischen Orient nichts bekannt. Aus einem Vergleich mit Gepflogenheiten anderer Länder und Kulturen wären möglich: das Tragen von speziellen Sommer- und Winterringen, die Bedeu- tung der einzelnen Ringe als Schmuckringe, Freundschaftsringe, Liebesringe, Gedenk- und Trauerringe, Zauberringe, Amulett- bzw. Talismanringe, Zeremo- nienringe, Giftringe, Verlobungs- und Eheringe und nicht zuletzt Heilringe gegen bestimmte Krankheiten[4]. Das Tragen von mehreren Ringen am rechten oder linken Ringfinger oder eines Ringes auf dem ersten Fingerglied galt u.U. als Mittel gegen Unfruchtbarkeit[5]. Vermutlich wurde auch dem einzelnen Stein eine Symbolik zugesprochen[6].

Typ 1 (Taf. LXXVIII-LXXX)

Siegelringe

Zahlreiche Varianten liegen durch Originalfunde vor.

1.1 Ring mit gleichmäßig dickem Reif.
　　Bei diesem aus einem Stück geschliffenen Achatring ist die Oberfläche flach angeschlif- fen. Auf der ovalen, eingetieften Platte befindet sich ein nach links gerichteter Vogel.
　　Herk.: Persien, Kunsthandel.
　　Mus.: Slg. Patti C. Birch.
　　Mat.: Achat.

ren, 1971; L. Pauli, Die Alpen in Frühzeit und Mittelalter. Die archäologische Entdeckung einer Kul- turlandschaft, 1980, 2. Aufl. 1981, 157-159) und zu denken ist, daß mit ihnen und wie sie auch andere Menschen reisten, wobei es zum Austausch von Kulturgütern kam. Außerdem nahmen seit der Zeit Trajans Teile der palmyrenischen Truppen an der Verteidigung der römischen Reichsgrenzen an der Donau, in England und in Afrika teil (s. A. Bounni, Palmyra — Oasen- und Handelsstadt: München, Land des Baal, 1982, 352. Teixidor, Pagan God, 109). Palmyrenische Kaufleute waren nicht weniger weitgereist (s. Rostovtzeff, Caravan Cities, 146).
　[3] Colledge, Art of Palmyra, 97.
　[4] Henkel, Fingerringe I, 345. G. F. Kunz, Rings for the finger (1973). A. A. Fourlas, Der Ring in der Antike und im Christentum. Der Ring als Herrschaftssymbol und Würdezeichen (1971).
　[5] Seligmann, Der böse Blick II, 230.
　[6] Seligmann, Der böse Blick. Fourlas, Der Ring in der Antike, 122. H. Battke, Die Ringsammlung des Berliner Schlossmuseums, zugleich eine Kunst- und Kulturgeschichte des Ringes (1938) 45 ff. H. Battke, Ringe aus vier Jahrtausenden (1963) 46 ff.

Maße: H 2,3 cm.
Lit.   : Pforzheim, Schmuck aus Persien (1974) Abb. 64.
1.2 Ring mit sich zur Platte hin verdickendem Reif.
Die Gravur auf dem in die eingetiefte Platte gefügten Granat zeigt die Figur eines Pfau-es, n. Braidwood; n. Colledge, wie auch auf der bei ihm publizierten Photographie, je-doch die Figur einer Göttin.
Herk.: Seleukeia, Hortfund.
Mus. : Irak Mus. Baġdad.
Mat. : Gold, Granat n. Braidwood.
Maße: Dm 2,3 cm n. Pope/Ackerman. Dm 2,5 n. Colledge.
Lit.   : Braidwood, Taf. XXIV, Abb. 2,1.
        Pope/Ackerman VII, Taf. 139 L.
        Colledge (1967) Taf. 11e (Abb. entnommen).
        Rupp, Taf. II, B 1.

Ähnliche, auf der Tafel nicht abgebildete Ringe:
Ring mit ovaler Gemme.
In die Gemme ist ein nackter Jüngling eingraviert. Er kämpft mit zwei Hunden. Des-halb hält er in der einen erhobenen Hand einen dünnen Stock; in der anderen seinen Umhang. Im Hintergrund ist eine Landschaft (Haus, Steine, Baum) angedeutet. Dar-gestellt ist der Tod des Actaeon.
Herk.: Armazis-Chevi, Grab.
Mus. : Staatl. Mus. Georgiens, S. Dshanachia, Tiflis.
Mat. : Gold, Granat oder Amethyst.
Lit.   : Apakidze et al., Farbtaf. X, 2; Taf. LXXX, 13; Gemme, 105, Abb. 54 (Abb.
        entnommen, verkleinert).
Ringe mit ovaler Gemme.
Herk.: Armazis-Chevi, Grab 6.
Mus. : Staatl. Mus. Georgiens, S. Dshanachia, Tiflis.

Mat. : Gold, Einlagen.
Lit. : Apakidze et al., Taf. LXVI, 4, 6.
        Mongait, 14.
1.3 Ringe, deren Reif außen und im Querschnitt an der Platte abgeflacht ist.
    (Alle Abbildungen sind entnommen Ghirshman, 1976.).
  1.3.1 Herk.: Masğid-e Sulaimān.
        Mus. : Iran-Bastan Mus., Teherān.
        Mat. : Bronze.
        Maße: Dm 1,6.
        Lit. : Ghirshman (1976) Taf. 55, G.MIS 282 a.
  1.3.2 Herk.: Masğid-e Sulaimān.
        Mus. : Mus. Louvre, Paris.
        Mat. : Eisen.
        Maße: Dm 1,8 cm.
        Lit. : Ghirshman (1976) Taf. 55, G.MIS 281 e.
  1.3.3 Herk.: Masğid-e Sulaimān.
        Mus. : Iran-Bastan Mus., Teherān.
        Mat. : Bronze.
        Maße: Dm 2 cm.
        Lit. : Ghirshman (1976) Taf. 74, G.MIS 668.
  1.3.4 Herk.: Bard-e Nišāndeh.
        Mat. : Bügel aus Bronze.
        Maße: Dm 2,4 cm.
        Lit. : Ghirshman (1976) Taf. 15, G.B.N. 185
  1.3.5 Herk.: Masğid-e Sulaimān.
        Mus. : Iran-Bastan Mus., Teherān.
        Mat. : Bronze.
        Maße: Dm 1,9 cm.
        Lit. : Ghirshman (1976) Taf. 55, G.MIS 282 c.
  1.3.6 Herk.: Bard-e Nišāndeh.
        Mat. : Bronze.
        Lit. : Ghirshman (1976) Taf. 1, G.B.N 70.
  1.3.7 Herk.: Masğid-e Sulaimān.
        Mus. : Mus. Louvre, Paris, Sb 9007.
        Mat. : Bronze.
        Maße: Dm 1,7 cm.
        Lit. : Ghirshman (1976) Taf. 55. G.MIS 285 c.
  1.3.8 Herk.: Armazis-Chevi, Grab 6.
        Mus. : Staatl. Mus. Georgiens, S. Dshanachia, Tiflis.
        Mat. : Gold.
        Lit. : Apakidze et al., Taf. LXVI, 8, 9 (Abb. entnommen).
Ähnliche, nicht abgebildete Ringe, z.B.:
— Ghirshman (1976) Taf. 55, G.MIS 285 d.
— Ghirshman (1976) Taf. 79, G.MIS 603 a.
— Ghirshman (1976) Taf. 55, G.MIS 285 b.

— Egami/Fukai/Masuda, Taf. XLIX, 32.
— Ghirshman (1976) Taf. XXXVIII, 6; Taf. 1, G.B.N. 72.
— Ghirshman (1976) Taf. 35, G.MIS 480 a.
— Ghirshman (1976) Taf. 75, G.MIS 678.

1.4 Ring mit kurzem Sockelhals und abgesetzter Platte.
   Herk.: Masǧid-e Sulaimān.
   Mus. : Iran-Bastan Mus., Teherān.
   Mat. : Bronze.
   Maße: Dm 2,5 cm.
   Lit. : Ghirshman (1976) Taf. 79, G.MIS 112.

1.5 Siegelringe mit hochgezogenem Plattenhals.
   1.5.1 Herk.: Masǧid-e Sulaimān.
         Mus. : Iran-Bastan Mus., Teherān.
         Lit. : Ghirshman (1976) Taf. 55, G.MIS 281 g.
   1.5.2 Herk.: Seleukeia, Gruft 66.
         Mat. : mit gelber Glaspasteneinlage.
         Lit. : Yeivin, Taf. XIX, 1.
   1.5.3 Herk.: Masǧid-e Sulaimān.
         Mus. : Mus. Louvre, Paris, Sb 9596.
         Mat. : Bronze.
         Lit. : Ghirshman (1976) Taf. 79, G.MIS 606 a.
   1.5.4 Herk.: Masǧid-e Sulaimān.
         Mus. : Mus. Louvre, Paris, Sb 9000.
         Mat. : Bronze.
         Maße: Dm 1,7 cm.
         Lit. : Ghirshman (1976) Taf. 55, G.MIS 281 d.
   1.5.5 Herk.: Masǧid-e Sulaimān.
         Mus. : Iran-Bastan Mus., Teherān.
         Mat. : Bügel aus Eisen, Platte aus Bronze.
         Maße: Dm 2,2 cm.
         Lit. : Ghirshman (1976) Taf. 55, G.MIS 281 f.
   1.5.6 Ehemals mit Stein- oder Glaseinlage.
         Herk.: Dura-Europos, Grab 24, 33.
         Mus. : Yale Univ. Art Gallery, Dura Europos Coll.
         Mat. : Eisen oder Bronze oder Silber.
         Lit. : Dura-Europos, Prel. Rep. 9th Season II, Taf. XLVI, L.
   1.5.7 Herk.: Masǧid-e Sulaimān.
         Mus. : Iran-Bastan Mus., Teherān.
         Mat. : Eisen.
         Maße: Dm 2 cm.
         Lit. : Ghirshman (1976) Taf. 35, G.MIS 407.
                 Ein ähnliches Stück mit eingraviertem Vogel auf Taf. 42, G.MIS 217.
   1.5.8 Herk.: Masǧid-e Sulaimān.
         Mus. : Mus. Louvre, Paris, Sb 9062.
         Mat. : Eisen, Inkrustation.

Maße: Dm 2,2 cm.
Lit.   : Ghirshman (1976) Taf. 40, G.MIS 341.
1.6 Ringe mit aufgesetzter Platte.
   1.6.1 Herk.: Masǧid-e Sulaimān.
      Mus. : Mus. Louvre, Paris, Sb 8999.
      Mat. : Bronze.
      Maße: Dm 1,7 cm.
      Lit.   : Ghirshman (1976) Taf. 55, G.MIS 285 e.
   1.6.2 Reste einer Glaspaste sind noch erkennbar, das Vogelmuster ist nicht mehr genau
      zu sehen.
      Herk.: Hasani Mahaleh, Grab 4.
      Mus. : Tokio.
      Mat. : Kupfer.
      Maße: Dm ca. 5 cm.
      Lit.   : Sono/Fukai, Taf. XXXVIII, 12; Taf. LXIII, 14.
   1.6.3 Eingraviertes geometrisches Motiv.
      Herk.: Hasani Mahaleh, Grab 4.
      Mus. : Tokio.
      Mat. : Kupfer.
      Maße: Dm ca. 5 cm.
      Lit.   : Sono/Fukai, Taf. XXXVIII, 13; Taf. LXIII, Abb. 12.
   1.6.4 Herk.: Seleukeia, Gruft 66.
      Mat. : Gold.
      Lit.   : Yeivin, Taf. XIV, 1.
          Ähnl. Stück: Dura-Europos, Prel. Rep. 9th Season II, Taf. L.
1.7 Ring mit schildartig gewölbter, gravierter Platte.
   Herk.: Masǧid-e Sulaimān.
   Mus. : Mus. Louvre, Paris.
   Mat. : Bronze.
   Maße: Dm 2,5 cm.
   Lit.   : Ghirshman (1976) Taf. 79, G.MIS 113 (Abb. entnommen).
1.8 Offener (?) Ring mit konkaver (?), gravierter Platte.
   Herk.: Masǧid-e Sulaimān.
   Mus. : Iran-Bastan Mus., Teherān.
   Mat. : Silber.
   Maße: Dm 2 cm.
   Lit.   : Ghirshman (1976) Taf. 73, G.MIS 656 (Abb. entnommen).

Siegelringe wurden Grabfunden und Grabreliefdarstellungen zufolge von Frauen
getragen. Ob allerdings jeder der hier aufgeführten Stücke ein Frauenring war, ist
nicht zu klären. Möglich wäre z.B., daß der eine oder andere Typ nur von Männern
oder von beiden Geschlechtern getragen wurde. Das Tragen des Siegelringes im Arsakidenreich und in Syrien entspricht einer damaligen internationalen Erscheinung,

die sich bis nach Britannien und Ägypten beobachten läßt[7], die aber eine lange Tradition im Orient hat[8].

Verschiedene Typen lassen sich, wie die Tafeln zeigen, unterscheiden. Sie entsprechen, in Orientierung an Henkel[9], den Formen, wie sie in römischen Gebieten anzutreffen sind. Allenfalls die starke Abflachung unter der Platte bei 1.3 entspricht nicht so recht dem römischen Formenkreis. Besser vergleichbar ist diese Herstellungsweise mit frühen Formen aus der Mitte des fünften und dem Ende des vierten Jh. v. Chr. in Griechenland[10] und mit Stücken aus achämenidischer[11] Zeit. Diese Form erinnert an den Ursprung des Siegelringes — so an die ägyptischen[12], etruskischen[13] und phönizischen[14] mit dem auf der Unterseite flachen, eingefügten Skarabäus; d.h. sie erwecken den Eindruck, als ob sie das Aussehen der ältesten Siegelringe, bei Veränderung der technischen Ausführung, beibehalten haben. So stünde dieser Typus in Fortsetzung einheimisch-achämenidischer Tradition.

Manchmal hat man bei den Darstellungen in Palmyra den Eindruck, daß es sich um eine von Böhme folgendermaßen beschriebene Variante von Typus 1 handeln könnte: ,,... runde Ringe mit innen kaum abgeflachter Schiene, die sich zu den Schultern hin verbreitert und in eine kleine unverzierte Platte übergeht. Gelegentlich teilt sich die Schiene, und es werden zwei nebeneinanderliegende Platten gebildet, so daß die Wirkung von zwei Ringen entsteht[15]''. Einfache Stücke liegen i.d.R. vor aus dem römischen Gebiet[16], reich verzierte überwiegend aus dem südrussischen[17]. Obwohl die palmyrenischen Darstellungen keinerlei Hinweise darauf geben, wird man sich, in Orientierung an den prunkvollen Schmuckfunden vor

---

[7] Henkel, Fingerringe I, S. XIX ff.

[8] U. Moortgat-Correns, Glyptik: RLA III (1957-71) 446.

[9] Henkel, Fingerringe II, Taf. IX, 177, 178; Taf. XI, 212; Taf. XLVI, 1194; Taf. IX, 176; Taf. X, 194; Taf. XXXVII, bes. 959; Taf. XLIV, 1102, 1104; Taf. LV, 1434; Taf. XLVIII, 1255; Taf. III, 47, 48.

[10] F. H. Marshall, Catalogue of the Finger-Rings, Greek, Etruscan, and Roman, in the Departments of Antiquities, British Museum (1907) Taf. II, III.

[11] E. F. Schmidt, Persepolis II (1957) Taf. 17, 18, 19.

[12] Vernier, Égyptiennes Bijoux et Orfèvreries II, Taf. XX ff.

[13] Marshall, CFBM, Taf. VIII, IX.

[14] Moortgat-Correns a.O. 446.

[15] Böhme, Schmuck der römischen Frau, 17.

[16] Henkel, Fingerringe II, z.B. Taf. VI, 107; Taf. IX, 181. Böhme, Schmuck der römischen Frau, Abb. 31. Amandry, Coll. H. Stathatos (1953) Taf. XLI, Nr. 238/9. Marshall, CFBM, Taf. XIX, Nr. 759. Pollak, Slg. v. Nelidow, Nr. 463.

[17] Greifenhagen, Schmuckarbeiten I, Taf. 26, 1-4, 14-17; Bd. II, Taf. 59, Nr. 35, 36. Kassel, Antiker Schmuck (1980) Taf. 24, Nr. 130. Segall, Kat. Mus. Benaki, Athen, Nr. 163, 164. I. Ondřegová, Les bijoux antiques (1975) Nr. 44, Taf. I, 2; Taf. II, 2; XIII, 2. Zahn, Slg. Baurat Schiller, Taf. 51, Nr. 23. Hackens, Classical Jewelry, Nr. 69.

allem aus Seleukeia, die Originale dieser ,,Doppelringe'' wie die reicher ausgestatteten Exemplare vorstellen dürfen (s.a. Typ 7).

Datierung:
```
1.1:        spätarsakidisch-frühsasanidisch (3./4. Jh. n. Chr.).
1.2:        40 n. Chr. - 115/116 n. Chr.
1.3.1:
1.3.2:
1.3.3:
1.3.4:      arsakidenzeitlich.
1.3.5:
1.3.6:
1.3.7:
1.3.8:      190 n. Chr.
1.4:
1.5.1:      arsakidenzeitlich.
1.5.2:
1.5.3:      118 n. Chr. - 230 n. Chr.
1.5.4:
1.5.5:      arsakidenzeitlich.
1.5.6:
1.5.7:
1.5.8:      1. und 2. Jh. n. Chr.
1.6.1:      arsakidenzeitlich.
1.6.2:
1.6.3:      1. - 3. Jh. n. Chr.
1.6.4:      43-118 n. Chr.
1.7:
1.8:        arsakidenzeitlich.
```

Schmuckringe (Typ 2-18)

Typ 2 (Taf. LXXX)

Ring mit erhaben geschnittener Gemme (Frauenkopf)

Herk.: Armazis-Chevi, Grab 7.
Mus. : Staatl. Mus. Georgiens, S. Dshanachia, Tiflis.
Mat. : Gold, Granatgemme.
Maße: Dm 2,7 cm.
Lit. : Apakidze et al., Taf. X, 3 a, b; Abb. 53 (Gemme); Taf. LXVI, 5; LXXX, 14.
        Pfeiler, Taf. 25, Abb. 2.

Datierung:
  2. Jh. n. Chr.

Typ 3 (Taf. LXXX)

Ringe mit negativ geschnittener Gemme

3.1 Auf der ovalen Gemme ist ein nackter, stehender Knabe, ein Arm ist ausgestreckt, ein-
graviert.
Herk.: Ninive.
Mus.: Brit. Mus., London.
Mat. : Gold, Rubin oder Granat mit Gravur.
Maße: Dm 1,8 cm.
Lit. : Curtis (1976) Abb. 95; ähnl. Abb. 96. (Abb. entnommen).
3.2 Ring mit Glasfüllung (?).
Herk.: Hasani-Mahaleh, Grab 4.
Mus.: Iran-Bastan Mus., Teherān.
Mat. : Kupfer.
Maße: Dm ca. 5 cm.
Lit. : Sono/Fukai, Taf. LXIII, Abb. 13; Taf. XXXVIII, Abb. 14.
3.3 Auf der ovalen Gemme ist ein Figürchen eingraviert.
Herk.: Masǧid-e Sulaimān.
Mus.: Iran-Bastan Mus., Teherān.
Mat. : Bronze.
Maße: Dm 1,8 cm.
Lit. : Ghirshman (1976) Taf. 55, G.MIS 282 b. (Abb. entnommen).

Datierung:
3.1: 1. Hälfte des 2. Jh. n. Chr.
3.2: 1. - 3. Jh. n. Chr.
3.3: arsakidenzeitlich.

Typ 4 (Taf. LXXXI)

Ringe mit aufgesetzter Kastenfassung

4.1 Ring mit rhombenförmiger Kastenfassung.
Herk.: Nowruzmahaleh, Grab IV.
Mat. : Silber.
Maße: Dm 1,5 cm.
Lit. : Egami/Fukai/Masuda (1966) Taf. XLIX, 33; Taf. XIX, 5.
4.2 Ring mit länglich-ovaler Kastenfassung.
Herk.: Masǧid-e Sulaimān.
Mus.: Mus. Louvre, Paris, Sb 9023.
Mat. : Eisen.
Maße: Dm 2,8 cm.
Lit. : Ghirshman (1976) Taf. 56, G.MIS 345 (Abb. entnommen).

4.3 Ring mit ovaler Kastenfassung.
    Herk.: Bard-e Nišāndeh.
    Mat. : Bügel aus Silber, Fassung inkrustiert.
    Maße: Dm 2,1 cm.
    Lit. : Ghirshman (1976) Taf. 15, G.B.N. 184.
         Ähnl. Stücke:
         Armazis-Chevi: Apakidze et al., Farbtaf. II, 1, 1b; Taf. XLVI, 12.
         Babylon: Reuther, WVDOG 47, Taf. 95, Abb. 233 e.
4.4 Ring mit rund-ovaler Kastenfassung, seitlich auf den beiden Schultern je eine Goldperle; figürliches Motiv eingraviert.
    Herk.: Garni.
    Mat. : Gold.
    Maße: Dm ca. 1 cm.
    Lit. : Arakelian (1957) 79, Abb. 49 (Abb. entnommen).
         Arakelian (1976) Taf. LII, 4.

Im römischen Kulturkreis ist dieser Typus etwa ab dem 4. Jh. n. Chr.[18] belegt. Angesichts der früheren Datierung der vorderasiatischen Stücke kann eine orientalische Herkunft dieses Typus angenommen werden. Dafür spricht auch die Tendenz der Abflachung des Ringes unter der Platte bei einigen Exemplaren (Typ 4.1, 4.4), die bereits bei Typ 1 als ein Charakteristikum gerade der orientalischen Siegelringe angesehen wurde.

Datierung:
    4.1: 1. - 3. Jh. n. Chr.
    4.2: spätarsakidisch - frühsasanidisch.
    4.3: spätarsakidisch - frühsasanidisch.
    4.4: 1. Jh. n. Chr.

Typ 5 (Taf. LXXXI)

Schwere Goldringe mit hochgewölbten Cabochons

5.1 Herk.: Uruk/Warka, Grabfund.
    Mus. : Brit. Mus., London.
    Mat. : Gold, Einlage.
    Lit. : Loftus, 211.
         Curtis (1979) 313, Abb. 6, S. 315.
5.2 Herk.: Persien, Kunsthandel.
    Mus. : Slg. Patti C. Birch.
    Mat. : Gold, Granat.
    Maße: H 3,4 cm.
    Lit. : Pforzheim, Schmuck aus Persien (1974) Abb. 60.

[18] Henkel, Fingerringe I, 38. Greifenhagen, Schmuckarbeiten II, Taf. 60, Nr. 3, 21, 32.

5.3 Herk.: Ausgrab. in Hsiatai, Mongolei (Han-Zeit).
    Mat. : Gold, farbiger Stein.
    Maße: Dm 2,2 cm.
    Lit.   : Cultural Relics unearthed in Sinkiang (Peking 1975) 13, Abb. 21.

Typ 5.3 ist im chinesischen Raum eine Besonderheit. Er paßt stilistisch und zeitlich gut zu dem arsakidenzeitlichen Schmuck. Durch Handelsbeziehungen kann dieser Ring nach China gelangt sein.

Obwohl vergleichbare Funde aus dem griechischen Raum des 3. und 2. Jh. v. Chr. vorliegen[19], kann wegen der reichen Granulation von einer orientalischen Variante gesprochen werden.

Datierung:
   5.1:
   5.2:   arsakidenzeitlich.
   5.3:

Typ 6 (Taf. LXXXI)

Breite Ringe mit tropfenförmiger Fassung

Ein Exemplar unbekannter Herkunft (Typ 6.6) entspricht den dargestellten Ringen (6.1-6.5).

6.1 Reif mit netzartiger Musterung; in der vorderen Mitte eine ovale und eine über den Reifrand hinausragende, tropfenförmige Fassung.
    Herk.: Palmyra, Grabrelief.
    Lit.   : z.B. deutl. Ansicht: Colledge (1976) Nr. 89.
          z.B. Browning, Abb. 7.
          z.B. Mackay, Iraq 11, 1949, Taf. LVIII, 2.
6.2 Reif mit Kreuzmuster; in der vorderen Mitte eine über den Reifrand hinausragende, tropfenförmige Fassung.
    Herk.: Palmyra, Grabrelief.
    Mus. : Mus. Louvre, Paris.
6.3 Reif mit Granulationskügelchen entlang der Mitte; am Rand ist eine tropfenförmige Fassung befestigt; an deren Spitze eine Perle.
    Herk.: Palmyra, Grabrelief.
    Lit.   : z.B. Bossert, Taf. 551.
6.4 Reif ähnlich wie 6.1, nur trägt die tropfenförmige Fassung eine zusätzliche Perle an der Spitze.
    Herk.: Palmyra, Grabrelief.

---

[19] Oliver jr., Jewelry, BMMA 24, 1966, 279, Abb. 19.

Lit. : Boston, Romans and Barbarians (1976/77) Nr. 61, Taf. VI.
Ogden, Taf. 1.
Gup/Spencer, Abb. 14.
Boston, Greek, Etruscan and Roman Art (1963) Taf. 258, Nr. 240.
Colledge, EW 29, 1979, Abb. 19.

6.5 Reif mit Querrillen; in der Mitte eine tropfenförmige Fassung.
Herk.: Palmyra, Grabrelief.
Lit. : Seyrig, Syria 29, 1952, 233, Abb. 13.

6.6 Der breite Fingerreif wird von einer Weinranke durchzogen. Einzelne Blätter sind mit Glas- bzw. Steineinlage gefüllt. Auf der vorderen Mitte befinden sich Kastenfassungen: zwei kleinere runde, eine größere ovale, die über den Reifrand hinausragt.
Mus. : Metropolit. Mus. of Art, New York, N.Y., 23.160.2.
Mat. : Gold, Einlagen.
Maße: H 2.7 cm, Dm 2.4 cm.
Lit. : Alexander, Taf. IV.
Ähnl. Reifgestaltung bei Fingerring aus Sirkap/Taxila, Marshall III, Taf. 197, Nr. 12.

Der Ring 6.6 ähnelt dem Armreif 8.1.5, Taf. LXXV aus Beirut[20] und veranschaulicht wie man sich die Darstellungen vorzustellen hat. Solche zarten Muster konnten naturgemäß auf Grabreliefs nicht dargestellt werden, weshalb sich die Steinmetze mit einfacheren geometrischen Mustern behalfen.

Nur bedingt vergleichbar sind einige undatierte und nicht lokalisierte Stücke bei Marshall[21] und Greifenhagen[22] sowie ein Ring aus Beirut[23]. Bei dem in Beirut erworbenen Ring ist ein tropfenförmiger Stein von einem omegaförmig gelegten Golddraht umgeben. Damit führt dieser Fingerring zu zwei Ohrringtypen. Der eine ist der mit der sog. ,,Isiskrone[24]''. Segall[25] vermutet seine Werkstätte in Alexandria oder Syrien (Antiochia?). Beide Orte waren nicht nur Schmuckzentren, sondern gleichzeitig auch Zentren des Isiskultes. Ihm nahe stehen Ohrringe, die anstelle der Isiskrone eine mandelförmige, genauer omegaförmige Einfassung[26] aufweisen. Speziell mit ihnen ist, wie mir scheint, Typus 6 verwandt. Der Ring aus Beirut weist aufgrund der oberhalb der Tropfenspitze angebrachten Schlange nach Ägypten. So kann mit aller Vorsicht für Typ 6 ägyptischer Ursprung angenommen werden. Dies

---

[20] Pfeiler, Goldschmuck, Taf. 9. Hoffmann/Davidson, Greek Gold Jewelry, Abb. 56a-d.
[21] Marshall, CFBM, Taf. XIX, Nr. 769.
[22] Greifenhagen, Schmuckarbeiten II, Taf. 59, Nr. Abb. 33.
[23] Marshall, CFBM, Taf. XIX, Nr. 770.
[24] z.B. Segall, Kat. Mus. Benaki, Athen, Nr. 42. Amandry, Coll. H. Stathatos (1953) Taf. XLII, Nr. 244/245. Marshall, CJBM, Taf. LI, Nr. 2328, 2331. Greifenhagen, Schmuckarbeiten II, Taf. 41, 4. De Ridder, Coll. de Clercq, Taf. 1, Nr. 122/3, 614.
[25] Segall, Kat. Mus. Benaki, Athen, 54/55, Nr. 42.
[26] z.B. Greifenhagen, Schmuckarbeiten I, Taf. 22, Nr. 15/20; Bd. II, Taf. 41, 7/8.

ist gut möglich, da er die Tradition breiter ägyptischer Ringe mit reichen Einlagen auf der Platte fortsetzen würde und m.W. nur in Palmyra und dort erst in der 3. Periode getragen wurde. Trotz einer ägyptischen Herkunft kann dieser Typus natürlich in einer Werkstatt außerhalb Ägyptens, z.B. in Antiochia/Syrien hergestellt worden sein. Dort kann das ursprünglich ägyptische Motiv der Isiskrone für den syrischen Geschmack zum altvorderasiatischen Omega-Motiv, einem Symbol von Muttergottheiten[27], umgewandelt und auch auf die tropfenförmige Fassung reduziert worden sein.

Datierung:
     6.1: 2. Jh. n. Chr.
     6.2: 2. Hälfte d. 2. Jh. n. Chr.
     6.3: bis um 130/150 n. Chr.
     6.4: Mitte des 2. Jh. n. Chr.
     6.5: 1. Hälfte des 3. Jh. n. Chr.
     6.6: arsakidenzeitlich.

Typ 7 (Taf. LXXXII)

Doppelring

     Zwei einzelne, gleichartige Ringe mit runder Schmuckeinfassung sind unten zusammengelötet.
Herk.: Bard-e Nišānde.
Mat. : Bügel aus Bronze, beide Scheiben inkrustiert.
Maße: Dm 1,7 cm.
Lit.   : Ghirshman (1976) Taf. XXXVIII, 6; Taf. 9, Nr. G.B.N 73.

     Er ist im römischen Formengut[28] ebenfalls vertreten (s.a. S. 224 f).

Datierung:
     ab 1. Jh. v. Chr. - Ende d. arsakidischen Zeit.

Typ 8 (Taf. LXXXII)

Ring mit Fassung in Blütenform

     Auf einem schmalen Reif sitzt eine Fassung in Form eines vierblättrigen Kleeblattes. Jedes Blatt ist mit roter Einlage (Glasfluß oder Granat) ausgefüllt.

---

[27] Seidl, Göttersymbole: RLA III, 489, § 10. Fuhr, Ein altorientalisches Symbol, 40 ff.
[28] Henkel, Fingerringe II, Taf. IX, Nr. 181 a, b; Taf. X, Nr. 193 a, b.

Herk.: Armazis-Chevi, Grab 7 (?).
Mus.: Staatl. Mus. Georgiens, S. Dshanachia, Tiflis.
Mat.: Gold, roter Glasfluß oder Granat.
Lit.: Apakidze et al., Taf. X, 4; Abb. 135, 19.
        Pfeiler, Taf. 25, 2.
(Vgl. Fingerringe aus Sirkap/Taxila, Marshall III, Taf. 197, Nr. 10; Taf. 198, Nr. 40.).

Datierung: 2. Jh. n. Chr.

Typ 9 (Taf. LXXXII)

Ring mit Göttersymbol[29]

An dem Reif ist seitlich das Symbol des Ahura Mazda angebracht. Es besteht aus einem Ring, in welchen ein sechsstrahliger Stern eingefügt ist. Der Reif ist mit zwei Zick-Zack-Linien geschmückt, die unter dem Göttersymbol von einer Durchbruchsarbeit unterbrochen sind.
Herk.: Seleukeia, Hortfund II.
Mus.: Irak Mus. Baġdad, IM 17949.
Mat.: Gold.
Maße: Dm 2,2 cm; Weite 1,9 cm (sehr stark getragen).
Lit.: Braidwood, Taf. XXIV, Abb. 2, 2.
        Pope/Ackerman VII, Taf. 139, 0.
        Rupp, Taf. II, B 2.
        Hildesheim, Sumer — Assur — Babylon (1978) Nr. 187.
        Berlin, Der Garten in Eden (1979) Nr. 187.

In Anlehnung an Henkel, der die Ansicht vertritt, daß alle Fingerringe von mehr als 1,8 cm Durchmesser Männerringe sind, sieht Rupp[30] in diesem Ring einen Männerring und steht damit im Widerspruch zu Braidwood, der den gesamten Hortfund II als Frauenschmuck deutet.

Die Deutung der Scheibe als Göttersymbol ergibt sich aus einem Vergleich mit der Krone des Ahura Mazda auf dem Darius-Relief in Bisutun[31].

---

[29] Braidwood, Parthian Jewelry, 66, sieht im Dessin auf der runden Scheibe eine geometrische Rose. Nach Rupp, Zelleneinlage, 34 ff, stellt die runde Scheibe ,,ein Rad mit ganz massiven, abgestumpften Speichen dar. Es ist das heilige 'Rad des Gesetzes' der buddhistischen Symbolik, das, hinter dem Altar stehend, ein Sinnbild Buddhas war. ... Das ... Ornament auf der Ringplatte ist wahrscheinlich eine Aneinanderreihung winziger Feueraltäre''. Ähnlichkeit hat dieser Ring mit Schlüsselringen (vgl. Henkel, Fingerringe, Taf. LXXII, Nr. 1933, 1934; S. 184, Abb. 144; S. 248 ff.; s.a.: Marshall, CFBM, Taf. XVI, Nr. 556).
[30] Rupp, Zelleneinlage, 35.
[31] H. Luschey, Studien zu dem Darius-Relief in Bisutun: AMI NF 1, 1968, Taf. 34.

Datierung:
   zw. 40 n. Chr. - 115/116 n. Chr.

Typ 10 (Taf. LXXXII)

Ring mit runder Kastenfassung

   Die Fassung ist von einem Granulationskranz umgeben. Auf dem Reif ist außen ein Zopf-
band aufgelegt.
Herk.: Tell Šemšarra.
Mus. : Irak Mus. Baġdad, IM 62320.
Mat. : Gold, Einlage aus grünl.-bläul. Material.
Maße: Dm 2,2 cm.
Lit. : Hildesheim, Sumer — Assur — Babylon (1978) Nr. 186.
        Berlin, Der Garten in Eden (1979) Nr. 186.

   Dieser schöne Ring entspricht einem römisch-kaiserzeitlichen Stück[32].

Datierung:
   3./2. Jh. v. Chr. - 2./3. Jh. n. Chr.

Typ 11 (Taf. LXXXII)

Glasring

   Glasfingerring mit gedrehtem Reif und eingelegtem Stein auf der vorderen Mitte des
Ringes.
Herk.: Ḫoramrūd, Grab A IV.
Mat. : Glas.
Maße: Dm 1,3 cm.
Lit. : Egami/Fukai/Masuda (1966) Taf. LVI, 1; Taf. XXX, 1.

   Nach Marshall[33] sind Glasringe im griechischen Bereich belegt ab dem 4. Jh. v.
Chr., erfreuten sich aber auch in hellenistischer und römischer Zeit großer Beliebtheit und Verbreitung[34].

---

[32] Greifenhagen, Schmuckarbeiten I, Taf. 26, Nr. 8/12.
[33] Marshall, CFBM, S. XXXV; Taf. XXXIV, Nr. 1578.
[34] Henkel, Fingerringe I, 283; ähnl. Stück: Bd. II. Taf. LXV, Nr. 1755.

Datierung:
1. - 3. Jh. n. Chr.

Typ 12 (Taf. LXXXII)

Schmaler Ring

Die obere Mitte des Reifens kann auch abgeplattet sein und ein Muster, in diesem Falle ein blattartiges Ritzmuster, aufweisen.
Herk.: Masǧid-e Sulaimān.
Mus.: Iran-Bastan Mus., Teherān.
Mat.: Bronze.
Maße: Dm 1,8 cm.
Lit. : Ghirshman (1976) Taf. 79, G.MIS 606 b (Abb. entnommen).
Ähnl. Stücke, ohne Verzierung:
Dura-Europos, Prel. Rep. 9th Season II, Taf. XLVII. Ghirshman, Bard-è Néchandeh et Masjid-i Solaiman, MDP 45, Taf. 56, z.B. G.MIS 344 c.

Datierung:
arsakidenzeitlich.

Typ 13 (Taf. LXXXII)

Emailringe (?)

Vermutlich handelt es sich bei diesen Ringdarstellungen um die Wiedergabe von Ringen mit Emaileinlagen. Bei ihnen wurden entweder in der Platte oder im Reif durch Gravierarbeit Vertiefungen geschaffen, die mit Schmelz ausgefüllt wurden.

13.1 Reif mit schraffierter Oberfläche.
Herk.: Palmyra, Grabrelief.
Mus.: Palmyra.
13.2 Reif mit Zick-Zack-Motiv.
An beiden Reifrändern ist zusätzlich eine dreieckige Zacke angebracht.
Herk.: Palmyra, Grabrelief.
Mus.: Mus. d. Amerikanischen Universität, Beirut, 2739.

Datierung:
13.1: 2. Jh. n. Chr.
13.2: 161 n. Chr.

Typ 14 (Taf. LXXXII)

Ringe mit Wickelverschluß

14.1 Herk.: Masǧid-e Sulaimān, Nuzi.

Mus. : Iran-Bastan Mus., Teherān.
Mat. : Masǧid-e Sulaimān: Silber; Nuzi: Kupfer.
Maße : Dm 1,9 cm.
Lit. : Masǧid-e Sulaimān: Ghirshman (1976) Taf. 25, G.MIS 156 (Abb. ent-
nommen).
Nuzi: Starr II, Taf. 141, Nr. I, 1; I, 2.
14.2 Herk.: Masǧid-e Sulaimān.
Mus. : Mus. Louvre, Paris.
Mat. : Bronze.
Maße : Dm 2 cm.
Lit. : Ghirshman (1976) Taf. 28, G.MIS 92 (Abb. entnommen).

Ringe dieses Typus waren bis nach Sirkap/Taxila[35] verbreitet. Sie haben eine lange orientalische Tradition[36] und wurden auch im römischen und provinzialrömischen Kulturbereich getragen[37].
(Weiteres s. Armschmuck der Frauen, Typ 5; Taf. LXXII).

Datierung:
14.1: 3. Jh. n. Chr. (Nuzi).
14.2: arsakidenzeitlich.

Typ 15 (Taf. LXXXII)

Reif mit Schlangenkopfenden

Herk.: Masǧid-e Sulaimān.
Mus. : Mus. Louvre, Paris, Sb 9010.
Mat. : Bronze.
Maße: Dm ?
Lit. : Ghirshman (1976) Taf. CIII, 1; Taf. 54, G.MIS 303 b (Abb. entnommen).

Dieser Ring ist auch im römischen Kulturbereich zahlreich belegt[38]. Während im
hellenistischen, etruskischen und römischen Schmuck der Reif der Schlangenkopf-
ringe auch spiralförmig sein kann[39], ist er bei den orientalischen Stücken nur als einfacher Reif gearbeitet.

---

[35] Marshall, Taxila III, Taf. 197, Nr. 19, 20.
[36] Herzfeld, Iran in the Ancient East, 148, Abb. 264.
[37] Henkel, Fingerringe II, Taf. XXVIII, Nr. 695 ff; Taf. XXIX, Nr. 728 ff.
[38] Henkel, Fingerringe I, 234; Bd. II, Taf. XVIII, Nr. 337-343; Taf. LX, Nr. 1618. Greifenhagen,
Schmuckarbeiten II, Taf. 62, Abb. 18 mit weiteren Lit. Hinw. Higgens, Jewellery (1961) Taf. 62 D;
(1980) Taf. 64 I. Pfeiler, Goldschmuck, Taf. 4, 4.
[39] Pfeiler, Goldschmuck, Taf. 4, 2; 4, 3.

Datierung:
    arsakidenzeitlich.

Typ 16 (Taf. LXXXII)

Ringe mit Granulation

16.1 Entlang der beiden Ränder verläuft eine Granulationsreihe, die Reifplatte ist abge-
       flacht.
       Herk.: Masǧid-e Sulaimān.
       Mus. : Mus. Louvre, Paris, Sb 9005.
       Mat. : Bronze.
       Maße: Dm 2 cm.
       Lit. : Ghirshman (1976) Taf. 55, G.MIS 282 d (Abb. entnommen).
16.2 Entlang der beiden Ränder verläuft eine Granulationsreihe, auf der abgeflachten Plat-
       te befindet sich ein Muster.
       Herk.: Masǧid-e Sulaimān.
       Mus. : Mus. Louvre, Paris, Sb 9006.
       Mat. : Bronze.
       Maße: 1,7 cm.
       Lit. : Ghirshman (1976) Taf. 55, G.MIS 282 e (Abb. entnommen).
16.3 Entlang der Reifmitte verläuft eine Granulationsreihe.
       Herk.: Masǧid-e Sulaimān.
       Mus. : Iran-Bastan Mus., Teherān.
       Mat. : Eisen.
       Maße: Dm 2,3 cm.
       Lit. : Ghirshman (1976) Taf. 73, G.MIS 657 b (Abb. entnommen).

In Anbetracht der Funde aus Susa[40] kann bei Typ 16 auf eine lange einheimische
Tradition verwiesen werden.

Datierung:
    16.1:
    16.2: arsakidenzeitlich.
    16.3:

Typ 17 (Taf. LXXXII)

Vierband-Ring

---

[40] De Mecquenem: MDP VII (1905) Taf. XIV. Amiet, Elam, 412, Taf. 311-313. Maxwell-Hyslop,
Jewellery, Abb. 132. Coche de la Ferté, Bijoux antiques, Taf. II, 1.

,,Der breite Ring besteht aus vier sich nach den Enden hin verjüngenden Blechstreifen, die ringförmig gebogen und hinten zusammengeschmiedet sind. Vorne werden die vier Streifen durch drei Paare von Granulationsperlen zusammengehalten. Dieser Schauseite des Ringes sind vier übereinandergestellte kleine Kapselfassungen aus starkem Goldblech aufgesetzt. Sie enthalten abwechselnd einen keilförmig geschliffenen Granat-Kabochon und die Reste einer gipsartigen Befestigungsmasse[41]''.

Herk.: Kunsthandel, Smyrna erworben.
Mus. : Museum für Kunst und Gewerbe, Hamburg.
Mat. : Gold, Granat.
Maße: B 1,66 cm: L 1,68 cm.
Lit. : Hoffmann/v. Claer, 180, Nr. 119.

Aus dem Kunsthandel kommt dieser Fingerring, der stark an das Aussehen eines Fundes aus dem arsakidenzeitlichen Babylon[42] erinnert. Somit kann mit aller Wahrscheinlichkeit dieses Stück als Schmuck der Arsakidenzeit angesehen werden.

Datierung:
Gemäß des Fundes von Babylon 1.-2. Jh. n. Chr. (nach Hoffmann/v. Claer: 2. - 1. Jh. v. Chr.)[43]

Typ 18 (Taf. LXXXII)

Ring mit gefächerter Oberfläche

Herk.: Masğid-e Sulaimān, Bard-e Nišāndeh.
Mus. : G.MIS 115: Iran-Bastan Mus., Teherān.
Mat. : Masğid-e Sulaimān: Bronze; Bard-e Nišāndeh.: Eisen mit Bronze inkrustiert.
Maße: Dm 1,6 cm.
Lit. : Masğid-e Sulaimān: Ghirshman (1976) Taf. 79, G.MIS 115.
        Bard-e Nišāndeh: Ghirshman (1976) Taf. 4, G.B.N. 45 (Abb. entnommen), Taf. XXXVIII, 6.

Vor- und Vergleichsformen liegen nicht vor.

Datierung:
arsakidenzeitlich.

---

[41] Hoffmann/v. Claer, Gold- und Silberschmuck, 180.
[42] Reuther, Babylon, WVDOG 47, Grab 238, Taf. 95, Abb. 238 d.
[43] Hoffmann/v. Claer, Gold- und Silberschmuck, 180, s. dort Lit. Hinw. auf ägyptische Stücke bei Marshall, CFBM, Nr. 167 ff.

Einen Einblick in die Fülle der zur gleichen Zeit und am gleichen Ort benutzten Fingerringe gibt Sirkap/Taxila[44]. Wie bei anderem Schmuck, so weisen auch die dortigen Fingerringe wieder zahlreiche, schwer einzuordnende Sonderformen auf.

Das Gebiet der arsakidenzeitlichen Steinschneidekunst (Glyptik) wird als ein Sondergebiet hier nicht berücksichtigt[45].

1.1.7 Fußknöchelschmuck (Taf. LXXXIII)

Grundsätzlich muß gesagt werden, daß wenig über den Bein-, Fuß- und Fußknöchelschmuck der Arsakidenzeit bekannt ist. Bei den wenigen Ganzdarstellungen reichen die Rocksäume bis zu den Knöcheln und verdecken so, von wenigen Ausnahmen abgesehen (s. Kat. Typ 1, 4, 5), etwaigen Schmuck. Aus Gräbern ist er spärlich belegt (s. Kat. Typ 3). Im Siedlungsschutt von Taxila wurden einige Ringe gefunden, welche aufgrund des Durchmessers als Fußknöchelschmuck angesehen werden können (s. Kat. Typ 2, Typ 6). Loftus[1] beschreibt bei Sarkophagfunden aus Uruk Zehenringe aus Silber, Bronze und Kupfer.

Auch aus älterer Zeit ist Fußknöchelschmuck spärlich belegt, weil wie zur Zeit der Arsakidenherrschaft wenig Originalfunde vorliegen und auf den Darstellungen die langen Gewänder der Frauen über die Knöchel reichen. Silberne Fußknöchelspangen aus der kassitischen Zeit Babylons[2] und Darstellungen auf späthethitischen Reliefs[3] beweisen jedoch exemplarisch, daß der arsakidenzeitliche Fußknöchelschmuck als Schmuckgattung in altorientalischer Tradition steht. Die uns überlieferte Reifgestaltung hingegen orientiert sich deutlich am arsakidenzeitlichen Geschmack, wie die Muster im Stil der Schmuckborten von Palmyra und Gandhâra, die Wendelung und Einlegearbeiten bezeugen.

Der Trageweise folgend, wird hier der Fußknöchelschmuck der Arsakidenzeit eingeteilt in einteiligen (Typ 1-3) und zweiteiligen (Typ 4-6).

---

[44] Marshall, Taxila III, Taf. 197-198.

[45] Einleitende Werke: N. C. Debevoise, The Essential Characteristics of Parthian and Sasanian Glyptic Art: Berytus 1, 1934, 12 ff. Ders., Parthian Seals: Pope/Ackerman, Survey I, Kap 26, S. 471 ff. H. H. von der Osten, Geschnittene Steine aus Ost-Turkestan im Ethnologischen Museum zu Stockholm: Ethnos 17, 1952. G. Widengren, Iranisch-semitische Kulturbegegnung in parthischer Zeit: Arbeitsgemeinschaft für Forschung des Landes Nordrhein-Westfalen, Heft 70 (1960). Colledge, Art of Palmyra, 222 f.

[1] Loftus, Travels and Researches, 202, 211.

[2] Reuther, Babylon, WDOG 47, Taf. 54, Gruft 32.

[3] Bittel, Hethiter, Abb. 313, 315, 317.

Einteiliger Fußknöchelschmuck

Typ 1 (Taf. LXXXIII)

Gedrehter Reif

Herk.: Babylon, Hatra (Darstellungen).
Lit.   : Babylon: Pillet, Taf. XIX.
          Hatra: Safar/Mustafa, 109, Abb. 82.
          Auf Darstellungen aus Palmyra nur undeutlich zu erkennen: vgl. Colledge (1976)
          Taf. 146; in Verbindung mit glattem Reif (?) Taf. 74; s.a. Ingholt (1928) Taf. I, 2.
Er erinnert an Armreif Typ 7.1.1 (Taf. LXXIV).

Datierung: Wahrscheinlich zw. 1.-3. Jh. n. Chr.

Typ 2 (Taf. LXXXIII)

Reif mit Verschlußklappe

   Durch eine abnehmbare Verschlußklappe wird die Öffnung des glatten Reifens geschlos-
sen. Die Klappe ist mit Motiven in Repoussé-Arbeit verziert.
Herk.: Sirkap/Taxila (14 vergleichbare Stücke).
Mus. : Archäol. Mus. Taxila.
Mat. : Silber.
Maße: Dm ca. 12-14 cm.
Lit.   : Marshall, Taxila III, Taf. 196 f = Nr. 152-165.
(Weiteres s. Typ 6).

Datierung:
   1. Jh. n. Chr.

Typ 3 (Taf. LXXXIII)

Mehrkant-Reif

   Der Fußring besteht aus zwei mehrkantig gearbeiteten Reifenteilen, welche durch je ein
Scharnier an jedem Ende zusammengehalten werden (Paar).
Herk.: Armazis-Chevi, Grab 6 (Frauengrab ?).
Mus. : Staatl. Mus. Georgiens, S. Dshanachia, Tiflis.
Mat. : Gold.
Lit.   : Apakidze et al., 230, Abb. 139,8 (Abb. entnommen, stark verkleinert), Taf. LXVI,
          43.

Datierung: Ende 2. Jh. n. Chr.

Zweiteiliger Fußknöchelschmuck

Typ 4 (Taf. LXXXIII)

Perlschmuck mit Medaillons

Dieser Fußknöchelschmuck besteht aus zwei übereinanderliegenden, dreireihigen Perl-
bändern, die in der Mitte ein Medaillon tragen.
Herk.: Palmyra, Grabrelief.
Lit. : München, Land des Baal (1982) Nr. 174.

Datierung:
   I. Periode von Palmyra (bis 130/150 n. Chr.).

Typ 5 (Taf. LXXXIII)

Doppelreif mit Medaillons

Zwei glatte Reifen mit jeweils einer Schmuckplatte bzw. einem Medaillon liegen über-
einander.
Herk.: Palmyra, Grabrelief.
Lit. : Parlasca, Collq. de Strasbourg, 1973 (1976) Taf. 2, 5.
        Mackay, Iraq 11, 1949, Taf. LXI, 1.

Er erinnert an den Armreif Typ 2.1.1 (Taf. LXIX) und wurde doppelt am Fußge-
lenk getragen.

Datierung:
   Anfang 3. Jh. n. Chr.

Typ 6 (Taf. LXXXIII)

Doppelreif mit Repoussé-Arbeit

Jeder der beiden Reifen ist mit einem Musterband in Repoussé-Technik und mit Längs-
rillen verziert. Zusammengehalten werden die beiden Reifen durch Verbindungsösen, die
vielleicht ehemals zusätzlich der Aufnahme von Anhängern und/oder Ketten dienten.
Herk.: Sirkap/Taxila (insges. vier Doppelreifen).
Mus. : Archäol. Mus. Taxila.
Mat. : Silber.
Maße: Dm ca. 16 cm.
Lit. : Marshall, Taxila III, Taf. 196 g = Nr. 148-151.

Bereits Marshall[4] verglich die Muster mit Steinmetzarbeiten in Sāñchi und Bharhut und sah deshalb in den Fußreifen indische Arbeiten. Da die Muster aber auch
den palmyrenischen Zierborten entsprechen (vgl. z.B. Kleidungsbordüre, Ingholt,
1928, Taf. XV, 3) sollen diese Fußreifen hier repräsentativ für einen Fußschmuck
stehen, der in ähnlicher Verarbeitung wahrscheinlich auch vom arsakidischen
Schmuckhandwerk hergestellt wurde.

Datierung:
  1. Jh. n. Chr.

1.1.8 Aufnähschmuck

(s. 1.2.7 Aufnähschmuck bei Schmuck der Männer, S. 278 f; Taf. CI).

[4] Marshall, Taxila II, 636.

1.2 SCHMUCK DER MÄNNER

Archäologisch überliefert ist auf Darstellungen und aus Grabfunden in erster Linie der Schmuck ranghoher Angehöriger des Militärs, der palmyrenischen Priester und der wohlhabenden bzw. einflußreichen Männer in den Städten.

1.2.1 Kopfschmuck (Taf. LXXXIV-LXXXV)

Als Kopfschmuck können Kränze und sogenannte ,,Büstendiademe'' angesehen werden[1]. Die Priester in Palmyra schmückten ihre Priesterkappen mit einem runden bzw. ovalen Medaillon über der Stirn und einem Blattkranz. Barnett[2] wies darauf hin, daß man sich zahlreich gefundene, reliefierte Lehmscheiben als derartige Medaillons vorstellen könne. Tatsächlich wurde eine solche Scheibe in Dura-Europos im Hause eines Priesters gefunden[3]. Dieser Befund erhärtet einerseits Barnetts Vermutung, andererseits weist gerade das Auffinden solcher Scheibe in einem Priesterhaus auf die Möglichkeit einer Verwendung als Tessere hin[4]. Kränze (Taf. LXXXV, Typ 1-4) wurden außer von palmyrenischen Priestern noch zu festlichen Anlässen, als Siegespreis und im Totenkult verwendet. Die ,,Büstendiademe'' (Taf. LXXXIV, 1, 2) waren vielleicht der Totenschmuck der Priester.

1.2.1.1 Stirnbänder (Taf. LXXXIV)
1. Stirnband mit sieben Götterbüsten.
    Das Ornament wird wie folgt beschrieben:
    ,,Punktierung entlang des Randes. L. und r. an den Enden je ein stilisierter Zweig. Als Hauptdekor die Büsten von sieben Gottheiten, bei denen es sich zweifellos nicht um die Planetengottheiten handelt. Vielmehr scheinen, soweit die Identifikation möglich ist, in erster Linie kleinasiatische Götter dargestellt zu sein. L. Büste des Sol (invictus?) mit Strahlenkranz und Mäntelchen über den Schultern. Der Gegenstand über der r. Schulter

---

[1] Insignien der Herrschaft (s. z.B. Pope/Ackerman, Survey VII, Taf. 140 ff, Münzen. Safar/Mustafa, Hatra, 71, Abb. 12; S. 300, Abb. 301. Ghirshman, Iran, Parther und Sasaniden, Taf. 105) gelten nicht als Schmuck. Zu den Appliken auf den hohen Kappen (s. z.B. Pope/Ackerman, Survey VII, Taf. 141, z.B. Q, S; Taf. 143. Safar/Mustafa, Hatra, 208-211. Ghirshman, Iran, Parther und Sasaniden, Taf. 100, 102) s. Aufnähschmuck, S. 278 f, Taf. CI.

[2] R. D. Barnett, Hebrew, Palmyrene, and Hittite Antiquities: BMQ 14 (1939/40) 31, Taf. IX, C.

[3] Dura-Europos, Prel. Rep. 5th Season, Taf. XXII, 3. Cumont, Fouilles de Doura-Europos II, Taf. XCIX, 1.

[4] Schlumberger, Hellenisierte Orient, 98, Abb. 33. R. Du Mesnil Du Buisson, Les tessères et les monnaises de Palmyre, Taf. Bd. (1944).

eine Peitsche? Daneben Artemis Ephesia mit Tuch und Polos. Zwei Reihen von Brüsten. Es folgt die Büste eines Jugendlichen mit spitzer Kappe, der als Mithras oder auch Attis angesprochen werden kann. In der Mitte die Büste einer weiblichen Figur, gewandet und mit über den Kopf gezogenem Schleier und Diadem. Nimmt man an, daß es sich bei dem Bärtigen mit Szepter zu ihrer L. um Jupiter handelt, so liegt die Deutung auf Juno nahe. Die Deutung der vorletzten Büste hängt von der Interpretation des Attributes ab: Füllhorn oder Fackel, also Fortuna oder Demeter? R. außen gewandete Büste einer weiblichen Figur mit Mauerkrone: eher Kybele als Tyche[5]''.

Herk.: Kunsthandel (?).

Mus. : Privatbesitz.

Mat. : Goldfolie.

Maße: L 15,2 cm; H 2,9 cm.

Lit. : Hamburg, Kunst der Antike (1977) 484, Nr. 432.

2. Stirnband mit Götterfiguren.

In der Mitte des Stirnbandes befindet sich die Büste des Sonnengottes. An den Seiten des Bildnisses sind aufspringende Sonnenrosse zu sehen. Beidseitig schließt sich eine Reihe kleinerer Gottheiten an. Zu erkennen sind: Apollo, Mars, Venus, Neptun.

Herk.: Kunsthandel, Aleppo; angeblich gefunden in Laodikeia (Lādaqījeh).

Mus. : Berlin, Privatbesitz.

Mat. : Gold.

Maße: L 23 cm; H 2,1 cm.

Lit. : Altheim (1939) 281 f, Abb. 67.
         Altheim (1942) Abb. 6; Beschreibung, 50 f.
         Vgl. Marshall, CJBM, Nr. 3045, Taf. LXX (Hälfte abgebrochen) aus Naukratis, Ägypten, 1. Jh. n. Chr.

Die beiden aufgeführten Stirnbänder gleichen im Stil und die auf ihnen dargestellten Gottheiten in Bekleidungsdetails den Steinmetzarbeiten aus Palmyra und mehr noch aus Hatra.

Spätrömische Porträtköpfe von Priestern und Priesterinnen aus Kleinasien[6] tragen ähnliche Stirnbänder, sog. ,,Priesterkronen oder Büstendiademe''. Zu ihnen paßt ein Männerkopf aus dem palmyrenischen Bereich, dessen oben teilweise zerstörte Kopfbedeckung mit drei Büsten versehen ist[7]. Angesichts der Ähnlichkeit mit Stirnbändern auf den kleinasiatischen Köpfen kann auch in der palmyrenischen Büste ein Priesterporträt gesehen werden. J. Inan und E. Alföldi-Rosenbaum[8] sehen

---

[5] W. Hornbostel: Hamburg, Kunst der Antike, Schätze aus Norddeutschem Privatbesitz (1977) 484, Nr. 432.

[6] J. Inan/E. Alföldi-Rosenbaum, Römische und frühbyzantinische Porträtplastik aus der Türkei. Neue Funde (1979) Bd. II, Taf. 138, 1; 139, 1-4; 160, 2; 164, 1-3; 188, 1-3; 235, 1-4; 273, 1-4. Diess., Roman and Early Byzantine Portrait Sculpture in Asia Minor (1966) Nr. 111, 143, 151, 169 ff.

[7] Colledge, Art of Palmyra, Taf. 142.

[8] Inan/Alföldi-Rosenbaum, Porträtplastik, NF, I, 39 ff, bes. 44.

in den Reliefmedaillons auf den Kopfbedeckungen der palmyrenischen Priester Vorläufer der spätrömischen Priesterkronen.

Nach Hornbostel und Hoffmann[9] kann das Stirnband Nr. 1 als Teil einer Totenausstattung angesehen werden. Unter Berücksichtigung der Priesterporträts aus Kleinasien und Palmyra könnte es sich um Totenschmuck eines syrischen oder palmyrenischen Priesters handeln.

Datierung:
  1: 3. - 4. Jh. n. Chr.
  2: 3. Jh. n. Chr.

1.2.1.2 Kränze (Taf. LXXXV)

Die Kränze konnten aus verschiedenen Blattarten gewunden sein.

Typ 1
Dreifächrige Blätter
Herk.: Armazis-Chevi; Grab 3, 9.
Mus. : Staatl. Mus. Georgiens, S. Dshanachia, Tiflis.
Mat. : Gold.
Lit. : Apakidze et al., Taf. LII, 9; Abb. 62; Taf. LXXXVII, 5.
Typ 2
Eichenblätter
Herk.: Armazis-Chevi, Grab.
Mus. : Staatl. Mus. Georgiens, S. Dshanachia, Tiflis.
Mat. : Gold.
Lit. : Apakidze et al., Taf. LII, 8.
Typ 3
Lanzettenförmige Blätter (Blätter der Ölweide ?)
Herk.: Ninive.
Mus. : Brit. Mus. London.
Mat. : Gold.
Maße: L 1,6 cm; W 1,3 cm.
Lit. : Curtis (1976) Taf. 103.
        S.a. Babylon, Reuther, WVDOG 47, 251 (vermutl. Männergrab).
Typ 4
Olivenblätter
4.1 ,,Der Goldkranz ist die Nachahmung eines Gebindes von zwei Olivenzweigen mit Blättern und 43 Oliven. ... Der Kranz lag noch in situ um den Schädel der Leiche und ist

---

[9] W. Hornbostel/H. Hoffmann: Hamburg, Kunst der Antike (1977) 484.

ein richtiger Totenkranz. Er besteht aus zwei Zweigen, die aus röhrenförmig gedrehtem dünnen Goldblech hergestellt und zu einem der Kopfform entsprechenden ovalen Ring von 16 beziehungsweise 21 cm Durchmesser verbunden sind. An den 5 mm dicken unteren Enden sind die Zweige an zwei Stellen mit Golddrahtumwickelung aneinander befestigt; an den nur 2 mm dünnen Enden der Zweige an der Stirnseite des Kranzes bilden zwei flache Schlaufen aus Goldblech, die ... in die Zweige gesteckt waren, die Verbindung.

Die 8 cm langen und 2,4 cm breiten Olivenblätter aus Goldblech sind mit ihren kurzen Stengeln an die Zweige angelötet. Die 43 Oliven aus vergoldeter Fritte haben eine Länge von 11 mm und eine Durchschnittsdicke von 7 mm. Sie sind mit spiraligen dünnen Golddrähten zwischen den Blättern an den Zweigen befestigt[10].

Herk.: Uruk-Warka, Tumulus b. Hügel Nufēği.

Mat. : Gold, Fritte.

Maße: s.o.

Lit.   : Lenzen, UVB 16, 28, Taf. 13.

4.2 ,,Zwei dünne Goldröhren bilden ... einen etwas verdrückten Kreis von 17,0 × 18,5 cm. Auf der Rückseite sind die beiden Röhren in ziemlich grober Weise an zwei Stellen durch Golddraht zusammengehalten, wie das auch bei Kränzen aus dem Bereich der klassischen Antike belegt ist. Auf der Stirnseite bilden zwei in die Röhre eingesteckte starke Golddrähte zwei ineinandergesteckte Schlaufen. Ein Medaillon, wie es sich bei einer Anzahl antiker Kränze findet, fehlt. Am rückwärtigen Ende der Hauptzweige und ebenfalls zwischen den kleineren Zweigen sind die Blätter direkt auf den Hauptzweig aufgelötet, während die Nebenzweige, die durchaus in der Art des Hauptzweiges gearbeitet sind, auf angelötete vierseitige doppelpyramidenförmige Stifte aufgesteckt sind. Von den beiden Hauptzweigen und den Nebenzweigen gehen ganz dünne, aus zwei Goldfäden zusammengeflochtene Drähte aus, die am Ende Fritteperlen in der Form von Olivenfrüchten tragen. Am Kranz sind von diesen jetzt grau bis weißlich verwitterten Fritteperlen nur noch acht Stück erhalten. Eine größere Anzahl wurde lose auf dem Boden gefunden. Bei dem Fall des Kranzes haben sich acht der kleinen Zweige gelockert. Da an acht Stellen die eben erwähnten Stifte leerstanden, war es möglich, unter Berücksichtigung einer gewissen Symmetrie die abgelösten Stücke an ihrer ursprünglichen Stelle anzusetzen[11].

Herk.: Uruk-Warka, Tumulus b. Hügel Nufēği.

Mus.: Irak Mus. Baġdad.

Mat. : Gold, Fritte.

Maße: s.o.

Lit.   : Lenzen, UVB 15, 32, Taf. 26, 27.
           Kat. Iraq Museum Baġdad (1960) Taf. 57.
           Kat. Iraq Museum Baġdad (1966) Taf. 40.

Die Kränze der Männer können nicht nur nach verschiedenen Blattarten, sondern auch nach verschiedenen Funktionen unterteilt werden:

---

[10] H. Lenzen, Uruk-Warka, UVB 16 (1960) 28.
[11] H. Lenzen, Uruk-Warka, UVB 15 (1959) 32.

— Kränze, die um den Priesterhut oder den Kopf der Priester getragen wurden.

Kaspar[12] erwähnt in Anlehnung an Stucky[13] drei Blattarten, die mit großer Wahrscheinlichkeit in Palmyra unterschieden werden können:
— Blätter vom Lorbeerbaum.
— Blätter vom Olivenbaum (s. Kat. Typ 4).
— Blätter der Steineiche oder Stechpalme (s. Kat. Typ 2).
Möglicherweise kann jede Blattart den Priestern einer bestimmten Gottheit zugeordnet werden.
— Siegeskränze.

Zwei Kränze mit länglich schmalen Blättern (Typ 4) wurden in Uruk/Warka gefunden. Es ist anzunehmen, daß die beiden gut erhaltenen Kränze aus Männergräbern kommen. Die anthropologischen Untersuchungen geben leider keine Auskunft darüber. Aber bei dem einen Kranz aus dem westlichen Hügel lagen neben dem Kranz Strigiles, wie sie die antiken Ringkämpfer zur Reinigung des Körpers vor dem Bad benutzten. Da der Kranz zudem Spuren von Benutzung zeigt, ist anzunehmen, daß zumindest dieser eine der beiden Kränze ein ,,Siegeskranz'' war, der dem Toten mit ins Grab gegeben worden ist.
— Kränze für die Toten.

Kränze als Grabbeigabe für tote Männer sind aus einem Grab in Armazis-Chevi an Hand zahlreicher Blattfunde belegt. Dort tauchen sogar zwei Blattformen auf: die auch von den Frauengräbern bekannte dreifächrige und die des Eichenblattes.
— Kränze für eine Feier (?).

Auf Terrakotten werden männliche und weibliche Festteilnehmer mit wulstartigen, am Hinterkopf zusammengebundenen Kränzen[14] wiedergegeben (Weiteres s. Kopfschmuck der Frauen, 1.1.1.7 Kränze Typ 1, Taf. VII).

Datierung
1: Anfang 3. Jh. n. Chr.
2: Anfang 3. Jh. n. Chr.
3: um 115 n. Chr.
4: kaiserzeitlich (1. Jh. n. Chr.)[15].

---

[12] Kaspar, Grabporträts: JBM 49/50, 1969/70, 279.
[13] R. A. Stucky, Prêtres syriens I. Palmyre: Syria 50, 1973, 163 ff.
[14] Van Ingen, Seleucia, Taf. XXV, 174; Taf. LII, 372; Taf. LXIX, 502 ff.
[15] P. Calmeyer, Zur Datierung der Tumulusgräber bei Uruk: Festschrift zum hundertjährigen Bestehen der Berliner Gesellschaft für Anthropologie, Ethnologie und Urgeschichte (1970) 240 ff.

1.2.2 Ohrschmuck (Taf. LXXXVI)

Beim Ohrschmuck der Männer ist der Formenreichtum bei weitem nicht so groß wie bei dem der Frauen. Anscheinend bestand ein klar sichtbarer Unterschied zwischen dem Ohrschmuck der Frauen und dem der Männer. Der Ohrschmuck der Männer läßt sich auf eine einfache Grundform reduzieren; es ist eine Scheibe, die verschieden verziert wurde (s. Typ 1-2) oder eine Form, der die Scheibe als Idee zugrunde liegt (s. Typ 3). Einfache Ringe (Creolen, s. Typ 4) und einfache Lunula-Ohrringe (s. Typ 5) wurden vermutlich von beiden Geschlechtern getragen.

Bei den überlieferten Ohrschmucktypen scheint es sich überwiegend um Schmuck des Adels und/oder des Kriegers zu handeln. Für alle Armeeangehörigen galten Ohrringe als Zeichen der Abhängigkeit, als Zeichen der Treue zu einem Dienstherrn. Im Fārsnāmah von Ibnu'l-Balḫī wird erzählt, daß dem Held Rustam, als er zum Satrapen befördert und vom König aus seiner Stelle als Dienstmann befreit wurde, die Ohrgehänge und der Gürtel weggenommen wurden[1]. Dem Gürtel kommt für den Krieger die gleiche Bedeutung zu wie den Ohrgehängen. Es gab zwei Gürtel, einmal den der Dienstmannschaft, der ein Zeichen dafür war, daß sich der Träger an den Vasallen, Dienstherren gebunden fühlte (Waffengürtel), und den des Hofdienstes, der als ein goldener Gürtel beschrieben wird. Genau wie sich der Krieger nicht ohne Ohrgehänge in die Nähe des Herrschers begeben hätte, so auch nicht ohne diesen Dienstmannschaftsgürtel. ,,Von dem Ehrenkleid des Apostaten Vasag zur Zeit des sassanidischen Großkönigs Yazdgart II. (Mitte des 5. Jh.) wird von dem Geschichtsschreiber Elišē Vardapet die folgende malerische Schilderung gegeben: Er hatte sich das Ehrenkleid umgeworfen, das er vom König bekommen hatte. Und er band das Ehrenzeichen des Haares um und setzte die goldgestickte Tiara darauf, er legte um seine Taille den aus massivem Gold gemachten Gürtel, der mit Perlen und Edelsteinen besetzt war, und die Gehänge für die Ohren, und den Halsschmuck für den Nacken und den Sobelpelz für den Rücken[2]''. Die gleiche Bekleidungssitte kann für die Arsakidenzeit wohl auch angenommen werden. Nicht ganz klar ist, ob der Ohrschmuck nur an einem Ohr oder an beiden getragen wurde.

Die Münzen zeigen auch die Könige mit Ohrschmuck. Bei ihnen wird er nur eine schmückende Funktion gehabt haben.

Während für den Ohrschmuck des Kriegers und des Adels literarische und

---

[1] Widengren, Feudalismus, 22, 23.
[2] Ebenda, 29.

archäologische Belege[3] vorliegen, fehlen Hinweise für andere soziale Gruppen nahezu völlig. Lediglich in Dura-Europos sind auf den Fresken des Zeus-Theos-Tempels zwei männliche Jugendliche mit einfachen Ohrringen dargestellt. Der eine trägt an jedem Ohrrand fünf Goldringe[4], der andere an jedem Ohr ,,a single round of gold[5]''. Ebenfalls einen Ohrring trägt ein männlicher Jugendlicher auf dem Fresko des Conon, d.h. also, zumindest einige männliche Jugendliche haben in Dura-Europos Ohrringe getragen. Offenbar trugen auch vereinzelt Priester, zumindest in Dura-Europos, einen Ring aus Gold im Ohr.[6] Von Palmyra oder einem anderen Ort liegen derartige Darstellungen nicht bzw. nicht einwandfrei vor. Allerdings liegen aus sasanidischer Zeit von Porträts auf Gemmen Belege für das Tragen von Ohrschmuck bei Beamten und Magiern vor[7]. Daraus kann mit einiger Vorsicht auf gleiche arsakidenzeitlichen Verhältnisse zurückgeschlossen werden.

Aus diesen Befunden geht hervor, daß der Männerohrschmuck, zumindest bei Kriegern, Adel, Beamten und Magiern (Priestern) als Zeichen einer sozialen Stellung gedient hat, also die Schmuckfunktion neben, wenn nicht sogar hinter die soziale Funktion trat. Bei den jugendlichen Trägern diente er vielleicht weniger dem Schmuck- als dem Schutzbedürfnis[8]. L. Schmidt[9] schreibt über den Männerohrring, daß er in Mitteleuropa spätestens nachweislich im 19. Jh. als Schutzmittel gegen verschiedene Krankheiten, vor allem Augenkrankheiten, aber auch andere, wie z.B. Gicht, Ohrenleiden überwiegend in den unteren Schichten getragen wurde.

Typ 1 (Taf. LXXXVI)

Schildförmige Ohrringe

1.1 Ohne Mittelbetonung.
   Stücke dieser Gestaltung sind nur von ungenauen Darstellungen überliefert.
   Herk.: Münzen.
   Lit. : z.B. Sellwood, 66, Typ 25/1.
           z.B. Pope/Ackerman VII, Taf. 140 E; 143 F.

[3] Funde: s. Katalog. Darstellungen: H. Seyrig/J. Starcky, Gennéas: Syria 26, 1949, Taf. XI. J. M. C. Toynbee, Two Male Portrait-Heads of Romans from Hatra, Sumer 26, 1970, 231 ff. Safar/Mustafa, Hatra, 103, Abb. 71. J. Teixidor, The Pantheon of Palmyra (1979) Taf. XXVI, 2.

[4] Dura-Europos, Prel. Rep. 7th and 8th Seasons (1939) 203, 209.

[5] Ebenda, 203, 205.

[6] Jugendlicher: Cumont, Fouilles de Doura-Europos II, Taf. XXXVIII. Priester: Dura-Europos, Prel. Rep. 7th and 8th Seasons (1939) 204.

[7] L. Schmidt, Der Männerohrring im Volksschmuck und Volksglauben: Forschungen zur Volkskunde 3 (1947) 17. Sarre, Kunst des alten Persien, Taf. 145; S. 54, Abb. 18.

[8] Vgl. L. Pauli, Keltischer Volksglaube (1975) 161; s.a. dort weitere Lit. Hinw.

[9] Schmidt a.O. 73 ff.

1.2 Mit Betonung der Mitte.
    1.2.1 Herk.: Darstellung auf Perlmuttschnitzerei (Šami).
          Lit.   : Ghirshman (1962) Taf. 125.
                 Colledge (1967) Taf. 15, unten.
                 Godard, Taf. 93.
                 Anno 64, 118.
    1.2.2 Dies sind zwei runde Scheiben, jede mit verziertem Rand (Granulation, glatter und gedrehter Drahtkreis) und mit einem roten Jaspis in runder Kastenfassung in der Mitte (fehlt bei einem). Um die Fassung befinden sich Kreise aus glattem und gedrehtem Draht und Granulationskugeln. An der Unterseite des einen Ohr- rings sind Reste einer Befestigungsvorrichtung, die aber so stark zerstört ist, daß sie nicht mehr gedeutet werden kann. Am anderen Ohrring fehlt die Befestigung völlig.
          Herk.: Kunsthandel.
          Mus. : Coll. M. Gutman, Oberlin College, Oberlin, Ohio.
          Mat. : Gold, roter Jaspis.
          Maße: Dm ca. 2 cm.
          Lit.   : Melvin Gutman Coll., Allen Memorial Art Mus. Bull. XVIII, 2 und 3, Ohio, 139, Nr. 61.

Vergleichbar ist Typus 1 vermutlich mit Ohrringen, die aus einer schildförmigen Scheibe und einem s-förmig gebogenen Befestigungshaken bestehen (s. Abb.)[10]. Bei dem hier abgebildeten Beispiel befindet sich in der Schildmitte ein Löwenkopf. Die Scheibenränder sind mit Granulations- und Filigranarbeit verziert. Das eine Ende des Hakens ist am unteren Teil der Scheibe angelötet und das andere Ende ist zu einem kleinen Widderkopf gestaltet. Dieser Haken wurde anscheinend um die Ohrmuschel gelegt. Diese Ohrringe wurden nach Meinung von Artamonow[11] in Olbia für skythische Käufer hergestellt.

Datierung:
    1.1:   arsakidenzeitlich.
    1.2.1: 2.-1. Jh. v. Chr.[12]
            100 v. Chr. - 100 n. Chr.[13]
    1.2.2: 2. Jh. v. Chr. - 1. Jh. n. Chr.

Typ 2 (Taf. LXXXVI)

Scheibenohrringe mit Gehänge

Von der Mitte einer runden Scheibe oder darunter hängt ein Schmuckelement. Typ 2 ist durch Darstellungen und Funde belegt.

2.1 Scheibenohrring mit Kegelgehänge.
    Von der Mitte der Scheibe hängt ein Schmuckkegel.
    Herk.: Šami, Grab, Perlmuttschnitzerei[14]
    Mus. : Iran-Bastan-Mus., Teherān.
    Lit. : Ghirshman (1962) Taf. 124.
            Colledge (1967) Taf. 15 oben; (1977) Taf. 41 b.
            Godard, Taf. 92.
2.2 Scheibenohrring mit Traubengehänge.
    Unter einer silbernen Scheibe hängt eine Traube aus silbernen Kügelchen. Der Rand der Scheibe ist durch Granulationsreihen ausgestaltet. Die Mitte wird durch eine Kugel betont. Ein langer Haken diente zur Befestigung.
    Herk.: Dura-Europos.
    Mus. : Yale Univ. Art Gallery, Dura Europos Coll.
    Mat. : Silber.

---

[10] Belin de Ballu, Olbia, Taf. LXX, 1, 2. (Vgl. Artamonow, Goldschatz der Skythen, Taf. 84).
[11] Artamonow, Goldschatz der Skythen, 36.
[12] Ghirshman, Iran, Parther und Sasaniden, 109, Abb. 125.
[13] Colledge, The Parthians, 224, Taf. 15.
[14] Nach Ghirshman, Iran, Parther und Sasaniden, Taf. 124 und Colledge, Parthian Art, Taf. 41b eine Königin (?).

Lit.   : Pope/Ackerman VII, Taf. 139 K.
      Colledge (1976) Taf. 11 f.

2.3 Scheibenohrring mit einfachem Amphorengehänge.
Er ist bezeugt durch eine steinerne Gußform der Scheibenrahmung.
Herk.: Munčak-Tepe (Usbekistan).
Lit.   : Belenickij, Taf. 62, 63 (Heyne Tb, Abb. 56).

2.4 Scheibenohrring mit geschmücktem Amphorengehänge.
Von einem goldenen Rundschild, welches von drei verschieden starken und in verschiedener Richtung gedrehten Drähten eingefaßt ist, hängt am unteren Ansatz des Bügels ein Kügelchen. Am Bügel selbst hängt eine Amphora, um deren langen Hals sich gedrehte Granulationsreihen ziehen. Je zwei Körnchen fallen noch auf den glatten Gefäßbauch herab. Zuunterst hängen nochmals fünf größere Kügelchen.
Herk.: Kunsthandel, angebl. Kleinasien od. Syrien.
Mat. : Gold.
Maße: Höhe 3,3 cm.
Lit.   : Antike Kunst, Nr. 426.
      Ähnl. Stück: Hackens, Nr. 53.
      Hackens/Winkes, Nr. 35 u. Abb. 60.

Typ 2.2-2.4 sind Belege für die Darstellung auf der Perlmuttschnitzerei Typ 2.1.
Scheibenohrringe bilden seit der klassischen Periode über lange Zeit hinweg die Grundform des griechischen Ohrschmucks. So muß Typ 2 als Erbe griechischer Formtradition angesehen werden[15], welcher im arsakidischen Orient der blütenförmigen und sonstigen Ausschmückung entkleidet, auf seine Grundform — die Scheibe — reduziert wurde.

Datierung:
2.1: 2. - 1. Jh. v. Chr.[16]
      100 v. Chr. - 100 n. Chr.[17]
2.2: arsakidenzeitlich.
2.3: Anfang 1. Jh. n. Chr.
2.4: 2.-3. Jh. n. Chr.

Typ 3 (Taf. LXXXVI)

Kragenohrringe

Kragenförmig ist an einem rund gebogenen Golddraht, nur der Verschlußbügel ist ausgespart, eine breite Verzierung angebracht.

[15] Higgens, Jewellery (1961) Taf. 48 B ff; (1980) Taf. 24 E, Taf. 25 A, B. Hadaczek, Ohrschmuck, 27 ff.
[16] Ghirshman, Iran, Parther und Sasaniden, 108, Taf. 124.
[17] Colledge, The Parthians, 224, Taf. 15.

3.1 Von einem nicht mehr genau erkennbaren Ring hängen mehrere Anhänger (?) herab.
Herk.: Münze Phraates II.
Mus. : Coll. Newell.
Lit. : Pope/Ackerman VII, Taf. 140 Q.

3.2 An einem kleinen, breiten Ring stecken acht Schlangenköpfe. Diese werden umgeben von einem Kreis aus zwanzig Menschenköpfen. Zwei Anhänger in tropfen- bzw. körnerartiger Form und ein dünner, separat gearbeiteter Bügelverschluß vervollständigen jeden der beiden Ohrringe dieses Paares.
Herk.: Nippur (Paar).
Mat. : Gold.
Lit. : Rostovtzeff (1935) Taf. 26.
Ghirshman (1956) II, Taf. XXV, 4.
Ghirshman (1962) Taf. 112.

3.3 Entlang dem lunulaförmig verdickten unteren Ohrringteil hängen Granatäpfel. Ein dünner, separat gearbeiteter Bügel bildet den Verschluß.
Herk.: Kunsthandel (Paar).
Mat. : Gold.
Lit. : Sotheby's (1975) Aukt. Kat., Abb. 92.

Die Münze Phraates II. ist Zeugnis dafür, daß dieser Typus von Männern getragen wurde. Dem auf der Münze zu sehenden Typ 3.1 entsprechen, soweit ersichtlich, ein Goldfund aus Nippur (3.2) und das Paar 3.3 in der Gesamtform.

Die Granatäpfelanhänger unterstreichen bei dem zuletzt genannten Ohrschmuckpaar die Zugehörigkeit zur arsakidenzeitlichen Kunst (vgl. S. 106).

Es gibt diesen Typus im Orient seit assyrischer Zeit als Frauen- und Männerschmuck[18]. Belegt ist er in der arsakidischen Zeit durch Münzen lediglich als Männerschmuck. Die arsakidenzeitlichen Stücke heben sich durch die Verwendung von Köpfen (Masken) und vielleicht von Granatäpfeln als Zierat von denen aus den früheren Zeiten[19] ab.

Datierung:
3.1: Münze Phraates II. (138-127/8 v. Chr.).
3.2:
3.3: 3. Jh. v. Chr. - 3. Jh. n. Chr.

---

[18] S. Trinkszene des Assurbanipal und der Assurscharrat, deutl. Ansicht: R. D. Barnett, Assyrische Skulpturen im British Museum (1975) Taf. 170.
[19] Maxwell-Hyslop, Jewellery, Taf. 256-259. Stronach, Excavation at Pasargadae: Iran 3, 1965, Taf. XI a-d. Ders. Pasargadae, Taf. 148 ff. De Morgan, Mémoires, MDP 8 (1905) 50, Abb. 78, Taf. V, 3, 4. P. Amiet, L'art achéménide: AI 1, 1974, Taf. II. A. Sh. Shahbazi, An Achaemenid Symbol. II. Farnah ,,(God given) Fortune'' symbolised: AMI NF 13, 1980, 124, Abb. 3. Hrouda, Assyrisches Flachbild, Taf. 8, Nr. 42, 44.

Typ 4 (Taf. LXXXVI)

Einfache Ringe (Creolen)

4.1 Darstellung einfacher Ohrringe.
   Auf Darstellungen ist nie ganz klar ersichtlich, ob es sich bei diesem Ohrschmuck um einen Reif, einen Lunula-Ohrring oder um eine Perle bzw. Scheibe handelt. Deutliche Darstellungen liegen nur vereinzelt vor.
   Herk.: Münzen, Reliefs aus Masǧid-e Sulaimān u. Bard-e Nišāndeh.
   Lit. : Münzen: Pope/Ackerman VII, Taf. 142 S, 143 A, 144 H, N, W.
               Sellwood (1971) 38, Typ 13/4; S. 291, Typ 28/1.
      Reliefs: Ghirshman (1976) II, Taf. XXVI, 3; XXVII, 5; Taf. 25, G.MIS 39; Taf. LXXI, 1-3.
4.2 Originalfund.
   Herk.: Ḥoramrūd, Grab A VI.
   Mat. : Gold.
   Lit. : Egami/Fukai/Masuda, Taf. LVI, 2; XXX, 1.

Typ 4 könnte ein recht weit verbreiteter Ohrschmuck gewesen sein, denn nicht nur zahlreiche Münzdarstellungen lassen ihn erahnen, sondern auch viele Steinmetzarbeiten[20] und Metallfragmente. Da außerdem ein schlichter Reif auch von achämenidischen Reliefs als Männerschmuck bekannt ist[21], würde er eine alte einheimische Tradition fortsetzen.

Datierung:
   4.1: 3. Jh. v. Chr. - 3. Jh. n. Chr.
   4.2: spätere Hälfte des arsakidischen Reiches (ab ca. 1. Jh. n. Chr.).

Typ 5 (Taf. LXXXVI)

Lunula-Ohrringe

Herk.: Armazis-Chevi, Grab 3 (Männergrab).
Mus. : Staatl. Mus. Georgiens, S. Dshanachia, Tiflis.
Mat. : Gold.
Lit. : Apakidze et al., Taf. LII, 4; LIII, 2a, b; Abb. 137, 5, 5a (Abb. entnommen); s.a. Taf. CVIII, Ziegelgrab Nr. 3.

---

[20] S. Lit. Hinw., Einleitung zum Ohrschmuck.
[21] E. F. Schmidt, Persepolis I (1953) bes. deutlich bei Persern und Medern auf Taf. 52, zweites und drittes Register zu erkennen.

Lunula-Ohrringe wurden in Männergräbern in Armazis-Chevi gefunden. Auch Münzdarstellungen[22] weisen sie als Männerschmuck aus.

Datierung:
  Armazis-Chevi: Mitte 2. Jh. n. Chr. - Anfang 3. Jh. n. Chr.
  Münze: ca. 1. Jh. n. Chr.

1.2.3 Halsschmuck (Taf. LXXXVII-XCV)

Vielfach wird nahezu jede Art von Halsschmuck der Männer als „Torques" bezeichnet. Diese lateinische Bezeichnung bezog sich ursprünglich auf einen aus drei oder vier Gold- bzw. Silberdrähten gedrehten, vorne offenen Reif mit Pufferenden. Aber schon in der Antike konnte das Wort jede Art von steifem Halsring bezeichnen. Hier wird dieser Begriff nur für den vorne offenen Halsreifen benutzt (s. Typ 1, Taf. LXXXVII). Daneben gibt es eine Fülle von geschlossenen Halsreifen. Sie lassen sich unterteilen in einen durchgehend gemusterten Typus (Typ 2, Taf. LXXXVIII) und einen mit betonter Mitte (Typ 3, Taf. LXXXIX-XCI). Eine weitere Form ist der Spiralhalsreif (Typ 4, Taf. XCII). Diese vier Halsreifen sind der typische Halsschmuck des Mannes während der arsakidischen Epoche. Daneben wurden von Männern auch Ketten (Typ 5-9, Taf. XCIII-XCV) getragen. Diese gleichen im großen und ganzen dem Frauenhalsschmuck.

Die häufig gestellte Frage, ob und inwieweit der Schmuck Symbol- und Amulettcharakter hat, wird dringlich dadurch, daß in Hatra die „Stifterfiguren", Standarten, Adler- und Götterfiguren oft mit dem gleichen Halsschmuck dargestellt werden. Auf den Standarten ist häufig das dritte Symbol von oben eine Sichel mit Kugeln an den beiden Enden, manchmal hängt noch ein Anhänger von der Mitte herab. Das vierte, fünfte und sechste Symbol gleicht häufig dem Halsschmuck, wie er von Darstellungen her bekannt ist (s. Typ 2.2.3, Taf. LXXXVIII und Typ 6, Taf. XCIII in Kombination mit Typ 9.4, Taf. XCV). S. B. Downey[1] hat dafür bereits nach einer Begründung gesucht. Vielleicht, so meint sie, ist diese Übereinstimmung rein dekorativ zu verstehen. Aber diese Deutung erscheint ihr selbst nicht so recht einleuchtend und zu einfach. Ihrer Meinung nach könnte der Torques ein Symbol der Macht und des Königtums sein, die bei ihr unter „Hufeisen" laufende Lunula ein Zeichen des Mondgottes, die glatte runde Scheibe ein Zeichen des Son-

---

[22] Deutl. Ansicht: Pope/Ackerman, Survey VII, Taf. 143 G. Herrmann (1977) 51; Anno Nr. 62, S. 35.

[1] S. B. Downey, A preliminary Corpus of the Standards of Hatra: Sumer 26, 1970, 195, 210.

nengottes. Der Adler ist das Zeichen von Gott Maran-Šamas, dem Hauptgott von
Hatra, weshalb er auf den Standarten oder als Steinfigur häufig mit Ketten geschmückt erscheint. Weisen, so überlegt Downey weiter, vielleicht die unterschiedlichen Kombinationen auf Stammesunterschiede hin[2]? Bei den breiten, langen
Ketten vom Typ 9 (Taf. XCV), die in vergleichbarer Form auch von Frauen getragen werden (s. Typ 3.8.1-3.8.2, Taf. XXXVII), kann vermutet werden, daß es sich
um Würdezeichen oder Ketten mit religiöser Bedeutung handeln könnte.

Bei dem Halsschmuck der Männer läßt sich eine Modeveränderung beobachten.
Bis zum Ende des 1. Jh. v. Chr./Anfang 1. Jh. n. Chr. wurden Typ 1, Typ 4, Typ
7.1.1-7.1.4. und vereinzelt Typ 2 und 3 getragen. Bis Mitte bzw. Ende des 2. Jh.
v. Chr. kommen Ketten hinzu und ab ca. 200 n. Chr. sind die Typen 2, 3, 5, 6
und 9 häufig.

Halsreifen (Typ 1-4)

Typ 1 (Taf. LXXXVII)

Offene Halsreifen (Torques)

1.1 Mit sog. Trompetenenden.
   Herk.: Sirkap/Taxila (3 Stück, 2 davon mit Steckverschluß).
   Mus. : Archäol. Mus. Taxila.
   Mat. : Gold.
   Maße: Dm ca. 15 cm.
   Lit. : Marshall, Taxila III, Taf. 195 h, k = Nr. 144, 146.
1.2 Mit Pufferenden.
   Herk.: Münzen.
   Lit. : Sellwood, S. 29, Typ 9/1; S. 30, Typ 10/1; S. 32, Typ 11/1; Typ 15/1.
          Lukonin, Taf. 52 (Heyne Tb, Abb. 52). Vgl. Relief aus Susa, deutl. An-
          sicht: Ghirshman (1962) Taf. 70, linke Figur.
1.3 Mit Löwenkopfenden.
   Herk.: Nimrūd-Dağ, Ost-Terrasse.
   Lit. : Rosenfield, Abb. 153.

Offene Halsreifen waren im Altertum ein weitverbreiteter Halsschmuck für den
Mann. Er ist überliefert von den Kelten, Skythen, Medern, Persern und Parthern[3].

---

[2] So gibt z.B. beim turkmenischen Volksschmuck die Ornamentierung über den Rang und die
Stammeszugehörigkeit des Trägers Auskunft; vgl. W. Eppendorf, Das Erbe der Turkmenen: Ullsteins
Gourmet Journal 3, 1981, 47.
[3] Marshall, Taxila II, 635.

In der Arsakidenzeit wurde er mit unterschiedlich gearbeiteten Enden getragen:

— Mit sog. Trompetenenden (Typ 1.1) ist er belegt durch Funde in Sirkap/Taxila.
— Mit Pufferenden (Typ 1.2) erscheint er auf den Münzen der Arsakiden als Teil der königlichen Tracht. Seine Form gilt als keltisch[4] und war offenbar weit verbreitet[5].
— Mit Löwenkopfenden (Typ 1.3) belegt er erneut die Traditionsgebundenheit, die teilweise dem Schmuck der Arsakidenzeit zu eigen ist. So stammt das älteste Beispiel aus Karmir-Blur (7. Jh. v. Chr.)[6]. Es ist das Fragment eines silbernen Torques mit der Figur eines kriechenden Löwen am Reifenende. Der Typus ist weiter belegt durch Originalfunde aus den königlichen Kurganen der Skythen[7] (dat. ab 4. Jh. v. Chr.), aus Thrakien[8], wo ein Bruchstück mit Widderkopf (dat. Ende des 4. Jh. v. Chr.) gefunden wurde und aus einem Grab aus Susa[9], welches ins 4. Jh. v. Chr. datiert wird. Weiter ist dieser Typus, aber mit einem größeren Reifdurchmesser, von achämenidischen Darstellungen bekannt[10].

Datierung:
   1.1: 1. Jh. n. Chr.
   1.2: vermutl. 3., vielleicht auch 2. Jh. v. Chr.
   1.3: 1. Jh. v. Chr.

Typ 2 (Taf. LXXXVIII)

Geschlossene Halsreifen

2.1 Glatter Halsreif.
   Herk.: Hatra,   Šami, Olbia, Palmyra.
   Lit. : Hatra: Safar/Mustafa, 185, Nr. 178; 220, Nr. 212.
                    Ghirshman (1962) Taf. 98.
                    Colledge (1967) Taf. 55.
           Šami: Weidemann, Taf. 52.
                    Ghirshman (1962) Taf. 36, (1976) Taf. CXXVI.
           Olbia: Deutl. Ansicht: Lukonin, Taf. 2, 3 (Heyne Tb Abb. 1-3).
           Palmyra: Deutl. Ansicht: Colledge (1976) Taf. 80.
                    Ähnl., aber längeres Stück aus Merw: Masson (1962) Abb. 25.

---

[4] P. Jacobsthal, Early Celtic Art (1969) II, Taf. 124 ff.
[5] Wien, Goldschätze der Thraker (1975) Abb. 217.
[6] Maxwell-Hyslop, Jewellery, 203, Taf. 158. B. B. Piotrovskij, Il Regno di Van Urartu (1966) Taf. XLVII a.
[7] Artamonow, Goldschatz der Skythen, Abb. 83, 92, 135, 140; Taf. 201, 202.
[8] Venedikov/Gerassimov, Thrakische Kunst, 80, Abb. 193.
[9] De Morgan, Mémoires, MDP 8, Abb. 70, Taf. IV.
[10] Barnett, Art of Bactria: IA 8, 1968, Taf. VII, 3.

2.2 Halsreifen mit ornamentaler Verzierung.
    2.2.1-2.2.4
        Herk.: Hatra, Rundbilder.
        Lit.   : 2.2.1: Safar/Mustafa, 108, Abb. 81.
                2.2.2: Safar/Mustafa, 316, Abb. 324.
                2.2.3: Safar/Mustafa, 107, Abb. 78.
                2.2.4: Safar/Mustafa, 222, Abb. 214.
    2.2.5 Herk.: Nemrūd-Daǧ.
        Lit.   : Deutl. Ansicht: Colledge (1977) Taf. 32 a, b.
        Ghirshman (1962) 66, Taf. 79.
    2.2.6 Herk.: Qaṣr al-Abyad bei Palmyra. Rundbild.
        Lit.   : Deutl. Ansicht: Seyrig, Syria 18, 1937, Taf. 1.
        Deutl. Ansicht: Weidemann, Taf. 44.
    2.2.7 Herk.: Hatra, Rundbild: Palmyra, Relief.
        Lit.   : Hatra: Deutl. Ansicht: Safar/Mustafa, 294.
            Colledge (1977) Taf. 34.
        Palmyra: Ähnl. Stück: Sadurska (1977) 95, Abb. 37.
    2.2.8 Herk.: Hatra, Rundbild.
        Lit.   : Safar/Mustafa, 64, Abb. 5.
2.3 Glatter Halsreif mit blattförmigen Anhängern.
    Herk.: Merw, Terrakotta.
    Lit.   : Masson (1962) Abb. 24.
2.4 Halsreifen mit Perlstabverzierung.
    2.4.1 Herk.: Palmyra, Relief, Münzen.
        Lit.   : Relief: Collart und Vicari, Taf. CV, Abb. 1, 2; Taf. CVI; Taf.
        CVII, Abb. 1 und 2.
        Münzen: Sellwood, S. 299, Typ 90/1.
    2.4.2 Herk.: Šami, Perlmuttschnitzerei (Königin?).
        Lit.   : Ghirshman (1962) Taf. 124.
        Colledge (1967) Taf. 15 (1977, Taf. 41 b).
        Godard, Abb. 92.

Auf vielen Darstellungen, speziell aus Hatra, ist Typ 2 zu sehen. Über sein tatsächliches Aussehen geben einige Halsreifen bei Darstellungen des Kuschanadels Auskunft[11]. Sie lassen erkennen, daß es sich bei Typ 2.1-2.2.8 um Reifen mit aufgesetzten Steinen handelt. Zur Illustration der Gesamtform dieses Halsschmuckes kann der Halsreif aus Pietroassa[12], dat. 5. Jh. n. Chr. herangezogen werden (s. Halsschmuck der Männer zur Zeit der Sasaniden, Typ 4.9, Taf. CXIII). Auch die

[11] Rosenfield, Art of the Kushans, Taf. 62, 67, 68, 69, 69, 77, 81.
[12] A. Odobesco, Le Trésor de Pétrossa (1889-1900) Bd. I. Abb. 10,1; Taf. VI, Farbtaf.; Bd. II, Abb. 73. W. A. v. Jenny/W. F. Volbach, Germanischer Schmuck des frühen Mittelalters (1933) Taf. 5.

sasanidischen Felsreliefs[13] zeigen, daß dieser Typus in sasanidischer Zeit noch bekannt war. Als Vorform könnte ein Halsreif aus Ägypten[14] (allerdings datiert 701-690 v. Chr.) angesehen werden. Sofern ich Schmuckdarstellungen auf ägyptischen Reliefs richtig deute, kommt dieser Typ in Ägypten über einen langen Zeitraum häufig vor und muß deshalb für diesen Raum als typisch angesehen werden. Ob zwischen den arsakidenzeitlichen Stücken und den ägyptischen tatsächlich Beziehungen bestehen oder ob es sich um eine getrennte Entwicklung handelt, ist nicht zu entscheiden.

Für die Ausgestaltung des Typus 2.3, belegt durch Terrakotten aus Merw, kommt vielleicht ein Hinweis aus Sāñchī[15]. Dort tragen dargestellte Dämonen einen lunulaförmigen Halsschmuck, von welchem Federn, Blätter oder ähnliches herabhängen. Dieser Vergleich ruft in Erinnerung, daß sicherlich auch zur Zeit der Arsakiden nicht nur ein Teil sondern auch Teile des Schmuckes aus organischem Material bestanden.

Datierung:

2.1-2.2.4:	1.-3. Jh. n. Chr.
2.2.5:	Mitte 1. Jh. v. Chr.
2.2.6-2.2.8:	1.-3. Jh. n. Chr.
2.3:	1.-2. Jh. n. Chr.
2.4.1:	1.-3. Jh. n. Chr.
2.4.2:	2.-1. Jh. v. Chr.[16]
	ca. 100 v. Chr. - 100 n. Chr.[17]

Typ 3 (Taf. LXXXIX-XCI)

Geschlossene Halsringe mit Schmuckplatte

Die Schmuckplatte kann Einlagen (z.B. 3.1.1), Tiermotive (3.1.2, 3.1.13), aber auch florale Designs (3.1.15) aufweisen. Der breite Reif kann unverziert (3.1.7-3.1.9), aber auch durch Querrillen (3.1.1, 3.1.2, 3.1.10), Kreise (3.1.3), Netzmuster (3.1.4, 3.1.13), Rhomben (3.1.5), Schräglinien (3.1.6), Tiermotive (3.1.12), Zick-Zack-Linie (3.1.14) oder ein florales Design (3.1.15) ausgeschmückt sein.

Bei Typus 3.2 (Taf. XCI) ist der Reif aus s-förmigen Elementen zusammengesetzt.

3.1.16 und 3.1.17 (Taf. XC und XCI) sind Originalfunde dieses Typus. Von diesen beiden schönen Ausnahmen abgesehen ist Typ 3 nur von Darstellungen bekannt.

[13] Ghirshman, Iran, Parther und Sasaniden, Abb. 164, 197, bes. deutl. Ansicht: Abb. 212.
[14] Wilkinson, Egyptian Jewellery, Taf. LXIV A.
[15] Marshall/Foucher, Monuments of Sāñchī II, Taf. LXVI a, b; Bd. III, Taf. C, CI.
[16] Ghirshman, Iran, Parther und Sasaniden, 108, Abb. 124.
[17] Colledge, The Parthians, 224, Taf. 15.

3.1 Breite Reifen mit Schmuckplatte.
    3.1.1 Herk.: Münze.
          Lit.   : Sellwood, S. 96, Typ 35/1.
               Pope/Ackerman VII, Taf. 141, Y, X (seitlich).
          Herk.: Hatra, Rundbilder.
          Lit.   : Safar/Mustafa, 116, Abb. 91; 187, Abb. 180, 181; 212, Abb. 199.
               Homès-Fredericq, Taf. VI, 2.
    3.1.2-3.1.5
          Herk.: Hatra, Rundbilder.
          Lit.   : 3.1.2: Ghirshman (1962) 89, Taf. 100.
               3.1.3: Safar/Mustafa, 75, Abb. 19.
               3.1.4: Safar/Mustafa, 61, Abb. 2; 62, Abb. 3.
               3.1.5: Safar/Mustafa, 211; 300, Abb. 301. Deutl. Ansicht: Lukonin,
                     Taf. 8 (Heyne Tb, Abb. 27). Deutl. Ansicht: Ghirshman (1962)
                     94, Taf. 105.
    3.1.6 Herk.: Nemrūd-Daǧ, West-Terrasse.
          Lit.   : Rosenfield, Abb. 152.
    3.1.7-3.1.9
          Herk.: Hatra, Rundbilder.
          Lit.   : 3.1.7: Safar/Mustafa, 88, Abb. 42.
               3.1.8: Safar/Mustafa, 80, Abb. 26.
               3.1.9: Safar/Mustafa, 84, Abb. 35; 221, Abb. 213.
    3.1.10 Herk.: Münze.
          Lit.   : Sellwood, S. 215, Typ 68/1.
               Pope/Ackerman VII, Taf. 143 R.
               Ähnl. Stück: Safar/Mustafa, Hatra (Rundbild), 60, 1.
    3.1.11-3.1.15
          Herk.: Hatra, Rundbilder.
          Lit.   : 3.1.11: Safar/Mustafa, 254, Abb. 246.
               3.1.12: Safar/Mustafa, 63, Abb. 4, ähnl. 78, Abb. 24.
               3.1.13: Safar/Mustafa, 74, Abb. 18.
               3.1.14: Safar/Mustafa, 115.
               3.1.15: Safar/Mustafa, Farbtaf. 4, S. 113, Abb. 88.
    3.1.16 Dreifach gerippter, zweiteiliger Goldreif.
          Die beiden Reifenteile werden hinten durch ein Scharnier und in der vorderen
          Mitte durch eine Schmuckplatte zusammengehalten. Auf der Schmuckplatte ist
          eine ovale Kastenfassung für einen farbigen Stein oder Glaspaste angebracht.
          ,,Bereits in antiker Zeit war ein Karneol mit der Darstellung des Herakles im
          Profil und mit einem Löwenfell auf dem Kopf'' eingefügt worden. Die Karneol-
          gemme war horizontal angebracht — wahrscheinlich ehemals Einsatz eines Fin-
          gerringes. ,,Hinter dem Kopf des Herakles ist auf der Gemme offensichtlich
          nach ihrer Fertigstellung noch die Wiedergabe einer Streitaxt hinzugefügt wor-
          den, wie sie auf Kuschanmünzen des sog. — namenlosen — Königs auftritt[18]''.

---

[18] B. Stawiski, Mittelasien — Kunst der Kuschan (1979) 155.

An den beiden Breitseiten der Schmuckplatte sind jeweils drei Goldperlen ange-
bracht.
Herk.: Dal'verzin-Tepe, Schatzfund.
Mus. : Institut für Kunstwissenschaft, Taschkent.
Mat. : Gold.
Maße: Dm 14.5 cm - 11.7 cm.
Lit. : Pugačenkova (1978) 78/79.
        Stawiski 155 ff, Abb. 130.
3.1.17 Goldener Halsring, welcher hinten ein Scharnier, an den Rändern und in der
    Mitte Granulationsreihen und vorne eine leicht trapezförmige Schmuckplatte
    mit Granaten in runder und tropfenförmiger Kastenfassung zeigt. In die mittle-
    re Fassung ist eine Gemme mit römischem Portrait eingelassen.
    Herk.: Kunsthandel.
    Mus. : Privatslg.
    Mat. : Gold, rote Einlagen, Gemme.
    Maße: Dm 20,3 cm; Gew. 220 Gramm; Gemme 2,1 cm.
    Lit. : Genf, Trésors de L'Ancien Iran (1966) Reif: Taf. 69, Nr. 682; Gem-
        me: Taf. 70.
Halsreif aus Armazis-Chevi: Apakidze et al., Farbtaf. IV, s. Halsschmuck der Frauen,
Typ 3.2.5, Taf. XXXV.
3.2 Halsreif aus s-förmigen Elementen.
    Herk.: Hatra, Rundbild.
    Lit. : Safar/Mustafa, 81, Abb. 28.

Aus der Häufigkeit seiner Darstellungen in Hatra, auf Felsreliefs, Stelen und
Münzen zu schließen, kann Typ 3 als beliebtester und typischer Männerhals-
schmuck der Arsakidenzeit bezeichnet werden.

Eine Antwort auf die Frage nach der Herkunft ist schwierig, weshalb es verschiedene, eher vage Vermutungen gibt[19]. Vorformen liegen aus dem orientalischen
Raum nicht vor. Vergleichbar ist dieser Typ, vor allem in der Ausführung 3.1
(3.1.1-3.1.17), mit als keltisch bezeichneten Funden aus den britischen Orten
Stichill[20], Portland und Birdcomb Court[21], dat. 1. Jh. n. Chr. Weiter vergleichbar
ist er mit ähnlich gestalteten Armreifen aus Olbia[22], dat. 1. Jh. n. Chr. Vergleichbar
ist er ferner mit dem Fragment aus einem Frauengrab in Emesa (s. Halsschmuck
der Frauen, Typ 9.2, Taf. XLV).

Das s-Motiv kommt beim Männerschmuck relativ häufig vor (s. Halsschmuck der
Männer, Typ 3.2, Taf. XCI; Typ 6.7.1 und 6.7.2, Taf. XCIII; Armschmuck der
Männer, Typ 5, Taf. XCIX); vereinzelt auch beim Frauenschmuck (s. Arm-

[19] S. B. Downey, The Heracles Sculpture: Dura-Europos, Fin. Rep. III, 1 (1969) 92.
[20] J. V. S. Megaw, Art of the European Iron Age (1970) Abb. 298.
[21] Ebenda, Abb. 297.
[22] Baltimore, Walters Art Gallery, Handbook (1936) 45.

schmuck der Frauen, Typ 8.1.3 und 8.1.4, Taf. LXXV). Es gilt als typisch für keltische[23], aber auch für sakische[24] Metallarbeiten. Als Bordürenmuster war es bei Palmyras Steinmetzen beliebt[25]. Auch auf erhaltenen Stoffresten ist es zu sehen. Während es hier wohl eher als vereinfachte Darstellung eines Rankenmotives zu verstehen ist, Colledge sieht darin ,,a woollen equivalent of the Greek 'running dog' ...[26]'', kann es bei den Metallarbeiten anders gedeutet werden (s. Armschmuck der Männer, Typ 5, S. 275)[27].

Da Typ 3 auf Darstellungen von hochgestellten Personen getragen wird, kann er wohl als Zeichen eines Ranges angesehen werden.

Datierung:
3.1.1:	1. Jh. v. Chr. - 3. Jh. n. Chr.
3.1.2 - 3.1.5:	2. - 3. Jh. n. Chr.
3.1.6:	1. Jh. v. Chr.
3.1.7 - 3.1.9:	2. - 3. Jh. n. Chr.
3.1.10:	1. Jh. n. Chr. - 2./3. Jh. n. Chr.
3.1.11 - 3.1.15:	2. - 3. Jh. n. Chr.
3.1.16:	1. Jh. v. Chr. - 2./3. Jh. n. Chr.
3.1.17:	1. Jh. n. Chr.
3.2:	2. - 3. Jh. n. Chr.

Typ 4 (Taf. XCII)

Spiral-Halsreifen

Die Enden können verschieden gestaltet sein: ohne Endbetonung (4.1), mit Perle (4.2), mit Doppelperle (4.3), mit Spirale (4.4), mit Tierkopf bzw. Tierkörper (4.5). Bei 4.6 und 4.7 wird das Spiralband ohne Enden gezeigt; bei 4.6 in Seitenansicht und bei 4.7 in Frontalansicht.

Dieser Typ ist belegt von Perlmuttschnitzereien aus Šami und zahlreichen Münzen.

4.1 Herk.: Šami, Perlmuttschnitzerei.
    Lit. : Ghirshman (1962), Abb. 125 B.
4.2 Herk.: Münze.
    Lit. : Sellwood, Typ 20; s.a. Typ 21, 23, 24, 25, 30, 31, 32, 34, 36, 45/8, 45/21, 46/7.
    Pope/Ackerman VII, Taf. 141 M, U ff.
4.3 Herk.: Münze.
    Lit. : Sellwood, Typ 38/2.

---

[23] Jacobsthal, Early Celtic Art II, Taf. 143, Abb. 255-257.
[24] K. Jettmar, Die frühen Steppenvölker (1964, Paperback 1980) 177.
[25] z.B. Colledge, Art of Palmyra, Taf. 66, 93, 108; s.a. S. 209.
[26] Colledge, Art of Palmyra, 103.
[27] Downey a.O. 92 ff.

4.4 Herk.: Münze.
    Lit.   : Sellwood, Typ 46/1.
4.5 Herk.: Münze.
    Lit.   : Sellwood, Typ 26, s.a. Typ 27, 28, 39/1, 45/1, 47/1, 48/1, 48/9, 50/1, 51/1, 53/1, 54/1.
          Pope/Ackerman VII, Taf. 142 D, F, G, J, N, O.
          Deutl. Ansicht: Herrmann (1977) 64; Anno 62, S. 55.
4.6 Herk.: Münze.
    Lit.   : Sellwood, Typ 42/1, 43/1, 52/1, 54/11, 57/1, 57/10, 59/1, 60/1, 61/1, 62, 63, 64, 65, 66, 69, 70, 71, 73, 74, 75, 76, 77, 78, 79/1, 80/1, 80/3, 80/20, 81, 82, 83, 84.
4.7 Herk.: Nemrūd-Daǧ, Münzen.
    Lit.   : Ghirshman (1962) Taf. 80.
          Sellwood, Typ 67.
          Pope/Ackerman VII, Taf. 143 B ff; 144 A ff.

Originalfunde, z.B. drei spiralige goldene Halsreifen mit Tiermotiven stammen aus Tschertomlyk[28]. R. Rolle[29] beschreibt einen weiteren, für diese Arbeit interessanten Fund aus einem sakischen Grab: ,,... Um den Hals lag ein goldener Halskragen von 12,5 cm Dm. Er besteht aus mehrfach um den Hals gewundenen Röhren, die aus Goldblech hergestellt, gebogen und unter Wärmeeinwirkung zusammengefügt wurden. Die Enden bilden Raubtierköpfe, die einzeln angefertigt und dann angeschweißt wurden. Das Öffnen des Halsschmuckes wurde nicht durch eingearbeitete Scharniere erzielt, wie dies bei späteren Typen üblich ist; er konnte an zwei Stellen mittels eines Steckverschlusses auseinandergezogen werden''.

Halsreifen aus dem Schatz Peters I.[30] zeigen, daß es sich bei Typ 4.7 vom Nemrūd-Daǧ um eine Variante dieses Typus handelt.

Datierung:
    4.1: 1. Jh. v. Chr.
    4.2: ca. Mitte 3. Jh. v. Chr. - 1. Jh. v. Chr.
    4.3: 171 - 88 v. Chr. (eventuell noch bis 57 v. Chr.).
    4.4: 1. Jh. v. Chr.
    4.5: 2. u. 1. Jh. v. Chr.
    4.6: 2. Jh. v. Chr. - Ende 2. Jh. n. Chr./Anfang 3. Jh. n. Chr.
    4.7: 1. Jh. n. Chr. (s.a. 4.6).

---

[28] Artamonow, Goldschatz der Skythen, 49, Abb. 92. Barnett, Art of Bactria: IA 8, 1968, Taf. VIII, 1.
[29] R. Rolle, Neue Ausgrabungen skythischer und sakischer Grabanlagen in der Ukraine und in Kazachstan: PZ 47, 1972, 76.
[30] Rudenko, Slg. Peters I., Taf. X ff.

Halsketten (Typ 5-9)

Typ 5 (Taf. XCIII)

Ketten (Reifen?) mit einem an einer Öse hängenden Medaillon.

5.1 Herk.: Palmyra, Darstellungen.
    Lit.   : Michalowski (1963, Ausgrabung 1961) 140, Abb. 188.
            Ähnl.: Sadurska (1977) Abb. 18 (mit ovalem Medaillon).
5.2 Herk.: Merw, Terrakotta; Palmyra, Rundbild.
    Lit.   : Masson (1962) Abb. 22.
            Michalowski (1963, Ausgrabung 1961) 158, Abb. 208.

Datierung:
  5.1: 200-250 n. Chr.
  5.2: 1. u. 2. Jh. n. Chr.

Typ 6 (Taf. XCIII)

Gliederketten aus Einzelelementen

(Zur genaueren Beschreibung s. Halsschmuck der Frauen, Typ 4).

6.1-6.2
    Herk.: Hatra, Rundbilder.
    Lit.   : 6.1: Safar/Mustafa, 305, Abb. 305.
            6.2: Safar/Mustafa, 247; 243, Abb. 230.
                Deutl. Ansicht: Colledge (1967) Taf. 63 a, 64.
                Deutl. Ansicht: Homès-Fredericq, Taf. III, 1; V, 4; VII, 3, 4.
6.3 Herk.: Hatra, Rundbilder; Palmyra, Grabreliefs.
    Lit.   : Hatra, Safar/Mustafa, 67, Abb. 9; 196, Abb. 185.
            Ähnl.: Palmyra; Sadurska (1977) Abb. 18; 30.
6.4-6.7.2
    Herk.: Hatra, Rundbilder.
    Lit.   : 6.4: Safar/Mustafa, 73, Abb. 15.
            6.5: Safar/Mustafa, 63, Abb. 4.
            6.6: Safar/Mustafa, 146, Abb. 137 (Adler).
            6.7.1: Safar/Mustafa, 83, Abb. 33.
            6.7.2: Safar/Mustafa, 78, Abb. 24; 79, Abb. 25 (?).

    Diese Gliederketten werden sowohl von Männern als auch von Frauen getragen (s.a. Halsschmuck d. Frauen, Typ 4, Taf. XL-XLII).
    Zu 6.7.1-6.7.2 (s-Motiv) s. Halsschmuck der Männer, Typ 3.2.

Datierung:
  6.1 - 6.6:   1. - 3. Jh. n. Chr.
  6.7.1 - 6.7.2: 2. - 3. Jh. n. Chr.

Typ 7 (Taf. XCIV)

Ketten mit Mittelmedaillon

  Nur durch Darstellungen belegt.

7.1 Ketten ohne Anhänger.
    7.1.1 Herk.: Masǧid-e Sulaimān.
          Lit. : Ghirshman (1976)Taf. 21; Taf. LXXXII, 3 (kürzer: Taf. LXXVIII, 1).
    7.1.2 Herk.: Palmyra, Tempelrelief.
          Lit. : Starcky, 38, Abb. 4.
    7.1.3 Herk.: Assur, Stelen.
          Lit. : Andrae/Lenzen, WVDOG 57, Taf. 59 a, d.
    7.1.4 Herk.: Šami, Tempel (Bronzefigur).
          Mus. : Iran-Bastan-Mus., Teherān.
          Lit. : Porada (1962) Abb. 97; (1965) Abb. 101.
                  Godard, 95.
                  Ghirshman (1962) Taf. 99; (1976) Taf. CXXXV, 3.
          Herk.: Hatra, Statue des Herkules.
          Lit. : Safar/Mustafa, 242, Abb. 228.
    7.1.5 Herk.: Münze.
          Lit. : Pope/Ackerman VII, Taf. 142 A, M, P.
                  Sellwood, Typ 50/16; 53/3.
    7.1.6 Herk.: Münze.
          Lit. : Lukonin (1967) Abb. 53 (Heyne Tb, Taf. 51).
    7.1.7 Herk.: Münze.
          Lit. : Sellwood, Typ 40/1; 41/1; 51/38; 52/6.
    7.1.8 Herk.: Bronzeplatte (Silberplatte?).
          Lit. : Lukonin (1967) Taf. 18 (Heyne Tb, Taf. 30).
                  Ghirshman (1976) Taf. CXXXIV, 4.
                  Lukonin (1977) Tafel o.A.
7.2 Ketten mit Anhänger.
    7.2.1 Mit Stern.
          Herk.: Dura-Europos, Heiligtum des Gottes Aphlad.
          Lit. : Klengel, 72.
                  Colledge (1967) Taf. 67.
                  Colledge (1977) Taf. 33.
                  Schlumberger (1969) Taf. 17.
    7.2.2 Mit Götterbüste (Sonnengott).
          Herk.: Hatra, Tempel V.

    Lit. : Schlumberger (1969) 149.
           Colledge (1967) Taf. 54.
           Colledge (1977) Taf. 10a.
           Safar/Mustafa 236, Abb. 227.
7.2.3 Mit Omega-Anhänger[31].
    7.2.3.1 Herk.: Hatra, Rundbild.
        Lit. : Ausstell.Kat. Genf (1977/78) Abb. 160.
    7.2.3.2 Herk.: Hatra, Adlerfigur im Tempel VIII.
        Lit. : Safar/Mustafa, 284, Abb. 278.
               Ähnl. Stück: Safar/Mustafa, 145, Abb. 136.

Die Bronzestatue des Prinzen aus Šami trägt um den Hals eine Kette vom Typus 7 (vgl. Taf. XCIV, Typ 7.1.4). Der Künstler hat sie mit viel Sorgfalt gearbeitet. Er war offensichtlich um eine möglichst originalgetreue Wiedergabe bemüht. Vor allem durch diese Arbeit ist uns das Aussehen von Ketten des Typus 7 gut überliefert. Das Charakteristikum dieses Typus ist der gefaßte ovale bis prismenförmige Stein, der offenbar in der Regel auf der Halsgrube getragen wurde. Befestigt war er zu beiden Seiten an jeweils einer wie geflochten wirkenden Kette.

Zwei Halsschmuckfunde, einer aus Olbia, heute Slg. Bachstitz[32] und einer aus Mccheta[33] können vielleicht als Varianten diesem Typ zugeordnet werden. Bei beiden Exemplaren wurden statt der zwei geflochtenen Ketten jeweils zwei leicht gebogene Goldblechröhren verwendet. Bei dem Exemplar aus der Slg. Bachstitz sind die Reifenteilenden, welche die Fassung tragen, zu Löwenköpfen gearbeitet.

Die Ketten mit Anhängern stammen von Götterdarstellungen. Es ist anzunehmen, daß die Anhänger eine symbolische Bedeutung hatten.

Datierung:
    7.1.1:   ab 1. Jh. v. Chr.
    7.1.2:   1. Jh. n. Chr.
    7.1.3:   1. Jh. v. Chr. - 1./Anfang 2. Jh. n. Chr.[34]
    7.1.4:   2. Jh. v. Chr. - 2. Jh. n. Chr.
    7.1.5:   2. Jh. n. Chr.
    7.1.6:   2. Jh. n. Chr.
    7.1.7:   2. und 3. Jh. n. Chr.
    7.1.8:   2. Jh. n. Chr.
    7.2.1:   Anfang 1. Jh. n. Chr. (54 n. Chr.)
    7.2.2:   2. Jh. n. Chr.

[31] Zur Bedeutung s. Fuhr, Ein altorientalisches Symbol, 5 ff.
[32] Zahn, Slg. Bachstitz I, 15, Taf. 10, Nr. 51.
[33] Apakidze et al. Mccheta II (1978) Taf. Nr. 432.
[34] Zur Problematik der Datierung s.: Andrae/Lenzen, Partherstadt Assur, WVDOG 57, 106. Weidemann, Kunst und Chronologie der Parther und Kuschan: JRGZ 18, 1971, 149, Anmerk. 21.

7.2.3.1: 1. Hälfte d. 3. Jh. n. Chr.
7.2.3.2: 2. Jh. n. Chr.

Typ 8 (Taf. XCV)

Kette mit drei Medaillons

An einer etwa brustlangen Kette hängen drei runde Schmuckelemente, von denen das mittlere etwas größer ist als die beiden anderen. Sie sind durch Scharniere miteinander verbunden.
Herk.: Bard-e Nišāndeh, Relief.
Lit.   : Ghirshman (1965) Taf. XLII, 3.
         Ghirshman (1976) Taf. XXV.

Die Kettendarstellung auf dem Relief erinnert an Halsschmuck der Frauen vom Typus 4.7.2-4.7.5, Taf. XLII (Weiteres dort).

Datierung:
2. Jh. v. Chr. - 2. Jh. n. Chr.

Typ 9 (Taf. XCV)

Lange Fuchsschwanzketten

Nur durch Darstellungen belegt.
9.1 - 9.7
    Herk.: Hatra, Rundbilder.
    Lit.   : 9.1: Safar/Mustafa, 106, Abb. 77.
             9.2: Safar/Mustafa, 76, Abb. 21.
             9.3: Safar/Mustafa, 297, Abb. 296.
             9.4: Safar/Mustafa, 88, Abb. 42.
             9.5: Safar/Mustafa, 292/293, Abb. 292.
             9.6: Safar/Mustafa, 87, Abb. 40; 94, Abb. 52, 53.
             9.7: Safar/Mustafa, 178, Abb. 172.
9.8 Herk.: Masǧid-e Sulaimān, Relief.
    Lit.   : Ghirshman (1976) Taf. 32, G.MIS 34; Taf. LXXXVII, 1.

Diese Ketten gleichen dem Halsschmuck der Frauen, Typ 3.8.1-3.8.2, Taf. XXXVII (vgl. zu 9.7 auch Halsschmuck der Frauen Typ 5.6.1-5.6.3, Taf. XLIII).
Downey sieht in ihnen Ketten mit vielleicht ,,some special sacred meaning[35]''.

Datierung:
2./3. Jh. n. Chr.

[35] S. B. Downey, The Jewelry of Hercules at Hatra: AJA 72, 1968, 216.

1.2.4 Fibeln und Metallverschlüsse (Taf. XCVI-XCVIII)

Der Begriff — Fibel — wird hier im üblichen Sinn verwendet, nämlich als ein „Bestandteil der antiken Kleidung, der die Funktion der heutigen Sicherheitsnadel, aber auch die einer Schmucknadel erfüllte[1]".

Als Metallverschlüsse werden hier Bestandteile der Kleidung bezeichnet, durch die ein Umhang oder Mantel geschlossen werden kann. Sie bestehen in der Regel aus zwei Teilen, die, durch Haken und Ösen oder Bänder miteinander verbunden, zur Schließung eines Kleidungsstückes führen. Im Gegensatz zur Fibel sind die Verschlußteile fest mit dem Kleidungsstück verbunden.

Soweit dies heute erkennbar ist, gehörten Fibeln nicht generell zur arsakidenzeitlichen Männertracht. Sie sind nämlich nur von fünf Trägergruppen in Palmyra überliefert:

— Palmyrenische Priester sind auf ihren Grabreliefs mit einer Fibel dargestellt[2], jedoch nicht alle. So gibt es Grabreliefs, auf denen sie ohne Fibeln zu sehen sind und Sarkophagdeckel, auf denen nur der „Hauptpriester" eine Fibel trägt.

— Träger öffentlicher Ämter in Palmyra erscheinen auf ihren Grabreliefs mit je einer Fibel. So steht auf einem der Reliefs: „Ak, Ḥairan, Beneficiarius[3], Sohn des Bôrfâ, Sohn des Ḥairan, Sohn des Taibbôl[4]". Die Inschrift auf einem anderen Relief gleichen Typus (barhäuptig, gleicher Haarschnitt, Bart, Fransenbordüre am Saum der Toga[5]) weist den Dargestellten ebenfalls als Inhaber eines öffentlichen Amtes aus. So kann von weiteren Grabreliefs gleichen Typus[6], deren Inschriften noch nicht übersetzt wurden, angenommen werden, daß der Bestattete ehemals die gleiche Funktion innehatte.

— Liegende, jugendlich wirkende Männer aus Palmyra, welche in irgendeiner Beziehung zum Priestertum standen, weil zumindest bei einem im Hintergrund der Grabplatte ein Priesterhut dargestellt ist[7].

— Römische bzw. im römisch/palmyrenischen Dienst stehende Militärangehörige[8] tragen die Fibel.

---

[1] W. H. Groß (W. H. G.), Fibula: PAULY II (1967) 542.

[2] Gawlikowski, Fibule à Palmyre: Festschrift Michalowski (1966) 411 (vgl. oben S. 10).

[3] Ab der Kaiserzeit höheren Offizieren zum Kanzleidienst zugeteilter Unteroffizier. A. v. Domaszewski, Beneficiarius; RE III (1899) 271/72. A. R. Neumann, Beneficiarii: PAULY I (1964) 862.

[4] Ingholt, Studier over Palmyrensk Sculptur, 40, PS 19; Taf. VI, 2.

[5] Michalowski, Palmyre (1963, Ausgrab. 1961) Abb. 176.

[6] Coll. Bertone (1931) Aukt. Kat., Taf. XI, Nr. 662. Colledge, Art of Palmyra, Taf. 82, 145.

[7] Colledge, Art of Palmyra, Taf. 61, 109. Michalowski, Palmyre (1966, Ausgrab. 1963-64) 51, Abb. 58, 59. Ders., Palmyra (1968) Taf. 81. Rostovtzeff, Caravan Cities, Taf. XXIII, 1. Michalowski, Studia Palmyreńskie I (1966) 93, Abb. 6.

[8] Cumont, Fouilles de Doura-Europos II, Taf. LI, 2.

— Göttliche Wesen, meist in Rüstung, tragen in Palmyra, Hatra und Dura-Europos ebenfalls einen Umhang, der auf der rechten Schulter mittels einer Fibel geschlossen wird[9].

Von zwei mir bekannten Ausnahmen abgesehen[10], wird die Fibel auf der rechten Schulter dargestellt, wo sie dem Umhang dekorativ einen sicheren Halt verleiht und ihn zugleich zusammenhält.

Da es, wie bereits erwähnt, in Palmyra Grabreliefs von Priestern und anderen Männern gibt, die keine Fibel tragen, muß gefragt werden, ob die Fibel außer ihrer Funktion des Haltens und Schmückens noch eine weitere Bedeutung hatte. Für die römische Welt ist in der Tat bekannt, daß die Fibel (Scheibenfibel) des 4. Jh. n. Chr. kein einfaches Schmuckstück war, sondern Abzeichen einer bestimmten Amtsstellung. ,,Als fester Bestandteil der Chlamys hatte sie eine, dem Stand ihres Trägers entsprechende, Bedeutung als militärisches Rang- bzw. Hoheitsabzeichen[11]''. Das trifft auch für die Priester zu. ,,Der Gottesdienst wurde nicht von Syrern, sondern von Senatoren vollzogen. Sie waren den altehrwürdigen Pontifices gleichgestellt und bildeten wie diese ein römisches Priesterkollegium[12]''. Daß göttliche Wesen ebenfalls eine Scheibenfibel tragen, hebt den Bezug der Priester zu ihnen nur noch stärker hervor. Die Fibel war also bei den Männern von Palmyra Zeichen eines öffentlichen Amtes, einer Würde.

Die dargestellten Fibeln und die eine in Palmyra gefundene lassen sich in zwei Typen einteilen: in die Scheibenfibeln (Typ 1, Taf. XCVI) und die Sternfibel (Typ 2, Taf. XCVI).

Die Metallverschlüsse (s. Taf. XCVII) sind aus Kommagene und Hatra belegt. Sie wurden, sofern sie den Umhang zusammenhalten, ebenfalls auf der rechten Schulter oder über der Brust getragen. Waren sie auf einen Mantel aufgenäht, wurden sie auf der Brust getragen[13].

1.2.4.1 Fibeln (Taf. XCVI)

Typ 1

Scheibenfibeln

[9] Deutl. Ansicht: Ghirshman, Iran, Parther und Sasaniden, Taf. 84. Cumont, Fouilles de Doura-Europos II, Taf. LI, 1. Ingholt, Studier over Palmyrensk Sculptur, Taf. I, 1. Michalowski. Studia Palmyreńskie I (1966) 117, Abb. 12, 13. Safar/Mustafa, Hatra, 274 ff.
[10] Palmyra: Scheibenfibel auf der linken Schulter (s. Kat. Typ 1.1.5; Colledge, Art of Palmyra, Taf. Nr. 145). Masǧid-e Sulaimān: zum Zusammenhalten des Umhangs auf der Brust, wie sonst durch Metallverschlüsse aus Hatra belegt (vgl.: Ghirshman, Bard-è Néchandeh et Masjid-i Solaiman II, MDP 45, Taf. LXXXII, 3; Taf. 21, G.MIS 17).
[11] J. Heurgon (Übers. H. Funke): Fibel: RAC VII (1969) 790 f.
[12] Altheim, Soldatenkaiser, 280, s.a. 284 f.
[13] Nur aus Kommagene belegt, s. Sarre, Kunst des alten Persien, Taf. 57.

1.1 Scheibenfibeln mit Kreisdekor.
Unter diesem Typ sind runde und ovale Scheiben mit einem oder mit mehreren eingeritzten Innenkreisen und unter Umständen einem Perlenkranz zusammengefaßt.
   1.1.1 Herk.: Palmyra, Grabrelief.
       Lit. : Sadurska (1977) 117, Abb. 53.
             Starcky, 38, Abb. 4.
             Collart/Vicari, Taf. CV, 1, 2; Taf. CVII, 1, 2; Taf. CIX, 5.
             Ingholt (1928) Taf. I, 1.
   1.1.2 Herk.: Hatra, Rundbild.
       Lit. : Safar/Mustafa, 194, Abb. 184; 274, Abb. 268 ff.
   1.1.3 Herk.: Palmyra, Grabreliefs.
       Lit. : z.B. Ingholt (1928) Taf. III, 1.
   1.1.4 Herk.: Palmyra, Sarkophag und Reliefs.
       Lit. : z.B. Sadurska (1977) 95, Abb. 37.
             z.B. Ingholt (1928) Taf. II, 3; Taf. IV, 4; Taf. VI, 2.
             z.B. Bossert, 545.
   1.1.5 Herk.: Palmyra, Grabrelief.
       Lit. : Seyrig, Syria 14, 1933, Taf. XX, 2.
             Colledge (1976) Taf. 145.
             Vielleicht auch mit bommelartigen Anhängern, vgl. Stucky, Syria 50,
             1973, 174, Abb. 13.
   1.1.6 Herk.: Palmyra, Grabrelief.
       Mus. : Palmyra.
1.2 Scheibenfibeln mit Blütendekor (Blütenfibeln).
   1.2.1 Herk.: Palmyra, Grabrelief.
       Lit. : Ingholt (1976) Taf. II, 2.
   1.2.2 Herk.: Palmyra, Grabrelief.
       Lit. : Sadurska (1977) 102, Abb. 42.
   1.2.3 Herk.: Palmyra, Grabrelief.
       Lit. : Ingholt (1928) Taf. IV, 2.
             Coll. Bertone (1931) Aukt. Kat., Taf. X, Nr. 657.
             Bossert, Abb. 546.
1.3 Scheibenfibeln mit Sternmotiv.
   1.3.1 Herk.: Palmyra, Grabreliefs.
       Lit. : Kat. Mus. Damaskus (1966) Taf. XXI.
             Ähnl. Stück: Taf. XXII.
   1.3.2 Herk.: Palmyra, Grabrelief.
       Lit. : Gawlikowski, 415, Abb. 2.
   1.3.3 Herk.: Palmyra, Grabreliefs.
       Lit. : z.B. Ingholt, Berytus II (1935) Taf. XXVIII.
             Coll. Bertone (1931) Aukt. Kat., Taf. XI, Abb. 662.
   1.3.4 Herk.: Palmyra, Grabrelief.
       Lit. : Gawlikowski, 412, Abb. 1 E.
  Fibeln vom Typ 1 wurden auch von Frauen getragen (s. Fibeln der Frauen, Typ 1, Taf.
LXII-LXV).

Datierung:
   1.-3. Jh. n. Chr.

Typ 2

Sternfibel

   Die Sternfibel unterscheidet sich von der sternförmig verzierten Scheibenfibel durch ihre Form. Bei der Sternfibel ist die Fibelplatte in Gestalt eines fünfzackigen Sternes gearbeitet. Bei der sternförmig verzierten Scheibenfibel hingegen ist die runde Fibelscheibe lediglich sternförmig, vermutlich bei den Originalen mit Emailarbeit oder Einlagen, ausgeschmückt.
   Bei der vorliegenden Sternfibel befindet sich in der Mitte eine runde Fassung, vorgesehen für eine Einlage.
Herk.: Emesa, Nekropole.
Mus. : Nat. Mus. Damaskus.
Mat. : Gold.
Maße: 4,5 cm.
Lit. : Seyrig, Syria 29, 1952, 247 ff; Taf. XXVII, 7.

Datierung:
   1. Jh. n. Chr.

1.2.4.2 Metallverschlüsse (Taf. XCVII)

   Bei Metallverschlüssen der hier angeführten Form gehören immer zwei sich entsprechende Teile zusammen, um den Umhang an der Schulter oder den Mantel über der Brust zusammenzuhalten. Zwei Verschlußarten können unterschieden werden. Bei der vielleicht älteren und nur vom Nemrūd-Daǧ überlieferten Art werden die beiden Metallteile mit Bändern zusammengebunden (s. Kat. Nr. 1 und 2). Bei der wohl jüngeren, nur durch Darstellungen in Hatra bezeugten Art werden die beiden Metallteile durch Haken und Öse zusammengehalten (s. Nr. 3-12). Die Verschlußteile können oval (s. Nr. 1, 7, 8), ösenförmig (s. Nr. 2), scharnierartig ineinandergreifend (s. Nr. 3, 4), rechteckig (s. Nr. 5, 6, 9) oder rund (s. Nr. 10, 12) sein.

1   Herk.: Nemrūd-Daǧ.
    Lit. : Widengren (1956) Abb. 14.
            Deutl. Ansicht: Widengren (1960) 134, Abb. 9.
            Lukonin, Taf. 29 (Heyne Tb, Abb. 41).
2   Herk.: Nemrūd-Daǧ.
    Lit. : Deutl. Ansicht: Rosenfield, Taf. 154.
            Deutl. Ansicht: Widengren (1956) Abb. 15.
3   Herk.: Nemrūd-Daǧ.

Lit.　: Deutl. Ansicht: Colledge (1977) Taf. 32 a, b.
　　　　Deutl. Ansicht: Ghirshman (1962) Taf. 79, 80.
　　　　Deutl. Ansicht: Dörner, Abb. 34, 35.
4-11
Herk.: Hatra, Rundbilder.
Lit.　:　4: Safar/Mustafa,　78, Abb. 24.
　　　　　5: Safar/Mustafa, 223, Abb. 215.
　　　　　6: Safar/Mustafa, 220, Abb. 212.
　　　　　7: Safar/Mustafa,　83, Abb. 33.
　　　　　8: Safar/Mustafa,　85, Abb. 37; 84, Abb. 35.
　　　　　9: Safar/Mustafa, 221, Abb. 213.
　　　　10: Safar/Mustafa,　79, Abb. 25.
　　　　11: Safar/Mustafa,　83, Abb. 31.
12 Herk.: Hatra: Büsten zweier Götter, wurde auf rechter und linker Schulter getragen.
　　　　Nemrūd-Dağ: Mantelbesatz.
Lit.　: Hatra: Ingholt (1954) Taf. VI, Abb. 2
　　　　　　　 Safar/Mustafa, 178, 179, Abb. 172.
　　　　Nemrūd-Dağ: Sárre, Taf. 57.

Eine andere Form von Metallverschlüssen sind die Gürtelschließen. Da sie nicht mehr direkt zum Schmuck, sondern eher zur Tracht und Bewaffnung gerechnet werden, andererseits aber einen guten Eindruck von arsakidischer Metall- und Schmuckarbeit liefern, werden auf Taf. XCVIII einige exemplarisch aufgeführt[14]. Rückschlüsse auf die Ausgestaltung der nur durch Darstellungen belegten Metallverschlüsse 1-12 sind sicher angebracht.

13 Gürtelschließe (?) mit Adler.
　　Ein goldenes Gürtelschnallenpaar mit Einlagearbeiten aus Türkis und wohl anderen, aber verloren gegangenen Steinen. Das Mittelmotiv ist ein Adler, der in seinen Fängen ein Tier, wahrscheinlich einen jungen Hirsch, hält. Auf der einen Schnalle schaut der Adler nach rechts.
　　Herk.: Nihāvend, Iran (Kunsthandel, vermutl. Grabfund).
　　Mus.: Brit. Mus., London.
　　Mat.: Gold.
　　Maße: H ca. 9 cm.
　　Lit.　: Herzfeld (1928) 298.
　　　　　Dalton (1928) Taf. LI b.
　　　　　Pope/Ackerman VII, Taf. 138 B.
　　　　　Colledge (1967) 91, Abb. 18.
　　　　　London, Jewellery through 7000 Years (1976) Nr. 179.
　　　　　Herrmann (1977) 136; Anno 64. S. 111.
　　Zweites Stück aus dem gleichen Schatz, genau so aussehend, lediglich der Kopf schaut nach *links*.

[14] S.a. R. Ghirshman, La ceinture en Iran: IA 14, 1979, 167 ff.

Herk.: s.o.
Mus. : Metropolitan Mus., New York.
Mat. : Gold.
Maße: H 9 cm.
Lit. : Pope/Ackerman VII, Taf. 138 A.
        Ghirshman (1962) Taf. 112.

14 Sechsarmige Gürtelschließe (?).
   Die beiden Platten sind mit Granulation und Einlagen aus Granat und Türkis ausgefüllt.
   Auch die Voluten an jedem Armende waren ursprünglich mit Türkisen besetzt.
   Herk.: Armazis-Chevi, Frauengrab (?) Nr. 7.
   Mus. : Staatl. Mus. Georgiens, S. Dshanachia, Tiflis.
   Mat. : Gold, Granaten.
   Lit. : Apakidze et al., Farbtaf. X, 1; Abb. 52, Nr. 18 a, b. (Abb. entnommen, stark
           verkleinert), Taf. LXXX, 1.

15 Gürtelschließe mit zwei Büsten.
   Herk.: Kunsthandel Teherān.
   Mus. : Coll. Foroughi.
   Mat. : Bronze.
   Maße: L 5 cm, B 4 cm, Dicke 3 mm.
   Lit. : Ghirshman, IA 14, 1979, Taf. I, 1.

16 Gürtelschließe mit Tier.
   In offener Metallarbeit ist ein nach links schreitendes Tier in Pferdegestalt eingearbeitet.
   In den jetzt leeren Fassungen saßen ehemals Einlagen aus Edelsteinen oder Glaspaste.
   Eigenartigerweise zieht sich von der Stirn über den Einfassungsrand hinaus zum Rücken
   des Tieres ein Horn (?).
   Herk.: Kunsthandel.
   Mus. : Slg. Patti C. Birch.
   Mat. : Bronze.
   Maße: H 7.2 cm, B 7.6 cm.
   Lit. : Pforzheim, Schmuck aus Persien (1974) Abb. 63.
           Ähnl. Stücke: Ghirshman, IA 14, 1979, Taf. II, 3; II, 4; Taf. III, 4;

17 Dreiteilige Gürtelschließe.
   An einer ovalen Goldscheibe hängt an jeweils einer Öse rechts und links je an einem Haken ein länglicher Goldstreifen, der in einer Öse endet. Die ovale Scheibe umfaßt eine
   rote Gemme, den Gott Mithra darstellend. Der Rand wird verziert von alternierenden
   sechs runden Granaten und sechs Granulationspyramiden. Ein Kranz aus Granulations-
   pyramiden bildet den Rahmen. Die Gemme ist umgeben von einem gedrehten Draht.
   Die beiden Goldstreifen sind durch aufgelegten gedrehten Golddraht in jeweils vier Felder aufgeteilt. In jedem der Felder ist in der Mitte ein ovaler Granat in Kastenfassung.
   Zu jeder Felderseite hin verlaufen zwei Granulationspyramiden.
   Mus. : Eremitage Mus., Leningrad.
   Mat. : Gold, Intaglio.
   Lit. : Lukonin (1967) Abb. 48, (Heyne TB Abb. 25).
           Deutl. Ansicht der Gemme: Lukonin (1977) 135.

18 Gürtelschließe mit Halbkugeln.
   (n. Lukonin und Pollak jedoch ein Collierzentrum).

Die Halbkugel in der Mitte des runden Medaillons ist von elf kleineren, ähnlichen, à-jour gearbeiteten Halbkugeln umgeben. Der Rand und der mittlere Buckel der Scheibe werden noch von zwei gedrehten Golddrähten begleitet. Auf der Rückseite des Medaillons sind zwei parallele, zylindrische Hülsen angelötet, durch welche eine Kette lief.
Herk.: Kleinasien.
Mus. : Slg. v. Nelidow, Ermitage Mus. Leningrad.
Mat. : Gold.
Maße: Dm 3 cm.
Lit. : Lukonin (1967) Abb. 47 (Heyne-Tb, Abb. 48).
          Pollak, Taf. XIV, Abb. 397.
19 Gürtelschließe mit Löwenkopf.
(Sandalenschnalle?) Löwenkopf im Relief dargestellt, wobei Ohren und Mähne mit Türkisen und Rubinen (?) besetzt waren. Gefunden wurden zwei Stücke.
Herk.: Nippur, Grab, unterhalb des Bodens von Zimmer 3, Partherfestung.
Mat. : Gold, Türkis, Rubin (?).
Lit. : Hilprecht, 36, Abb. 21.

Datierung:
1-3:   Mitte 1. Jh. v. Chr.
4-11:   2.-3. Jh. n. Chr.
12:     1. Jh. v. Chr. - 3. Jh. n. Chr.
13:     1. Jh. v. Chr. - 1. Jh. n. Chr.
14:     Mitte 2. Jh. n. Chr.
15-16: arsakidenzeitlich.
17:     2./3. Jh. n. Chr.
18:     1. Jh. n. Chr.
19:     Anfang 1. Jh. n. Chr.

1.2.5 Armschmuck (Taf. XCIX)

Armschmuck wird von den Männern entweder einzeln am rechten Handgelenk, oder häufiger paarweise, d.h. je einer an jedem Handgelenk, getragen.

Aufgrund völkerkundlicher und archäologischer Vergleiche[1] kann dem Armschmuck der Männer vielleicht auch zur Zeit der Arsakiden neben der Schmuck-eine ,,Schutz''-Funktion zugeordnet werden.

Typ 1 (Taf. XCIX)

Glatte, unverzierte Reifen

1.1 Herk.: Hatra, Rundbild.

---

[1] Völkerkundlicher Vergleich: z.B. Nordwestindien: R. Rai, The Sikhs (1983). Archäologischer Vergleich: die Assyrer.

Lit.   : Deutl. Ansicht: Ghirshman (1962) Taf. 110.
            Safar/Mustafa, 220, Abb. 212.
1.2 Glatte Reifen (Paar); der Bügel kann durch zwei Scharniere geöffnet und geschlossen
    werden.
    Herk.: Armazis-Chevi, Grab 1.
    Mus. : Staatl. Mus. Georgiens, S. Dshanachia, Tiflis.
    Lit.   : Apakidze et al., Farbtaf. I, 3; Taf. XXXVII, 15, 15a; Taf. XXXIX, 6a, b.

Zu unterscheiden ist vermutlich zwischen einem geschlossenen, einfachen (Typ
1.1) und einem durch ein Scharnier (Typ 1.2) zu öffnenden Reif. Beide Formen
scheinen sowohl von Männern als auch von Frauen getragen worden zu sein (Näheres s. unter den entsprechenden Typen beim Armschmuck der Frauen, Typ 1, Taf.
LXIX und Typ 6, Taf. LXXIII).

Datierung:
    1.1: 2. und 3. Jh. n. Chr.
    1.2: Anfang 2. Jh. n. Chr.

Typ 2 (Taf. XCIX)

Gedrehter Reif

(Vgl. Armschmuck der Frauen, Typ 7, Taf. LXXIV).
Herk.: Hatra, Rundbild.
Lit.   : Safar/Mustafa, 267, Abb. 262.

Datierung:
    2./3. Jh. n. Chr.

Typ 3 (Taf. XCIX)

Scharnierreifen mit Schmuckplatte

In der vorderen Mitte tragen diese unverzierten (3.1) oder durch eine Querrille (3.2) verzierten Reifen eine runde oder ovale Schmuckplatte, die durch Scharniere mit dem Reifen
verbunden ist.
3.1-3.2
Herk.: Hatra, Rundbild.
Lit.   : Safar/Mustafa, 60, Abb. 1; 82, Abb. 30 ff.
            Deutl. Ansicht: Colledge (1967) Taf. 65.
            Deutl. Ansicht: Ghirshman (1962) Taf. 105.

Dies scheint ein typischer Männerarmschmuck zu sein (nicht zu verwechseln mit dem Armschmuck der Frauen Typ 2). Für Typ 3.1 und 3.2 gibt es einen vergleichbaren Beleg aus Thrakien,[2] datiert ins erste nachchristliche Jahrhundert und einen Fund aus Olbia[3], vermutlich aus dem 2./3. Jh. n. Chr. Letzterer erscheint mir aber aufgrund der aufgereihten Perlen und des Gesamteindruckes eher frühbyzantinisch, was zeigen würde, daß dieser Typ über die arsakidische Epoche hinaus getragen worden ist. Als Vorformen können assyrische Armreifen angenommen werden (vgl. Darstellungen auf Reliefs[4]).

Datierung:
    3.1: 2./3. Jh. n. Chr.
    3.2: 2./3. Jh. n. Chr.

Typ 4 (Taf. XCIX)

Gliederarmbänder

4.1 Gliederarmband aus runden Elementen.
    Die stabförmigen Elemente zwischen den runden werden wohl als Darstellung der Verbindungsscharniere zu verstehen sein (vgl. Sadurska, 1977, Abb. 28; vgl. Motiv b. Halsschmuck d. Männer, Typ 6.2, 6.3, Taf. XCIII).
    Herk.: Hatra, Rundbild; Palmyra, Darstellungen.
    Lit. : Hatra: Safar/Mustafa, 67, Abb. 9; 212, Abb. 199.
          Palmyra: Ähnl. Stück: Sadurska (1977) Abb. 28, s.a. Abb. 18.
4.2 Gliederarmband aus quadratischen Elementen.
    Wahrscheinlich sollen quadratische Schmuckplatten mit runder Einlegearbeit dargestellt werden.
    (Vgl. Motiv b. Halsschmuck d. Männer, Typ 6.6, Taf. XCIII).
    Herk.: Hatra, Rundbild.
    Lit. : Berlin, Garten in Eden (1978/79) Abb. 161; Farbtaf. Abb. 30.
          München, Garten in Eden (1979) Abb. 161; Farbtaf. Abb. 30.

Die Gestaltung ist bereits vom Halsschmuck der Frauen, Typ 6.5 (Taf. XLIV) und vom Halsschmuck der Männer, Typ 6.2, 6.3 und 6.6 (Taf. XCIII) bekannt.

Datierung:
    4.1: 2./3. Jh. n. Chr.
    4.2: 3. Jh. n. Chr. (200-240 n. Chr.)

---

  [2] A. M. Mansel, Les Fouilles de Thrace: Belleten 4, 1940, Taf. LVIII, 56c.
  [3] Baltimore, Walters Art Gallery, Handbook (1936) 45. Zahn, Slg. Gal. Bachstitz I, Taf. 24, Nr. 92a.
  [4] Hrouda, Assyrisches Flachbild, Taf. 9.

Typ 5 (Taf. XCIX)

Armreifen aus s-förmigen Elementen

5.1 Aus einem starken, massiven Goldstreifen sind zusammenhängende, liegende s-förmige und trapezförmige Ornamente ausgesägt. Auf die trapezförmigen sind rundliche Türkise aufgesetzt. An den Enden des Reifens befinden sich Scharnierösen. Der jetzige geringe Durchmesser von 5,2 cm läßt vermuten, daß sich zwischen den Enden separat gearbeitete Verschlußornamente befanden oder aber ehemals ein zweiter Reifteil existierte.

    Herk.: Emesa, Männergrab.

    Mus. : Nat. Mus. Damaskus, Inv. Nr. 3166/6912.

    Mat. : Gold, Türkis.

    Maße: Dm 5,2 cm (jetzt).

    Lit. : Seyrig, Syria 29, 1952, Taf. XXVI.

            Seyrig, Syria 30, 1953, Farbtaf. A.

            Pfeiler, Taf. 29.

5.2 Dieser Reif ähnelt in der Gesamtwirkung dem Reif 5.1. Statt der s-förmigen Elemente wurden doppelspiralförmige verwendet. Deshalb ist dieser Reif eine Variante von Typ 5. Die Reiffläche ist mit mehreren kleinen Granaten und Türkisen besetzt.

    Herk.: Yahmour.

    Lit. : de Ridder, Slg. de Clercq, Taf. 11, Nr. 1280.

            Seyrig, Syria 29, 1952, 228, Abb. 8.

            Coche de la Ferté (1956) Deckel.

5.3 Dieser Reif besteht aus zusammengefügten liegenden s-förmigen Elementen.

    Herk.: Hatra, Rundbild.

    Lit. : Mus. Hatra.

5.4 Bei diesem Reifen sind die s-förmigen Motive stehend in jeweils eine der zusammenhängenden Kastenfassungen eingefügt.

    Herk.: Hatra, Rundbild.

    Lit. : Safar/Mustafa, 78, Abb. 24.

Schon Seyrig[5] vergleicht Typ 5.1 mit dem Fragment des Goldreifs aus Yahmour (Typ 5.2).

Vergleichbar ist dieser Typus meines Erachtens mit skythischen Armreifen[6]. Es scheint, als sei die äußere s-Form der Tierleiber beibehalten worden, der innere Bezug zur Tierdarstellung aber verloren gegangen.

(S.a. zum s-Muster: Halsschmuck der Männer, Typ 3.2, Taf. XCI).

Datierung:

    5.1: 1. Jh. n. Chr.

    5.2: ?

    5.3: ⟩2. und 3. Jh. n. Chr.

    5.4:

---

[5] Seyrig, Antiquités syriennes: Antiquités de la necropole d'Emése: Syria 29, 1952, 228, Abb. 8.

[6] Ghirshman, Iran, Parther und Sasaniden, 259, Taf. 335 D. Jettmar, Steppenvölker, 183 (Paperback 1980, S. 183).

1.2.6 Fingerschmuck (Taf. C)

Hier werden nur Ringe aufgeführt, die nachweislich von Männern getragen wurden. Als Beweis gilt die Herkunft aus einem Männergrab, die Darstellung auf einem Relief oder Rundbild oder die Nennung eines Männernamens auf der Gemme.

Gefunden wurden vom Fingerschmuck der Männer nur Siegelringe. Sie wurden gemäß den Grabreliefs in Palmyra und den Rundbildern in Hatra am kleinen Finger der linken Hand getragen[1]. Diesen Darstellungen zufolge waren auch bei Männern Schmuckringe in Gebrauch[2].

Typ 1 (Taf. C)

Ring mit Kamee

Kamee mit Porträt eines lokalen Gouverneurs.
Herk.: Emesa, Nekropole.
Mus. : Nat. Mus. Damaskus, Inv. Nr. 3348/7205.
Mat. : Gold, Stein.
Maße: Dm innen 2 cm; Dm außen 3 cm; L 2,5 cm.
Lit.   : Seyrig, Syria 29, 1952, Taf. XXVII, 4, 6 (Abb. entnommen).

Typ 2 (Taf. C)

Ringe mit Intaglio

Intaglio mit Bildnis des Apollo.
Herk.: Emesa, Nekropole.
Mus. : Nat. Mus. Damaskus.
Mat. : Gold, Karneol.
Maße: Dm außen 2,8 cm.
Lit.   : Seyrig, Syria 29, 1952, Taf. XXVII, 3, 5 (Abb. entnommen).

Intaglio mit Männerbüste und griechischer Inschrift.
Herk.: Armazis-Chevi, Grab 1.
Mus. : Staatl. Mus. Georgiens, S. Dshanachia, Tiflis.
Mat. : Gold, Karneol-Intaglio.
Lit.   : Apakidze et al., Farbtaf. I, 1; Taf. XXXVII, 1; XXXVIII, 2; Abb. 135, 11;
         Gemme: Abb. 4 (Abb. entnommen, stark verkleinert), s.a. Taf. XLV, 1.

---

[1] Deutl. Ansicht: Colledge, Parthians, Taf. 41. Ders., Art of Palmyra, Taf. 79, 80, 98. Stucky, Palmyre: Syria 50, 1973, 170, Abb. 7; 174, Abb. 12. Safar/Mustafa, Hatra, 90, Abb. 45.

[2] Stucky, Palmyre: Syria 50, 1973, 174, Abb. 12.

Typ 3 (Taf. C)

Siegelring mit sich zur Platte hin verjüngendem Reif; die Platte ist abgeflacht.

Herk.: Hasani Mahaleh, Grab 6 (Männergrab).
Mat. : Kupfer (?).
Maße: Dm 2 cm.
Lit. : Sono/Fukai, Taf. LXVIII, 10 (Abb. entnommen).

Typ 4 (Taf. C)

Siegelringe mit eingefügter Fassung

Die Fassung ist gesondert gearbeitet und zwischen die beiden Reifenenden eingefügt.
4.1 Gemme in Kastenfassung, Bildnis Alexanders von Mazedonien.
    Herk.: Armazis-Chevi, Grab 3.
    Mus. : Staatl. Mus. Georgiens, S. Dshanachia, Tiflis.
    Mat. : Gold, rote Einlage.
    Lit. : Apakidze et al., Farbtaf. II, 1a, b; Taf. LII, 10; LIII, 3; Abb. 24 (Abb. entnommen, stark verkleinert).
4.2 Gemme in Zackenfassung, Siegel des Antiochus.
    Die Schultern des Ringbügels sind v-förmig geteilt und halten so die Fassung.
    Herk.: Unbekannt.
    Mus. : Eremitage Mus., Leningrad.
    Mat. : Gold, Granat.
    Lit. : Lukonin, Abb. 55 (Heyne Tb, Abb. 55).
    Lukonin (1977) 157, dort dat. IV.-V. Jh. n. Chr.

Die Ringe mit eingefügter Fassung sind vergleichbar mit Ringen, die auch im römischen Bereich und Einflußgebiet getragen wurden[3]. Haken- bzw. Zackenfassung und vor allem der Stil der Gemme bei 4.2 sind orientalisch.

Datierung:
    Typ 1: 1. Jh. n. Chr.
    Typ 2: 1. - Anfang 3. Jh. n. Chr.
    Typ 3: 1. - Anfang 3. Jh. n. Chr.
    Typ 4: 2./3. Jh. n. Chr.

---

[3] Henkel, Fingerringe II, Taf. V, Nr. 94; Taf. LXVIII, Nr. 1818. Marshall, CFBM, Taf. XIV, 508 ff; Taf. XX, Abb. 781; Taf. XX, Nr. 798.

1.2.7 Aufnähschmuck (Taf. CI)

Aufnähschmuck ist belegt durch Grabfunde und Darstellungen auf Rundbildern, Grabreliefs sowie Münzen. Den Darstellungen zufolge trug in Hatra der männliche Adel auf seinen hohen Mützen und der Oberbekleidung Appliken, die vermutlich aus Edelmetall bestanden. Die Frauen trugen Aufnähschmuck in Hatra am Untergewand[1], in Palmyra möglicherweise an Kappen[2] und in Dura-Europos vermutlich an den Stirnbändern[3].

Gemäß der Befestigungsvorrichtung lassen sich vier Typen unterscheiden. Typ 1 kann durch die kleinen Befestigungslöcher direkt auf die Unterlage aufgenäht werden. Die äußere Form der Appliken dieses Typs ist recht verschieden. So sind uns überliefert Stücke in runder (Typ 1.1), rhombenförmiger (Typ 1.2), quadratischer bis rechteckiger (Typ 1.3), lanzettenförmiger (Typ 1.4) und tierförmiger (Typ 1.5) Ausführung. Bei Typ 2 ist eine bzw. sind mehrere Befestigungsösen für den Betrachter unsichtbar auf der Rückseite angebracht. Runde (Typ 2.1), rosettenförmige (Typ 2,2) und rhombenförmige (Typ 2.3) Stücke sind belegt. Bei Typ 3 ist die Befestigungsöse dagegen deutlich sichtbar und in der Wirkung als Teil des Schmuckes gedacht. In runder (Typ 3.1) und mandelförmiger (Typ 3.2) Anfertigung ist dieser Typ bekannt. Typ 4 besteht aus zwei Teilen: einem aufzunähenden Plättchen und einem davon herabhängenden Anhänger.

Typ 1 (Taf. CI)

Aufnähschmuck mit Befestigungslöchern

1.1 Runder Aufnähschmuck.
    1.1.1 Mit Rosettenmotiv und seitlicher Befestigungsmöglichkeit.
        Herk.: Ninive, Gräber.
        Mus. : Brit. Mus., London.
        Mat. : Gold.
        Maße: ca. 1 cm.
        Lit. : Curtis (1976) Abb. 100.
    1.1.2 Mit Kopf des Gottes Sol.
        Herk.: Kunsthandel.
        Mus. : Privatbesitz.
        Mat. : Gold.
        Maße: 1,9 × 1,9 cm.
        Lit. : Hamburg, Kunst der Antike (1977) 484, Nr. 432.
1.2 Rhombenförmiger Aufnähschmuck.
    Mit Stein- bzw. Glaspastenauflage und Golddraht.
    Herk.: Emesa, Nekropole.

[1] Deutl. Ansicht: Safar/Mustafa, Hatra, 250, Abb. 240, 241. Colledge, Parthians, Taf. 53. Ghirshman, Iran, Parther und Sasaniden, Taf. 106.
[2] Deutl. Ansicht: Mackay, Jewellery of Palmyra: Iraq 11, 1949, LX, 3.
[3] S. Stirnbänder S. 26 f.

Mus. : Nat. Mus. Damaskus.
Mat. : Gold, Stein- bzw. Glaspastenauflage.
Lit. : Seyrig, Syria 30, 1953, Farbtaf. A.
1.3 Quadratischer Aufnähschmuck.
    1.3.1 Mit Rosetten- bzw. Wirbelmotiv.
        Herk.: Ninive, Gräber.
        Mus. : Brit. Mus., London.
        Mat. : Gold.
        Maße: Dm ca. 1 cm.
        Lit. : Curtis (1976) Abb. 98.
    1.3.2 Mit figürlichen Motiven.
        Herk.: Masǧid-e Sulaimān, Bard-e Nišāndeh.
        Mus. : Mus. Louvre, Paris und Teherān.
        Mat. : Gold.
        Maße: H 2 cm; L 1,5 bzw. 2,9 cm.
        Lit. : Ghirshman (1977) Taf. 1, G.B.N 33 (Abb. entnommen); s.a. Taf. 79,
          G.MIS 538, G.MIS 618; Taf. XXXIX, 3; CVII, 1.
    1.3.3 Mit Kopf des Gottes Sol.
        Herk.: Kunsthandel.
        Mus. : Privatbesitz.
        Mat. : Gold.
        Maße: L 3,4 cm; H 2,3 cm.
        Lit. : Hamburg: Kunst der Antike (1977) 484, Nr. 43.
1.4 Lanzettförmiger Aufnähschmuck.
    Mit Kopf des Gottes Sol.
    Herk.: Kunsthandel.
    Mus. : Privatbesitz.
    Mat. : Gold.
    Maße: L 8 cm; H 2 cm.
    Lit. : Hamburg: Kunst der Antike (1977) 484, Nr. 432.
1.5 Tierförmiger Aufnähschmuck.
    Herk.: Olbia, Gräber.
    Mus. : Slg. Bachstitz.
    Mat. : Gold, jetzt auf Samtstreifen aufgenäht.
    Maße: Vögel - H 4,2 cm; Rauten - L 1 cm; Scheibchen - Dm 0,8.
    Lit. : Belin de Ballu, Taf. LXXVIII, 2.
        Zahn, Slg. Gal. Bachstitz I, Taf. 30, Nr. 92 O, P.

Typ 2 (Taf. CI)

Aufnähschmuck mit unsichtbarer Befestigungsöse

2.1 Rund, ohne Motiv.
    Herk.: Ninive, Gräber.
    Mus. : Brit. Mus., London.
    Mat. : Gold.

Maße: Dm 1,1 cm/0,75 cm.
Lit.   : Curtis (1976) Abb. 97, 102.
s.a.   : Herk.: Armazis-Chevi, verschiedene Gräber.
         Lit.   : Apakidze et al., Taf. XXXIX, 7b.
         Herk.: Seleukeia, Gräber.
         Lit.   : Yeivin, Taf. XIX, 1.
         Herk.: Garni.
         Lit.   : Arakelian (1976) Taf. XVI.

2.2 Rosettenförmig.
     2.2.1 Ohne Einlage; auf der Rückseite vier kleine Befestigungsösen.
         Herk.: Sirkap/Taxila.
         Mus. : Archäol. Mus. Taxila.
         Mat. : Gold.
         Maße: Dm ca. 1,27 cm.
         Lit.   : Marshall, Taxila III, Taf. 191 r = Nr. 179 - 198.
                Wheeler (1968) 111.
     2.2.2 Mit Glas- oder Steineinlage in der Mitte.
         Herk.: Armazis-Chevi, Grab 7 (Frauengrab).
         Mus. : Staatl. Mus. Georgiens, S. Dshanachia, Tiflis.
         Mat. : Gold, Granat.
         Lit.   : Apakidze et al., Taf. LXXX, 8; Abb. 52, 13-17. (Abb. entnommen).
2.3 Rhombenförmig mit angehobener Mitte, eine Befestigungsöse befindet sich auf der Rückseite.
     Herk.: Ninive, Gräber.
     Mus. : Brit. Mus., London.
     Mat. : Gold.
     Maße: H 1.6 cm; W 1.3 cm.
     Lit.   : Curtis (1976) Abb. 99.

Typ 3 (Taf. CI)

Aufnähschmuck mit sichtbarer Befestigungsöse

3.1 Rund, ohne Motiv.
     Herk.: Seleukeia, Gräber.
     Mat. : Gold.
     Lit.   : Yeivin, Taf. XIX, 1.
            Darstellung: Dal'verzin Tepe, Pugačenkova (1978) Taf. 24, 25.
3.2 Mandelförmig.
     Herk.: Hatra (Standbilder und Funde).
     Mus. : Irak Mus. Baġdad.
     Mat. : Gold.
     Lit.   : Deutl. Ansicht: Safar/Mustafa, 211, Abb. 198.
            Deutl. Ansicht: Ghirshman (1962) 89, Taf. 100.

Typ 4 (Taf. CI)

Zweiteiliger Aufnähschmuck

Herk.: Ninive, Gräber.
Mus. : Brit. Mus., London.
Mat. : Gold.
Maße: Dm 0,75 cm.
Lit. : Curtis (1976) Abb. 102.

Vorläufer für den arsakidenzeitlichen Aufnähschmuck sind zahlreich aus den skythischen[4] und sarmatischen[5] Frauen- und Männerbestattungen wie auch durch Funde und Darstellungen aus der achämenidischen Epoche belegt[6].

Die zur Zeit bekannten arsakidischen Stücke zeichnen sich durch ihre schlichte, geometrische Form aus. Die Verzierungen (in Repoussé- oder Preßtechnik) sind sekundär in der Wirkung und äußerst einfach in der Gestaltung. Damit unterscheiden sie sich von den achämenidischen, skythischen und sarmatischen, bei denen die Motive große künstlerische Sorgfalt und großen Einfallsreichtum widerspiegeln und offenbar von primärer Bedeutung für das Stück waren. Damit entspricht der arsakidenzeitliche Aufnähschmuck dem der Kuschan[7].

Auch dem Aufnähschmuck kam apotropäischer Charakter zu, d.h. er sollte durch ,,Spiegeln'', ,,Blinken'' und Symbolgehalt Übel abwenden, vor dem ,,bösen Blick'' und seinen Folgen bewahren.

---

[4] Artamonow, Goldschatz der Skythen, Abb. 67 ff.

[5] Rostovtzeff, Iraniens and Greeks, Abb. 17.

[6] H. J. Kantor: Achaemenid Jewelry in the Oriental Institute: JNES 16, 1957, 1 ff. Stronach, Pasargadae, Taf. 154, 155.

[7] Rosenfield, Arts of the Kushans, 178. V. Sarianidi, Le tombe regali della 'collina d'oro': Mesopotamia 15, 1980, mit weiteren Lit. Hinweisen, Abb. 4-8.

SCHLUSS

Es sind mehrere Aspekte, die bei der Betrachtung des vorderasiatischen Schmuckes zur Zeit der Arsakiden auffallen.

Zuerst beeindruckt das breite Spektrum arsakidenzeitlichen Schmuckes in Vorderasien. Dieses konnte sich entwickeln aufgrund der verhältnismäßig unabhängigen Stellung einzelner Städte und Gebiete in politischer und kultureller Hinsicht und aufgrund vielfältiger kultureller Verbindungen innerhalb des ganzen Vorderen Orients zur damaligen Zeit. Der Schmuck dieser Periode spiegelt somit die politischen und kulturellen Verhältnisse wieder.

Neben dem persönlichen Geschmack der Trägerin bzw. des Trägers (reich verziert oder schlicht bzw. einfach oder elegant) und den geschlechtsspezifischen Schmucksitten heben sich drei unterschiedliche Kunstebenen voneinander ab: die Kunst an den Königs- und Fürstenhöfen, die der wohlhabenderen städtischen Bevölkerung und die Volkskunst. Als Produkte der Hoch- bzw. Hofkunst können die Funde aus Armazis-Chevi, die Darstellungen und Funde aus Hatra sowie die Schmuckdarstellungen auf Münzen angesehen werden. Als Erzeugnisse für den „bürgerlichen'', in der Regel städtischen Geschmack, der eine Verbindung zwischen der Hochkunst und der Volkskunst herstellt, sind Funde und Darstellungen aus Dura-Europos, Palmyra, Emesa, Seleukeia, Uruk-Warka, Nippur, Ninive, Assur beispielsweise anzusehen. Erzeugnisse der Volkskunst, die lokalen Charakter hat, lassen sich am schwersten nachweisen. Als solche sind anzusehen wohl viele Halsketten aus Gräbern, sowie die Funde z.B. aus Masǧid-e Sulaimān, Bard-e Nišāndeh, Hasani-Mahaleh und Ḫoramrūd. Zu diesem persönlichen und standesbedingten Geschmack kamen Einflüsse aus verschiedenen kulturellen Beziehungen hinzu. So stellte sich immer wieder das Fortbestehen altvorderasiatischer Schmucktradition heraus. Daneben fiel beim Frauenschmuck häufig eine Anlehnung an die bzw. Fortführung der griechisch-hellenistischen Schmuckformen auf, vor allem bei Stücken aus den Gebieten mit ehemals starker hellenistischer Kultur, wie z.B. Syrien, Seleukeia und Sirkap/Taxila. Einfluß aus der Schmucktradition der Steppenvölker ließ sich beim Schmuck der Männer des öfteren erkennen. Diese verschiedenen kulturellen Einflüsse sind erklärlich aus der Bevölkerungs- und Kulturgeschichte des Orients zur Zeit der Arsakiden, aus der Heterogenität der Bevölkerung, welche sehr ausgeprägt in den Städten war: Aramäer (am stärksten vertreten im westlichen Gebiet), Juden (in den Städten, aber auch in den Ebenen bis in die Elymais), Babylonier, Araber (nicht nur in den Wüstenregionen, sondern zunehmend auch in den Städten, wie die Stadtgeschichten von Palmyra, Seleukeia und Hatra zeigen), Griechen (besonders in den Städten, und da vor allem in den von Alexander d. Gr. und den Seleukiden gegründeten Städten, wo sie die dominierende Majorität bis etwa zum 1. Jh. n. Chr. gebildet hatten). Die Städte waren kulturelle Schmelztöpfe und kreative Zentren, in denen jedes Volk seine Eigenheiten bewahrte, wo aber auch das Althergebrachte verschiedener ethnischer Gruppen zu Neuem umgestaltet wurde[1]. Darüber hinaus ließ sich eine Orientierung am internationalen Zeitgeschmack, der sich von Britannien bis nach Indien, von Armenien bis nach Ägypten beobachten läßt und in dem Rom führend war, feststellen. Diese Internationalität ist begründet in dem Vorbildcharakter des römischen Geschmacks, aber auch durch internationalen Handel[2]. Sie wird in der letzten Phase der arsakidischen Herrschaft zugunsten einer Rückbesinnung auf einheimische Tradition abgeschwächt. Trotz dieser vielfältigen zeit- wie umweltbedingten Gebundenheiten entwickelten sich gewisse Vorlieben beim Schmuck aus den arsakidischen und arsakidisch beeinflußten Gebieten so stark, daß von Charakteristika gesprochen werden kann.

Häufig sind folgende Einzelheiten zu bemerken:

— Vorliebe für die Einbeziehung von Scharnieren (s. z.B. Scheitelschmuck, Taf. IV; Ohrschmuck der Frauen Typ 13.3, Taf. XVII; Halsschmuck der Frauen Typ 4.7.4, 4.7.5, Taf. XLII).

Diese häufige Verwendung des Scharnieres ist gewiß nicht nur Ausdruck einer Begeisterung für ,,Technik'' und Liebe zum Detail; wichtiger war die Gewährung eines guten Sitzes. War es in älteren Zeiten der ,,Schieber'' an Ketten und Armbändern, der die Perlschnüre in Reih und Glied hielt, so übernimmt in arsakidischer Zeit das Scharnier diese Aufgabe. Dahinter steht die gleiche Auffassung; nämlich der Wunsch nach Erzielung einer Flächigkeit in der Gesamtwirkung.

[1] Für die Orientierung des Männerschmuckes an dem Formengut der Steppenvölker gibt H. v. Gall, Zur figürlichen Architekturplastik des großen Tempels von Hatra: BaM 5, 1970, 7 ff; Zitat 26, eine mögliche Erklärung. ,,Die Parther haben den Kontakt mit ihrem Ursprungsland offenbar noch jahrhundertelang gepflegt, denn wohl noch zu der Zeit, als ihre pfalzenartigen Residenzen bereits Ktesiphon am Tigris einschlossen, wurden ihre toten Könige in die mittlerweile weit entfernt liegende Stammburg Mithradatkert bei Parthaunisa zurückgebracht, um dort bestattet zu werden. Auf dieser durch den sepulkralen Zusammenhang gegebenen Verbindung hat wahrscheinlich auch ein reger Formenaustausch zwischen der westlichen und der östlichen Welt, d.h. also der syro-mesopotamischen einerseits und der partho-choresmischen Kultur andererseits stattgefunden''.

[2] J. Neusner, A History of the Jews in Babylonia. The Parthian Period (1965) bes. 88 ff. M. Wheeler, Der Fernhandel des römischen Reiches in Europa, Afrika und Asien (1965). Altheim, Soldatenkaiser, 112 ff. N. Gross (Hrsg.), Economic History of the Jews (1975) bes. 164 ff. Mackay, Jewellery of Palmyra: Iraq 11, 1949, 163. J. Wolski, Le rôle et l'importance des mercenaires dans l'état Parthe: IA 5, 1965, 103 ff.

Gerne werden den Scharnieren zu beiden Enden Perlen zugeordnet oder die Übergänge zwischen zwei Schmuckelementen durch Perlen überbrückt (s. Ohrschmuck der Frauen, Typ 13, Taf. XVII).

— Verwendung von eingelegten Steinen oder Glasfluß in Kastenfassungen.

Die Fassung kann oval, rechteckig, quadratisch, aber auch tropfenförmig sein; dabei läßt sich eine gewisse Bevorzugung der ovalen Form beobachten. Die Steine selbst haben einen mugeligen Schliff. Die Fassung ist meist glatt, selten weist sie ,,Hundezähne'' auf (s. z.B. Scheitelschmuck, Typ 1.1.1, 1.1.2, Taf. IV). Der Rand der Fassung kann schmal oder breit sein. In den Fällen der größeren Breite kann er leer oder mit Granulation verziert sein (s. z.B. Halsschmuck der Frauen, Typ 4.6, Taf. XLI; Typ 4.7.2, 4.7.3, Taf. XLII).

— Großzügigkeit in der Gestaltung durch Schwelgen in Farben und Formen sowie durch unbekümmerte Kombination von Farben, Formen, verschiedenen Techniken und Materialien.

— Verwendung von Granulation.

Sie kommt im allgemeinen in Verbindung mit Stein-oder Glaseinlagen vor; manchmal auch zusätzlich in Verbindung mit Filigran.

— Das verarbeitete Gold und Silber wirkt matt poliert, matt glänzend. Das Gold wird häufig als auffallend blaß beschrieben.

— Scharfe Ecken und Kanten oder eckige Formen tauchen kaum auf; die Ecken und Kanten sind in der Regel abgerundet.

Es lassen sich ,,Einschnitte'' in der Entwicklung des arsakidenzeitlichen Schmuckes feststellen: Um die Mitte des 2. Jh. n. Chr. und nach 200 n. Chr. Neben der üblichen Annahme, daß ausländische Händler, wie überhaupt Handel, angeheiratete ausländische Frauen der oberen Schichten, eingewanderte Handwerker, Austausch von Geschenken, Reisen bzw. Besuche und persönliche Kontakte zum Ausland sowie überhaupt eine gewisse Offenheit und ein gewisses Interesse der Oberschicht an Fremdem und Neuem zum Wandel in Kultur einschließlich Mode führen[3], sind es vor allem drei Theorien zum Kulturwandel, die meines Erachtens für diese Arbeit relevant sind. Nach König[4] haben die gleiche Wirkung der Zusammenstoß mit fremden Kulturen und das Vorbild einer bestimmten hervorragenden Persönlichkeit, die gelegentlich einen Modewandel veranlassen kann. Nach Kroeber[5] stellen Revolutionen, Kriege und soziokulturelle Instabilität den bestehen-

---

[3] Pauli, Dürrnberg III, 445.
[4] König, Kleider und Leute, 51.
[5] A. L. Kroeber, The Nature of Culture (1952). Zit. nach König, Kleider und Leute, 20.

den Stil in Frage. Nach Frobenius[6] gehen auch Kulturwandlungen von geistigen Umbrüchen aus. Geistige Erkenntnisse bringen allen Äußerungen des Lebens einen neuen und eigentümlichen Ausdruck[7].

Bereits Mackay[8] sieht für Palmyra Zusammenhänge zwischen dem Besuch Hadrians 129 n. Chr. und dem Beginn der Schmuckreichtums, wobei sie die II. Periode der Stadt (130-200 n. Chr.) als eine Übergangsphase zur noch größeren Schmuckfreudigkeit der III. Periode sieht.

Tatsächlich scheint jeweils nach den beiden großen römischen Einfällen, die bis weit in das arsakidische Reich gelangten (Trajans Partherkrieg 114 n. Chr. - 117 n. Chr. und Beginn einer Friedenspolitik unter Hadrian ab 123 n. Chr. sowie der Feldzug des Septimius Severus 197-199 n. Chr.[9] und deren Überwindung durch das arsakidische Heer) eine Phase der wirtschaftlichen Prosperität eingetreten zu sein. In ihrem Gefolge muß es jeweils zu neuerlicher Freude an Schmuck, an mehr Schmuck und an neuen Schmuckformen gekommen sein. Beim Männerschmuck ließ sich noch ein Wandel um die Zeitenwende feststellen. Auch hier mögen die beiden großen Kriege zwischen Rom und Parthien (um 53 v. Chr. gegen Crassus in der Schlacht von Karrhae; 36 v. Chr. gegen Antonius) Anlaß für einen Wechsel des Schmuckes gewesen sein. Dabei kam es weniger zu Übernahmen aus dem römischen Schmuck, sondern zu Neuschöpfungen und noch häufiger zu Rückgriffen auf vertraute Formen, die dann dem Zeitgeschmack entsprechend mehr oder weniger modifiziert wurden.

Für den arsakidenzeitlichen Schmuck treffen die gleichen Aussagen zu wie für die anderen arsakidenzeitlichen Kunsterzeugnisse: die Erzeugnisse dieser Epoche stellen nach denen der achämenidischen Kunst, allerdings in bescheidenerem Maße, den zweiten großen überregionalen Kunststil des Vorderen Orients dar. Im Gegensatz zur achämenidischen Kunst war dies aber keine dynastische Kunst, sondern eine von den oberen Ständen getragene und verbreitete. Darüber hinaus aber haben in arsakidischer Zeit der traditionsreiche altorientalische und der hellenistische Schmuck noch eine letzte gemeinsame Hochblüte gehabt, denn in den nachfolgenden Jahrhunderten verschwinden im Bereich der altorientalischen Hochkulturen, zumindest beim Schmuck der oberen Stände, die alten Formen nach und nach.

---

[6] L. Adam/H. Trimborn, Lehrbuch der Völkerkunde (1958) 16.

[7] Ein schönes Beispiel für Kulturwandel als Ausdruck geistigen Umbruchs bringt Pauli, Dürrnberg III, 1, 443 f. Für ihn hängt die Entstehung der Frühlatène-Kultur mit einer religiösen Neuerung zusammen.

[8] Mackay, Jewellery of Palmyra: Iraq 11, 1949, 169.

[9] Schippmann, Parthische Geschichte, 60 ff.

2. SCHMUCK ZUR ZEIT DER SASANIDEN

FORSCHUNGSGESCHICHTE UND FORSCHUNGSPROBLEME

Nach dem Sieg über den arsakidischen König Artaban V. bei Firuzābād im Jahre 224 n. Chr. trat mit Ardašīr die Dynastie der Sasaniden, benannt nach Sasan, dem Großvater Ardašīrs I., die Herrschaft über die Gebiete des Arsakidenreiches an. Die Dynastie der Sasaniden unterlag zwischen 630 und 650 n. Chr. dem Ansturm der Araber.

Originalschmuck ist aus sasanidischer Zeit kaum bekannt. Es sind die Darstellungen auf Münzen, Siegeln, Felsreliefs, Silbergefäßen und Stuck, die über den Schmuck dieser Zeit informieren und einen Eindruck vermitteln.

Bisher ist dem Schmuck dieser Periode von der Forschung nur geringes Interesse entgegengebracht worden. Die umfassendste Arbeit erschien 1938/39 von Ph. Ackerman[1]. Sie verweist wegen des Mangels an Schmuckfunden aus dieser Zeit auf Goldschmiedearbeiten (die sog. Schale Chosrows I. in der National Bibliothek, Paris; das Portepee bzw. Endbeschläg Ardašīrs aus Wolfsheim bei Wiesbaden; Metallgegenstände aus dem Schatzfund von Pietroassa sowie überlieferte Beschreibungen der Ausgestaltung von Tischen und vor allem des Thrones Chrosrows II.) und zieht Rückschlüsse auf stark polychrome Einlegearbeit als Charakteristikum auch des sasanidischen Schmuckes. Diese Vorliebe stehe in Fortsetzung achämenidischer und arsakidischer Schmuck- und Goldschmiedetradition. Die Beschreibungen von Kronen bei Theophylactus und Tabari zieht sie hinzu, um Aufschlüsse über das Aussehen von Schmuck zu erlangen. Theophylactus beschreibt die Krone Hormizd IV. wie folgt: ,,Die Tiara war aus Gold und mit Steinen derartig verziert, daß von den aufgezogenen Karfunkeln ein verwirrender Glanz ausströmte. Sie war eingerahmt mit einer Perlenreihe, die vor dem Haar schimmerte und ihre Strahlenwogen mit dem wundervollen Glanz der Smaragde mischte, so daß bei ihrem Anblick das Auge in unermeßlichem Staunen nahezu erstarrte[2]''. Über die Krone Chosrows II. wird berichtet: ,,Sie bestand aus purem Gold, etwa im Gewicht von sechzig — männ —[3]. Sie war überzogen mit Perlen, die so groß wie Spatzeneier waren, mit leuchtenden

---

[1] Ackerman: Pope/Ackerman, Survey II, 771.

[2] Frei übersetzt nach Ackerman: Pope/Ackerman, Survey II, 774; zit. nach A. Christensen, L'Iran sous les Sassanides (1935) 393, zit. Theophylactus IV, 3.

[3] Islamisches Gewicht. Von einigen Sondergewichten abgesehen wird zwischen vier Gewichtsnormen unterschieden: kleines - männ - Gewicht = 833 Gramm; mittleres - männ - Gewicht = 1920 Gramm; großes - männ - Gewicht = rund 3 kg (ca. 2880/2900 Gramm); königliches - männ - = rund 6 kg. Vgl. W. Hinz, Islamische Masse und Gewichte, HdO, Ergbd. 1 (1955) 6, 16 ff.

Rubinen, die die Schatten verscheuchten und als Lichter in dunklen Nächten benutzt wurden und mit Smaragden, deren bloßer Anblick die Augen von Nattern
schmelzen ließen[4]''.

Gemäß den Darstellungen, so Ackerman, bestand der Schmuck bei Frauen und
Männern gleichermaßen aus Perlgehängen für die Ohren und Halsschmuck, anscheinend ebenfalls aus Perlen. Breite Ketten mit kleinen Anhängern und eine drei-
reihige Kette sind ebenfalls belegt. Die meisten Könige trugen einen Bartring und
eine runde Fibel[5]. Krone, Gürtel und Brustriemen waren mit Goldschmiedearbeiten
reich ausgeschmückt.

E. Margulies[6] meint angesichts verschiedener Cloisonné-Emailarbeiten, daß auch
diese Technik für den sasanidischen Schmuck verwendet wurde. 1979 charakteri-
sierte L. Trümpelmann an Hand der Schale Chosrows I. und dem Beschläg mit dem
Namen Ardašīrs I. die sasanidische Juwelierarbeit: ,,Steine und Fassungen sind in
dieselbe Ebene gebracht. Nicht zusätzliche Verzierung ist hier gemeint, sondern die
Farbigkeit als Element der Fläche, Farbe nicht als Zusatz, sondern als Bestandteil
des Geräts. Von gleicher Art und Technik sind auch die Halsreifen, die Ardaschir
und andere Fürsten als Würdezeichen trugen[7]''.

Daneben wurde der Schmuck der Sasanidenzeit mehr oder weniger ausführlich
besprochen vor allem von R. Göbl[8] und G. Herrmann[9]. Göbl erwähnt Bartbinde
und Halsschmuck, welcher in der Spätzeit zweireihig ist und in der Mitte ein Zier-
stück mit Anhängern trägt. Herrmann schreibt, daß die Könige im 3. Jahrhundert
Ohrringe, Bartschmuck und Halsschmuck trugen. Letzterer bestand entweder aus
einer Perlenkette oder aus einem goldenen Halsreif, in welchen abgeflachte runde
Steine eingefügt waren. Ab dem 4. Jahrhundert kommt Brustschmuck hinzu, welcher aus juwelenbesetzten Streifen, die den Brustkorb kreuzten, zusammengefügt
war. Einen Hinweis auf das Fortleben sasanidischer Goldschmiedearbeiten gibt M.
Bussagli 1956[10], indem er auf ihren Einfluß im byzantinischen Schmuck und im chinesischen Schmuck der Wei-, Sui- und Tang-Zeit verweist. Ein schönes Beispiel

[4] Frei übersetzt nach Ackerman: Pope/Ackerman, Survey II, 774; zit. nach H. Zotenberg (Übers.)
Al-Tha'âlibî, Histoire des rois des Perses (1900) 699-700. Vgl. Nöldeke, Tabari 221 (nur Hinweis auf
außergewöhnliche Größe und Rubine, Smaragde, Perlen, Gold, Silber).
[5] Irrtümlich wurden hier die Beschläge am Umhang, bestehend aus zwei Teilen, als eine große runde Fibel verstanden (vgl. Metallverschlüsse der Männer zur Zeit der Sasaniden, Taf. CXV).
[6] E. Margulies, Cloisonné Enamel: Pope/Ackerman, Survey II (1938-39, 2. Aufl. 1967), Kap. 35.
[7] L. Trümpelmann, Die Sasaniden: A. Roth, Kunst der Völkerwanderungszeit, PKG Suppl. 4
(1979) 109.
[8] R. Göbl, Aufbau der Münzprägung: F. Altheim/R. Stiehl, Ein asiatischer Staat. Feudalismus unter den Sasaniden und ihren Nachbarn (1954) 62 f.
[9] Herrmann, Iranian Revival, 135 f; deutsch: Anno Nr. 64, 111.
[10] M. Bussagli, The Goldsmith's Art and Toreutics in ancient Persia: EW 7, 1956, 53.

hierfür liefert eine Juwelenhalskette aus dem Grab einer Prinzessin der Sui-Dynastie[11] (s. Halsschmuck der Männer, Abb., S. 317)[12].

Als einen kleinen Einblick in die Rolle, die Geschmeide, wertvolle Steine und Perlen im höfischen Leben spielten, dürfen wohl Schilderungen in der persischen Dichtung gewertet werden[13].

---

[11] U. Galm, Totenkult im Leben der Völker: Anno Journal, Juli 1981, 61.

[12] Neben diesen Arbeiten wurde in Katalogen und Artikeln antiker Schmuck der sasanidischen Zeit zugeordnet. Diese Zuordnungen sind aber mit äußerster Vorsicht zu benutzen, da die Stücke meist aus dem Kunsthandel sind und nicht mit dargestelltem oder in sasanidischen Gräbern gefundenem Schmuck in Verbindung gebracht werden können. Sie werden deshalb hier weggelassen. Z.B. Pope/Ackerman, Survey VII, Taf. 249 B, C, D. Pforzheim, Schmuck aus Persien (1974) Nr. 65 ff. Ebenso werden nicht berücksichtigt Gegenstände, welche Herr Prof. Dr. L. Trümpelmann, München, für zweifelhaft hält.

[13] Firdausi, Geschichten aus dem Schahnameh, ausgewählt und übertragen von Uta von Witzleben (1960) z.B. 141, 147. Nizami, Chosrou und Schirin, aus dem Persischen übersetzt von J. Ch. Bürgel (1980) z.B. 218 ff.

2.1 SCHMUCK DER FRAUEN

2.1.1 Kopfschmuck (ohne Tafelabbildungen)

Zwar ist Kopfschmuck bezeugt durch Darstellungen auf Münzen, Felsreliefs, Siegeln, Stuck und Gefäßen, doch erweisen sich diese bei näherer Betrachtung größtenteils als zu unklar, um genauere Aussagen zu ermöglichen.

Deutlich zeigen die Darstellungen lediglich, daß der Haaransatz der weiblichen Figuren geschmückt ist. Bei den Victorien am Taq-e Bostan[1] ist es ein zweiteiliges Band, welches über der Stirn einen größeren runden Schmuck trägt. Mit diesem Band vergleichbar sind vielleicht (!) Darstellungen auf Stuck[2]. Schon weniger deutlich erkennbar ist ein Perlband, welches um die Stirn getragen wird und in einigen Fällen als Diadem zu deuten ist[3]. D. G. Shephard[4] sieht auch in den sog. Investiturringen, in den häufig von Tieren um den Hals oder im Schnabel getragenen Halsbändern und in den von menschengestaltigen Wesen in den Händen getragenen Kränzen Darstellungen dieses Bandes bzw. Diadems.

In vielen Fällen ist aber die Deutung dieses Bandes noch unklarer. Diese Unklarheit und der in der sasanidischen Kunst so häufig dargestellte und als Hochfrisur interpretierte Kopfputz veranlassen mich zu Vergleichen mit Volkstrachten. In Afghanistan tragen bzw. trugen unverheiratete Mädchen Stoffkappen[5] (s. Abb. 1)[6], welche eine frappierende Ähnlichkeit mit dem Siegelbildnis der Großkönigin Denak, Tochter Ardašīrs I. (s. Abb. 2)[7] haben. Das verzierte Band über dem Haaransatz und ein Steg mit einem Büschel auf dem Kopf sind neben der gleichen Frisur die auffälligsten, auf den ersten Blick erkennbaren Gemeinsamkeiten. Die afghanischen Kappen haben aufgenähte, aus Silber gehämmerte Appliken mit Blumenmo-

---

[1] Deutl. Ansicht: Fukai/Horiuchi, Taq-i Bustan I, Taf. XVIII-XX. Sarre, Taf. 91. Pope/Ackerman, Survey VII, Taf. 164 A.

[2] Deutl. Ansicht: J. Kröger, Sasanidischer Stuckdekor (1982) Taf. 83,3; 88,4. Erdmann, Kunst Irans zur Zeit der Sasaniden, Taf. 45.

[3] Deutl. Ansicht: z.B. Vase in der Eremitage, Leningrad: Sarre, Kunst des alten Persien, Taf. 129. Erdmann, Kunst Irans zur Zeit der Sasaniden, Taf. 80. Lukonin, Persien II, Taf. 185 (Heyne Tb, Taf. 183).

[4] D. G. Shepherd, The Iconography of Anāhitā. Part I: Berytus 28, 1980, 68, 69.

[5] Prokot/Prokot, Schmuck aus Zentralasien, Taf. 249, 266-268. Beschreibung S. 27; s.a. Afghanistan Journal 9.4, 1982, Slg. Rittmeyer, Oberursel, Abb. 3. S.a. Afghanistan Journal 2. 1, 1975, 30,6.

[6] Deutl. Ansicht: Lukonin, Persien II (1967) Taf. 59 (Heyne Tb, Taf. 59). Lukonin, Irana (1977) 154.

[7] Prokot/Prokot, Schmuck aus Zentralasien, Abb. 49 (Abb. entnommen).

tiven. Sie werden gekrönt von einer silbernen Agraffe mit Federbüscheln. Meines Wissens wurden statt der Federn auch rote Wollbommeln verwendet, denen eine übelabwehrende Kraft zugesprochen wird. Häufig ist der Rand durch breit angeordnete Schmuckelemente hervorgehoben. Die Kappen wurden auch über hochgebundenen Haaren getragen (s.a. Kopfschmuck der Frauen zur Zeit der Arsakiden, Kränze Typ 4, S. 49 f, Taf. VII).

Angesichts dieser Kappen muß meines Erachtens bei dem dargestellten Kopfputz an zwei Möglichkeiten gedacht werden: an eine Hochfrisur mit Schmuckband über dem Haaransatz und auch an reich verzierte Kappen.

Abb. 1

Abb. 2

Möglicherweise wurden Schleier oder Tücher am Kopf mit Nadeln befestigt. In einem Frauengrab in Haftavān Tepe[8] wurde an einer Schläfe eine 15,5 cm lange Bronzenadel mit verziertem Kopf gefunden (vgl. 1.1.1.8 Kopfschmuck der Frauen zur Zeit der Arsakiden, Haarnadeln, S. 51).

[8] Ch. Burney, Excavations at Haftavān Tepe 1968. First Prel. Report: Iran 8, 1970, 168, 7; 169. Ders., Excavations at Haftavān Tepe 1971. Third Prel. Report: Iran 11, 1973, Taf. VIII d.

2.1.2 Ohrschmuck[1]

Typ 1 (Taf. CII)

Einfache Ringe

1.1 Glatter Ring.
  Herk.: Tell Mahuz, Bastam, Ghalekuti (Gräber).
  Mus. : Irak Museum; Iran-Bastan Museum; Tokyo.
  Mat. : Bronze, Silber, Kupfer.
  Maße: Dm 1 cm - 2,5 cm.
  Lit. : Tell Mahuz: Ponzi, Mesopotamia 5-6, 1970-71, Abb. 86, Nr. 82 a, b.
      Bastam: Kleiss, AMI NF 3, 1970, Taf. 33, 2. Kleiss, AMI NF 5, 1972, 50, Abb.
      46, 4; Taf. 13, 3.
      Ghalekuti: Sono/Fukai, Taf. LXXX, 5; Taf. LXXXI, 5; Taf. XLVII, 10, 11.
1.2 Gedrehter Ring.
  Herk.: Ghalekuti I (Grab).
  Mus. : Iran-Bastan Mus., Teherān.
  Mat. : Kupfer.
  Maße: Dm 1,7 cm.
  Lit. : Sono/Fukai, Taf. LII, 12; LXXXVII, 7.

Datierung:
  Tell Mahuz: frühsasanidisch (3.-4. Jh. n. Chr.).
  Bastam: 5./6. Jh. n. Chr.
  Ghalekuti: 4. Jh. n. Chr.

Typ 2 (Taf. CII)

Ohrring mit Wickelverschluß

Herk.: Tell Mahuz (Gräber).
Mus. : Irak Museum, Baġdad.
Mat. : Bronze.
Maße: Dm ca. 2,5 cm.
Lit. : Ponzi, Mesopotamia 5-6, 1970-71, Abb. 86, Nr. 14.

Dieser Ohrringtypus, mit sehr langer Laufzeit, wurde auch noch in sasanidischer Zeit getragen (s. Ohrschmuck der Frauen in arsakidischer Zeit, Typ 1.1.1-1.1.3, Taf. VIII).

Datierung:
  frühsasanidisch.

[1] Offenbar laufen aus arsakidischer Zeit Typ 3.2, Taf. LX; Typ 11, Taf. XVI und Typ 13, Taf. XVII vereinzelt weiter; vgl. Apakidze (Hrsg.), Mccheta II, Taf. Nr. 512, 545/546, 435/436.

Typ 3 (Taf. CIII)

Ringe mit Perlgehänge

Ringe vom Typus 3 sind belegt durch Darstellungen und Funde.

3.1 Ohrringe mit zweiperligem unbeweglichem Gehänge (unterschiedliche Größe).
3.1.1-3.1.2
Herk.: Qal'a-ye Dukhtar b. Firuzābād, Hof B; Armazis-Chevi.
Mat. : Kupfer.
Maße: L ca. 3 cm.
Lit.   : Huff/Gignoux, AMI NF 11, 1978, 129. Abb. 13-14.
            Apakidze et al., Taf. XIII, 4; C, 1; Abb. 138, 3.
3.2 Ohrringe mit unbeweglichem Perlgehänge; zwischen Reif und Perle befindet sich ein Goldscheibchen mit zweireihig granuliertem Rand.
3.2.1 Mit einer Perle und Querrippe auf dem Ring.
            Herk.: Siraf.
            Mat. : Gold, Orientperle.
            Maße: L 1, 5 cm.
            Lit.   : Whitehouse, Iran 10, 1972, Taf. XII c
                        Herrmann (1977) 136.
3.2.2 Mit zwei Perlen.
            Herk.: Nippur, Nuzi (Grab 43).
            Mat. : Gold; Orientperlen (Nuzi), weiße Fritteperlen (Nippur).
            Lit.   : Nippur: OIP 78, 1967, Taf. 151, 8.
                        Nuzi: Starr, II, Taf. 141 G.
                        S.a. Slg. v. Nelidow, Taf. XI, Nr. 256 (Goldreif mit zwei Silberperlen; Abb. entnommen).
                        Vernier II, Taf. XXXIV, Nr. 52.552.
                        Darstellung auf Gefäß:
                        Lit.: Deutl. Ansicht: Sarre, Taf. 126.
                        Lukonin (1967) Taf. 171 (Heyne Tb, Taf. 179).
                        Darstellung auf Rundbild:
                        Herk.: Taq-e Bostan, Anāhitā.
                        Lit.: Deutl. Ansicht: Fukai/Horiuchi II, Taf. XXI, XXII, XXIV.
3.3 Zwei eingehängte Ringe mit Perlanhänger.
            Die tropfenförmige Perle hängt in einem achtförmig gebogenen, gedrehten Reif, der seinerseits in einen weiteren, glatten Reif eingehängt ist.
            Herk.: Ghalekuti I (Grab).
            Mus. : Tokyo, Teherān.
            Mat. : Kupfer, blaue Fayence.
            Maße: Dm d. Reifes ca. 1-2 cm.
            Lit.   : Sono/Fukai, Taf. LII, 7, 8; LXXXVII, 11, 12 (Abb. entnommen).

3.4 Ringe mit beweglichem Gehänge.
Das Gehänge ist an einer Öse am Ohrring befestigt. Es besteht aus einem Steg, auf welchen Perlen unterschiedlicher Größe, Form, Farbe und Materialien aufgezogen sind.
3.4.1 Ohrring mit zweiperligem Gehänge.
  Herk.: Tell Mahuz, Qal'a-ye Dukhtar b. Firuzābād.
  Mus. : Irak Museum, Baġdad. Mus. Teherān.
  Mat. : Gold.
  Maße: L ca. 3 cm.
  Lit. : Tell Mahuz: Ponzi, Mesopotamia 5-6, 1970-71, Abb. 85, Nr. 27; Abb. 86, Nr. 31.
      Qal'a-ye Dukhtar: Huff/Gignoux, AMI NF 11, 1978, 129, Abb. 12; Taf. 42, 3.
3.4.2 Ohrring mit mehreren runden und scheibchenförmigen Perlen.
  Herk.: Tell Mahuz (Grab).
  Mus. : Irak Museum, Baġdad.
  Mat. : Gold, Gehänge aus Glaspaste und Orientperle.
  Maße: L 3,5 cm.
  Lit. : Ponzi, Mesopotamia 5-6, 1970-71, Abb. 86, Nr. 30.
3.4.3 Ohrring mit ehemals vielen Perlen.
  Die Perlen sind verloren gegangen, der Steg für die Perlen ist erhalten geblieben, sein Ende zieren Granulationskügelchen.
  Herk.: Tell Mahuz, Said Qala Tepe.
  Mus. : Irak Museum, Baġdad.
  Mat. : Gold.
  Maße: L 4,9 cm.
  Lit. : Tell Mahuz: Ponzi, Mesopotamia 5-6, 1970-71, Abb. 86, Nr. 29.
      Said Qala Tepe: Shaffer/Hoffmann, EW 26, 1976, 146, Abb. 4a, b.
      Ähnl. Darstellung: z.B. Lukonin (1967) Taf. 59 (Heyne Tb, Taf. 59).
      S.a. ähnl. Stücke: Ergil, Nr. 139, viell. auch 137. Istanbul, Katalog Jewellery in Anatolia (1983). London, Jewellery through 7000 Years (1976) Nr. 186. Segall (1938) Taf. 43, Nr. 224. Slg. v. Nelidow, Taf. XII, Nr. 279. Slg. Niessen, Taf. CXXXIV, Nr. 4411, 4412; Taf. XII, 7, 8 und viele weitere Tafeln.
3.4.4 Ohrring mit langem Perlgehänge.
  In der Mitte des Gehänges wurden mehrere Muschelperlen mit dünnen Goldstiften, eine Kugel bildend, befestigt. Darunter befindet sich, durch zwei Ösen miteinander verbunden, ein weiteres zweiperliges Gehänge.
  Herk.: Armazis-Chevi, Grab.
  Mus. : Staatl. Mus. Georgiens, S. Dshanachia, Tiflis.
  Mat. : Gold, Perlen.
  Lit. : Apakidze et al., Taf. XII, 5, 6; XCVI, 4; Abb. 138, 2.
      Mepisaschwili/Zinzadse, 38.

Bereits Segall[2] weist auf die weite, internationale Verbreitung von Ohrringen dieses Typus hin. Aus der Häufigkeit der Darstellungen und Funde sowie der Varia-

[2] Segall, Kat. Mus. Benaki, Athen I, 143.

tionsbreite der Ausgestaltung kann auf eine äußerst große Beliebtheit des Typus 3 in sasanidischer Zeit geschlossen werden. Er wurde offenbar von Männern und Frauen gleichermaßen getragen. Bereits beim Ohrschmuck der Frauen zur Zeit der Arsakiden (s. Typ 10) wurde auf diesen Typ verwiesen. Er scheint sich in dieser Ausgestaltung in spätarsakidischer Zeit entwickelt zu haben.

Möglicherweise war Typ 3 auch in kunstvollerer Ausführung in Gebrauch. Ein Ohrring aus der Slg. v. Nelidow (s. Abb.)[3] gibt Anlaß zu dieser Vermutung. Sein Gehänge besteht aus einem, von einem Goldnetz umspannten Rubin, an welchem unten eine Muschelperle angebracht ist. Seine Form, die Verbindung mittels eines Scharniers am Befestigungsring, die Verwendung von Farbigkeit als Element der Fläche und die Zufügung einer Perle lassen diesen ca. 2,9 cm langen Ohrschmuck „sasanidisch" erscheinen.

Datierung:

3.1.1:
3.1.2: } frühsasanidisch (3. Jh. n. Chr.).

3.2.1:   sasanidisch.

3.2.2:   spätsasanidisch.

3.3:   4. Jh. n. Chr.

3.4.1:
3.4.2: } 3. Jh. n. Chr.

3.4.3:   sasanidisch.

3.4.4:   4. Jh. n. Chr.

Typ 4 (Taf. CIII)

Lunula-Ohrring

---

[3] Pollak, Slg. v. Nelidow, Taf. XII, Nr. 310.

Herk.: War Kabūd (Grab).
Mat. : Silber.
Maße: H 1,8 cm.
Lit. : Vanden Berghe, IA 9, 1972, 6, Abb. 2, Nr. 14, 15.

Auch Typus 4 ist bereits in dieser Ausgestaltung aus arsakidischer Zeit belegt (s. Typ 7.3.2.1-7.3.2.8, Taf. XV). Da dieser Typ in einem Grab zusammen mit Münzen Ardašīrs I. gefunden wurde, ist sein Fortleben zumindest in frühsasanidischer Zeit bezeugt.

Datierung:
frühsasanidisch.

Typ 5 (Taf. CIII)

Hantelohrring

Herk.: Tell Mahuz (Grab).
Mus. : Irak Museum, Baġdad.
Mat. : Gold.
Maße: H 1.2 cm, B 1,6 cm.
Lit. : Ponzi, Mesopotamia 5-6, 1970-71, Abb. 86, Nr. 35.

Vergleichbar ist dieser Grabfund mit dem arsakidenzeitlichen Ohrschmuck der Frauen Typ 12, Taf. XVII, bes. Typ 12.3 aus Sirkap/Taxila. Zumindest in frühsasanidischer Zeit wurde er in dieser Variante getragen.

Datierung:
frühsasanidisch.

2.1.3 Halsschmuck

Typ 1 (Taf. CIV-CV)

Perlenketten

In Gräbern wurden sie zahlreich gefunden. Auf Darstellungen sind sie nicht genau identifizierbar.

1.1 Kette aus verschiedenen Perlen.
    Herk.: War Kabūd, Tell Mahuz, Bastam, Haftavān Tepe.
    Mus. : Baġdad, Teherān.
    Mat. : Glas, Karneol, Bergkristall, Stein, Bitumen, Knochen.
    Lit. : Haftavān: Burney, Iran 8, 1970, Taf. VIII b.
                 Burney, Iran 11, 1973, Taf. VIII d.

War Kabūd: Vanden Berghe, IA 9, 1972, Abb. 2.
Tell Mahuz: Ponzi, Mesopotamia 5-6, 1970-71, Abb. 85, Nr. 49, 56, 59, Abb.
86 (Perlenformen) 1-68.

1.2 Kette aus zylinderförmigen Perlen und zwei Kugelperlen.
     Herk.: Armazis-Chevi, Grab.
     Mus. : Staatl. Mus. Georgiens, S. Dshanachia, Tiflis.
     Mat. : s.o.
     Lit.   : Apakidze et al., Taf. XCVI, 2, 3a, 3b.

1.3 Kette aus viereckigen schwarzen Steinperlen mit weißer Inkrustation.
     Herk.: Haftavān Tepe.
     Mat. : s.o.
     Lit.   : Burney, Iran 8, 1970, Taf. VIII c.
            Burney, Iran 11, 1973, Taf. VIII d.

1.4 Kette aus Goldperlen mit Steineinlagen.
     Mus. : Staatl. Mus. Georgiens, S. Dshanachia, Tiflis.
     Mat. : Gold, blaue Einlagen.
     Lit.   : Apakidze et al., Taf. XIII, 5; CIII, 3.

Anhänger (Amulettbehälter)

Anhänger 1 (Taf. CIV)
Röhrenförmiger Anhänger
   Um den Anhängerkörper laufen drei Goldbänder mit je einer Befestigungsöse.
Herk.: Tell Mahuz.
Mat. : Gold.
Maße: H 9 cm, W 2,3 cm.
Lit.   : Ponzi, Mesopotamia 5-6, 1970-71, Abb. 85, Nr. 36; s.a. Abb. 86, Nr. 37, 38.
        s.a. schlecht erhaltene Kapsel aus War Kabūd: Vanden Berghe, IA 9, 1972, 6,
        Abb. 2, Nr. 20; Taf. II.

Anhänger 2 (Taf. CIV)
Trapezförmiger Anhänger
   Die Oberfläche des Anhängers weist ein Vogelmotiv in Niello-Technik und eine ovale
Steineinlage auf.
Herk.: Kunsthandel.
Mus. : Victoria und Albert Museum, London.
Mat. : Silber.
Maße: H ca. 3,2 cm; L ca. 4,1 cm.
Lit.   : Ross/Downey, Abb. 12.
        Nach Angaben des Museums: ,,French mark Paris excise medium 1809-1819 on
        the object''.

Anhänger 3 (Taf. CIV)
Zylinderförmiger Anhänger
   Der hohle, längliche, in zehn Flächen aufgeteilte Zylinder hat alternierend angeordnet
ovale und blattförmige Öffnungen. Die ovalen enthalten Granatsteine, bei den blattförmi-

gen ist eine grünlich-schwarze Einlage erhalten geblieben. Beide Zylinderenden sind mit flachen Deckeln geschlossen. Ihr Rand ist mit Granulierkügelchen besetzt. Die Deckel sind mit sieben im Kreis angeordneten blattförmigen Durchbruchsmustern verziert. Einer der Deckel kann entfernt werden. Zur Befestigung des Amuletts dienen zwei kugelige Anhängerösen.

Herk.: Jalalabad, Afghanistan.
Mus. : Brit. Mus., London.
Mat. : Gold, Granaten, grün-schwarze Einlage.
Maße: W 3.0 cm, L 7.3 cm.
Lit. : London, Jewellery through 7000 Years (1976) Nr. 378.

1.5 Ketten aus großen, kugeligen Elementen.
   1.5.1 Einreihiger Halsschmuck.
      Herk.: Darstellungen auf Gefäßen, Siegeln und Felsreliefs von Naqsch-e Rustam, Sar Mašhad, Tang-e Quandīl.
      Lit.   : Relief: Trümpelmann (1975) Sar Mašhad, Taf. 4, 6a.
                  Ghirshman (1962) Taf. 158, 217, 218.
                  Hinz, AMI NF 6, 1973, Taf. 46.
           Gefäß: Ghirshman (1962) Taf. 259.
                  Erdmann, Taf. 69.
                  Sarre, Taf. 111.
           Siegel: Lukonin (1967) Taf. 59 (Heyne Tb, Taf. 59).
                  Lukonin (1977) Taf. o.A.
   1.5.2 Einreihiger Halsschmuck mit betonter Mitte.
      Herk.: Damghān, Stuck, sog. Frau am Fenster.
      Lit.   : Deutl. Ansicht: Erdmann, Taf. 45.
           Pope/Ackerman VII, Taf. 178 D.
           Kröger, Taf. 88, 4.
1.6 Zweireihige Perlenkette mit Anhänger.
   Herk.: Münzbildnis der Königin Burān.
   Lit.   : Göbl (1968) Taf. 15, Nr. 228 (229, ohne Anhänger ?).
         Lukonin (1977) Taf. o.A.

Bei dem Anhänger 3 läßt die Durchbruchsarbeit, vor allem aber das blattförmige Durchbruchsmotiv eine sasanidische Werkstatt vermuten. Dieses Motiv bzw. recht ähnliche wurden häufiger in der sasanidischen Kunst angewandt[1]. Anhänger, die man mit Duftstoffen oder mit Gegenständen religiöser, magischer oder persönlicher Bedeutung füllt, haben eine lange Tradition im Orient. Direkte Vorläufer der sasanidischen sind aus der Arsakidenzeit bekannt (s. Taf. XXXV, Typ 3.2.4.2, Typ 3.2.4.3, Typ 3.2.5; Taf. LIV, Anhänger 4).

---

[1] Vgl. z.B. am Pferdegeschirr, deutl. Ansicht: Trümpelmann, Iranische Denkmäler — Iranische Felsreliefs, Dārāb, Taf. 1; 8. Hinz, Altiranische Funde und Forschungen, Taf. 82. G. Herrmann, Iranische Denkmäler, Reihe II, The Sasanian Rock Reliefs at Bishapur, Part I (1980) Taf. 9, 10, 15. Vgl. Armschmuck, Typ 4.3, Taf. CXVII.

Die Ketten 1.5 (1.5.1-1.5.2) scheinen Darstellungen von Perlenketten zu sein. Es besteht aber auch die Möglichkeit, daß es sich um Ketten aus gefaßten Cabochons handelt (s. Überlegungen hierzu beim Halsschmuck der sasan. Männer, Typ 1 und Typ 3).

Datierung:

1.1:   sasanidisch.
1.2:   4. Jh. n. Chr.
1.3:   frühsasanidisch.
1.4:   4. Jh. n. Chr.
1.5.1: 3. - 7. Jh. n. Chr.
1.5.2: 2. Hälfte 6. Jh. n. Chr.
1.6:   7. Jh. n. Chr.
Anhänger 1: frühsasanidisch.
Anhänger 2:
Anhänger 3: $\rangle$sasanidisch.

Typ 2 (Taf. CV)

Kette aus Metallelementen in Gestalt von Doppelflügeln

Herk.: Batum, Südrußland (Hortfund).
Mat. : Gold (?).
Lit. : Ackerman II, 773; 778, Abb. 266a (Abb. entnommen).
        Pharmakowsky AA 23, 1908, 162-3, Abb. 7.

Dieses Kettenfragment aus einem südrussischen Hortfund ist wegen des Flügeldessins mit sasanidischem Stuck vergleichbar[2] und deshalb hier einzuordnen.

Datierung:
spätsasanidisch.

Typ 3 (Taf. CV)

Halsreifen

Typ 3 ist belegt durch Darstellungen (s.a. Halsschmuck der Männer, Typ 4, Taf. CXII-CXIII).

---

[2] Vgl. Kröger, Sasanidischer Stuckdekor, Stuck aus Maʾāriḍ IV, Taf. 39, 1 b; Taf. 39, 2b; Taf. 50, 4; Stuck aus Dāmghān, Taf. 88, 2; Taf. 89, 4, 6; Stuck aus Čal Ṭarḫān, Taf. 93, 2; s.a. Taf. 97, 5.

3.1 Reif mit Kreisdekor.
    (Vielleicht wollte man einen Reif mit runden Ein- bzw. Auflagen darstellen, vgl. Taf.
    CXIII, Typ 4.9).
    Herk.: Darstellung auf Gefäß.
    Lit. : Lukonin (1967) Taf. 184 (Heyne Tb, Taf. 190).
3.2 Reif mit Kreuzdekor und Gehänge.
    Herk.: Darstellung auf Münzen der Königin Burān.
    Lit. : Deutl. Ansicht: Lukonin (1967) Taf. 121 (Heyne Tb, Taf. 130).
3.3 Unverzierter Reif mit dreiperligem Gehänge.
    Herk.: Darstellung auf Gefäßen.
    Lit. : Deutl. Ansicht:
           Lukonin (1967) Taf. 185 (Heyne Tb, Taf. 199).
           Anno Nr. 63, Titelbild.
           Vergleichbares Stück:
           Lukonin (1967) Taf. 217 (Heyne Tb, Taf. 202).
           Pope/Ackerman VII, Taf. 221 B.
           Sarre, Taf. 129.
           Erdmann, Taf. 80.
3.4 Reif mit Querrille, rechteckiger Schmuckplatte und zwei Perlanhängern.
    Herk.: Darstellung aus Stuck, Kīš.
    Lit. : Kröger, Taf. 83, 2; 86,4.
3.5 Unverzierter, halsferner Reif mit blütenförmigem Gehänge.
    Herk.: Darstellung, Taq-e Bostan, Musikantin.
    Lit. : Deutl. Ansicht: Fukai/Horiuchi I, Taf. LVIII, LIX a.

Dies war der typische Halsschmuck der sasanidischen Zeit. Er wurde von Frauen
und Männern, überwiegend aber wohl von Männern getragen. Der Reif aus Pietroassa (s. Halsschmuck der Männer aus sasanidischer Zeit, Typ 4.9, Taf. CXIII)
und das Beschläg aus Wolfsheim bei Wiesbaden[3] veranschaulichen die mögliche
Ausgestaltung dieses Typus. Möglicherweise gab es auch Halsreifen mit gravierten
Steinen, wie sie die Schale Chosrows I., heute in Paris[4], aufweist. Dieser Typus 3
steht in der Tradition arsakidischer Juwelierarbeit (vgl. Halsschmuck der arsakid.
Männer, Typ 2, Taf. LXXXVIII).

[3] Deutl. Ansicht des Beschläges: Trümpelmann, Die Sasaniden, Taf. 16c (mit weit. Lit. Hinw.). Po-
pe/Ackerman, Survey VII, Taf. 249 A. Ghirshman, Iran, Parther und Sasaniden, Taf. 265. Sarre,
Kunst des alten Persien, 53, Abb. 16. Zürich, Kunstschätze aus Iran (1962) Taf. 68 a, b (dort als
Vorder- und Rückseite eines Pectorale angegeben).
[4] Deutl. Ansicht der Schale: Trümpelmann, Die Sasaniden, Taf. 19. Sarre, Kunst des alten Persien, Taf. 144. Pope/Ackerman, Survey VII, Taf. 203. Ghirshman, Iran, Parther und Sasaniden, Taf.
244, 401. Christensen, L'Iran sous les Sassanides, 394, Abb. 40. Anno 64, S. 97. P. O. Harper,
Thrones and Enthronement Scenes in Sasanian Art: Iran 17, 1979, Taf. III.

Datierung:
    3.1: 5.-6. Jh. n. Chr.
    3:2: 7. Jh. n. Chr.
    3.3: 5.-7. Jh. n. Chr.
    3.4: vermutl. 5./Anfang 6. Jh. n. Chr.
    3.5: 7. Jh. n. Chr.

2.1.4 Armschmuck

Auf Darstellungen ist Armschmuck häufig nicht deutlich erkennbar, könnte es sich doch um Bordüren an den Ärmeln handeln. Vermutlich war Armschmuck bei Männern und Frauen gar nicht so gebräuchlich, da es zumindest bei Hofe Sitte war, die linke Hand mit dem Ärmel zu bedecken[1]. Trotzdem sind auf einigen Darstellungen und aus einigen Gräbern Armreifen belegt. Gemäß diesen wenigen Grabfunden und Darstellungen wurden sie paarweise, d.h. vom gleichen Typus jeweils einer an jedem Handgelenk getragen.

Typ 1 (Taf. CVI)

Geschlossener Reif (?)

Herk.: Darstellung auf Gefäß.
Lit.   : Deutl. Ansicht: Lukonin (1967) Taf. 185 (Heyne Tb, Taf. 199).
        Pope/Ackerman VII, Taf. 221 B (offenbar zwei oder mehr Reifen an jedem Handgelenk).

Datierung:
    spätsasanidisch (5. - 7. Jh. n. Chr.)

Typ 2 (Taf. CVI)

Armreif mit Wickelverschluß

Herk.: Tell Mahuz (Grab).
Mus. : Irak Museum, Baġdad.
Mat. : Silber.
Maße: Dm zw. 4.2-5 cm.
Lit.   : Ponzi, Mesopotamia 5-6, 1970-71, Abb. 85, Nr. 23; Abb. 86, Nr. 22 a, b, 24, 25.
(Weiteres s. Armschmuck der Frauen in arsakidischer Zeit Typ 5, Taf. LXXII).

---

[1] W. Hinz, Altiranische Funde und Forschungen (1969) 123. Vgl. Frau: s. Felsrelief, Narseh, Naqsch-e Rustam, z.B. Pope/Ackerman VII, Taf. 157 B. Mann: s. Felsrelief, Ardashîr, Naqsch-e Radjab, deutl. Ansicht: Hinz, a.O. Taf. 57.

Datierung:
  frühsasanidisch.

Typ 3 (Taf. CVI)

Offener Reif mit glatten Enden

Herk.: Darstellung auf Gefäß.
Lit. : Lukonin (1967) Taf. 195 (Heyne Tb, Taf. 201).

Datierung:
  spätsasanidisch (?).

Typ 4 (Taf. CVI)

Scharnierarmreif

  Die Reiffläche ist mit Niello-Arbeit gefüllt. Den mittleren Streifen zieren Tiere (Greifen ?) im Rankenkreis, den oberen und unteren Streifen je eine Spiralreihe.
Herk.: Kunsthandel.
Mus. : Privatsammlung, Paris.
Mat. : Silber.
Lit. : Ross/Downey, Abb. 11.
         Vgl. G. Migeon, Syria 3, 1922, 141 ff, Taf. XXIX, XXX.

  Die Zuordnung dieses Reifes zum Armschmuck der Frauen ergibt sich aus vergleichbaren Armreifen der Arsakidenzeit (s. Typ 8.1.1-8.1.6.3, Taf. LXXV). Die Zuordnung zum Schmuck der Sasanidenzeit ergibt sich aus dem Motiv auf dem Reif. Tiere im Rankenkreis sind in der sasanidischen Zeit ein beliebtes Dessin gewesen[5].

Datierung:
  spätsasanidisch.

2.1.5 Fingerschmuck[1]

  Fingerschmuck ist in größerer Anzahl erhalten. Grabfunde belegen das Tragen mehrerer Ringe am Ringfinger der rechten Hand[2] als auch eines Ringes am Ringfinger der linken Hand[3].

---

[1] Ganz schlichte Ringe s.a. Ohrschmuck, Typ 1, Taf. CII.
[2] Gräber von Ghalekuti: Sono/Fukai, Dailaman III, 37.
[3] Ebenda, 39.

Da eine Zuordnung zum Geschlecht des Trägers häufig nicht möglich ist, werden hier alle mir bekannten Fingerringe besprochen.

Typ 1 (Taf. CVII)

Einfacher geschlossener Ring

Herk.: Haftavān Tepe, Bastam.
Mat. : Glas, Karneol, Bronze.
Lit. : Haftavān Tepe: Burney, Iran 11, 1973, Taf. VIII d.
        Bastam: Kleiss, AMI NF 3, 1970, Taf. 30,1; 31,1.
        Kleiss, AMI NF 5, 1972, 50, Abb. 46,2, Taf. 13,3.

Datierung:
  5. Jh. n. Chr.

Taf 2 (Taf. CVII)

Ring aus Stein mit flach angeschliffener Seite

Herk.: Bastam.
Mat. : Karneol.
Lit. : Kleiss, AMI NF 3, 1970, Taf. 30, 2; Taf. 31, 1.
        Kleiss, AMI NF 5, 1972, 50, Abb. 46,3; Taf. 13,3.
        Bivar, Cat. London, 145, EA 1, HG 11.

Datierung:
  5. Jh. n. Chr.

Typ 3 (Taf. CVII)

Siegelring mit leicht hochgezogener Platte

Herk.: War Kabūd.
Mat. : Bronze.
Maße: Dm 1,9 cm.
Lit. : Vanden Berghe, IA 9, 1972, 6, Abb. 2, Nr. 7, 8.

Datierung:
  frühsasandisch.

Typ 4 (Taf. CVII)

Ring mit eingearbeiteter Kastenfassung

Herk.: War Kabūd.
Mat. : Silber, Karneol mit Delphin.
Maße: Dm 2,5 cm.
Lit. : Vanden Berghe, IA 9, 1972, 6, Abb. 2, Nr. 12; Taf. I, 2.

Datierung:
   frühsasanidisch.

Typ 5 (Taf. CVII)

Ring mit aufgesetzter Platte und Kastenfassung

Herk.: War Kabūd.
Mat. : Silber.
Maße: Dm 2,5 cm.
Lit. : Vanden Berghe, IA 9, 1972, 6, Abb. 2, Nr. 10, 11.

Datierung:
   frühsasanidisch.

Typ 6 (Taf. CVII)

Ring mit aufgesetzter Platte

Herk.: Ghalekuti II, Grab 5 (Frauengrab).
Mus.: Tokyo, Teherān.
Mat. : Kupfer.
Maße: Dm ca. 1,5 cm.
Lit. : Sono/Fukai, Taf. LXXX, 9, 10.

Datierung:
   4. Jh. n. Chr.

Typ 7 (Taf. CVII)

Ring mit hoher, seitlich durch Granulierwerk verzierter Kastenfassung.

Herk.: Sīrāf.
Mat. : Gold, weiße Paste.
Maße: Dm 1,8 cm.
Lit. : Whitehouse, Iran 10, 1972, Taf. XII b.

Datierung:
   sasanidisch.

Typ 8 (Taf. CVII)

Ring mit hochgezogenem Plattenhals und Gemme, die Schultern sind scharf ein-gebogen.

Herk.: Armazis-Chevi, Grab 40.
Mus. : Staatl. Mus. Georgiens, S. Dshanachia, Tiflis.
Mat. : Gold, Almandin.
Lit. : Apakidze et al., Taf. XIII, 6a, b; Taf. C, 10, 18; 219, Abb. 136, 2 (Abb. ent-nommen für die Tafel); Gemme, 130, Abb. 71 (Abb. entnommen, stark ver-kleinert).

Datierung:
Diesem hier abgebildeten Fingerring aus dem 3. Jh. n. Chr. gleicht einer aus Gräbern des 4. Jh. n. Chr. (vgl. Apakidze et al., 279).

Typ 9 (Taf. CVII)

Ring mit abgestufter Fassung

Herk.: Armazis-Chevi.
Mus. : Staatl. Mus. Georgiens, S. Dshanachia, Tiflis.
Mat. : Gold, rote Einlage.
Lit. : Apakidze et al. Taf. XII, 2a, b; Taf. XCVI, 6a; 219, Abb. 136, 23, 23a (Abb. entnommen).

Datierung:
    4. Jh. n. Chr.

Typ 10 (Taf. CVII)

Ring mit hochgezogenem Plattenhals, Schultern und Hals sind reich ornamentiert.

Herk.: Armazis-Chevi.
Mus. : Staatl. Mus. Georgiens, S. Dshanachia, Tiflis.
Mat. : Gold, rote Einlage.
Lit. : Apakidze et al. Taf. XII, 3a, b; XCVI, 5a; C, 8; 219, Abb. 136, 25 (Abb. ent-nommen).

Datierung:
    4. Jh. n. Chr.

Typ 11 (Taf. CVII)

Ring mit breiter Fassung für einen Stein

Den Rand der Fassung zieren eine Reihe kleiner Granulationskügelchen und eine Reihe et-
was größerer, runder Türkise. Auf Schulter und Ringreif befinden sich rote Einlagen. Sie
sind von Granulationskügelchen umgeben. Auch die mittlere Fassung hat eine rote Einlage.
Herk.: Armazis-Chevi.
Mus. : Staatl. Mus. Georgiens, S. Dshanachia, Tiflis.
Mat. : Gold, rote Einlagen.
Lit. : Apakidze et al. Taf. XIII, 7a, b; Taf. C, 16; 219, Abb. 136, 21, 21a (Abb. ent-
        nommen).

Datierung:
   4. Jh. n. Chr.

Einen Einblick in die Vielfalt einfacher Siegelringe, die zur Zeit der Sasaniden getragen wurden, liefert Qasr-i Abu Nasr (Taf. CVII-CVIII)[4]. Die dort gefundenen
Exemplare sind aus Kupfer und Bronze, zw. 1,7-2,5 cm im Durchmesser groß, einige weisen Einlagen auf.
   Das Gebiet der sasanidischen Steinschneidekunst (Glyptik) wird als ein Sondergebiet hier nicht berücksichtigt[5].

2.1.6 Fußknöchelschmuck

Der Fußknöchelschmuck ist durch Darstellungen belegt.

Typ 1 (Taf. CVIII)

Unverzierter Reif

---

[4] R. N. Frye, Sasanian Remains from Qasr-i Abu Nasr. Seals, Sealings, and Coins (1973) Nr.
33-47.
[5] Einleitende Werke: Sarre, Kunst des alten Persien, 52 ff. Ackermann: Pope/Ackerman, Survey
II, Kap. 36, 784 ff. Erdmann, Kunst Irans zur Zeit der Sasaniden, 110 ff. A. Borisow/W. Lukonin,
Sassanidische Gemmen (1963). R. N. Frye, Sasanian Clay Sealings in the Collection of Mohsen Foroughi, IA 8, 1968, 118 ff. Ders., Incribed Sasanian Seals from the Nayeri Collection, Forschungen
zur Kunst Asiens, In Memoriam Kurt Erdmann (1970). Ders. Sasanian Remains from Qasr-i Abu
Nasr. Seals, Sealings, and Coins (1973). A. D. H. Bivar, Catalogue of the Western Asiatic Seals in
the British Museum. Stamp Seals. II: The Sassanian Dynasty (1969). E. A. Provasi, Seals with Pahlavi
Inscriptions from the Nayeri Collection, EW 25, Vol. 3-4, 1975, 427 ff. Ph. Gignoux, Intailles Sassanides de la Collection Pirouzan, AI 6, 1975, 13 ff. Ders., Catalogue des Sceaux, Camées et Bulles Sasanides de la Bibliothèque Nationale et du Musée du Louvre (1978).

Herk.: Darstellung auf Gefäß.
Lit.   : Deutl. Ansicht: Lukonin (1967) Abb. 195 (Heyne Tb, Taf. 201).

Datierung:
  spätsasanidisch.

Typ 2 (Taf. CVIII)

Unverzierter Spangenreif (?)

Herk.: Darstellung auf Gefäß, Anāhitā.
Lit.   : Deutl. Ansicht: Lukonin (1967) Abb. 185 (Heyne Tb, Taf. 199).

Obwohl sich Fußköchelschmuck auf den Darstellungen nur schwer feststellen läßt, ist seine Verwendung gerade wegen der ungenauen Darstellungen zu vermuten. Die beiden hier aufgeführten Typen mögen als Repräsentanten dieses Schmuckes angesehen werden. Vorläufer sind aus der Arsakidenzeit belegt (s. Taf. LXXXIII, Typ 1-6; zur Machart des Typus 2 s. Armschmuck der Frauen zur Zeit der Arsakiden, Typ 7.2.4, Taf. LXXIV).

Datierung:
  spätsasanidisch.

2.1.7 Aufnähschmuck

(s. 2.2.7 Aufnähschmuck bei Schmuck der Männer, S. 329).

2.2 SCHMUCK DER MÄNNER

Wie schon beim arsakidischen Männerschmuck, so scheint auch beim sasanidischen die Funktion der Auszeichnung und Hervorhebung vor der des Schmückens gestanden zu haben (s. S. 246 f, 253 f, 266 f).

Über die Verwendung des Schmuckes bei Männern gibt es einige literarische Überlieferungen. Ibn 'Abdūs Al-Ǧahšiyārī berichtet:[1] ,,Bei den Perserkönigen[2] war es Vorschrift, daß die Angehörigen jeder Klasse in ihren Diensten eine Kleidung trugen, die niemand tragen durfte, der in einer anderen Klasse war. Wenn dann ein Mann zum König kam, erkannte dieser an seiner Tracht seinen Beruf und Stand; die Sekretäre insgesamt pflegten in der Stadt ihre übliche Kleidung zu tragen. Wenn der König auszog, trugen sie Soldatentracht[3]''. In diese Bekleidungsvorschrift war das Tragen von Schmuck einbezogen. ,,Prokop berichtet ..., daß schon unter Kavād keinem vornehmen Perser erlaubt war, goldene Ringe, Gürtel oder Spangen zu tragen, es sei denn mit Bewilligung des Königs. Dieser konnte durch Entzug solcher Bewilligung empfindliche Strafen verhängen[4]''. Schmuck war zu einem Rangabzeichen geworden, ,,dessen Tragen der König gestattete[5]''. Auf Münzen tragen Beamte und Magier Ohrschmuck[6]. ,,Vom Ehrenkleid des Apostaten Vasag zur Zeit des sassanidischen Großkönigs Yazdgart II. (Mitte des 5. Jh.) wird von dem Geschichtsschreiber Elišē Vardapet die folgende malerische Schilderung gegeben: Er hatte sich des Ehrenkleid umgeworfen, das er vom König bekommen hatte. Und er band das Ehrenzeichen des Haares um und setzte die goldgestickte Tiara darauf, er legte um seine Taille den aus massivem Gold gemachten Gürtel, der mit Perlen und Edelsteinen besetzt war, und die Gehänge für die Ohren, und den Halsschmuck für den Nacken und den Sobelpelz für den Rücken[7]''. Von Soldaten und sogar hohen Offizieren wird berichtet, daß sie Ohrgehänge trugen, welche die Gebundenheit an ihren Dienstherren symbolisieren sollten[8]. (vgl. Ohrschmuck des arsakidenzeitlichen Mannes, S. 246 f). Wie die sasanidischen Großkönige sich

---

[1] J. Latz, Das Buch der Wezire und Staatssekretäre von Ibn 'Abdūs Al-Ǧahšiyārī. Anfänge und Umaiyadenzeit (1958).

[2] Gemeint sind hier die Sasaniden, vgl. Latz 39.

[3] Latz a.O. 54, s.a. 39.

[4] F. Altheim/R. Stiehl, Ein asiatischer Staat. Feudalismus unter den Sasaniden und ihren Nachbarn (1954) 136, vgl. 164.

[5] Ebenda, 136, s.a. 164. Procopius, Perserkriege I, 17.

[6] Schmidt, Männerohrring, 17. Sarre, Kunst des alten Persien, Taf. 145; S. 54, Abb. 18.

[7] Widengren, Feudalismus, 29 (Zitat).

[8] Widengren, Feudalismus, 22 f.

ihrer Siegelringe bedienten, ist ebenfalls literarisch überliefert: ,,Er hatte vier Siegel-
ringe, einen für die Steuern mit einem Stein aus Karneol und mit der Aufschrift —
Gerechtigkeit —, einen für die Staatsdomänen mit einem Stein aus Türkis und mit
der Aufschrift — Landwirtschaft —, einen für die Truppen mit einem Stein aus
Karfunkel und mit der Aufschrift — Geduld — und einen für die Post mit einem
Stein aus rotem, wie Feuer leuchtendem Rubin mit der Aufschrift — Treue —[9]''.

Den großen Wert der sasanidischen Goldschmiedearbeiten veranschaulichen einige Anekdoten aus dem Kitāb al-Wuzarā' wa'l-kuttāb. ,,Als Muṣ'ab später den 'Irāq
verwaltete, berief er Ibn Abī Farwa zu seinem Sekretär. Eines Tages, während die
beiden zusammen waren, erhielt Muṣ'ab ein Juwelenhalsband überreicht, das ir-
gendwo in Persien gefunden worden war und aus dem Besitz eines persischen Herrschers stammte, ein Stück von unbekanntem Wert. Muṣ'ab betrachtete es von allen
Seiten und fand großen Gefallen daran. 'Abdallāh, sagte er zu Ibn Abī Farwa, hät-
test du es gerne geschenkt? — Ja, o Emīr, sehr gern! — Muṣ'ab gab es ihm ... Das
Halsband aber begründete den Reichtum des Ibn Abī Farwa und seiner Nach-
kommen.

... Der Statthalter von Ḫurāsān fand einst einen Schatz; dieser enthielt auch eine
Palme aus Chosrau's Besitz, aus Gold getrieben, mit Rispen aus Perlen und Edelsteinen und roten und weißen Rubinen. Der Finder sandte sie an Muṣ'ab b.az-
Zubair. Dieser berief, sobald die Kostbarkeit eingetroffen war, Sachverständige, die
sie auf 2.000.000 Dirhem schätzten. Wem soll ich sie schenken? fragte er sodann.
— Deinen Frauen und Angehörigen. — Nicht doch: Lieber einem Manne, der es
am meisten unter uns verdient und der trefflichste von uns ist[10]''.

Auch an anderen Stellen wird aus der Umaiyadenzeit, in der vielfach noch sasanidische Bräuche herrschten, von kostbaren Geschenken der Könige, insbesonders
dem Halsschmuck als Zeichen ihrer großen, persönlichen Huld berichtet[11].

2.2.1 Bartschmuck (Taf. CIX)

Darstellungen zeigen die Könige mit einem Ring oder einer Binde, welche den
Bart unter dem Kinn zusammenhalten.

1 Ring (einfacher und mehrfacher ?).
  Herk: Darstellung auf Reliefs (?), Münzen.

---

[9] Al-Mas'ûdî, Bis zu den Grenzen der Erde. Auszüge aus dem Buch der Goldwäschen, aus dem
Arabischen übertragen von Gernot Rotter, 1978, 131 vgl. Latz a.o. 54, s.a. 28. Christensen, L'Iran
sous les Sassanides, 388.
[10] Latz a.O. 92.
[11] Latz a.O. 48, 76, 82.

Lit. : Deutl. Ansicht: Lukonin (1967) Taf. 113, 116, 117, 118 (Heyne Tb, Taf. 124-127).
2 Binde.
 Herk: Münzen, Reliefs, Silberschale.
 Lit. : Münzen: Deutl. Ansicht: Ghirshman (1962) Taf. 305.
              Göbel, Taf. 6, Nr. 100 ff; Taf. 7, Nr. 122; Taf. 8, Nr. 126, 136, 139;
              Taf. 9, Nr. 148, 151-156; Taf. 10, Nr. 169.
              Lukonin (1967) Taf. 119, 120 (Heyne Tb, Taf. 128, 129).
              Godard, Taf. 118.
    Reliefs: Firuzābād.
              Deutl. Ansicht: Ghirshman (1962) Taf. 164.
              Taq-e Bostan.
              Deutl. Ansicht: Ghirshman (1962) Taf. 233.
              Fukai/Horiuchi II, Taf. LXXX-LXXXIV.
  Silberschale: Sarre, Taf. 104.

Der Bartschmuck ist ein Symbol der Königswürde[1].

Datierung:
sasanidisch.

2.2.2 Ohrschmuck

Zur Bedeutung s. S. 311.

Typ 1 (Taf. CIX)

Perlgehänge

    Dieser Typus ist nur durch relativ ungenaue Darstellungen belegt. Er läßt sich aber deutlich von dem recht ähnlichen Ohrschmuck Typ 2 unterscheiden. Während bei jenem die Perlgehänge von einem auffallend großen Ring herabhängen, hat bei Typ 1 der Befestigungsring keine dekorative Bedeutung, sondern dient allein der Anbringung von Perlen am Ohr. Vielleicht lassen sich zwei Ohrringe, einer aus Amrit, einer unbekannter Herkunft[1], diesen dargestellten Ohrringen zuordnen und als Anschauungsmaterial für diesen Typus verwenden (s. Abb. S. 314). Es handelt sich um zwei goldene Ringe, bei welchen der kleinere (H insges. 3.5 cm) einen Smaragd-, der größere (H insges. 5 cm) einen Saphiranhänger hat. Denkbar wäre, daß auf den Stegen ehemals noch eine weitere Perle aufgezogen war, vergleichbar dann mit Typ 1.2, 1.3.
1.1 Einperliges Gehänge.
    Herk.: Darstellungen auf Münzen, Relief, Gefäßen, Statue.

[1] Herrmann, Iranian Revival, 135 (Anno Nr. 64, 111).

[1] De Ridder, Coll. de Clercq, Taf. III, Nr. 867, 872 (Abb. entnommen).
Über die weiße Perle am rechten Ohr des Peroz s. Prokopius, Perserkriege I, 4.

Lit.   : Münzen: Deutl. Ansicht: Lukonin (1967) Taf. 116-118 (Heyne Tb, Taf. 124, 125, 127).

    Relief: Dārāb, Trümpelmann (1975) Taf. 4 (Gefolge).

    Gefäß: Deutl. Ansicht: Lukonin (1967) Taf. 143, 150, 151 (Heyne Tb, Taf. 142, 158).

    Statue: Taq-e Bostan, deutl. Ansicht: Fukai/Horiuchi II, Taf. V, VI.

1.2 Zweiperliges Gehänge.

Die Perlen hängen untereinander.

Herk.: Darstellungen auf Relief, Gefäß, Siegel.

Lit.   : Relief: Dārāb, Trümpelmann (1975) Taf. 9 (König).

    Gefäß: Schale Chosrows I.

        Deutl. Ansicht: Ghirshman (1962) Taf. 401.

        Sogd. Jagdschale.

        Christensen, 247, Abb. 25.

        Trümpelmann (1979) Taf. 18.

    Siegel: Bivar, Kat. London, Taf. 3, AD 1.

        Ghirshman (1962) Taf. 294.

        Pope/Ackerman VII, Taf. 255 D, E.

        Sarre, Taf. 145 oben.

        Godard, Taf. 122.

1.3 Dreiperliges Gehänge mit einer großen Abschlußperle.

Die Perlen hängen untereinander.

Herk.: Darstellung auf Siegeln und Münze.

Lit.   : Siegel: Deutl. Ansicht: Lukonin (1967) Taf. 60 (Heyne Tb, Taf. 60).

        Erdmann, Taf. 92b.

        Pope/Ackerman, Taf. 255 F.

        Ähnl. Stück: Lukonin (1967) Taf. 61, 62, 67, 102 (Heyne Tb, Taf. 69, 79, 116).

    Münze: Lukonin (1967) Taf. 119 (Heyne Tb, z.B. Taf. 128).

1.4 Dreiperliges Gehänge mit zwei großen Abschlußperlen.
   Die beiden großen Perlen hängen nebeneinander.
   Herk.: Münze.
   Lit.   : Deutl. Ansicht: Lukonin (1967) Taf. 123 (Heyne Tb, Taf. 133).
           Frye, Tafeln, Münze Nr. 19 ff.
           Ghirshman (1962) 318, 319, 320.

Datierung:
   1.1: 3. Jh. n. Chr.
   1.2: 3. - 6./7. Jh. n. Chr.
   1.3: 4. Jh. n. Chr.
   1.4: 5./6. Jh. n. Chr.

Typ 2 (Taf. CX)

Schmuckringe mit Gehänge

   Sie sind durch Darstellungen und Funde belegt.

2.1 Ring mit einer Perle.
   Herk.: Darstellung auf Gefäß, Statue Šāpūrs I. und Relief.
   Lit.   : Gefäß: Pope/Ackerman VII, Taf. 208 B.
               Sarre, Taf. 108.
           Statue: Deutl. Ansicht: Ghirshman (1962) Taf. 208.
           Relief: Deutl. Ansicht: Trümpelmann (1975) Sar Mašhad, Taf. 5.
2.2 Ring mit zwei Perlen.
   Herk.: Darstellung auf Siegel, Relief (?) und Münzen.
   Lit.   : Deutl. Ansicht: Lukonin (1967) Taf. 100 (Heyne Tb, Taf. 114).
           Anno 63, S. 72 (?).
           Ghirshman (1962) Taf. 326, 329 (?).
2.3 Ring mit zwei länglichen Perlen.
   Herk.: Darstellung auf Gefäß.
   Lit.   : Deutl. Ansicht: Ghirshman (1962) Taf. 247.
2.4 Ring mit zwei Gehängen aus je einer kleinen runden und einer länglichen Perle.
   Herk.: Darstellung auf Schale Chosrows II.
   Lit.   : Deutl. Ansicht: Ghirshman (1962) Taf. 253.
           Pope/Ackerman VII, Taf. 214.
           Sarre, Taf. 107.
           Erdmann, Taf. 64.
           Christensen, 473, Abb. 48.
2.5 Zwei eingehängte Ringe mit Anhänger (Originalfund dieses Typus, Paar).
   Von zwei größeren, tordierten Kupferringen, die als Befestigungsringe für das Ohr
   dienten, hängt jeweils ein kleinerer, ebenfalls tordierter Goldring. Diese beiden Ringe
   sind an einer Stelle zu einer Öse gebogen. In dieser hängt eine Goldkapsel mit einer
   kegelförmigen Perle aus Erdharz.
   Herk.: Ghalekuti I (Grab 5).

Mus. : Tokyo, Teherān.
Mat. : Gold, Bitumen, Kupfer f. Ring am Ohr.
Maße: Dm d. oberen Ringes 3, 2 cm; Dm d. unteren Ringes 1,6 cm.
Lit. : Sono/Fukai, Taf. LI, 1, 2; LXXXV, 7, 8.

Im Zusammenhang mit diesem durch Funde und hauptsächlich Darstellungen belegten Typ 2 ist noch zu erwähnen, daß glatte und gedrehte Ringe in Männergräbern gefunden wurden[2]. Diese Ringe können gewertet werden als Hinweis darauf, daß Männer auch Ringe ohne Gehänge trugen oder als Reste von Ohrgehängen dieses Typus 2.

Datierung:
2.1: wohl spätsasanidisch.
2.2: 6. Jh. n. Chr./7. Jh. n. Chr.
2.3: 5./6. Jh. n. Chr.
2.4: 6./7. Jh. n. Chr.
2.5: 4. Jh. n. Chr.

2.2.3 Halsschmuck

Typ 1 (Taf. CXI)

Ketten aus Kastenfassungen

Diese Ketten sind belegt durch Darstellungen.

1.1 Kette aus Kastenfassungen.
    Herk.: Darstellung auf Felsrelief von Dārāb und auf Schale aus Armazis-Chevi.
    Lit. : Felsrelief: Deutl. Ansicht: Trümpelmann (1975) Dārāb, Taf. 7, 9.
                  Hinz (1969) Taf. 97, 98.
            Schale: Apakidze et al., 51, Abb. 21; Taf. XLVII, 1, 2.
                  Lukonin (1977) 163.
                  Hinz (1969) 206, Taf. 126 a.
1.2 Kette mit drei Kastenfassungen; von der mittleren hängt ein zweiperliges Gehänge.
    Herk.: Darstellung auf Schale, männl. Gottheit, angebl. aus Sogdien.
    Lit. : Dalton, Taf. XXXII, Nr. 203.

Zu den Darstellungen dieses Typus passen einzeln gefundene Fassungen in Qal'a-ye Dukhtar bei Firuzābād[1] und Ghubayra[2]. Die Funde sind aus Gold mit Einlage.

---

[2] Z.B. Ghalekuti, s. Sono/Fukai, Dailaman III, Taf. LXXVII, 6, 7; Taf. LXXIX, 2; LXXXV, 14-16.

[1] D. Huff/Ph. Gignoux, Ausgrabungen auf Qal'a-ye Dukhtar bei Firuzabad 1976 — A. Vorläufiger Grabungsbericht: AMI NF 11, 1978, Taf. 42, 2 (grünes Glas in Goldfassung, L ca. 2,5 cm).
[2] A. D. H. Bivar/G. Fehérvári, Survey of Excavations in Iran — 1973-74, Ghubayra: Iran 12, 1974, Taf. V. d. (tropfenförmige Goldfassung).

Ketten aus Kastenfassungen sind bereits aus arsakidischer Zeit belegt (s. Halsschmuck der Frauen Typ 4, Taf. XL-XLII; Halsschmuck der Männer Typ 6, Taf.
XCIII).

Typ 1.2 mit seinen drei vorderen Kastenfassungen kann als Variante angesehen
werden. Diesen nur durch eine Darstellung belegten Schmuck veranschaulicht ein
Kettenfund (s. Abb.) aus dem Grab einer chinesischen Prinzessin der Sui-Dynastie
(589-618)[3]. Die Perlen der Kette sind aus Gold, in welches Muschelperlen eingefügt
sind. Die vordere Mitte und der hintere Verschluß werden durch Kastenfassungen
betont. Die Fassungen sind, abgesehen von der großen mittleren, welche rot eingelegt ist, mit Lapislazuli gefüllt. Der Rand der drei vorderen, runden Fassungen ist
durch eingefügte Muschelperlen ausgeschmückt. Je eine Muschelperle sitzt in den
beiden Goldringen zu beiden Seiten der Verschlußplatte. Diese Kette vermittelt
meines Erachtens einen Eindruck von der Pracht des spätsasanidischen Schmuckes
(zu den Beziehungen zwischen chinesischem und sasanidischem Schmuck s. Einleitung).

[3] Galm, Totenkult; Anno Journal, Juli 1981, 61.

Datierung:
   1.1: 3. Jh. n. Chr.
   1.2: ca. 5. Jh. n. Chr.

Typ 2 (Taf. CXI)

Halsband mit Medaillon oder Perle

Dieser Typ ist durch eine Darstellung belegt.

Herk.: Darstellung auf Siegel.
Lit.   : Deutl. Ansicht: Ghirshman (1962) Taf. 294 (obere Kette).
         Pope/Ackerman VII, Taf. 255 D (obere Kette).
         Sarre, Taf. 145 oben (obere Kette).

Datierung:
   vermutl. 4. Jh. n. Chr.

Typ 3 (Taf. CXI)

Perlenketten

Dieser Typ ist durch Darstellungen und einige Perlfunde belegt.

3.1 Einreihige Perlenkette (gleichgroße Perlen).
    Herk.: Darstellung auf Reliefs.
    Lit. : Bishapur: Hinz, Taf. 101, 105.
                       Herrmann (1980) Taf. 4 ff (1981) Taf. 2.
            Naqsch-e Rustam: Hinz, Taf. 106, 107 (König).
            Naqsch-e Radjab: Hinz, Taf. 113, 114 (Kartir).
                       Lukonin (1967) Taf. 124 (Heyne Tb. Taf. 68).
            Sar Mašhad: Trümpelmann (1975) Taf. 3, 5.
3.2 Einreihige Perlenketten mit Anhänger.
    3.2.1 Perlenkette mit rundem Anhänger.
          Herk.: Siegelbild.
          Lit. : Lukonin (1967) Taf. 62, 66 (Heyne Tb, Taf. 69, 78).
    3.2.2 Perlenkette mit rundem Medaillon (?) und zwei runden Anhängern.
          Herk.: Münzbild.
          Lit. : Deutl. Ansicht: Lukonin (1967) Taf. 123 (Heyne Tb, Taf. 133).
                  Ghirshman (1962) Taf. 323, 324.
                  s.a. Reif 4.3.
    3.2.3 Perlenkette mit rechteckiger Schmuckplatte und drei Anhängern.
          Herk.: Siegelbild.
          Lit. : Deutl. Ansicht: Lukonin (1967) Taf. 100 (Heyne Tb, 114).

3.3 Zweireihige Perlenkette ohne Anhänger.
    Herk.: Schale.
    Lit.   : Lukonin (1967) Taf. 143 (Heyne Tb, Taf. 142).
3.4 Zweireihige Perlenkette mit Anhängern.
    3.4.1 Perlenketten mit zwei Gehängen.
        Herk.: Darstellung auf Büste.
        Lit.   : Ghirshman (1962) Taf. 267, 269.
    3.4.2 Perlenkette mit Medaillon und zwei Gehängen.
        Herk.: Darstellung auf Gefäß und Stuck (Kiš).
        Lit.   : Gefäß: Ghirshman (1962) Taf. 253.
                Pope/Ackerman VII, Taf. 214.
                Sarre, Taf. 107.
                Erdmann, Taf. 64.
                Godard, Taf. 117.
           Stuck: Pope/Ackerman II, 634, Abb. 211.
                Kröger, Taf. 87, 1.
                (vgl. Taq-e Bostan, Fukai/Horiuchi II, Taf. VI, XIV).
       Der mit 3.4.2 zusammen dargestellte brustlange Schmuck ist Teil des Brustrie-
mens (vgl. z.B. Kröger, Sasanidischer Stuckdekor, Taf. 83,1; 93,5); Herr Prof.
Dr. L. Trümpelmann sieht in diesem Brustschmuck Befestigungsriemen für das
Paludamentum.
    3.4.3 Perlenkette mit rundem bzw. blütenförmigem Medaillon und drei Gehängen.
        Herk.: Darstellung auf Münzen.
        Lit.   : Deutl. Ansicht: Ghirshman (1962) Taf. 326, 329.
                Pope/Ackerman VII, Taf. 252 N.
                Göbl (1968) Taf. 14, 225-227; Taf. 15, Nr. 234.
3.5 Einreihige Perlenkette mit zahlreichen Gehängen.
    Herk.: Darstellung auf Siegel.
    Lit.   : Deutl. Ansicht: Lukonin (1967) Taf. 60 (Heyne Tb, Taf. 60).
3.6 Perlenkette aus großen und kleinen Perlen.
    Herk.: Darstellung auf Siegel des Vehdīn Shāpūr.
    Lit.   : Deutl. Ansicht: Ghirshman (1962) Taf. 294 A (untere Kette).
       Pope/Ackerman VII, Taf. 255 D (untere Kette).
       Sarre, Taf. 145 oben (untere Kette).
       Bivar, Taf. 3, AD 1 (untere Kette).
       s.a. Kartirs Relief in Naqsch-e Rustam.
       Lit.: Hinz, Felsreliefs, Taf. 115/116 (106).

       Typ 3 ist auf Darstellungen sehr ähnlich dem Typ 1.1. Deshalb muß gefragt wer-
den, ob es sich bei Typ 3 um Ketten aus großen Perlen handelt oder um ungenau
dargestellte Ketten vom Typ 1.1. Eine eindeutige Antwort ist nicht möglich. Ketten
vom Typ 1 und Typ 3 werden auf Darstellungen häufig von hervorgehobenen Personen beiderlei Geschlechts getragen, wie z.B. dem König, während die anderen

Dargestellten den Reif vom Typ 4 tragen[4]. Daraus kann wohl auf eine besondere Bedeutung dieses Types geschlossen werden[5]. Diese Vermutung wird unterstrichen durch Stuckarbeiten und Stoffmuster, auf denen ein Vogel, Pfauendrache oder Widder durch einen mit Typ 1 bzw. Typ 3 vergleichbaren Schmuck (wohl nicht Reif vom Typ 4, da in der Regel hinten gebunden dargestellt !) um den Hals oder im Schnabel[6] hervorgehoben erscheint[7] (vgl. Kopfschmuck der Frauen zur Zeit der Sasaniden, S. 293).

Neben diesen zahlreichen Darstellungen sind Perlen als Männerschmuck durch Perlfunde in Gräbern von Ghalekuti[8] belegt. Sie waren u.a. aus Achat, Glaspaste, Glas in verschiedenen Farben, Lapislazuli und Karneol. Auch Augenperlen wurden gefunden. Vielleicht waren sie ehemals Teile von Perlenketten? Die Augenperlen galten wahrscheinlich als Mittel gegen den ,,bösen Blick''.

Datierung:

3.1:   3. - 6. Jh. n. Chr.
3.2.1: 4. Jh. n. Chr.
3.2.2: 6./7. Jh. n. Chr.
3.2.3: 6. Jh. n. Chr.
3.3:   5. Jh. n. Chr.
3.4.1: 6./7. Jh. n. Chr.
3.4.2: 2. Hälfte 6. Jh./7. Jh. n. Chr.
3.4.3: ab 3. Jh. n. Chr.
3.5:   4. Jh. n. Chr.
3.6:   3.-5. Jh. n. Chr.

[4] Vgl. Felsreliefs: Sar Mašhad: König und Anāhitā tragen Perlenkette; Mann im Hintergrund (Kartīr) trägt Reif. Trümpelmann (1975) Taf. 1, 3, 4. Bishāpur: König trägt Perlenkette; Gefolgsleute tragen Reif. Hinz, Taf. 101. Ghirshman (1962) Taf. 197. Herrmann (1980) Taf. 4, 7. bes. 17 ff. Dārāb: König trägt Kette vom Typ 1; Gefolge trägt den Reif. Hinz, Taf. 91, 97, 98 (Gefolge: Taf. 78, 79). Trümpelmann (1975) Taf. 7, 9 (Gefolge: Taf. 1 ff.). Naqsch-e Rustam: König und die ihm zunächst stehende bartlose linke Figur tragen eine Perlenkette, das Gefolge trägt einen Halsreif. Hinz, Taf. 117. Ghirshman, Taf. 212. Kartīr trägt auf den Reliefs in Naqsch-e Rustam und Naqsch-e Radjab eine Perlenkette (vgl. Hinz, Taf. 113-116); auf dem Relief von Sar Mašhad einen Reif (vgl. Trümpelmann, 1975, Taf. 1, 3,. 4, 6b).

[5] Vgl. Hinz, Altiran. Funde und Forschungen, 146, Anmerk. 9, viell. war das Tragen dieses Schmuckes königl. Vorrecht.

[6] Deutl. Ansicht: Ghirshman, Iran, Parther und Sasaniden, Taf. 273, 280. Pope/Ackerman, Survey VII, Taf. 201 C, 215 B, 223 C. Sarre, Kunst des alten Persien, Taf. 103, 135. Erdmann, Die Kunst Irans zur Zeit der Sasaniden, Taf. 74, 82, 96 b (Pfauendrachen), 98, 99. Herzfeld, Am Tor von Asien, Taf. LXI, LXII, LXIII.

[7] Erdmann, Kunst Irans zur Zeit der Sasaniden, 81.

[8] Sono/Fukai, Dailaman III, 49 ff.

Typ 4 (Taf. CXII-CXIII)

Halsreifen

Reifen sind durch Darstellungen und ein Original belegt.

4.1 Reif mit breiter Querrille (vgl. Halsreif der Männer zur Zeit der Arsakiden, Typ 3.1.16, Taf. XC; 3.1.17, Taf. XCI).
Herk.: Darstellung auf Münzen, Siegel.
Lit.   : Deutl. Ansicht: Lukonin (1967) Taf. 67, 102, 110 (Heyne Tb, Taf. 79, 116, 121).

4.2 Reif mit Kreismotiv, wahrscheinlich runde Einlagen darstellend (vgl. Hinz, Felsreliefs, Taf. 62, 74).
Vermutlich handelt es sich bei den drei nachfolgenden Reifen um Variationen in der Darstellungsweise des gleichen Typus.

    4.2.1 Mit Kreismotiv.
        Herk.: Darstellung auf Reliefs.
        Lit.   : Firuzābād: Deutl. Ansicht: Ghirshman (1962) Taf. 163, 164.
              Dārāb: Hinz, Taf. 78.
                    Trümpelmann (1975) Dārāb, Taf. 1 ff.
              Naqsch-e Radjab: Hinz, Taf. 74.
              Vgl. auch Darstellung auf Gefäßen — Reif mit unregelmäßig einge-stanzten Kreisen, z.B. Pope/Ackerman VII, Taf. 205, 206. Lukonin (1967) Taf. 135, 150 (Heyne Tb, Taf. 71, 144).

    4.2.2 Mit Kugeln.
        Herk.: Darstellung auf Münzen, Siegel.
        Lit.   : Münzen: Pope/Ackerman VII, Taf. 251 B, E, K.
                    Lukonin (1967) Taf. 108, 109, 113, 116, 117 (Heyne Tb, Taf. 118, 122, 124, 125, 126).
                    Göbl (1968) Taf. 1, Nr. 16, 18; Taf. 2, Nr. 23; Taf. 3, Nr. 36, 38, 50; Taf. 4, Nr. 55; Taf. 5, Nr. 71 (?), 74 (?).
              Siegel: Lukonin (1967) Taf. 100 (Heyne-Tb, Taf. 114).

    4.2.3 Mit Steg zwischen zwei Kreismotiven.
        Herk.: Darstellung auf Reliefs.
        Lit.   : Hinz, Taf. 62, 79, 120, 121, 124, 125, 126.
              Pope/Ackerman VII, Taf. 162 D.
              Ghirshman (1962) Taf. 212.
              Anno 63, S. 72.
              Anno 64, Titelbild.
              Trümpelmann (1975) Dārāb, Taf. 2 ff.
              Die Übergänge zu 4.2.1 sind aber so fließend, daß wahrscheinlich der gleiche Halsschmuck dargestellt werden sollte; vgl. hierzu Trümpelmann (1975) Dārāb, Taf. 6 a, b, d, e, g — ohne Steg; Taf. 6 f, i, k, m — mit Steg.

4.3 Reif mit Kreismotiv und zwei Gehängen.
    Herk.: Darstellung.
    Lit.   : Deutl. Ansicht: Ghirshman (1962) Taf. 294 G.

4.4 Halsferner Reif mit doppelreihig angeordneten runden Einlagen, in der vorderen Mitte drei große runde Einlagen und drei Gehänge.
Herk.: Darstellung am Taq-e Bostan.
Lit. : Deutl. Ansicht: Fukai/Horiuchi I, Taf. XLVII, XLVIII, XLIX, L, vgl. a. Taf. LXIII, LXXXIX.
4.5 Reif mit Kugeln und sternförmig angeordnetem Gehänge.
Herk.: Darstellung auf Münze.
Lit. : Deutl. Ansicht: Herrmann (1977) 78; Anno 62, S. 64.
Göbl. Taf. 1, Nr. 4, Nr. 6.
4.6 Reif mit drei Gehängen.
Herk.: Darstellung auf Silberschale.
Lit. : Deutl. Ansicht: Pope/Ackerman VII, Taf. 208 B.
Sarre, Taf. 108.
Ähnl. Stück: Pope/Ackerman VII, Taf. 229 A.
Ähnl. Stück: Sarre, Taf. 106.
4.7 Reif mit rechteckigen Einlagen; darunter Perlenkette.
Herk.: Darstellung auf Siegel.
Lit. : Godard, Taf. 122.
4.8 Reif mit Kugelmotiv (vgl. 4.2.2); darunter Perlenkette mit rechteckigem Medaillon und drei Gehängen.
Herk.: Darstellung auf Siegel.
Lit. : Deutl. Ansicht: Lukonin (1967) Taf. 100 (Heyne Tb, Taf. 114).
4.9 Reif mit Einlagen (restauriert).
Dieser Originalfund des Typus 4 besteht aus zwei Teilen: einem lunulaförmigen, leicht gebogenen Vorderteil und einem kürzeren hinteren Verschlußbügel. Beide Teile sind durch Scharniere verbunden. Beide Halsreifteile bestehen aus einer soliden Goldplatte, auf die eine zweite in einer fast als netzartig zu bezeichnenden à jour-Durchbruchsarbeit aufgelegt ist. In das ,,Musterwerk'' sind am oberen und unteren Rand kleine Rechtecke und in der Mitte Polygone und Herzen aus Granat mittels harzigem Kitt eingefügt. Kleine Dreiecke aus grüner Paste, blaue Perlchen aus Lapislazuli und runde Granatköpfe auf den zylinderförmigen Goldstiften für die Scharniere geben dem Schmuckstück ein farbenfrohes Gepräge[9].
Herk.: Schatz von Pietroassa.
Mus. : Mus. Nat. de Antichităti, Bukarest.
Mat. : Gold, Granat, grüne Paste, Lapislazuli.
Maße: Dm 59 cm.
Lit. : Odobesco, Bd. I, Abb. 10,1; Taf. VI, Farbtaf.; Bd. II, Abb. 73. Jenny/Volbach, Taf. 5. Dunareanu-Vulpe, Taf. 43. Zur Datierung und Zuordnung: Rupp, Zelleneinlage, 45 ff. B. Arrhenius, Zum symbolischen Sinn des Almandin im frühen Mittelalter: Frühma. Stud. 3, (West-) Berlin (1959) 47 ff. Ders. Granatschmuck und Gemmen aus nordischen Funden des frühen Mittelalters: Acta Universitatis Stockholmiensis, Studies in North-European Archaeology,

[9] Beschreibung frei nach M. Fr. Bock, zit. von A. Odobesco, Le Trésor de Pétrossa (1889-1900) Bd. II, 61/62.

Series B, Stockholm 1971. E. Dunareanu-Vulpe, Der Schatz von Pietroassa, Bukarest (1967; Tezaurul de la Pietroasa, 1967, Taf. 43). W. Holmqvist, Die Kunst der Germanen seit dem 5. Jahrhundert: Kelten und Germanen in heidnischer Zeit (Kunst der Welt, 1964) 155-224; Paperback, 3. Aufl. 1980, 188. A. Odobescu, Opere IV, Tezaurul de la Pietroasa. Editie îngrijită, Introducere, Coméntarii şi Note de M. Babeş. Studii arheologice de R. Harhoiu şi Gh. Diaconu, Bukarest (1976).

Weiteres s. Halsschmuck der Frauen aus sasanidischer Zeit, Typ 3, Taf. CV.

Datierung:

   4.1:   3. Jh. n. Chr.
   4.2.1: 3./4. Jh. n. Chr.
   4.2.2: 3. Jh. n. Chr.
   4.2.3: 3. Jh. n. Chr.
   4.3:   6. Jh. n. Chr.
   4.4:   5./6. Jh. n. Chr.
   4.5:   7. Jh. n. Chr.
   4.6:   3. Jh. n. Chr.
   4.7:   spätsasanidisch.
   4.8:   5. Jh. n. Chr.
   4.9:   vermutl. 5. Jh. n. Chr.

2.2.4 Fibeln und Metallverschlüsse[1]

Der Begriff — Fibel — wird hier im üblichen Sinn verwendet, nämlich als ein ,,Bestandteil der antiken Kleidung, der die Funktion der heutigen Sicherheitsnadel, aber auch die einer Schmucknadel erfüllte[2]''.

Als Metallverschlüsse werden hier Bestandteile der Kleidung bezeichnet, durch die ein Umhang oder Mantel geschlossen werden kann. Sie bestehen in der Regel aus zwei Teilen, die durch Haken und Ösen oder Bänder miteinander verbunden, zur Schließung eines Kleidungsstückes führen. Im Gegensatz zur Fibel sind die Verschlußteile fest mit dem Kleidungsstück verbunden.

Sie sind belegt durch Funde und Darstellungen.

2.2.4.1 Fibeln (Taf. CXIV)
Typ 1 (Taf. CXIV)
Bügelfibel

---

[1] Ob Gewandnadeln auch zur Männertracht gehörten, ist fraglich; bei den gefundenen Stücken könnte es sich z.B. auch um Befestigungsstücke für den Schwertriemen, also Teile der Bewaffnung, handeln (s.a. Haarnadeln der Frauen zur Zeit der Sasaniden, S. 294).
[2] W. H. Groß (W. H. G.), Fibula: PAULY II (1967) 542.

Herk.: Ghalekuti I, Grab 5.
Mat. : Kupfer.
Maße: L ca. 2,5 - 3,1 cm.
Lit. : Sono/Fukai, Taf. LXXXV, 9, 10; LI, 10, 11.

Datierung:
    4. Jh. n. Chr.

Typ 2 (Taf. CXIV)

Plattenfibel

Herk.: Ghalekuti I, Grab 5.
Mat. : Kupfer, Silber.
Maße: L ca. 2,45 cm.
Lit. : Sono/Fukai, Taf. LXXXV, 11, 12, 13; LI, 8, 9, 12.

Datierung:
    4. Jh. n. Chr.

Typ 3 (Taf. CXIV)

Armbrustfibel

Herk.: Tell Mahuz.
Mus. : Irak Museum, Baġdad.
Mat. : Silber.
Maße: L 9,3 cm, W vorne 4, 82 cm, H 2,78 cm.
Lit. : Ponzi, Mesopotamia 5-6, 1970-71, Abb. 86, Nr. 81.

Ähnlich (?): Herk.: Bastam, Hallen - Nordmauer.
            Mat. : Eisen.
            Maße: L 4, 9 cm.
            Lit. : Kleiss, AMI NF 3, 1970, Taf. 33, 1.

Typ 3 war ab dem 3. Jh. n. Chr. im gesamten römischen Imperium in ähnlicher Ausführung verbreitet. M. N. Ponzi vergleicht dieses Exemplar mit einem Fund aus dem römisch besetzten Dura-Europos (Toll, 57, Taf. XIII) und meint: ,,Its crossed, etched line decoration is rather peculiar, and seems to be an adaptation from a different and more complicated pattern, either of local origin or derived from some imported piece. The presence at Dura-Europos of a single example similar to that at

Tell Mahuz, however, may indicate that this type was relatively well established and it may prove to have been more widely used in Northern Mesopotamia than it presently appears[3].

Datierung:
   sasanidisch (Tell Mahuz: frühsasan.; Bastam: 5./6. Jh. n. Chr.).

Typ 4 (Taf. CXIV)

Tierförmige Fibeln

4.1-4.4
Herk.: Kunsthandel.
Mus. : Coll. M. Foroughi.
Mat. : Bronze, Eisen.
Maße: zw. 3,5-7,2 cm.
Lit. : Ghirshman, IA 12, 1977, Taf. IX, 1-4. Vgl. Sarre, Taf. 146.

Datierung:
   sasanidisch

2.2.4.2 Metallverschlüsse (Taf. XCV)[4]

Sie bestehen aus zwei sich entsprechenden Teilen.

Typ 1

Unverzierter Scheibenverschluß

1.1 Runde Scheiben, vermutlich Metallscheiben, mit deutlich sichtbarem Verschluß, vermutlich ebenfalls aus Metall.
   Herk.: Darstellung auf Felsrelief von Dārāb.
   Lit. : Deutl. Ansicht: Trümpelmann (1975) Dārāb, Taf. 2-4.
            Hinz (1969) Taf. 78, 79.
1.2 Runde Scheiben mit Innenkreis, welcher wohl eine Kastenfassung mit Einlage aus Stein oder Glasfluß andeuten soll.
   Herk.: Darstellung auf Siegel des Wyst und Felsreliefs.
   Lit. : Siegel: Deutl. Ansicht: Lukonin (1967) Taf. 67, 102 (Heyne Tb, Taf. 79, 116).
            Reliefs: Naqsch-e Radjab: Hinz, Taf. 73 (König). Godard, Taf. 102.
                     Dārāb: Hinz, Taf. 91, 97.
                     Trümpelmann (1975) Taf. 1, 7, 9.

---

[3] Ponzi, Jewellery, Mesopotamia 5-6, 1970-71, 404 f.
[4] Gürtelschließen: s. Ghirshman, La ceinture en Iran: IA 14, 1979, Taf. V ff.

Trümpelmann (1975) Taf. 1, 7, 9.

Zwar ohne Innenkreis, vermutlich aber gleichen Metallverschlußtyp darstellend: Naqsch-e Rustam: Hinz, Taf. 106, 107. Ghirshman (1962) Taf. 171, 205. Godard, Taf. 101.

1.3 wie 1.2, jedoch mit Bindeverschluß.

Herk.: Darstellung auf Felsreliefs.

Lit. : Geschlossen dargestellt (s. Tafel CXV).

Naqsch-e Rustam: Hinz, Taf. 115, 116, 120, 125, 126.

Ghirshman (1962) Taf. 212.

Taq-e Bostan[5]: Godard, Taf. 105.

Ghirshman (1962) Taf. 233.

Offen dargestellt, die Bänder hängen unter der Verschlußscheibe herab (hier nicht abgebildet).

Naqsch-e Rustam: Godard, Taf. 104.

Sar Mašhad: Hinz, Taf. 135.

Trümpelmann (1975) Taf. 1, 3 ff.

Ghirshman (1962) Taf. 216.

Bishāpur: Hinz, Taf. 101.

Ghirshman (1962) Taf. 196, 197.

Herrmann (1981) Taf. 2.

Typ 2

Reichverzierter Scheibenverschluß

2.1 Mit sternförmiger Verzierung.

Herk.: Darstellung auf Siegel.

Lit. : Deutl. Ansicht: Lukonin (1967) Taf. 60 (Heyne Tb, Taf. 60).

2.2 Mit eingefügten Perlen (?).

Herk.: Darstellung am Taq-e Bostan.

Lit. : Deutl. Ansicht: Fukai/Horiuchi II, Taf. XIV, XV, XVI, XVII.

Die zweiteiligen Metallverschlüsse lassen sich auf arsakidenzeitliche Vorbilder zurückführen (s. Metallverschlüsse zur Zeit der Arsakiden, Taf. XCVII, bes. Nr. 10, 11).

Datierung:

sasanidisch

---

[5] Zur historischen Einordnung des Felsreliefs am Taq-e Bostan: L. Trümpelmann, Triumph über Julian Apostata: Jahrb. f. Numismatik und Geldgeschichte, XXV (1975) 107 ff.

2.2.5 Armschmuck

Armschmuck ist belegt durch Darstellungen und Funde. Häufig ist auf Darstellungen allerdings nicht genau festzustellen, ob es sich um Armschmuck oder Bordüren am Ärmel handelt (s.a. Hinw. b. Armschmuck der Frauen).

Typ 1 (Taf. CXVI)

Drahtarmreif mit Wickelverschluß

Herk.: Ghalekuti I, Grab 5.
Mus. : Tokyo, Teherān.
Mat. : Kupfer.
Lit. : Sono/Fukai, Taf. LXXXIV, 15-17 (Abb. entnommen), Taf. XLIX, 5a, b; 16, 17.

Datierung:
  4. Jh. n. Chr.

Typ 2 (Taf. CXVI)

Rundstabförmige offene Armreifen

2.1 Mit glatten, unverzierten (?) Enden.
    Herk.: Ghalekuti I, Grab 5.
    Mus. : Tokyo, Teherān.
    Mat. : Kupfer.
    Lit. : Sono/Fukai, Taf. LXXXIV, 12, 13 (Abb. entnommen).
2.2 Mit glatten, verzierten Enden.
    Herk.: Ghalekuti I, Grab 5.
    Mus. : Tokyo, Teherān.
    Mat. : Kupfer.
    Lit. : Sono/Fukai, Taf. LXXXIV, 9, 10 (Abb. entnommen), Taf. XLIX, 15.
2.3 Mit Knopfenden.
    Herk.: Ghalekuti I, Grab 5.
    Mus. : Tokyo.
    Mat. : Kupfer.
    Lit. : Sono/Fukai, Taf. LXXXIV, 11, 14 (Abb. entnommen), Taf. XLIX, 4a, b, 14.
2.4 Mit Tierkopfenden (Schlangenkopf ?).
    2.4.1 Ohne Einbiegung des Reifens.
        (Angaben s. 2.4.2).

2.4.2 Mit Einbiegung des Reifens.
    Herk.: Ghalekuti I, Grab 5.
    Mus. : Tokyo, Teherān.
    Mat. : Kupfer.
    Lit.   : Sono/Fukai, Taf. LXXXIV, 1-8 (Abb. entnommen), Taf. XLIX 1a-13.

Typ 2.4.2 steht mit seinem eingebogenen Reif in achämenidischer Tradition[1].

Datierung:
    2.1:
    2.2: 4. Jh. n. Chr.
    2.3:
    2.4.1 - 2.4.2: 4. Jh. n. Chr.

Typ 3 (Taf. CXVII)

Bandförmiger offener Armreif

Die Außenseite des Kupferstreifens ist mit eingeritzten Punkten und Linien verziert.
Herk.: Ghalekuti I, Grab 9 (Männerbestattung).
Mus. : Tokyo.
Mat. : Kupfer.
Maße: B 1,7 cm; Dm 5,5 cm.
Lit.   : Sono/Fukai, Taf. LII, 9; LXXXVII, 15 (Abb. entnommen).

Datierung:
    4. Jh. n. Chr.

Typ 4 (Taf. CXVII)

Gliederarmbänder

4.1 Armband aus rechteckigen Gliedern (Kastenfassungen ?).
    Herk.: Darstellung, Felsrelief von Dārāb.
    Lit.   : Deutl. Ansicht: Hinz (1969) Taf. 94, 97, 99.
         Deutl. Ansicht: Trümpelmann (1975) Dārāb, Taf. 1, 7, 8, 9, 10a, 12e.
4.2 Gliederarmband mit Streifeneinlagen (Paar).
    Die einzelnen Glieder des Armbandes bestehen aus Goldplatten, die mit Stein- bzw.
    Glasflußauflage versehen sind. Die mittlere Auflage ist rot, die beiden seitlichen sind
    blau.
    Herk.: Armazis-Chevi, Grab 40.

[1] Vgl. Pudelko, Altpersische Armbänder: AfO 9, 1933/34, Taf. V. Amandry, Orfèvrerie Achéménide: AK 1, 1958, Abb. 5 ff.

Mus. : Staatl. Mus. Georgiens, S. Dshanachia, Tiflis.
Mat. : s.o.
Lit. : Apakidze et al., Taf. XIII, 1; CIII, 1, 1a, 12, 12a.
4.3 Gliederarmband mit blattförmigen und streifenförmigen Einlagen (Paar).
Alternierend angeordnet sind Goldplatten mit Blattmotiven und Goldplatten mit längli-
chen Fassungen. Die länglichen breiten Fassungen sind mit roter Einlage, die schmalen
mit blauen und grünen Einlagen versehen. Bei den Blattmotiven sind die dreifächrigen
Blätter grün, die zweifächrigen, herzförmigen Blätter blau eingelegt.
Herk.: Armazis-Chevi, Grab 43.
Mus. : Staatl. Mus. Georgiens, S. Dshanachia, Tiflis.
Mat. : s.o.
Lit. : Apakidze et al., Taf. XIII, 2; C, 12, 12a, 13, 13a.
       Mepisaschwili/Zinzadse, 38.

Deutlich sichtbar trägt der Großkönig auf dem Felsrelief von Dārāb an beiden
Handgelenken jeweils das Armband 4.1. Man muß sich die beiden bestehend aus
Kastenfassungen mit Stein- oder Glaseinlage vorstellen, analog zu Typ 4.2, 4.3 aus
Gräbern von Armazis-Chevi.

Datierung:
  4.1: 3. Jh. n. Chr.
  4.2:
  4.3: >4. Jh. n. Chr.

2.2.6 Fingerschmuck (ohne Tafelabbildungen)

s. Fingerschmuck der Frauen zur Zeit der Sasaniden (Taf. CVII-CVIII).

Einfache, schlichte Reifen wurden in einem Grab am kleinen Finger (Eisenring)
und am Zeigefinger der rechten Hand sowie an einem Finger der linken Hand
gefunden[1]. Dieser Befund bezeugt Fingerschmuck auch für Männer.

2.2.7 Aufnähschmuck (ohne Tafelabbildungen)

Die Sitte, Gewänder beider Geschlechter mit Aufnähschmuck zu zieren, wurde
in sasanidischer Zeit beibehalten (s. Aufnähschmuck zur Zeit der Arsakiden, Taf.
CI). Perlen und Edelsteine spielen den Darstellungen zufolge in sasanidischer Zeit
eine große Rolle und wurden neben bloßem Edelmetall dafür verwendet. Sie gaben
in spätsasanidischer Zeit den wirkungsvollen Stoffmustern ein noch kostbareres
Gepräge.

---

[1] Sono/Fukai, Dailaman III, 36.

Darstellungen am Taq-e Bostan zeigen zwei Formen:
— runde Applikation ohne Anhänger[1] (Abb. 1).
— runde Applikation mit Anhänger[2] (Abb. 2).

Die Materialien waren, wie sich aus den erhabenen Darstellungen wohl schließen
läßt, Perlen, Edelsteine oder Goldfassungen mit Einlagen.

In einer Privatsammlung befinden sich zwei kleine quadratische Goldplättchen,
Dm ca. 1 cm, die vermutlich als Aufnähschmuck verwendet wurden. Es sind „über
eine Form gehämmerte Plättchen, an deren Rückseiten sich in der Mitte jeder Sei-
tenkante eine aus schmalen Goldblechstreifen gearbeitete Öse befindet. ... Die dargestellten Enten stehen nach links mit ausgebreiteten Schwingen[3]".

Abb. 1

Abb. 2

---

[1] Deutl. Ansicht, Fukai/Horiuchi, Taq-i Bustan II, Taf. IV ff.
[2] Ebenda, Taf. IV-VII, IX-XIII.
[3] L. Trümpelmann, Zwei sasanidische Appliken: Stuttgart, Das Tier in der Kunst Irans (1972) Nr. 113.

SCHLUSS

Einige Besonderheiten des sasanidischen Schmuckes wurden bereits in der Einleitung als Ergebnisse früherer Forschungsarbeiten erwähnt:
— Polychromie durch Einlegearbeiten aus Stein und Glas sowie wahrscheinlich durch Cloisonné-Emailarbeiten,
— Metall und Einlagen waren in dieselbe Ebene gebracht,
— Vorliebe für schwere Gehänge an Ohren,
— Verwendung von Bartschmuck in Form von Ringen als auch Binden,
— Verwendung von Fibeln und Metallverschlüssen für Umhänge und Mäntel.
Hinzugefügt werden kann noch die Vorliebe für die Betonung der Mitte beim Halsschmuck durch schwere Gehänge (s. Halsschmuck der Frauen Typ 3.2 ff, Taf. CV; Halsschmuck der Männer Typ 3.2.1, 3.2.2 ff, Taf. CXI; Typ 4.3 ff, Taf. CXII).

Die sasanidische Polychromie entsprach dem Zeitgeschmack. Auch byzantinischer und gotischer Schmuck weisen sie auf. Während aber bei byzantinischer Goldschmiedearbeit in der Regel die Einlagen aufgesetzt sind[1], werden sie bei sasanidischen und gotischen Stücken im allgemeinen in die gleiche Ebene mit dem Metall gebracht, also in Zellen eingefügt. Vom gotischen Schmuck[2] aber unterscheidet sich der sasanidische offenbar durch eine Bevorzugung von Blatt- und Herzmotiven und insgesamt weicheren, runderen Formen der Einlagezellen. Damit scheint die sasanidische Polychromie nicht so sehr eine Fortsetzung der arsakidischen, sondern eher der achämenidischen zu sein. Auch Trümpelmann[3] sieht in der sasanidischen Einlegearbeit eine Fortsetzung achämenidischer Schmucktradition, weil sie näher zu den Schmuckstücken aus dem Oxus-Schatz als zu arsakidenzeitlichen Stücken steht. Diese Orientierung an achämenidischer Kunst tritt auch bei Schmuckformen vereinzelt auf (vgl. Armschmuck der Männer Typ 2.4.1-2.4.2, Taf. CXVI) und wird auch in anderen Bereichen der sasanidischen Kunst deutlich[4].

---

[1] D. Talbot Rice, Byzantinische Kunst (1964) Abb. 437. E. Coche de la Ferté, Byzantinische Kunst (1982) Nr. 602. Brüssel, Splendeur de Byzance (1982) 148 ff.
[2] Rupp, Zelleneinlage, Taf. III ff.
[3] Trümpelmann, Die Sasaniden, 109.
[4] Sono/Fukai, Dailaman III, 54, 62 ff, bes. 64. S. hierzu auch: R. N. Frye, Achaemenid echoes in Sasanian times: AMI Erg. 10, 1983, 247 ff. I. Luschey—Schmeisser, Nachleben und Wiederaufnahme achämenidischer Elemente in der späten Kunst Irans: AMI Erg. 10, 1983, 267 ff.

Der sasanidische Schmuck zeigt insgesamt das Fortleben und langsame Ausklingen arsakidischer und damit letztlich altvorderasiatischer Formtradition im 3. und 4. Jh. n. Chr. Zwischen dem 4. und 5. Jh. n. Chr. fand vermutlich ein Formenwandel statt — hin zu besonders prunkvollen Stücken. Gerade der prunkvolle Eindruck, den dieser Schmuck auf den Darstellungen macht, täuscht zunächst über Formarmut und Erstarrung hinweg, wie eine Durchsicht der Typentafeln deutlich zeigt.

Neben der Funktion des Schmückens kam dem Geschmeide offenbar hauptsächlich eine repräsentative Aufgabe zu. Apotropäische Bedeutung, die beim arsakidenzeitlichen Schmuck so häufig festzustellen ist, konnte beim sasanidischen kaum nachgewiesen werden. Es scheint vielmehr, als ob diese Funktion, zumindest aber eine Symbolsprache auf andere Bereiche, wie z.B. Stuck, Stoffmuster, Siegel übergegangen war[5].

[5] Kröger, Sasanidischer Stuckdekor, 265 ff. Ph. Ackerman, Sāsānian Seals: Pope/Ackerman, Survey II, 787, 788. Erdmann, Kunst Irans zur Zeit der Sasaniden, 81.

LITERATURVERZEICHNIS

A) *Monographien und Artikel*

Ackerman, Ph. The Art of the Parthian Silver- and Goldsmiths. Jewelry: A.U. Pope, Ph. Ackerman. A Survey of Persian Art from Prehistoric Times to the Present (1938-39, 2. Aufl. 1967) Bd. I, Bd. VII.

——. Sāsānian Jewelry: A.U. Pope, Ph. Ackerman. A Survey of Persian Art from Prehistoric Times to the Present (1938-39, 2. Aufl. 1967) Bd. II, Bd. VII, Kap. 34.

Adam, L., H. Trimborn. Lehrbuch der Völkerkunde (1958).

Akurgal, E. Die Kunst Anatoliens von Homer bis Alexander (1961).

——. Die Kunst der Hethiter (1961).

——. Orient und Okzident. Die Geburt der griechischen Kunst (1966).

Aldred, C. Die Juwelen der Pharaonen (1972, deutschsprach. Ausgabe).

Alexander, Ch. Jewelry. The Art of the Goldsmith in Classical Times as illustrated in the Museum Collection. The Metropolitan Museum of Art (1928).

Alföldi, A. Die monarchische Repräsentation im römischen Kaiserreich (3. Aufl. 1980).

Al-Mas'ûdî, Bis zu den Grenzen der Erde. Auszüge aus dem Buch der Goldwäschen, aus dem Arabischen übertragen von Gernot Rotter (1978).

Altheim, F. Die Soldatenkaiser (1939).

——. Helios und Heliodor von Emesa (1942).

——. Weltgeschichte Asiens im griechischen Zeitalter (1947-48) 2 Bde.

Altheim, F., R. Stiehl. Ein asiatischer Staat, Feudalismus unter den Sasaniden und ihren Nachbarn (1954).

Amandry, P. Collection Hélène Stathatos. Les bijoux antiques (1953).

——. Collection Hélène Stathatos, III. Objets Antiques et Byzantins (1963).

——. Orfèvrerie Achéménide: AK 1, 1958.

——. La Grèce d'Asie et l'Anatolie du 8e au 6e siècle avant Jésus-Christ: Anatolica 2, 1968.

Amiet, P. Elam (1966).

——. L'art achéménide: AI 1, 1974.

Andrae, E. W. Hatra I; WVDOG 9 (1980).

——. Hatra II; WVDOG 21 (1912, Neudr. 1975).

——. Vorderasien ohne Phönikien, Palästina und Kypros: Handbuch der Archäologie. I., hrsg. von W. Otto (1939).

——. (Hrsg.) Die Kleinfunde von Sendschirli, V (1943).

——. Gruft 45: A. Haller, Die Gräber und Grüfte von Assur, WVDOG 65 (1954).

——. Das wiedererstandene Assur. Zweite, durchgesehene und erweiterte Auflage herausgegeben v. Barthel Hrouda (1977).

Andrae, E. W., H. Lenzen. Die Partherstadt Assur: WVDOG 57 (1933, Nachdr. 1967).

Apakidze, A. M., G. F. Gobedschischwili, A. N. Kalandadze, G. A. Lomtatidze. Mccheta, itogi archeologičeskich issledovanij I (1958). Ausgrab. in Armazis-Chevi b. Tiflis zw. 1936-46, russ.; engl. Zusammenf.

Apakidze, A. (Hrsg.). Mccheta II (1978).

Arakelian, B. N. Garni II, Resultate der Ausgrabung in Armenien 1951-1955 (1957).

——. Studien zur Kunstgeschichte des Alten Armenien (VI. Jh. v. Chr. - III. Jh. n. Chr.), 1976.

Artamonov, M. Treasures from the Scythian Tombs in the Hermitage Museum, Leningrad (1969, deutsch: Goldschatz der Skythen in der Eremitage 1970).

Azarnoush, M. Survey of Excavations in Iran - 1973-74. Hamadan: Iran 13, 1975.

Bachhofer, L. Die frühindische Plastik (1929) 2 Bde. (engl.: Early Indian Sculpture, 1972).

Barnett, R. D. Hebrew, Palmyrene, and Hittite Antiquities: BMQ 14, 1939/40.

——. A Catalogue of the Nimrud Ivories with other examples of Ancient Near Eastern Ivories in the British Museum (1957).

——. The Art of Bactria and the Treasure of the Oxus: IA 8, 1968.

——. Assyrische Skulpturen im British Museum (1975).

Battke, H. Die Ringsammlung des Berliner Schlossmuseums, zugleich eine Kunst- und Kulturge-schichte des Ringes (1938).

——. Ringe aus vier Jahrtausenden (1963).

Baur, P. V. C., M. I. Rostovtzeff. Dura-Europos. Prel. Rep. of Second Season of Work, October 1928 - April 1929 (1931).

Baur, P. V. C., M. I. Rostovtzeff, A. R. Bellinger. Dura-Europos. Prel. Rep. of Third Season of Work, November 1929 — March 1930 (1932).

——. Dura-Europos. Prel. Rep. of Fourth Season of Work, October 1930 — March 1931 (1933).

Bausani, A. Die Perser (1965).

Baus, K. Der Kranz in Antike und Christentum (1940).

Bausinger, H., W. Brückner (Hrsg.). Kontinuität ? — Geschichtlichkeit und Dauer als volkskundli-ches Problem (1969).

Becatti, G. Oreficerie antiche dalle minoiche alle barbariche (1955).

Belenickij, A. Zentralasien (1968, Heyne Tb. 1978).

Belin de Ballu, E. Olbia. Cité antique du littoral Nord de la Mer Noire (1972).

Bergmann, M. Studien zum römischen Porträt des 3. Jahrhunderts n. Chr. (1977).

Bernoulli, J. J. Römische Ikonographie II, 3 (1894).

Bhushan, J. B. Indian Jewellery, Ornaments and Decorative Designs (2. Aufl. 1964).

Birket-Smith, K. Geschichte der Kultur (1963).

Bittel, K. Boğazköy IV. Funde aus den Grabungen 1967 und 1968, Ausgrabungen der Deutschen Orient-Gesellschaft und des Deutschen Archäologischen Institutes (1969).

——. Die Hethiter. Die Kunst Anatoliens vom Ende des 3. bis zum Anfang des 1. Jahrtausends vor Christus (1976).

Bivar, A. D. H. Catalogue of the Western Asiatic Seals in the British Museum (1969).

Bivar, A. D. H., G. Fehérvári. Survey of Excavations in Iran — 1973-74, Ghubayra: Iran 12, 1974.

Blanck, I. Studien zum griechischen Halsschmuck der archaischen und klassischen Zeit, Diss. Mainz (1974).

Blinkenberg, Ch. Fibules grecques et orientales (1926).

Böhme, A. Die Fibeln der Kastelle Saalburg und Zugmantel: SaalbJb XXIX (1972).

——. Schmuck der römischen Frau; Schriften des Württembergischen Landesmuseums Stuttgart, Nr. 11 (1974).

Böhme, A., W. Schottroff. Palmyrenische Grabreliefs, Liebieghaus Monographie IV (1979).

Böhme, H. W. Römische Beamtenkarrieren. Cursus honorum; Schriften des Württembergischen Landesmuseums Stuttgart, Nr. 16 (1977).

Boehmer, R. M. Die Kleinfunde von Boğazköy: WVDOG 87 (1972).

——. Kleinfunde: UVB 26/27 (1972).

Börker-Klähn, J. Granatäpfel: RLA III (1957-71).

——. Haartrachten: RLA IV (1972-75).

Boese, J., U. Rüß. Gold: RLA III (1957-71).

Böttcher, H. Die große Mutter (1968).

Borger, H. Das Römisch-Germanische Museum, Köln (1977).

Borovka, G. Sarmatian Art (1928).

Bossert, H. Th. Altsyrien, Die ältesten Kulturen des Mittelmeerkreises, 3. Bd. (1951).

Braidwood, R. J. Some Parthian Jewelry: L. Waterman, Second Preliminary Report upon the Excavations at Tel Umar, Iraq (1933).

Brandenburg, H. Studien zur Mitra. Beiträge zur Waffen- und Trachtgeschichte der Antike, Fontes et Commentationes, Schriftenreihe d. Instituts für Epigraphik a. d. Universität Münster, Heft 4 (1966).

Breasted, J. H. Peintures d'époque romaine dans le désert de Syrie: Syria 3, 1922.

Breglia, L. Catalogo delle Oreficerie del Museo Nazionale di Napoli (1941).

Browning, I. Palmyra (1979).

Buberl, P. Die griechisch-ägyptischen Mumienbildnisse der Sammlung Th. Graf (1922).

Budge, W. E. A. Amulets and Talismans (1961).

Buhl, M. L. Skatte fra det Gamle Persien, Ausstell. Katalog Kopenhagen (1968).

Burney, Ch. Excavations at Haftavān Tepe 1968. First Preliminary Report: Iran 8, 1970.

——. Excavations at Haftavān Tepe 1971. Third Preliminary Report: Iran 11, 1973.

Bussagli, M. The Goldsmith's Art and Toreutics in ancient Persia: EW 7, 1956.

Calmeyer, P. Zur Datierung der Tumulusgräber bei Uruk: Festschrift zum hundertjährigen Bestehen der Berliner Gesellschaft für Anthropologie, Ethnologie und Urgeschichte (1970).

——. Glocke: RLA III (1957-1971).

——. Zu einigen vernachlässigten Aspekten der Medischen Kunst: PARI 2, 1974.

——. Zur Genese altiranischer Motive. IV. Persönliche Krone und Diadem: AMI NF 9, 1976.

Calmeyer, P., W. Eilers. Vom Reisehut zur Kaiserkrone: AMI NF 10, 1977.

Cameron, G. G. History of Early Iran (1936, Nachdr. 1969).

Campbell, L. A. Mithraic Iconography and Ideology: EPRO (1968).

Camps-Fabrer, H. Les bijoux de Grande Kabylie. Coll. du Musée du Bardo et du Centre de recherches anthropol. préhist. et ethnograph. Alger (1970).

Canz, S. Schlüssel — Schlösser und Beschläge (1977).

Cantineau, J. Fouilles à Palmyre (1929).

Chandra, M. Costumes, Textiles, Cosmetics and Coiffure in Ancient and Mediaeval India (1973).

Chandra, S. K. Bharhut Vedika (1951).

Christensen, A. L'Iran sous les Sassanides (1936).

Coarelli, F., I. B. Barsali, E. Steingräber. Tesori dell' Oreficeria (1966; deutsch: Kostbarkeiten der Goldschmiedekunst, 1974).

Coche de la Ferté, E. Les bijoux antiques (1956).

——. Byzantinische Kunst (1982).

Collart, P., J. Vicari. Le sanctuaire de Baalshamin à Palmyre (1969) 2 Bde.

Colledge, M. A. R. The Parthians (1967).

——. The Art of Palmyra (1976).

——. Parthian Art (1977).

Coomaraswamy, A. Archaic Indian Terracottas: Mārg VI, 2, 1952.

Cook, J. A Geometric Amphora and Gold Band: BSA 46, 1951.

Cultural Relics unearthed in Sinkiang (1975).

Cumont, F. Fouilles de Doura-Europos 1922-23 (1926) 2 Bde.

Cunningham, A. Mahâbodhi or the great buddhist temple under the Bodhi Tree at Buddha-Gaya, o.J. (1892, Nachdr. 1961).

Curtis, J. E. Parthian Gold from Nineveh: BritMusY 1, 1976.

——. Loftus' Parthian Cemetery at Warka: AMI Erg. Bd. 6, 1979.

Dalton, O. M. The Treasure of the Oxus (2. Aufl. 1926).

——. A Scythic Gold Ornament: BMQ II,4, 1928.

Debevoise, N. C. The essential characteristics of Parthian and Sasanian Glyptic Art: Berytus 1, 1934.

——. Parthian Seals: A.U. Pope, Ph. Ackerman, A Survey of Persian Art from Prehistoric Times to the Present (1938-39, 2. Aufl. 1967).

Decamps de Mertzenfeld, C. Inventaire commenté des ivoires Phénicien et apparentés découverts dans le Proche-Orient (1954) 2 Bde.

Delaporte, L. Malatya I. Fouilles de la Mission Archéologique Française. Arslantepe. Fasc. I. La porte des lions (1940).

Delbrueck, R. Spätantike Kaiserporträts von Constantinus Magnus bis zum Ende des Westreichs (1933).

Deonna, W. Monuments orientaux du Musée de Genève: Syria 4, 1923.

Dörner, F. K. Kommagene — ein wiederentdecktes Königreich (1967).

Domaszewski, A. v. Beneficiarius: RE III (1899).

Dongerkery, K. S. Jewelry and Personal Adornment in India (1971).

Downey, S. B. The Jewelry of Hercules at Hatra: AJA 72, 1968.

——. The Heracles Sculpture: Dura-Europos, Fin. Report III, 1 (1969).

——. A preliminary Corpus of the Standards of Hatra: Sumer 26, 1970.

Du Bourguet, P.-M. Die Kopten (1967).

Duchesne-Guillemin, J. Symbolik des Parsismus (1961).

Du Mesnil Du Buisson, R. Les tessères et les monnaies de Palmyre (1962), Taf. Bd. (1944).

——. Première campagne de fouilles à Palmyre (1966).

Drijvers, H. J. W. Das Heiligtum der arabischen Gottin Allât im westlichen Stadtteil von Palmyra: Antike Welt, Heft 3, 1976.

Egami, N., S. Fukai, S. Masuda. Dailaman II. The Excavations at Noruzmahale and Khoramrud 1960 (1966).

Eilers, W. Eine Büste mit Inschrift aus Palmyra: AfO 16, 1952/53.

El-Chehadeh, J. Untersuchungen zum antiken Schmuck in Syrien; Diss. Freie Universität Berlin (1972).

Eppendorf, W. Das Erbe der Turkmenen: Ullsteins Gourment Journal 3, 1981.

Erdmann, K. Die Kunst Irans zur Zeit der Sasaniden (1943).

Ergil, T. Earrings. The Earring Catalogue of the Istanbul Archaeological Museum (1983).

Ettlinger, E. Die römischen Fibeln in der Schweiz (1973).

Exner, K. Die provinzialrömischen Emailfibeln der Rheinlande: BRGK 29, 1939.

Fauth, W. Aphrodite Parakyptusa. Untersuchungen zum Erscheinungsbild der vorderasiatischen Dea Prospiciens: AbhMainz 6 (1966).

Fellmann, R. Le Sanctuaire de Baalshamin à Palmyre, V, Die Grabanlage (1970).

Fellmann, R., Chr. Dunant. Le Sanctuaire de Baalshamin à Palmyre, VI, Kleinfunde — Objets Divers (1975).

Flinders-Petrie, W. M. Amulets (1914).

Fourlas, A. A. Der Ring in der Antike und im Christentum. Der Ring als Herrschaftssymbol und Würdezeichen (1971).

Franka, M. Siberschmuck aus der Sammlung Fraschina: JBM 41/42, 1961/62.

Franke, P. R., M. Hirmer. Die Griechische Münze (1964).

Frumkin, G. Archeology in Soviet Central Asia, HdO, 7. Abt., 3. Bd., 1. Abschnitt (1970).

Frye, R. N. Sasanian Remains from Qasr-i Abu Nasr. Seals, Sealings, and Coins (1973).

——. Achaemenid echoes in Sasanian times: AMI Erg. 10, 1983.

Fuhr, I. Ein altorientalisches Symbol. Bemerkungen zum sogenannten — Omegaförmigen Symbol — und zur Brillenspirale (1967).

Fujii, H. Al-Tar I. Excavations in Iraq, 1971-1974 (1976).

Fukai, Sh. The Artifacts of Hatra and Parthian Art: EW 11, 2-3, 1960.

Fukai, Sh., K. Horiuchi. Taq-i Bustan I (1969). Taq-i Bustan II (1972).

Gall, H. v. Beobachtungen zum arsakidischen Diadem und zur parthischen Bildkunst: IstMitt 19-20, 1969/70.

——. Zur figuralen Architekturplastik des großen Tempels von Hatra: BaM 5, 1970.

——. Persische und medische Stämme: AMI NF 5, 1972.

——. Die Kopfbedeckung des persischen Ornats bei den Achämeniden: AMI NF 7, 1974.

Gallas, K. Iran (1976).

Galm, U. Totenkult im Leben der Völker: Anno Journal, Juli 1981.

Garbsch, J. Die norisch-pannonische Frauentracht im 1. und 2. Jahrhundert (1965).

——. Spätrömische Schatzfunde aus Kastell Vemania: Germania 49, 1971.

Gardner, P. A Catalogue of the Greek Coins in the British Museum. The Seleucid Kings of Syria (1963), (Brit. Mus. Cat. Gardner, Coins).

Gawlikowski, M. Remarques sur l'usage de la fibule à Palmyre: Mélanges offerts à Kazimierz Michalowski (1966).

Genge, H. Nordsyrisch-südanatolische Reliefs (1979) 2 Bde.

Ghirshman, R. Fouilles de Châpour, Bîchâpour (1956) 2 Bde.

——. Iran, Parthes et Sassanides (1962, deutsch: Iran, Parther und Sasaniden, 1962).

——. Fibule en Iran. Collection de M. Foroughi: IA 4, 1964.

——. Bard-è Néchandeh. Rapport préliminaire de la seconde campagne (Mars 1965): Syria 42, 1965.

——. La terrasse sacrée de Masjid-i Solaiman (Iran): Archéologia 48, 1972 und Iran 9, 1971.

——. Terrasses sacrées de Bard-è Néchandeh et Masjid-i Solaiman, MDP 45 (1976) 2 Bde.

——. La fibule en Iran II. Collection de M. Foroughi: IA 12, 1977.

——. La ceinture en Iran: IA 14, 1979.

Gignoux, Ph. Catalogue des Sceaux, Camées et Bulles Sasanides de la Bibliothèque Nationale et du Musée du Louvre (1978).

Girke, G. Die Tracht der Germanen in der vor- und frühgeschichtlichen Zeit, MB 23, 1922.

Ginters, W. Das Schwert der Skythen und Sarmaten in Südrußland (1928).

Glaesser, G. Archaeology in the USSR. A work by A. L. Mongait: EW 8, 1957.

Godard, A. Le Trésor de Ziwiyè (1950).

——. L' art de l'Iran (1962).

Göbl, R. Aufbau der Münzprägung: F. Altheim, R. Stiehl, Ein asiatischer Staat. Feudalismus unter den Sasaniden und ihren Nachbarn (1954).

——. Sasanidische Numismatik (1968).

Göbl, R., G. le Rider, G. C. Miles, J. Walker. Numismatique Susienne: MDP 37, 1960.

Gonzenbach, V. v. Der griechisch-römische Scheitelschmuck und die Funde von Thasos: BCH 93, 1969.

Goodenough, E. R. Jewish Symbols in the Greco-Roman Period (1953-68) 13 Bde.

Greifenhagen, A. Goldschmuck aus dem Berliner Antiquarium. Verluste im Kunstgutlager Schloß Celle (1946 bis 1947): AA 76, 1961.

——. Schmuckarbeiten in Edelmetall (1970/1975) 2 Bde.

Grenz, S. Beiträge zur Geschichte des Diadems in den hellenistischen Reichen; Diss. Greifswald, ungedruckt (1914).

Grimal, P. Mythen der Völker II (1967).

Grimm, G. Die römischen Mumienmasken aus Ägypten (1974).

Gross (Hrsg.), N. Economic History of the Jews (1975).

Groß (W.H.G.), W. H. Diadema: PAULY I (1964).

——. Fibula: PAULY II (1967).

——. Schloß und Schlüssel: PAULY V (1975).

Gup, A. R., E. S. Spencer. Roman Syria: T. Hackens, R. Winkes. Gold Jewelry, Craft, Style and Meaning from Mycenae to Constantinopolis (1983).

Hackens, T. Catalogue of the Classical Collection. Classical Jewelry, Museum of Art, Rhode Island School of Design, Providence, Rhode Island (1976).

Hackens, T., R. Winkes. Gold Jewelry, Craft, Style and Meaning from Mycenae to Constantinopolis (1983).

Hadaczek, K. Der Ohrschmuck der Griechen und Etrusker (1903).

Hahl, L. Zur Erklärung der niedergermanischen Matronendenkmäler. Ergänzt von V. Clairmont-von Gonzenbach: BJ 160, 1960.

Hak, A. S. Les Trésors du Musée National de Damas (3. Aufl. 1966).

Hallade, M. Indien — Gandhâra, Begegnung zwischen Orient und Okzident (2. Aufl. 1975).

Harada, Y. Chinese Dress and Personal Ornaments in the Han and Six Dynasties, XXIII (1957).

Harper, P. O. Thrones and Enthronement Scenes in Sasanian Art: Iran 17, 1979.

Härtel, H., J. Auboyer. Indien und Südostasien, PKG XVI (1971).

Haussig, H. W. Wörterbuch der Mythologie. Götter und Mythen im Vorderen Orient (1965).

Hayashi, M. Kandai no bunbutsu. Archäologische Funde aus der Han-Zeit (1976).

Heinrich, E. Uruk-Warka: UVB 6 (1935).

Helck, W. Betrachtungen zur großen Göttin und den ihr verbundenen Gottheiten (1971).

Henkel, F. Die römischen Fingerringe der Rheinlande und der benachbarten Gebiete (1913) 2 Bde.

Herrmann, G. The Iranian Revival (1977, deutsch: Anno 62, 63, 64).

——. Iranische Denkmäler, Reihe II: The Sasanian Rock Reliefs at Bishapur, Part I (1980). The Sasanian Rock Reliefs at Bishapur, Part II (1981).

Herzfeld, E. Am Tor von Asien. Felsdenkmale aus Irans Heldenzeit (1920).

——. The hoard of the Karen Pahlavs': The Burlington Magazine 52 (1928).

——. Iran in the Ancient East (1941).

Heurgon, J. (Übers. H. Funke). Fibel: RAC VII (1969).

Higgins, R. A. Greek and Roman Jewellery (1961, Neuaufl. 1980).

Hilprecht, H. V. Die Ausgrabungen der Universität von Pennsylvania im Bêl-Tempel zu Nippur (1903).

Hinnells, J. R. Reflections on the Lion-Headed Figure in Mithraism: AI, Prem. S. 4, 1975.

Hinz, W. Islamische Masse und Gewichte, HdO, Ergbd. 1. (1955).

——. Zwei neuentdeckte parthische Felsreliefs: IA 3, 1963.

——. Altiranische Funde und Forschungen (1969).

——. Das sasanidische Felsrelief von Tang-e Qandīl: AMI NF 6, 1973.

——. Tiara: RE, Suppl. 14 (1974).

Hodson, F. R. The La Tène Cemetery at Münsingen-Rain (1968).

Hoffmann, H. Neuerwerbungen der Antikenabteilung im Hamburgischen Museum für Kunst und Gewerbe 1940 bis 1960: AA 75, 1960.

Hoffmann, H., V. v. Claer. Antiker Gold- und Silberschmuck, Museum für Kunst und Gewerbe Hamburg (1968).

Hoffmann, H., P. F. Davidson. Greek Gold. Jewelry from the Age of Alexander (1965).

Homès-Fredericq, D. Hatra et ses Sculptures Parthes: Étude stylistique et iconographique (1963).

Hopkins, C. Aspects of Parthian Art in the light of discoveries from Dura-Europos: Berytus 3, 1936.

Hrouda, B. Die Kulturgeschichte des assyrischen Flachbildes (1965).

——. Vorderasien I, Handbuch der Archäologie (1971).

Huff, D., Ph. Gignoux. Ausgrabungen auf Qal'a-ye Dukhtar bei Firuzabad 1976 — A. Vorläufiger Grabungsbericht — B. Pithos-Inschriften von Qal'a-ye Dukhtar: AMI NF 11, 1978.

Hüttel, H.-G. Keltische Zierscheiben und thrakischer Pferdegeschirrschmuck: Germania 56, 1978.

al-Waššā, Ibn. Das Buch des buntbestickten Kleides. Ein Anstandsbuch des arabischen Mittelalters, übersetzt und herausgegeben von D. Bellmann (1984).

Inan, J. Neue Porträtstatuen aus Perge: Festschrift Mansel'e Armağan (Mélanges Mansel) II, III (1974).

Inan, J., E. Rosenbaum. Roman and Early Byzantine Portrait Sculpture in Asia Minor (1966).

Inan, J., E. Alföldi-Rosenbaum. Römische und frühbyzantinische Porträtplastik aus der Türkei. Neue Funde (1979).

van Ingen, W. Figurines from Seleucia on the Tigris (1939).

Ingholt, H. Studier over Palmyrensk Sculptur (1928).

——. Quatre bustes palmyréniens: Syria 11, 1930.

——. Palmyrene sculptures in Beirut: Berytus 1, 1934.
——. Five dated tombs from Palmyra: Berytus 2, 1935.
——. Inscriptions and sculptures from Palmyra, I: Berytus 3, 1936.
——. Inscriptions and sculptures form Palmyra, II: Berytus 5, 1938.
——. Rapport Préliminaire sur Sept Campagnes de Fouilles a Hama en Syrie 1932-1938 (1940).
——. Parthian Sculptures from Hatra: Memoirs of the Connecticut Academy of Arts and Sciences, XII (1954).
——. Gandhāran Art in Pakistan (1957, Neudr. 1971).
——. Some Sculptures from the tomb of Malkû at Palmyra: Mélanges offerts à Kazimierz Michalowski (1966).
——. Palmyre. Bilan et Perspectives: Collq. Strasbourg 1973, Universität Straßb. (1976).
Invernizzi, A. Problemi di coroplastica tardo-mesopotamica-I. Le terrecotte partiche-II. La produzione di Seleucia: Mesopotamia 3-4, 1968/69.
——. Problemi di coroplastica tardo-mesopotamica-III. La cultura di Uruk: Mesopotamia 5-6, 1970/71.
——. Figure panneggiate dalla Mesopotamia ellenizzata: Mesopotamia 8-9, 1973-74.
Jacobi, H. Der keltische Schlüssel und der Schlüssel der Penelope, ein Beitrag zur Geschichte des antiken Verschlusses: Festschrift Schuhmacher (1930).
Jacobi, L. Das Römerkastell Saalburg bei Homburg v. d. Höhe (1897) 2 Bde.
Jacobsthal, P. Early Celtic Art (1969) 2 Bde.
Janata, A. Schmuck in Afghanistan (1981).
Jaussen, A. Coutumes Palestiniennes. Naplouse et son district (1927).
Jech, J. Variabilität und Stabilität in den einzelnen Kategorien der Volksprosa: Fabula 9, 1967.
Jenny, W. A. v., W. F. Volbach. Germanischer Schmuck des frühen Mittelalters (1933).
Jenyns, R. S., W. Watson. Chinese Art (1963).
Jettmar, K. Die frühen Steppenvölker. Der eurasiatische Tierstil, Entstehung und sozialer Hintergrund (1964, Paperback-Ausgabe 1980).
Jordan, J., C. Preusser. Uruk-Warka nach den Ausgrabungen durch die Deutsche Orient-Gesellschaft: WVDOG 51 (1928, Neudr. 1969).
Kambaksh-Fard, S. Asar va bakahaye dehkadehaye parthi ,,ashkani'' dar moghane azarbaidjan: Barrasiha-ye Tarikhi 1 (1967).
Kantor, H. J. Achaemenid Jewelry in the Oriental Institut: JNES 16, 1957.
Kaspar, D. Vier palmyrenische Grabporträts in Schweizer Sammlungen: JBM 49/50, 1969/70.
Kayser, H. Ägyptisches Kunsthandwerk (1969).
Keall, E. J. Qal'eh-i Yazdigird. The Question of its Date: Iran 15, 1977.
Kleiss, W. Zur Topographie des Partherhanges in Bisutun: AMI NF 3, 1970.
——. Ausgrabungen in der urartäischen Festung Bastam (Rusahinili) 1969: AMI NF 3, 1970.
——. Ausgrabungen in der urartäischen Festung Bastam (Rusahinili) 1970: AMI NF 5, 1972.
Klengel, H. Syria Antiqua. Vorislamische Denkmäler der Syrischen Arabischen Republik (1971).
Klengel-Brandt, E. Die Terrakotten aus Assur im Vorderasiatischen Museum Berlin (1979).
Koldewey, R. Das wieder erstehende Babylon (1913).
König, R. Kleider und Leute. Zur Soziologie der Mode (1967).
Koşay, H. Z. Alaca Höyük Kazisi. Les fouilles d'Alaca Höyük. Rapport preliminaire sur les travaux en 1937-1939 (1951).
Kotzias, N. Arch. Ephem. 1937 III (publ. 1956).
Krämer, W. Silberne Fibelpaare aus dem letzten vorchristlichen Jahrhundert: Germania 49, 1971.
Kraeling, C. H. Color Photographs of the Paintings in the Tomb of the Three Brothers at Palmyra: AAS 11-12, 1961/62.
Kroeber, A. L. The Nature of Culture (1952).
Kröger, J. Sasanidischer Stuckdekor: BaF 5 (1982).

Krug, A. Binden in der griechischen Kunst. Untersuchungen zur Typologie (6.-1. Jahrh. v. Chr.), Diss. Mainz. 1967 (1968).
Kunz, G. F. Rings for the finger (1973).
Kyrieleis, H. Bildnisse der Ptolemäer (1975).
Latz, J. Das Buch der Wezire und Staatssekretäre von Ibn 'Abdūs Al-Ğahšiyārī. Anfänge und Umaiy-adenzeit (1958).
Layard, A. H. Early Adventures in Persia, Susiana, and Babylonia (1894, Neudr. 1971).
Legrain, L. Tomb sculptures from Palmyra: MJ (1927).
——. Terra-Cottas from Nippur (1930).
Lehner, H. Orientalische Mysterienkulte im römischen Rheinland: BJ 129, 1924.
Lenzen, H. Uruk-Warka: UVB 15 (1959).
——. Uruk-Warka: UVB 16 (1960).
Leroy, J. Nouvelles découvertes archéologiques relatives à Edesse: Syria 38, 1961.
Loftus, W. K. Travels and Researches in Chaldaea and Susiana (1857, Neudr. 1971).
Lukonin, W. G. Persien II (1967, Heyne Tb 1978).
——. Iskusstvo Drevnego Irana (1977).
Luschan, F. v. Ausgrabungen in Sendschirli, IV (1911).
Luschey, H. Studien zu dem Darius-Relief in Bisutun: AMI NF 1, 1968.
Luschey-Schmeisser, I. Nachleben und Wiederaufnahme achämenidischer Elemente in der späten Kunst Irans: AMI Erg. 10, 1983.
Mackay, D. The Jewellery of Palmyra and its Significance: Iraq 11, 1949.
Mackay, E. A Sumerian Palace and the ,,A'' Cemetery at Kish, Mesopotamia II (1929).
Mallowan, M. E. L. Nimrud and its Remains (1966).
——. Excavations at Brak and Chagar Bazar: Iraq 9, 1947.
Mansel, A. M. Les Fouilles de Thrace: Belleten 4, 1940.
Margulies, E. Cloisonné Enamel: Pope, Ackerman II (1938-39, 2. Aufl. 1967) Kap. 35.
Marshall, F. H. Catalogue of the Finger-Rings, Greek, Etruscan, and Roman, in the Departments of Antiquities, British Museum (1907).
——. Catalogue of the Jewellery, Greek, Etruscan, and Roman, in the Departments of Antiquities, British Museum (1911).
Marshall, J. Taxila (1951) 3 Bde.
——. A Guide to Taxila (1960).
——. Mohenjodaro and the Indus Civilisation (1973) 3 Bde.
Marshall, J., A. Foucher. The Monuments of Sāñchī (1940) 3 Bde.
Masson, M. E. (Hrsg.). Die Keramik des antiken und mittelalterlichen Merw (1962) russ.
——. Materialien zur Archäologie von Merw (1963) russ.
Masson, M. E., G. A. Pugačenkova. Trinkhörner aus Nissa, einer prähistorischen Siedlung der Par-ther (1956, russ.; engl.: The Parthian Rhytons of Nisa, 1982).
Masson, V. M. Das Land der tausend Städte, die Wiederentdeckung der ältesten Kulturgebiete in Mittelasien (deutsch 1982).
Mau, A. Diadema: RE V, 1 (1903).
Maxwell-Hyslop, K. R. Western Asiatic Jewellery c. 3000-612 B.C. (1971).
Megaw, J. V. S. Art of the European Iron Age (1970).
Mepisaschwili, R., W. Zinzadse. Die Kunst des alten Georgien (1977).
Meurdrac, M., L. Albanèse. A travers les nécropoles Gréco-Romaines de Sidon: BMB 2, 1938.
Michalowski, K. Palmyre, Fouilles Polonaises 1959 (1960).
——. Palmyre, Fouilles Polonaises 1960 (1962).
——. Palmyre, Fouilles Polonaises 1961 (1963).
——. Palmyre, Fouilles Polonaises 1962 (1964).
——. Palmyre, Fouilles Polonaises 1963-64 (1966).
——. Palmyra (1968).
——. Studia Palmyreńskie I (1966) — V (1974).

Mohen, J. P. Prehistoire de l'art en Urss avant les Scythes: Archéologia 127, 1979. (s.a. Nr. 128, 1979).

Mode, H. Das frühe Indien (2. Aufl. 1963).

Mongait, A. L. Archaeology in the U.S.S.R. (1961).

Moorey, P. R. S. Ancient Persian Bronzes in the Adam Collection (1974).

Moortgat, A. Der Ohrschmuck der Assyrer: AfO 4, 1927.

——. Die Kunst des alten Mesopotamien. Die klassische Kunst Vorderasiens (1967, Paperback, Bd. I, 1982; Bd. II, 1985).

Moortgat-Correns, U. Glyptik: RLA III (1957-71).

Moosleitner, F., L. Pauli, E. Penninger. Der Dürrnberg bei Hallein II (1974).

de Morgan, J. Recherches Archéologiques. Tome quatrieme. Mission Scientifique en Perse IV, 2 (1896).

——. Recherches Archéologiques. Troisième Série: MDP 8 (1905).

Murr, J. Die Pflanzenwelt in der griechischen Mythologie (1890, Neudr. 1969).

Muthmann, F. Der Granatapfel, Symbol des Lebens in der Alten Welt (1982).

Nagel, W. Altorientalisches Kunsthandwerk: BBV 5, 1963.

Negahban, E. O. Brief Report of Haft Teppeh Excavation 1974: PARI 3, 1975.

——. A Preliminary Report on Marlik Excavation 1961-62 (1964).

Neumann, A. R. Beneficiarii: PAULY I (1964).

Neumann, E. Die große Mutter. Eine Phänomenologie des Unbewußten (1956, Neudr. 1974).

Neusner, J. A History of the Jews in Babylonia. The Parthian Period (1965).

Niederle, L. Ein Beitrag zur Entwicklung des byzantinischen Schmuckes im 4.-10. Jahrhundert (1930).

Niessen, C. A. Beschreibung römischer Altertümer Cöln a. Rh., Sammlung Niessen (1911).

Nöldeke, A., A. v. Haller. Uruk-Warka: UVB 7 (1936).

Nöldeke, A., H. Lenzen. Uruk-Warka: UVB 11 (1940).

Nöldeke, Th. Tabari. Geschichte der Perser und Araber zur Zeit der Sasaniden. Aus der Arabischen Chronik des TABARI. Übersetzt und mit ausführlichen Erläuterungen und Ergänzungen versehn (1973).

Özgüc, T., N. Özgüc. Kültepe — Kazisi Raporu, 1949 (1953).

Odobesco, A. Le Trésor de Pétrossa (1889-1900) 3 Bde.

Ogden, J. Jewellery of the Ancient World (1982).

Ohly, D. Griechische Goldbleche des 8. Jahrhunderts v. Chr. (1953).

Oliver, jr. A. Greek, Roman and Etruscan Jewelry: BMMA 24, Mai 1966.

Olmstead, A. T. History of Assyria (1951, 3. Aufl. 1968).

Ondřejová, I. Les bijoux antiques (1975).

Oppenheim, M. v. Tell Halaf, 3. Bd., Die Bildwerke, bearbeitet u. herausgegeben v. A. Moortgat (1955).

Oppermann, S. Kranz: PAULY III (1969).

Orlandini, P. Piccoli bronzi raffiguranti animali, rinvenuti a Gela e a Butera: ArchCl 8, 1956.

Orthman, W. Der Alte Orient, PKG XIV (1975).

Parlasca, K. Mumienporträts und verwandte Denkmäler (1966).

——. Zur syrischen Kunst der frühen Kaiserzeit: AA 1967.

——. Repertorio d'arte dell'Egitto Greco-Romano, Serie B, Vol. 1 (1969).

Parrot, A., M. H. Chéhab, S. Moscati, Die Phönizier (1975, deutsch 1977).

Pauli, L. Keltischer Volksglaube (1975).

——. Der Dürrnberg bei Hallein III (1978).

——. Die Alpen in Frühzeit und Mittelalter. Die archäologische Entdeckung einer Kulturlandschaft (1980, 2. Aufl. 1983).

Perrot, G., Ch. Chipiez. Histoire de l'art dans l'antiquité II (1884).

Peschel, K. Fibeln mit Spiralfuß: ZfA 6, 1972.

Pfeiler, B. Römischer Goldschmuck des ersten und zweiten Jahrhunderts n. Chr. nach datierten Funden (1970).

Pfeiler-Lippitz, B. Späthellenistische Goldschmiedearbeiten: AK 15, 1972.

Pfister, R. Nouveaux Textiles de Palmyre (1937).

——. Textiles de Palmyre III (1940).

Pfuhl, E., H. Möbius. Die ostgriechischen Grabreliefs (1977/1979) 2 Bde.

Pillet, M. L'Expédition Scientifique et Artistique de Mésopotamie et de Médie 1851-1855 (1922).

Plinius d. Ä., Naturalis Historiae.

Pochmarski, E. Das Bild des Dionysos in der Rundplastik der klassischen Zeit Griechenlands, Diss. Graz (1974).

Polenz, H. Gedanken zu einer Fibel vom Mittellatèneschema aus Kayseri in Anatolien: BJ 178, 1978.

Pollak, L. Klassisch-Antike Goldschmiedearbeiten im Besitze Sr. Exc. A. J. v. Nelidow (1903).

Ponzi, M. N. Jewellery and Small Objects from Tell Mahuz (North Mesopotamia): Mesopotamia 5-6, 1970-71.

Poppelreuther, J. Die römischen Gräber Kölns: BJ 114/115, 1906.

Porada, E. Alt-Iran. Die Kunst in Vorislamischer Zeit (1962; engl.: Ancient Iran. The Art of Pre-Islamic Times, 1965).

——. Of deer, bells, and pomegranates: IA 7, 1967.

Postgate, J. N. Excavations in Iraq, 1975: Iraq 38, 1976.

Poulsen, F. Greek and Roman Portraits in English Country Houses (1923).

Prause, G. Elektro-Batterien aus der Zeit Cäsars und Kleopatras: Die Zeit, 49, 1. Dez. 1978.

Procopius. Perserkriege, I.

Prokot, I., J. Prokot. Schmuck aus Zentralasien (1981).

Pudelko, G. Altpersische Armbänder: AfO 9, 1933/34.

Pugačenkova, G. A. (Hrsg.). Iz istorii antičnoj kulturi uzbekistana (1973).

——. Les trésors de Dalverzine-Tépé (1978).

Raddatz, K. Die Schatzfunde der iberischen Halbinsel vom Ende des dritten bis zur Mitte des ersten Jahrhunderts vor Chr. Geb. Untersuchungen zur hispanischen Toreutik: MF 5 (1969) 2 Bde.

Rai, R. The Sikhs (1983).

Reisner, G. A., C. St. Fisher, D. G. Lyon. Harvard Excavations at Samaria 1908-1910 (1924) 2 Bde.

Reuther, O. Die Innenstadt von Babylon (Merkes): WVDOG 47 (1926, Neudr. 1968).

Riemschneider, M. Augengott und Heilige Hochzeit (1953).

de Ridder, A. Coll. de Clercq, VII. Les bijoux et les pierre gravées (1911).

Riha, E. Die römischen Fibeln aus Augst und Kaiseraugst: Forschungen in Augst 3 (1979).

Ritter, H. W. Diadem und Königsherrschaft (1965).

Rolle, R. Neue Ausgrabungen skythischer und sakischer Grabanlagen in der Ukraine und in Kazachstan: PZ 47, 1972.

Rosenfield, J. M. The Dynastic Arts of the Kushans (1967).

Ross, M. C., (G. Downey, Übersetz.) An Emperor's Gift — and Notes on Byzantine Silver Jewelry of the Middle Period: The Journal of the Walters Art Gallery. Baltimore, Maryland 19-20 (1956-20 (1956-57).

Rostovtzeff, M. I. Iranians and Greeks in South Russia (1922).

——. Caravan Cities (1932).

——. Dura and the Problem of Parthian Art: YCS 5 (1935).

——. Dura-Europos and its art (1938).

Rostovtzeff, M. I., et al. Dura-Europos. Prel. Rep. of Fifth Season of Work, October 1931 — March 1932 (1934).

——. Dura-Europos. Prel. Rep. of the Seventh and Eighth Seasons of Work 1933-1934 and 1934-1935 (1939).

——. Dura-Europos. Prel. Rep. of the Ninth Season of Work 1935-1936, Part II, The Necropolis by N. P. Toll (1946).

——. Dura-Europos. Prel. Rep. of the Ninth Season of Work 1935-1936, Part III, The Palace of the Dux Ripae and the Dolicheneum (1952).

——. Dura-Europos. Fin. Rep. IV, The Bronce Objects (1949).

Roy, B. Mahābhārata (1961).

Rücklin, R. Das Schmuckbuch (1901) 2 Bde.

Rudenko, S. I. Die sibirische Sammlung Peters I., Archäologie der UdSSR, Sammlung archäologischer Quellen Ausg. D3-9 (1962).

Rupp, H. Die Herkunft der Zelleneinlage und die Almandin-Scheibenfibeln im Rheinland (1937).

Sadurska, A. Palmyra 1972: Ettra 8.

——. Palmyre VII, Le tombeau de famille de 'Alainê (1977).

Safar, F., M. A. Mustafa. Hatra, the city of the sun god (1974) arabisch.

Salmony, A. Carved Jade of Ancient China (1938).

Sarianidi, V. The Treasure of the Golden Mound: Archaeology 33, 3, 1980.

——. Le tombe regali della 'Collina d'Oro': Mesopotamia 15, 1980.

Sarre, F. Die Kunst des alten Persien (1922).

Schaaff, U. Eine ,,Mittellatène''—Fibel aus Kleinasien: JRGZ 17, 1970.

Schaeffer, C. F. A. Les fouilles de Ras Shamra — Ugarit. Huitième campagne (Printemps 1936). Rapport sommaire: Syria 18, 1937.

——. Ugaritica I, Mission de Ras Shamra III (1939).

Schäfer, H. (Hrsg.) Ägyptische Goldschmiedearbeiten (1910).

Schienerl, P. W. The Protective Power of Romanian Key-Shaped Pendants: Ornament 5 (2), 1981.

Schippmann, K. Grundzüge der parthischen Geschichte (1980).

Schliemann, H. Ilios, Stadt und Land der Trojaner (1881).

Schlitz, V. Trésors de l'orfèvrerie antique: Archéologia 166, 1982.

Schlumberger, D. Der hellenisierte Orient (1969; franz.: L'Orient Hellénisé, 1970).

Schmidt, E. F. Persepolis (1953/57/70) 3 Bde.

Schmidt, E. M. Schmuck und figürliche Bronzen aus dem Kastell Burghöfe (im Druck).

Schmidt, J. Uruk-Warka: UVB 26/27 (1972).

Schmidt, L. Der Männerohrring im Volksschmuck und Volksglauben. Mit besonderer Berücksichtigung Österreichs: Österr. Volkskultur, Forschungen zur Volkskunde 3. Wien (1947).

Schneider, C. Kulturgeschichte des Hellenismus (1967/69) 2 Bde.

Schramm, P. E. Herrschaftszeichen und Staatssymbolik II (1955).

Schuppe. Mitra: RE XV (1931).

Scott, H. The Golden Age of Chinese Art (1967).

Secosan, E. Metal Jewelry and Ornament in Romanian Folk Art: Ornament 4 (3), 1980.

Segal, J. B. Edessa und Harran (1963).

——. Edessa, the blessed City (1970).

Segall, B. Museum Benaki, Athen, Katalog der Goldschmiedearbeiten (1938) 2 Bde.

——. Zur griechischen Goldschmiedekunst des Vierten Jahrhunderts vor Chr., eine Schmuckgruppe im Schmuckmuseum Pforzheim (1966).

Seidl, U. Die babylonischen Kudurru-Reliefs: BaM 4, 1968.

——. Göttersymbole und -attribute: Blitzbündel, Mondsichel: RLA III (1957-71).

Selenka, E. Der Schmuck des Menschen (1900).

Seligmann, S. Der böse Blick und Verwandtes. Ein Beitrag zur Geschichte des Aberglaubens aller Zeiten und Völker (1910).

Sellwood, D. An Introduction to the Coinage of Parthia (1971).

Seyrig, H. Antiquités syriennes. Textes relatifs à la garnison romaine de Palmyre: Syria 14, 1933.

——. Note sur les plus anciennes sculptures Palmyréniennes: Berytus 3, 1936.

——. Antiquités syriennes. Armes et costumes iraniens de Palmyre: Syria 18, 1937.

——. Antiquités syriennes. La grande statue parthe de Shami et la sculpture palmyrénienne: Syria 20, 1939.

——. Antiquités syriennes. La phare de Laodicée — Antiquités de la nécropole d'Emèse: Syria 29, 1952.

——. Antiquités syriennes. Nécropole d'Emèse: Syria 30, 1953.

——. Some sculptures from the tomb of Malkû at Palmyra: Melanges offerts à Kazimierz Michalowski (1966).

——. Antiquités syriennes. Bêl de Palmyra — Quatre images sculptées du Musée d'Alep: Syria 48, 1971.

Seyrig, H., J. Starcky. Gennéas: Syria 26, 1949.

Shaffer, J. G., M. A. Hoffman. Kinship and Burial among Kushano-Sasanians. A Preliminary Assessment: EW 26, 1976.

Shahbazi, A. Sh. An Achaemenid Symbol. II. Farnah ,,(God given) Fortune'' symbolised: AMI NF 13, 1980.

Shepherd, D. G. Sassanian Art in Cleveland: BCMA 51, 1964.

——. The Iconography of Anāhitā. Part I: Berytus 28. 1980.

Simmel, G. Die Mode des 18. Jahrhunderts (1971).

Simonsen, D. Sculptures et inscriptions de Palmyre à la Glyptothèque de Ny Carlsberg, Kopenhagen (1889).

Siviero, R. Gli Ori e le Ambre del Museo Nazionale di Napoli (1954).

Sono, T., S. Fukai. Dailaman III. The Excavations at Hassani Mahale and Ghalekuti 1964 (1968).

Spagnoli, M. M. The Symbolic Meaning of the Club in the Iconography of the Kuṣāṇa Kings: EW 17, 3-4, 1967.

Staehelin, E. Untersuchungen zur ägyptischen Tracht im Alten Reich: Münchner Ägyptologische Studien 8 (1966).

Starcky, J., S. Munajjed. Palmyre, le fiancée du désert (1948).

Starcky, J. Inscriptions Palmyréniennes conservées au Musée de Bayrouth: BMB 12, 1955.

——. Les grandes heures de histoire du Palmyre: Archéologia 16, 1967.

Starr, R. F. S. Nuzi. Report on the Excavations at Yorgan Tepa near Kirkuk, Iraq 1927-1931 (1937/1939) 2 Bde.

Stawiski, B. Mittelasien — Kunst der Kuschan (1979).

Strobach, H. Variabilität, Gesetzmäßigkeiten und Bedingungen: Jahrbuch für Volksliedforschung 11 (1966).

Strommenger, E. Mesopotamische Gewandtypen von der Frühsumerischen bis zur Larsa-Zeit: APA 2, 1971.

Stronach, D. The Development of the Fibula in the Near East: Iraq 21, 1959.

——. Excavations at Pasargadae, Third Prelim. Report: Iran 3, 1965.

——. Pasargadae (1978).

Strong, D., D. Brown. Roman Crafts (1976).

Stucky, R. A. Prêtres syriens, I. Palmyre: Syria 50, 1973.

Sulimirski, T. The Sarmatians (1970).

Szilágyi, J. Some Problems of Greek Gold Diadems: ActaHung 5, 1957.

Talbot Rice, D. Byzantinische Kunst (1964).

Tarn, W. W. The Greeks in Bactria and India (1951, Neudr. 1966).

Teixidor, J. The Pagan God. Popular Religion in the Greco-Roman Near East (1977).

——. The Pantheon of Palmyra (1979).

Thimme, J. Phönizische Elfenbeine (1973).

Thomas, S. Die provinzialrömischen Scheibenfibeln der römischen Kaiserzeit im freien Germanien: BJV 6, 1966.

——. Die germanischen Scheibenfibeln der römischen Kaiserzeit im freien Germanien: BJV 7, 1967.

Toll, N. P. Fibulae: Dura-Europos. Fin. Rep. IV — The Bronze Objects (1949).

Touratsoglou, J. Une 'Aréthus' et autres figurines de Chalcidique: BCH 92, 1968.

Toynbee, J. M. C. Two Male Portrait-Heads of Romans from Hatra: Sumer 26, 1970.
Trümpelmann, L. Zwei sasanidische Appliken: Das Tier in der Kunst Irans, Ausstell. Kat. Stuttgart (1972).
——. Iranische Denkmäler, Reihe II: Iranische Felsreliefs.
    A, Das sasanidische Felsrelief von Sar Mašhad (1975).
    B, Das sasanidische Felsrelief von Dārāb (1975).
——. Triumph über Julian Apostata: Jahrb. für Numismatik und Geldgeschichte 25, 1975.
——. Die Sasaniden: A. Roth, Kunst der Völkerwanderungszeit, PKG Suppl. 4 (1979).
——. Ausgrabungen auf dem Tell Abqaᶜ, Iraq (Hamrin Report, erscheint demnächst).
Tufnell, O., W. A. Ward. Relations between Byblos, Egypt and Mesopotamia at the end of the third millenium B.C. — A Study of the Montet Jar: Syria 43, 1966.
Turner, G. South Arabian Gold Jewellery: Iraq 35, 1973.
Ulbert, G. Die römischen Donau-Kastelle Aislingen und Burghöfe: Limesforschungen 1 (1959).
——. Ein Preßblechmodel aus dem römischen Museum Augsburg: JbRGZM 13, 1966.
Umehava, S. u.a. Chosen Kobunka Sokan III (1959).
Vanden Berghe, L. Le relief parthe de Hung-i Naurūzī: IA 3, 1963.
——. Recherches archéologiques dans le Luristān. Cinquième campagne. 1969. Prospections dans le Pusht-i Kūh central (Rapport préliminaire): IA 9, 1972.
Vandersleyen, C. (Hrsg.) Das alte Ägypten, PGK XV (1975).
Van Zandt, E., R. Stemman. Rätselhafter Untergang alter Kulturen (1979).
Venedikov, I., T. Gerassimov. Thrakische Kunst (1973).
Vermaseren, M. J. Mithras (Tb Urban 1965).
Vernier, E. Antiquites Egyptiennes Bijoux et Orfevrerier (1927) 2 Bde.
Vilimkova, M. Altägyptische Goldschmiedekunst (1969).
Vogelsanger, C., K. Issler. Schmuck — eine Sprache? Ktlg. Völkerkundemuseum der Universität Zürich (1977).
Von der Osten, H. H. Geschnittene Steine aus Ost-Turkestan im Ethnologischen Museum zu Stockholm: Ethnos 17, 1952.
Wäfler, M. Nicht-Assyrer neuassyrischer Darstellungen (1975).
Walters, V. J. The Cult of Mithras in the Roman Provinces of Gaul (1974).
Watelin, L. Ch. Excavations at Kish. Expedition to Mesopotamia 1925-1930, Vol. IV (1934).
Waterman, L. Excavations at Tel Umar, Iraq; Second Preliminary Report (1933).
Weidemann, K. Untersuchungen zur Kunst und Chronologie der Parther und Kuschan vom 2. Jh. v. Chr. bis zum 3. Jh. n. Chr.: JbRGZM 18, 1971.
Werner, J. Die beiden Zierscheiben des Thorsberger Moorfundes (1941).
——. Herkuleskeule und Donar-Amulett: JbRGZM 11, 1964.
——. Zwei prismatische Knochenanhänger (Donar-Amulette) von Zlechov: ČasMorMus 57, 1972.
Wetzel, F., E. Schmidt, E. Mallwitz. Das Babylon der Spätzeit: WVDOG 62 (1957).
Wheeler, M. Der Fernhandel des römischen Reiches in Europa, Afrika und Asien (1965).
——. Flames over Persepolis (1968).
Whitehouse, D. Excavations at Sīrāf. Fifth Interim Report: Iran 10, 1972.
Widengren, G. Some Remarks on Riding Costume and Articles of Dress among Iranian Peoples in Antiquity: Arctica 11, 1956.
——. Iranisch-semitische Kulturbegegnung in parthischer Zeit: Arbeitsgemeinschaft für Forschung des Landes Nordrhein-Westfalen, Heft 70 (1960).
——. Die Religionen Irans (1965).
——. Der Feudalismus im alten Iran (1969).
Wiedmer, J. Das Latène-Gräberfeld bei Münsingen (Kt. Bern): ArchHistBern 18, 1908.
Wilkinson, A. Ancient Egyptian Jewellery (1971).
Winkel, J. Folk Ornament in Romania: Bead Journal 3 (3-4), 1978.

Winter, I. J. Phoenician and North Syrian ivory carving in historical context. Questions of style and
    distribution: Iraq 38, 1976.
Wolski, J. Le rôle et l'importance des mercenaires dans l'état Parthe: IA 5, 1965.
Woolley, C. L. Ur-Excavations, Vol. II. The Royal Cemetery II (1934).
——. Ur-Excavations, Vol. V. The Ziggurat and its Surroundings (1939).
——. Ur-Excavations, Vol. IX. The Neo-Babylonian and Persian Periods (1962).
——. Mesopotamien und Vorderasien. Die Kunst des Mittleren Ostens (2. Aufl. 1962).
Wrede, H. Das Mausoleum der Claudia Semne und die bürgerliche Plastik der Kaiserzeit: RM 78,
    1971.
——. Lunulae im Halsschmuck: Festschrift Homann-Wedeking (1975).
Yeivin, S. The Tombs Found at Seleucia: L. Waterman, Second Prelim. Report upon the Excavations
    at Tel Umar, Iraq (1933).
Zahn, R. Die Sammlung der Galerie Bachstitz (1921) 2 Bde.
——. Sammlung Baurat Schiller (1929).
——. Zur hellenistischen Schmuckkunst: Festschrift Schumacher (1930).
Zadneprovskaya, T. M. (Hrsg. Ghirshsman) Bibliographie de Travaux Soviétiques sur les Parthes:
    SI 4, 1975.
Ziegler, Ch. Die Terrakotten von Warka (1962).
Ziegler, K. Lorbeer: PAULY III (1969).
Zouhdi, B. Gold- und Silberschmuck aus dem Museum Damaskus: AAS 13, 1963 (arabisch).
——. Catalogue du Musée National de Damas (1976).
——. Les influences réciproques entre l'Orient et l'Occident, d'après les bijoux du Musée National
    de Damas: AAS 21, 1971.

B) Katalogverzeichnis

(Sofern die Kataloge nicht unter den Autorennamen genannt werden).

Ausstellungs- und Museumskataloge
(geordnet nach den Ausstellungsorten)

Athen, Byzantine Art (1964).
Baġdad, Ausstell. Kat. Baġdad (1960) arab.
    Guide-Book to the Iraq-Museum, Bagdad (1966).
Baltimore, USA, Walters Art Gallery, Handbook of the Collection, Baltimore, Maryland, USA
    (1936).
Berkeley, University Art Museum, Berkeley, Echoes from Olympus (1974).
Berlin/Hamb./München, Von Troja bis Amarna. The Norbert Schimmel Collection, New York, Ber-
    lin — Hamburg — München (1978/79).
Berlin/Hamb./Aachen/München, Der Garten in Eden. 7 Jahrtausende Kunst und Kultur an Euphrat
    und Tigris, Berlin — Hamburg — Aachen — München (1979); s.a. Hildesheim (1978).
Berlin/Aachen/Tübingen/Frankf./München, Land des Baal. Syrien — Forum der Völker und Kultu-
    ren (1982).
Bloomington, USA, Ancient Jewelry from the Collection of Burton Y. Berry, Indiana University Art
    Museum, Publication 1 (1973).
Boston, USA, Greek, Etruscan and Roman Art. The Classical Collections of the Museum of Fine Arts
    (1963).
    Romans and Barbarians (1976/77).
Brüssel, Art Iranien Ancien, Musées Royaux d'Art et d'Histoire, Brüssel (1966).
    Splendeur de Byzance (1982).
Genf, Tresors de L'Ancien Iran (1966).

Hamburg, Antiker Gold- und Silberschmuck, Museum für Kunst und Gewerbe, Hamburg (1968).
  Kunst der Antike. Schätze aus Norddeutschem Privatbesitz, Museum für Kunst und Gewerbe, Hamburg (1977).
Hildesheim, Sumer — Assur — Babylon (1978); s. Berl./Hamb./Aachen/Mün. 1979. Der Garten in Eden.
Istanbul, Katalog Jewellery in Anatolia (1983).
Karlsruhe, Phönizische Elfenbeine — Möbelverzier des 9. Jahrhunderts v. Chr., Bad. Landesmuseum, Karlsruhe (1973).
Kassel, Antiker Schmuck, Staatl. Kunstsammlung Kassel (1980).
Kopenhagen, Skatte fra det Gamle Persien (1968).
  Slg. v. Poulsen, Ny Carlsberg Glyptothek (1968).
Leiden, Klassieke Kunst uit Particulier Bezit, Rijksmuseum van Oudheden, Leiden (1975).
London, A Guide to the early Christian and Byzantine Antiquities in the Department of British and Mediaval Antiquities, British Museum (1903).
  Fifty Masterpieces of Ancient Near Eastern Art in the Department of Western Asiatic Antiquities, Brit. Mus. (1960).
  Jewellery through 7000 Years, Brit. Mus. London (1976).
  Brit. Mus. Guide, London 1976.
Mailand (Milano), Ori e argenti dell' Italia Antica (1962).
Michigan, USA, Seleuceia, Kelsey Museum of Archaeology. University of Michigan (1977).
München, Land des Baal. Syrien — Forum der Völker und Kulturen (1982); s.a. Berlin.
Ohio, USA, Allen Memorial Art Museum Bulletin, Bd. XVIII.
Paris, Bronzes des Steppes et de L'Iran. Collection D. David-Weill (1972).
Pforzheim, Schmuck aus Persien. Die Sammlung Patti C. Birch im Schmuckmuseum Pforzheim (1974).
Tokyo, Relics of the Han and Pre-Han Dynasties, Catalogue of the Exhibition, held 1932.
Washington, USA, 7000 Years of Iranian Art (1964/65).
Wien, Goldschätze der Thraker. Thrakische Kultur und Kunst auf bulgarischem Boden (1975).
Zürich, Kunstschätze aus Iran (1962).
Zypern (Nicosia), Jewellery in the Cyprus Museum. Picture Book No. 5, Republic of Cyprus, Ministry of Communications and Works Department of Antiquities (1971).

Auktionskataloge
(geordnet nach Orten)

Berlin, Sammlung Baurat Schiller, beschrieben von R. Zahn (1929).
London, Sotheby and Co., Catalogue of Antiquities (1931, 1975).
  Sotheby and Co., Catalogue of Antiquities and Islamic Art (1972).
Luzern, Ars Antiqua AG (1960, 1962, 1964, 1966).
München, Versteigerung in der Galerie Hugo Helbing, München (1932).
Neuilly-sur-Seine, Collection de M. Bertone, Belles Gravures Anciennes, Neuilly-sur-Seine (1931).
Paris, Collection de Guilhou (1905).
  Galerie Georges Petit (1911).
  Médailles et Monnaies de Collection Paris (Mai 1973).
  Collection de Monnaies en Or (Okt. 1973).
Zürich, Gallerie Heide Vollmoeller (1975).

VERZEICHNIS DER TAFELN

1. SCHMUCK ZUR ZEIT DER ARSAKIDEN

1.1 SCHMUCK DER FRAUEN
1.1.1 Kopfschmuck
1.1.1.1 Stirnbänder

TYP 1

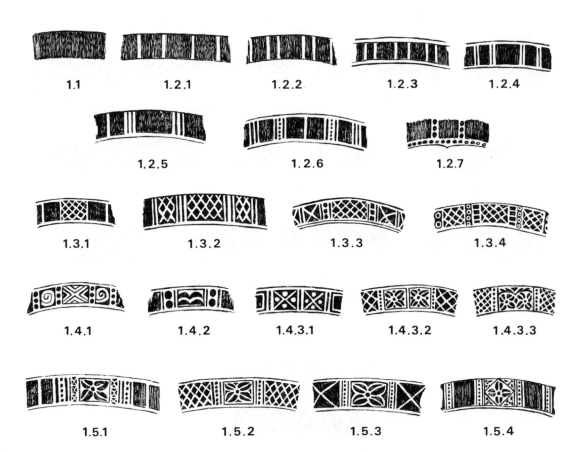

1.1

1.2.1

1.2.2

1.2.3

1.2.4

1.2.5

1.2.6

1.2.7

1.3.1

1.3.2

1.3.3

1.3.4

1.4.1

1.4.2

1.4.3.1

1.4.3.2

1.4.3.3

1.5.1

1.5.2

1.5.3

1.5.4

1.6.1

1.6.2

1.6.3

1.6.4

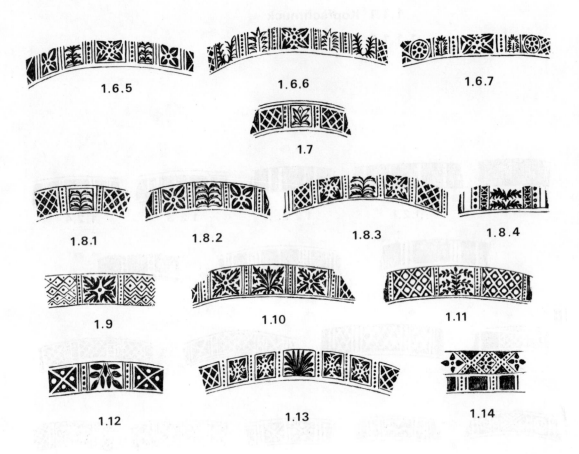

1.6.5   1.6.6   1.6.7

1.7

1.8.1   1.8.2   1.8.3   1.8.4

1.9   1.10   1.11

1.12   1.13   1.14

TYP 2

1.1.1.2 Kopfputzgehänge

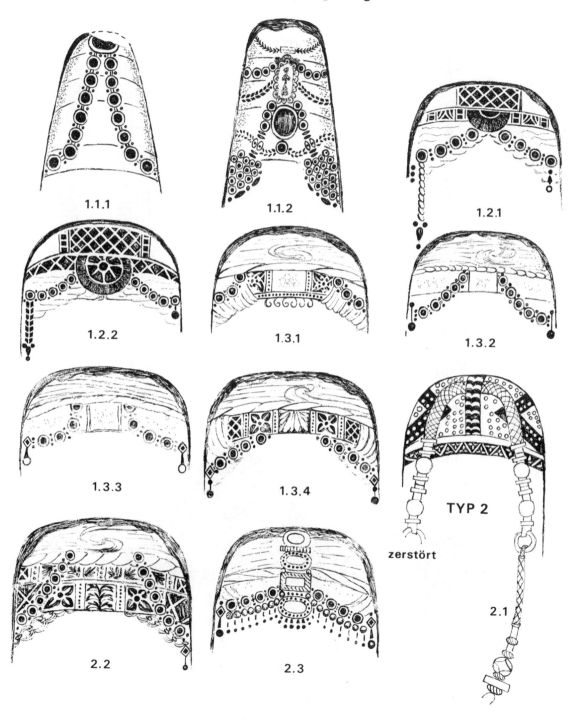

1.1.1

1.1.2

1.2.1

1.2.2

1.3.1

1.3.2

1.3.3

1.3.4

TYP 2

zerstört

2.2

2.3

2.1

1.1.1.3 Scheitelschmuck

TYP 1

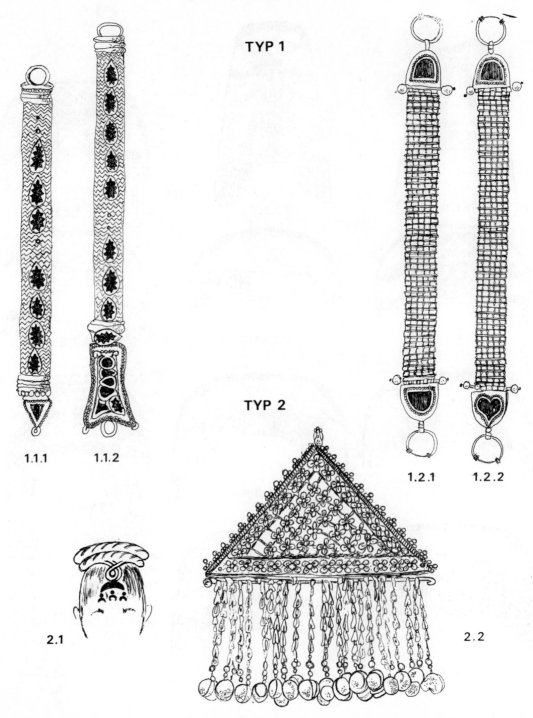

TYP 2

1.1.1   1.1.2

1.2.1   1.2.2

2.1

2.2

TYP 3

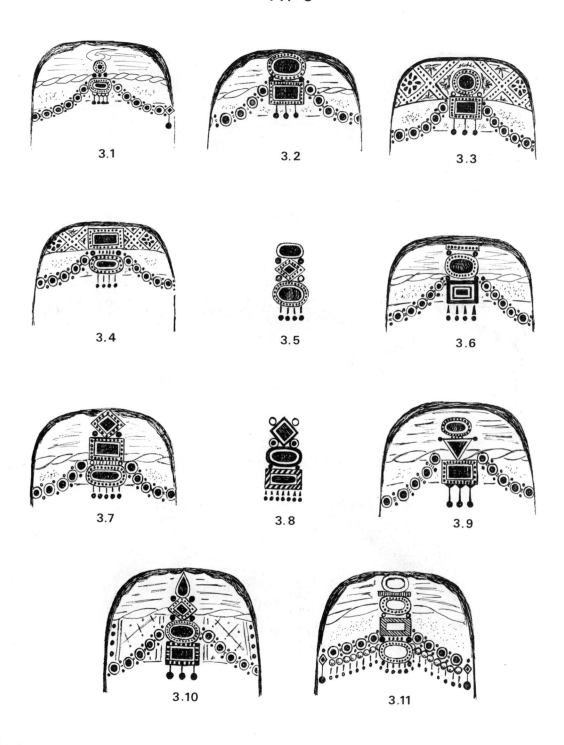

3.1

3.2

3.3

3.4

3.5

3.6

3.7

3.8

3.9

3.10

3.11

1.1.1.4 Haaraufsatz

TYP 1   **TYP 2**

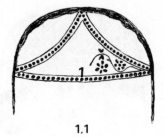  

1.1   1. 2

1.1.1.5 Haarschmuck

TYP 1   **TYP 2**

 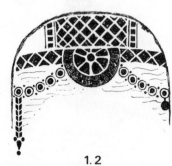 

1.1   1. 2

1.1.1.6 Haarnetz

1.1.1.7 Kränze

TYP 1

TYP 2

TYP 3   **TYP 4**

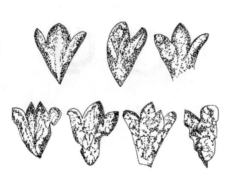

1.1.2 Ohrschmuck

TYP 1

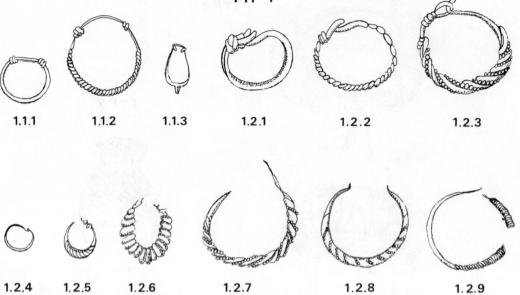

1.1.1   1.1.2   1.1.3   1.2.1   1.2.2   1.2.3

1.2.4   1.2.5   1.2.6   1.2.7   1.2.8   1.2.9

1.3.1   1.3.2   1.4

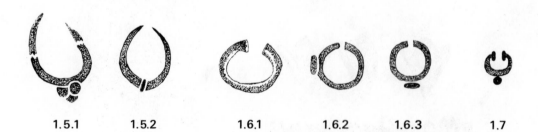

1.5.1   1.5.2   1.6.1   1.6.2   1.6.3   1.7

TYP 2

TYP 3

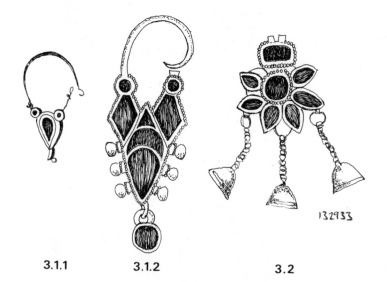

132933

    3.1.1   3.1.2   3.2

TYP 4

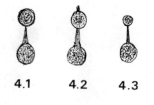

  4.1   4.2   4.3

TYP 5

TYP 6

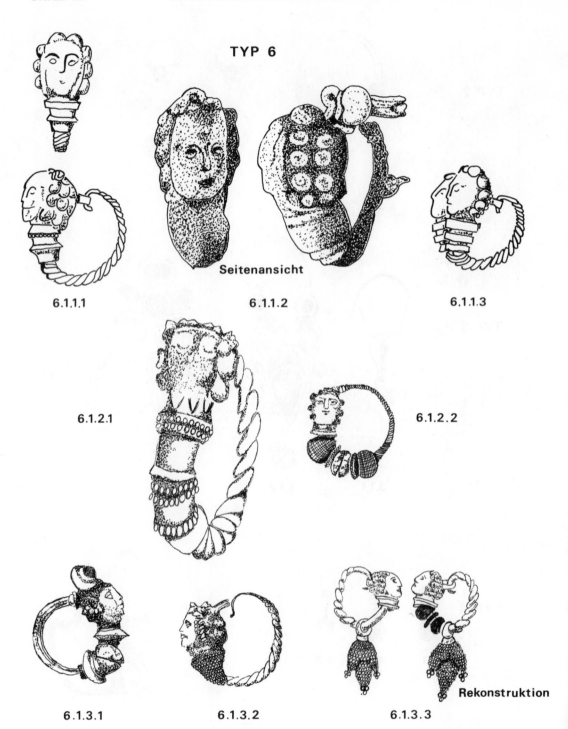

6.1.1.1

Seitenansicht

6.1.1.2

6.1.1.3

6.1.2.1

6.1.2.2

6.1.3.1

6.1.3.2

6.1.3.3

Rekonstruktion

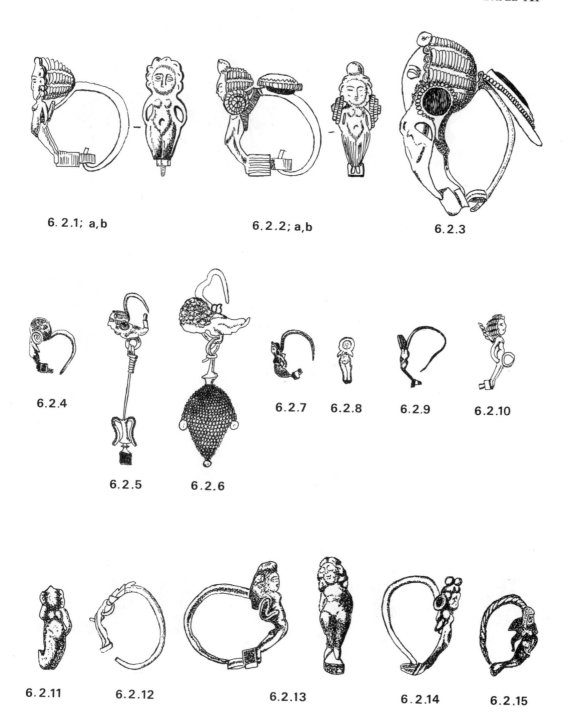

6.2.1; a,b   6.2.2; a,b   6.2.3

6.2.4   6.2.5   6.2.6   6.2.7   6.2.8   6.2.9   6.2.10

6.2.11   6.2.12   6.2.13   6.2.14   6.2.15

6.3.1

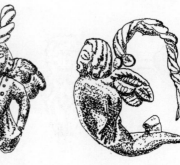

6.3.2

6.3.3

6.3.4

6.3.5

6.3.6

6.3.7

6.3.8

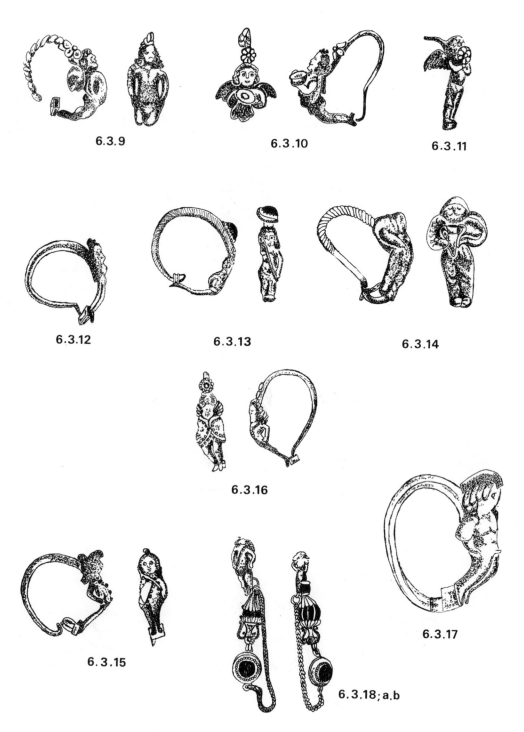

6.3.9

6.3.10

6.3.11

6.3.12

6.3.13

6.3.14

6.3.16

6.3.17

6.3.15

6.3.18; a.b

TYP 7

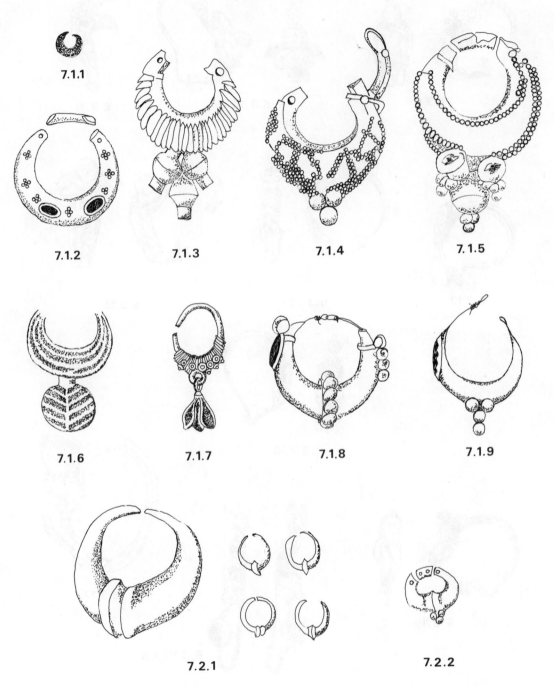

7.1.1

7.1.2   7.1.3   7.1.4   7.1.5

7.1.6   7.1.7   7.1.8   7.1.9

7.2.1   7.2.2

7.3.1

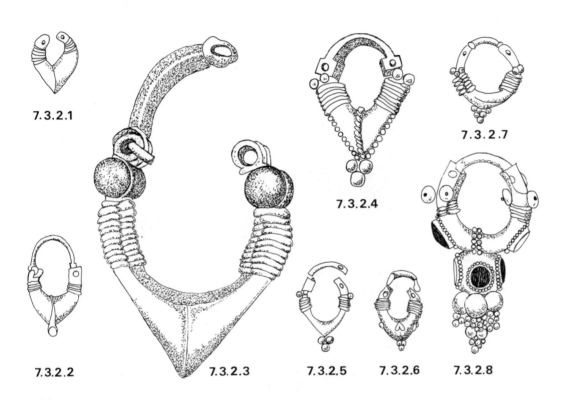

7.3.2.1

7.3.2.2

7.3.2.3

7.3.2.4

7.3.2.5

7.3.2.6

7.3.2.7

7.3.2.8

Verschiedene Ansichten

7.4

7.5

TYP 8   TYP 9   TYP 10

10.1   10.2

TYP 11

11.1.1.1   11.1.1.2   11.1.1.3   11.1.2   11.1.3

11.2.1   11.2.2   11.2.3   11.2.4

11.3

TYP 12

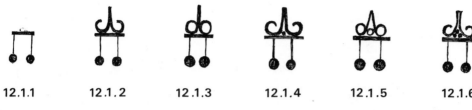

12.1.1   12.1.2   12.1.3   12.1.4   12.1.5   12.1.6

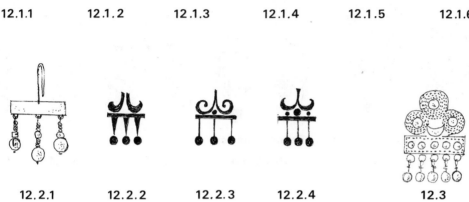

12.2.1   12.2.2   12.2.3   12.2.4   12.3

TYP 13

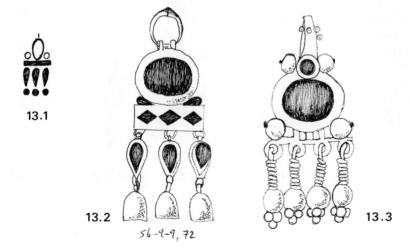

13.1

13.2   13.3

56-9-9, 72

TYP 14

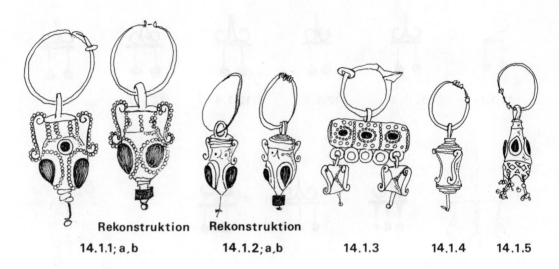

Rekonstruktion   Rekonstruktion

14.1.1; a,b   14.1.2; a,b   14.1.3   14.1.4   14.1.5

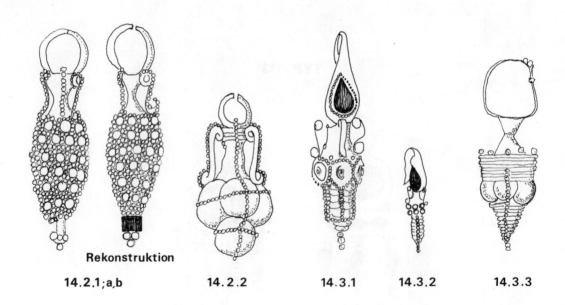

Rekonstruktion

14.2.1; a,b   14.2.2   14.3.1   14.3.2   14.3.3

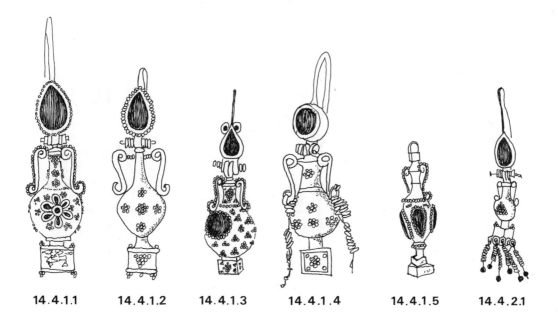

14.4.1.1   14.4.1.2   14.4.1.3   14.4.1.4   14.4.1.5   14.4.2.1

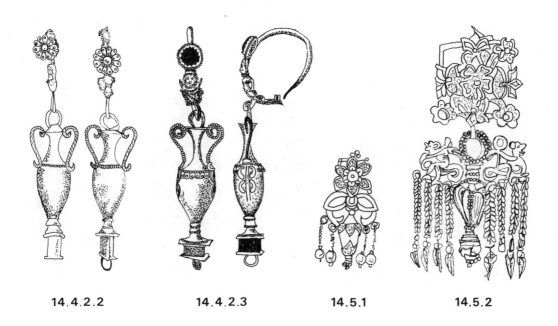

14.4.2.2   14.4.2.3   14.5.1   14.5.2

TYP 15

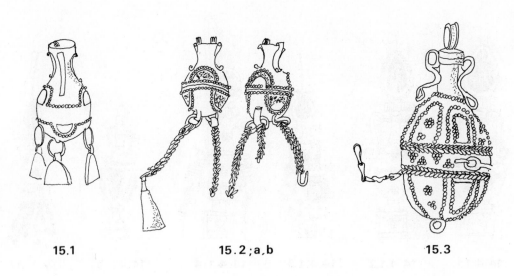

15.1   15.2; a,b   15.3

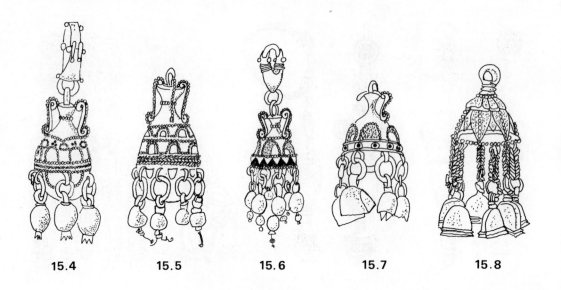

15.4   15.5   15.6   15.7   15.8

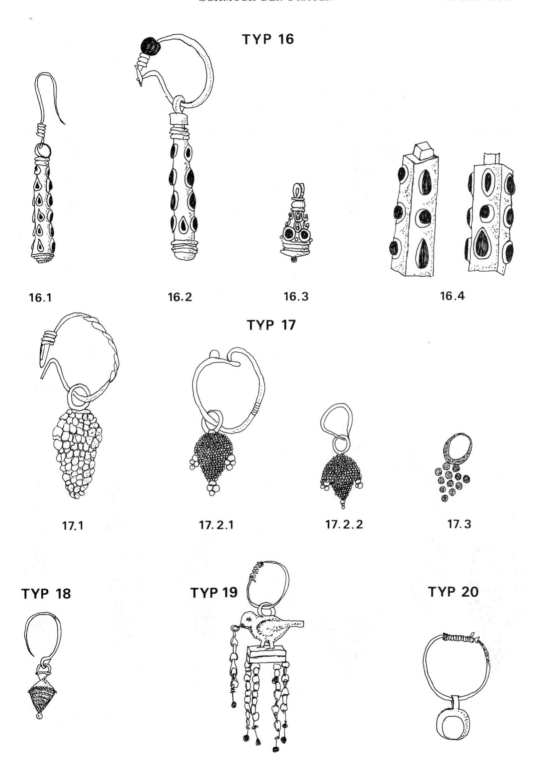

TYP 16

16.1   16.2   16.3   16.4

TYP 17

17.1   17.2.1   17.2.2   17.3

TYP 18   **TYP 19**   **TYP 20**

TYP 21

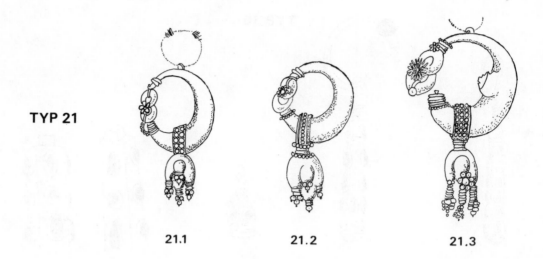

21.1   21.2   21.3

TYP 22

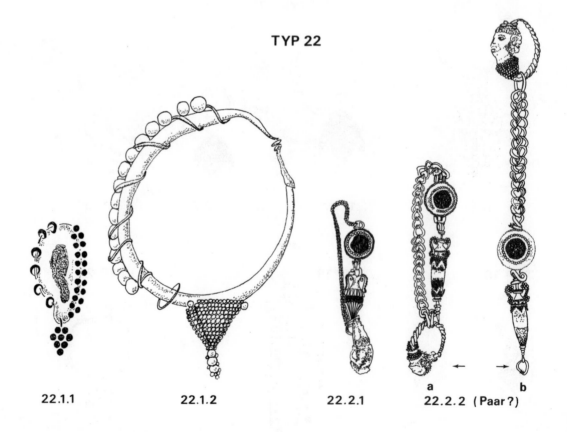

22.1.1   22.1.2   22.2.1   a   b
                                                22.2.2 (Paar?)

1.1.3 Halsschmuck

TYP 1

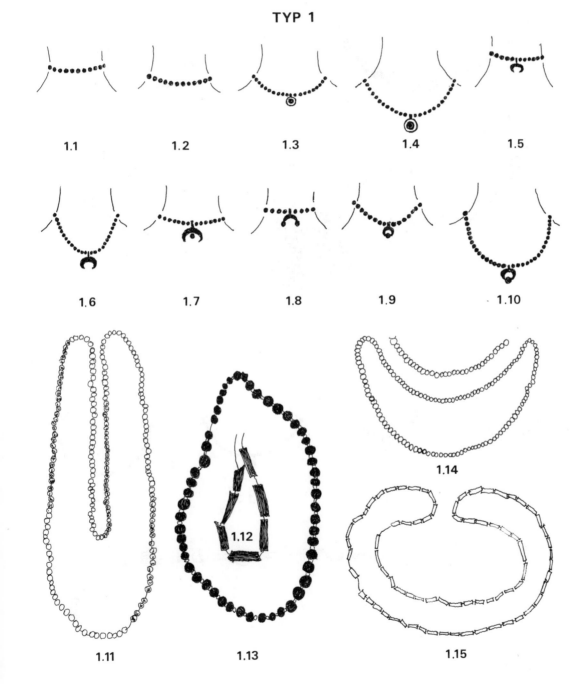

1.1   1.2   1.3   1.4   1.5

1.6   1.7   1.8   1.9   1.10

1.11   1.12   1.13   1.14   1.15

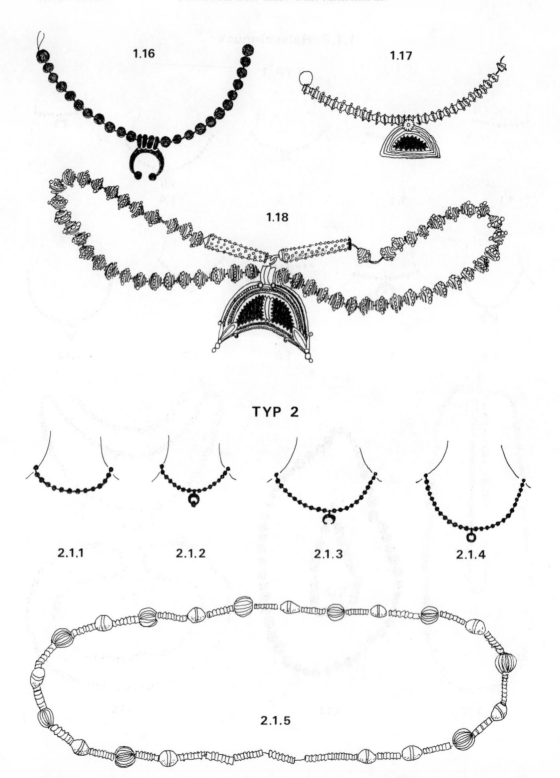

1.16

1.17

1.18

TYP 2

2.1.1   2.1.2   2.1.3   2.1.4

2.1.5

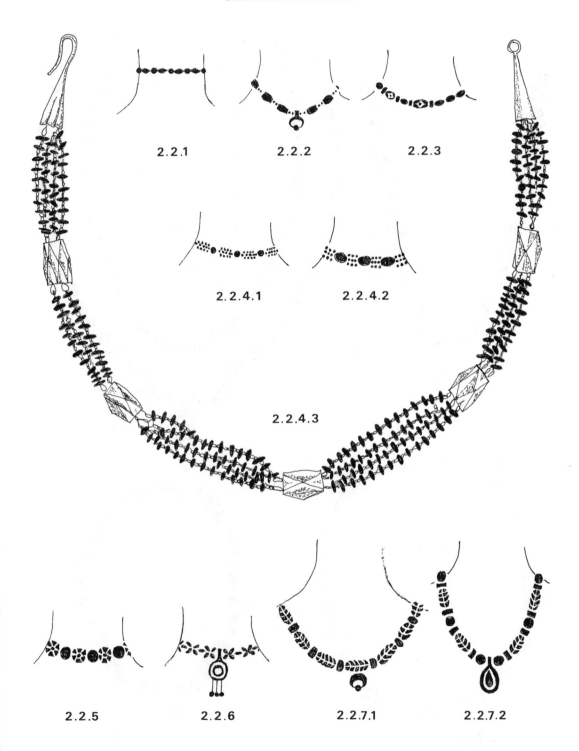

2.2.1   2.2.2   2.2.3

2.2.4.1   2.2.4.2

2.2.4.3

2.2.5   2.2.6   2.2.7.1   2.2.7.2

2.2.9

2.2.10

2.2.8

2.2.11

2.2.12

2.2.13

2.2.14

2.2.15

2.2.16

2.2.17

2.2.18

2.2.19

2.2.20

2.2.21

2.2.22

2.2.23

2.2.24

2.2.25

2.2.26

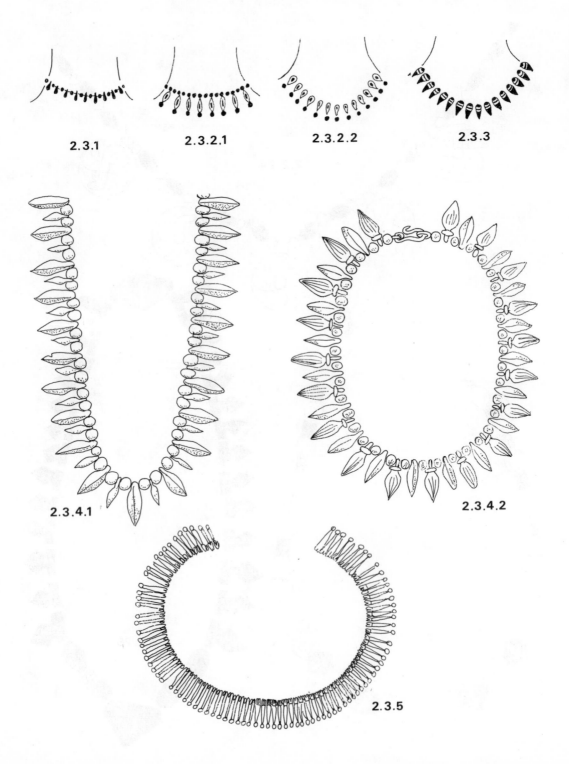

2.3.1

2.3.2.1

2.3.2.2

2.3.3

2.3.4.1

2.3.4.2

2.3.5

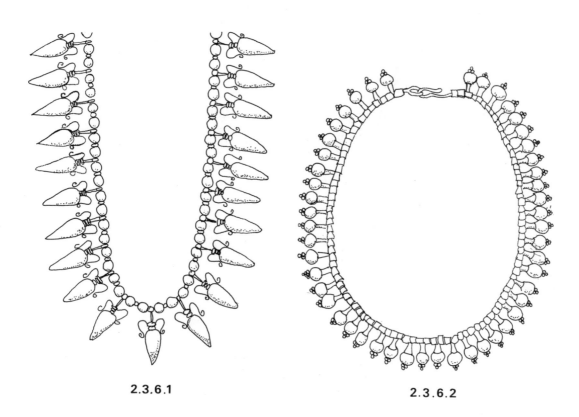

2.3.6.1   2.3.6.2

2.3.7.1   2.3.7.2

2. 4.1

2.4.2

2.4.3

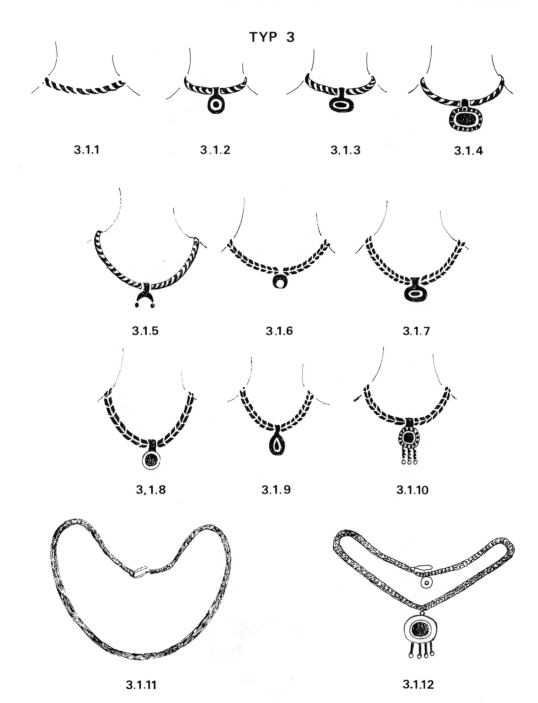

TYP 3

3.1.1   3.1.2   3.1.3   3.1.4

3.1.5   3.1.6   3.1.7

3.1.8   3.1.9   3.1.10

3.1.11   3.1.12

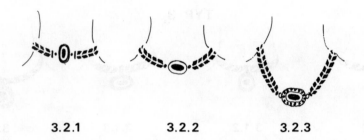

3.2.1   3.2.2   3.2.3

3.2.4.1

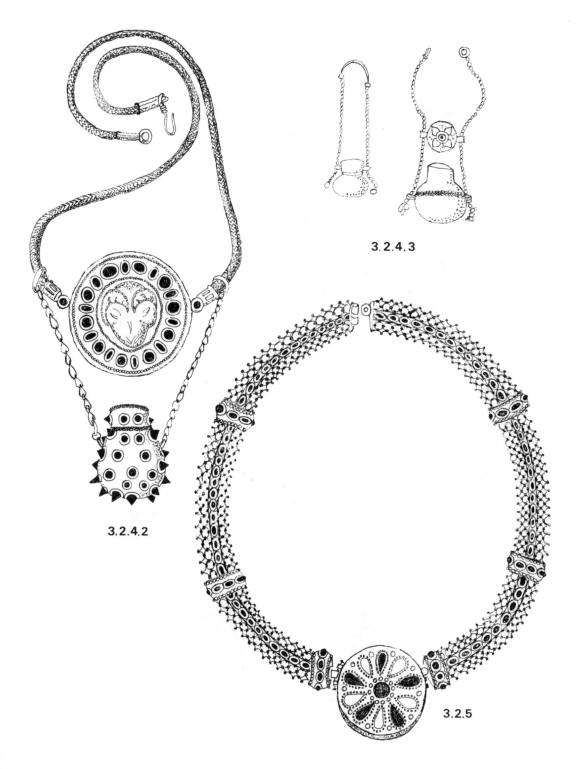

3.2.4.3

3.2.4.2

3.2.5

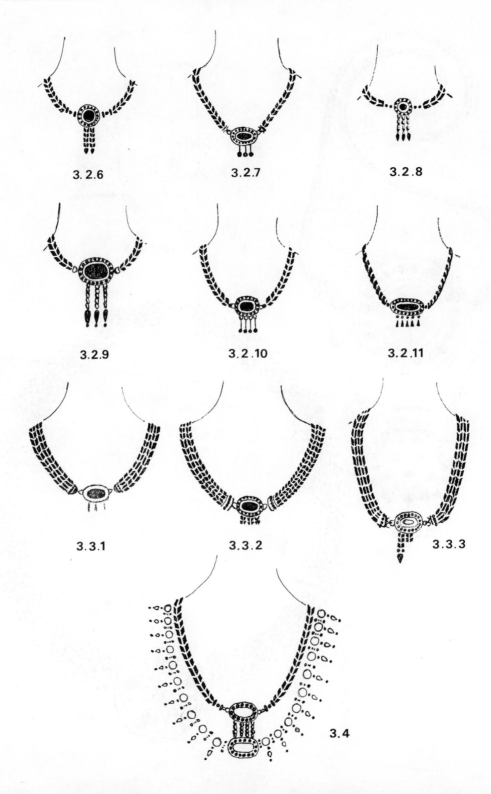

3.2.6

3.2.7

3.2.8

3.2.9

3.2.10

3.2.11

3.3.1

3.3.2

3.3.3

3.4

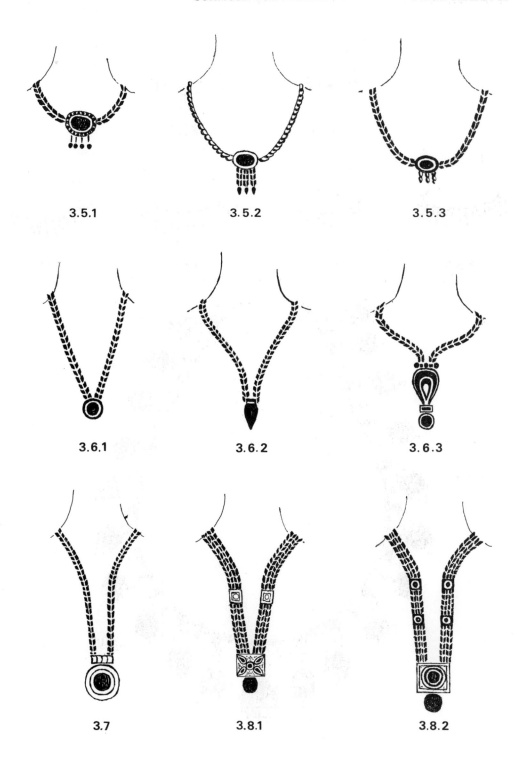

3.5.1   3.5.2   3.5.3

3.6.1   3.6.2   3.6.3

3.7   3.8.1   3.8.2

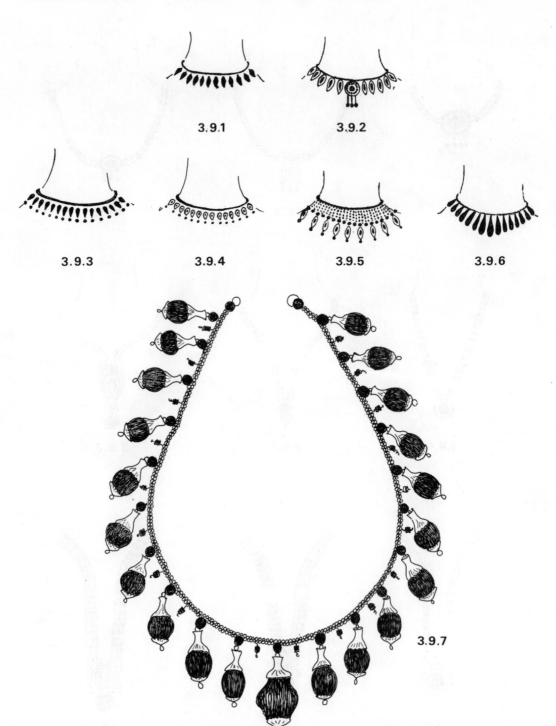

3.9.1

3.9.2

3.9.3

3.9.4

3.9.5

3.9.6

3.9.7

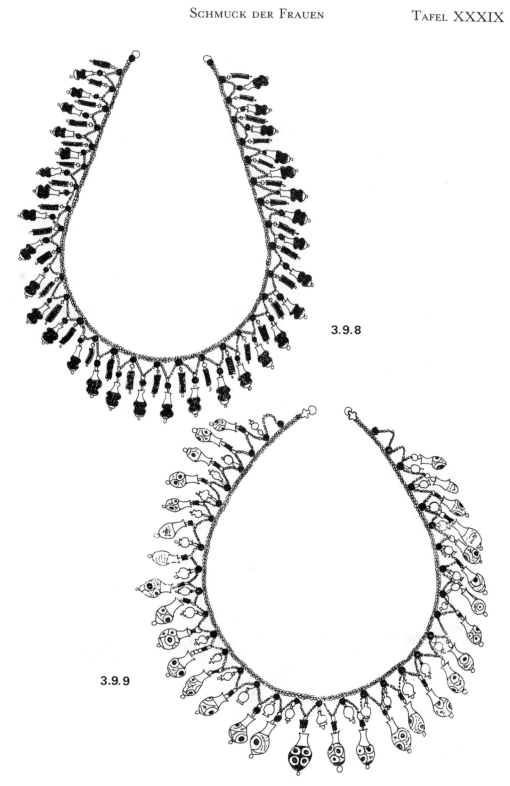

3.9.8

3.9.9

TYP 4

4.1.1 4.1.2

4.1.3 4.1.4 4.1.5

4.1.6 4.2.1 4.2.2

4.3.1 4.3.2 4.4

4.5.1

4.5.2

4.6

4.7.1

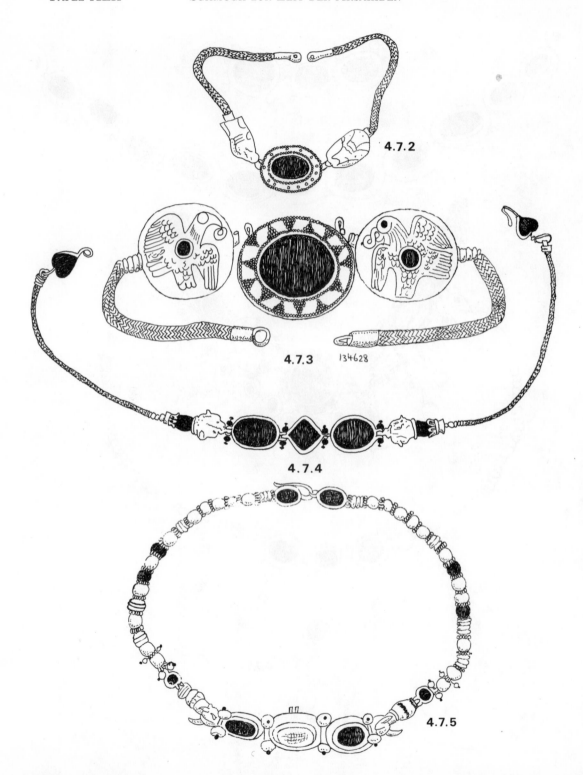

4.7.2

4.7.3   134628

4.7.4

4.7.5

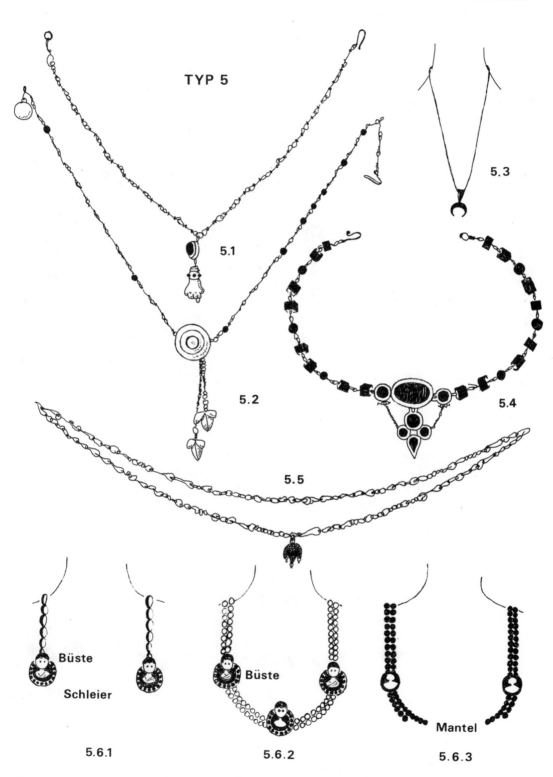

TYP 5

5.1

5.2

5.3

5.4

5.5

Büste

Schleier

5.6.1

Büste

5.6.2

Mantel

5.6.3

TYP 6

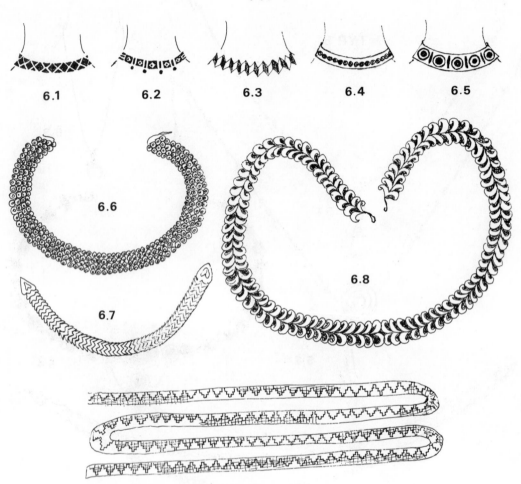

6.1   6.2   6.3   6.4   6.5

6.6

6.7

6.8

6.9

TYP 7

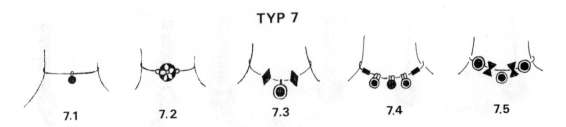

7.1   7.2   7.3   7.4   7.5

TYP 8

TYP 9

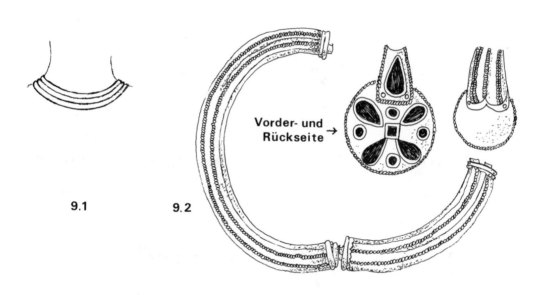

Vorder- und
Rückseite →

9.1   9.2

TYP 10

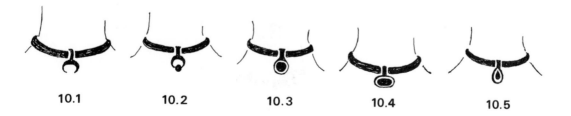

10.1   10.2   10.3   10.4   10.5

SCHMUCK ZUR ZEIT DER ARSAKIDEN

Einreihiger Halsschmuck

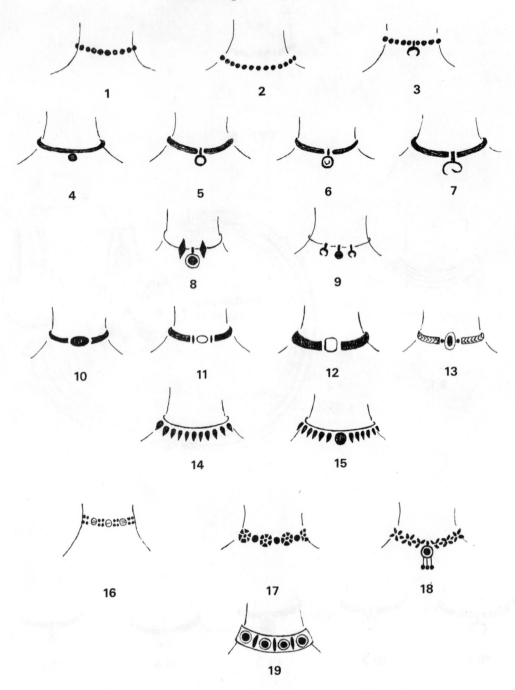

Zweireihiger Halsschmuck

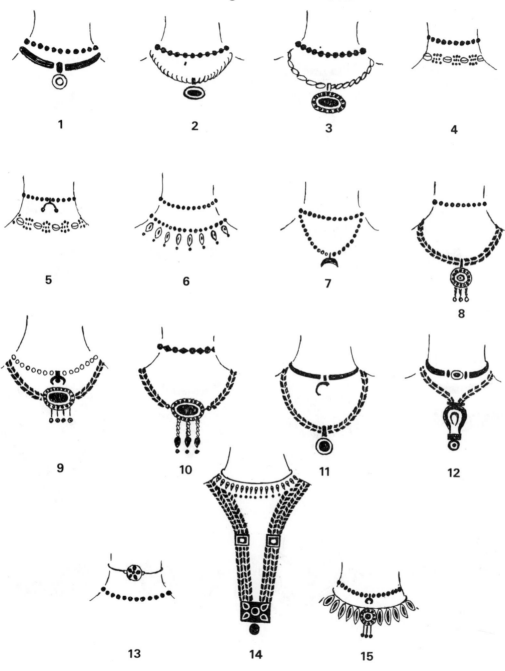

Dreireihiger Halsschmuck

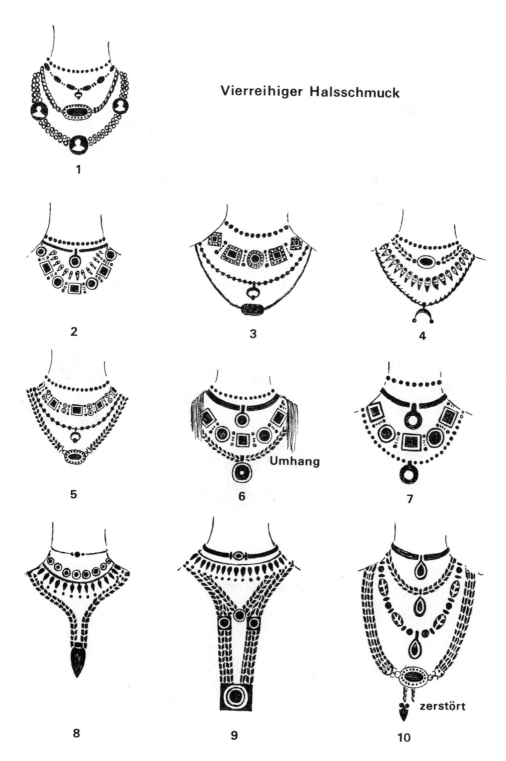

Vierreihiger Halsschmuck

1

2

3

4

5

6 Umhang

7

8

9

10 zerstört

Fünfreihiger Halsschmuck

zerstört

1   2

Sechs- und Siebenreihiger Halsschmuck

1   2   3

Besonderheiten

1   2

Perlenformen
Steinperlen

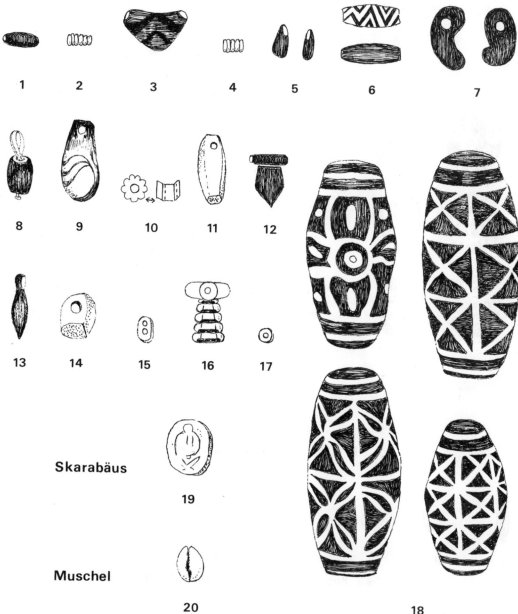

Skarabäus

Muschel

Glasperlen

1   2   3   4   5   6

blau   grün

7   8   9   10

Fritte- und Fayenceperlen

1   2   3   4   5   6

s.a. Fritteanhänger   (Taf. LVII , LVIII)

Goldperlen

Anhänger

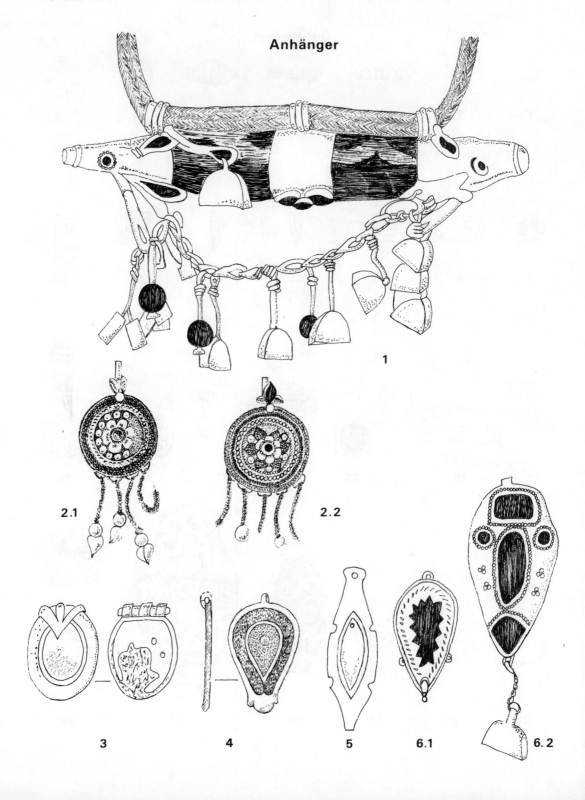

1

2.1   2.2

3   4   5   6.1   6.2

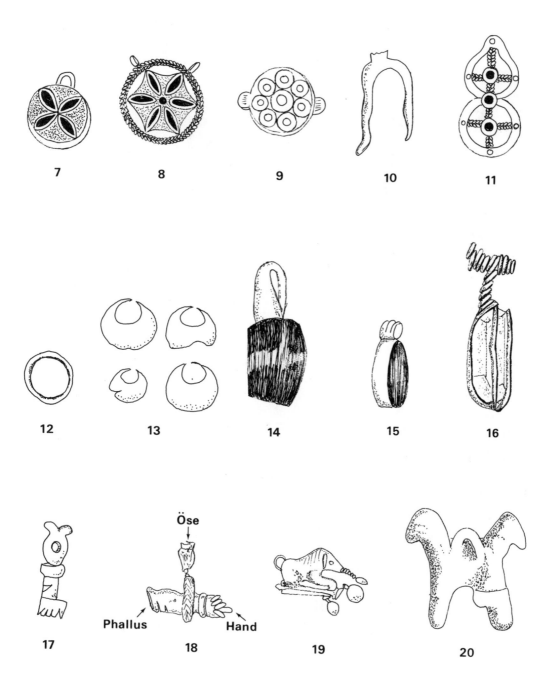

7　　8　　9　　10　　11

12　　13　　14　　15　　16

Öse

17　　18　　19　　20

Phallus　　Hand

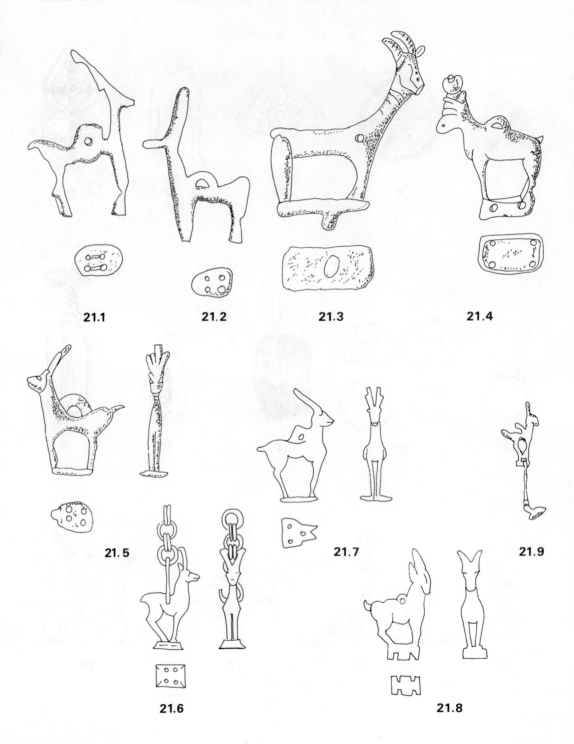

21.1   **21.2**   **21.3**   **21.4**

21.5   **21.7**   **21.9**

21.6   **21.8**

22 Fritte- und Fayenceanhänger

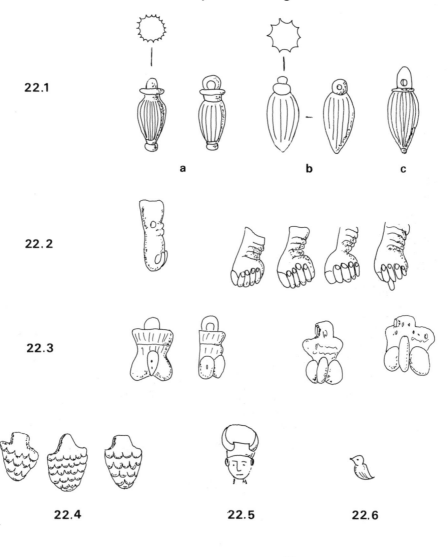

22.1

a   b   c

22.2

22.3

22.4   **22.5**   **22.6**

22.7   **22.8**   **22.9**

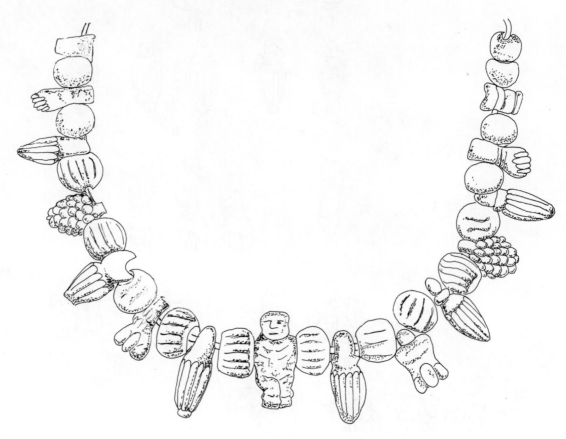

22.10

23 Glöckchenanhänger

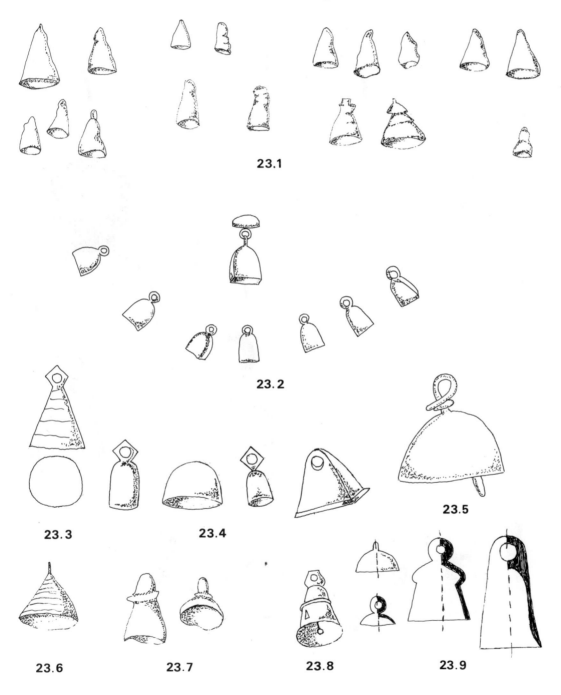

23.1

23.2

23.3　　　　23.4

23.5

23.6　　　23.7　　　23.8　　　23.9

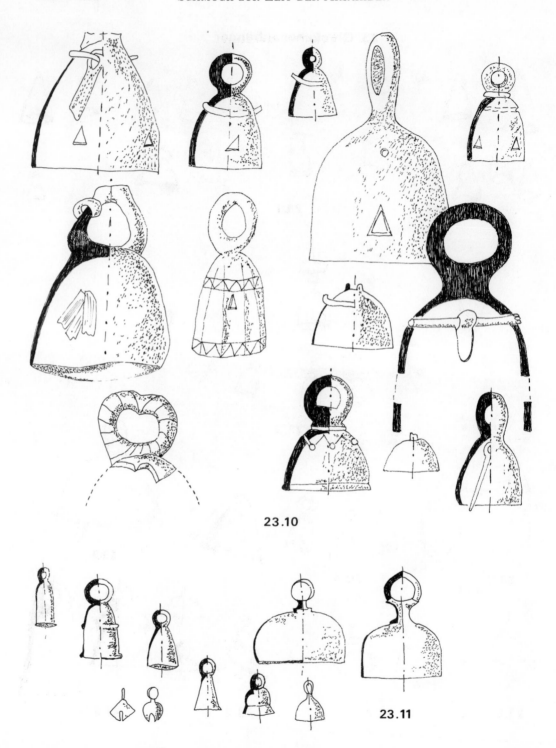

23.10

23.11

24 Siegelanhänger

24.1   24.2

24.3

24.4   24.5

1.1.4 Fibeln

TYP 1

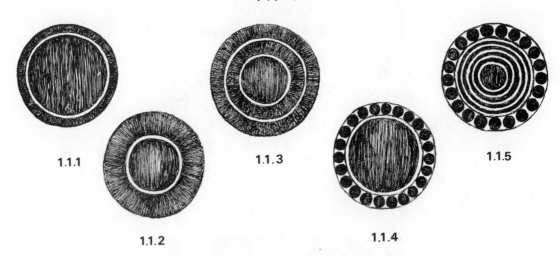

1.1.1   1.1.3   1.1.5

1.1.2   1.1.4

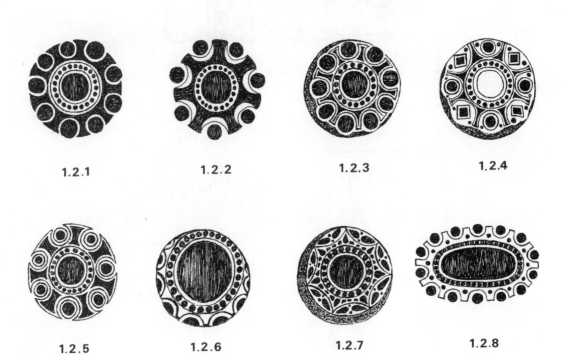

1.2.1   1.2.2   1.2.3   1.2.4

1.2.5   1.2.6   1.2.7   1.2.8

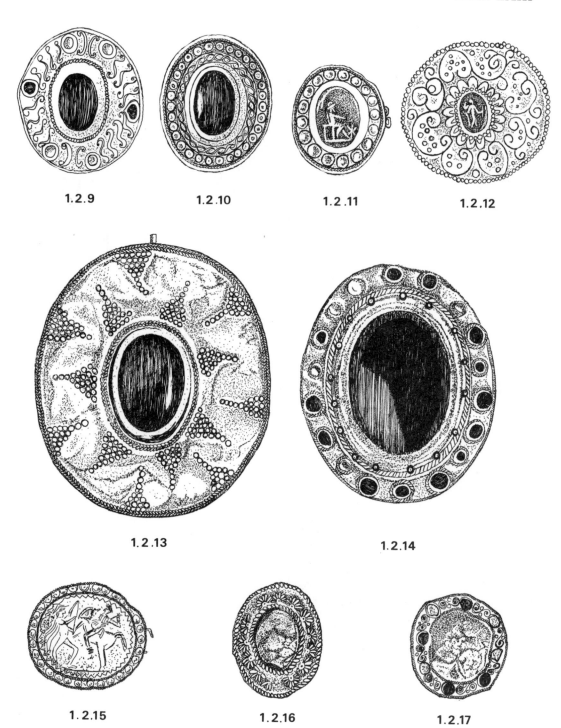

1.2.9   1.2.10   1.2.11   1.2.12

1.2.13   1.2.14

1.2.15   1.2.16   1.2.17

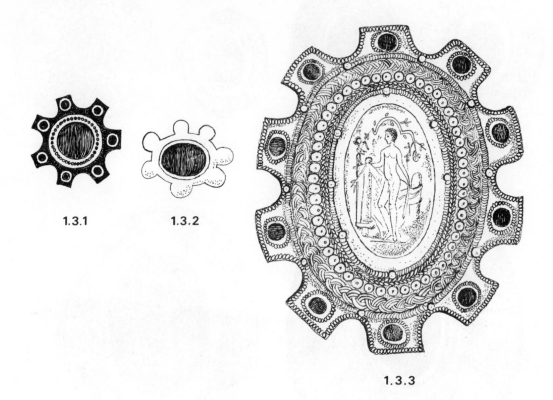

1.3.1   1.3.2

1.3.3

1.4

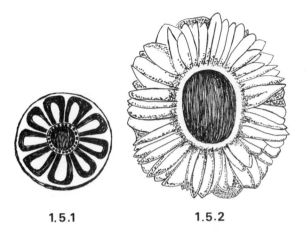

1.5.1   **1.5.2**   **1.6**

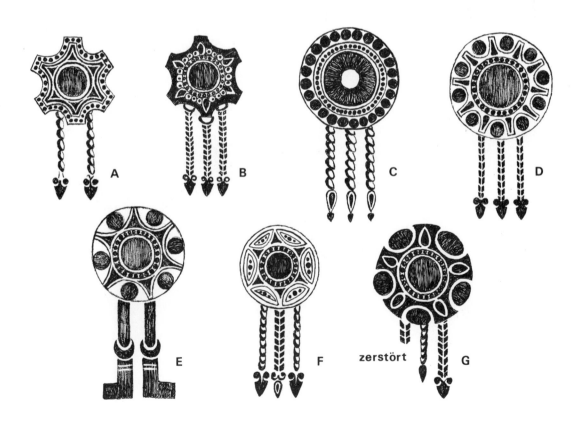

A   B   C   D

E   F   zerstört   G

TYP 2

TYP 3

TYP 4

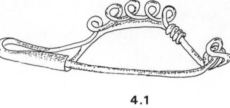

4.1

4.2

TYP 5

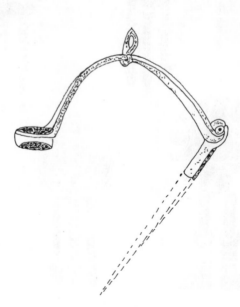

TYP 6

6.1.1.1   6.1.1.2   6.1.1.3   6.1.2.1

6.1.2.2   6.1.2.3   6.1.2.4

6.2.1.1

6.2.1.2

6.2.1.3

6.2.1.4

6.2.2.1

6.2.2.2

6.2.2.3

6.2.2.4

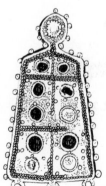

Vorderseite

6.3

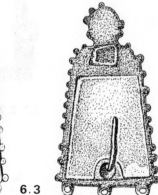

Rückseite

1.1.5 Armschmuck

TYP 1

1.1.1   1.1.2   1.2

TYP 2

2.1.1   2.1.2   2.2

TYP 3

TYP 4

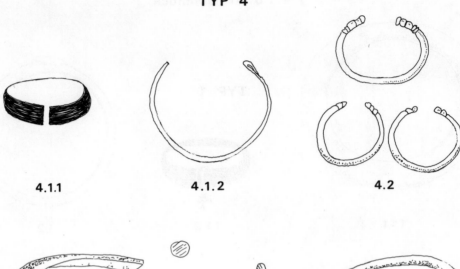

4.1.1   4.1.2   4.2

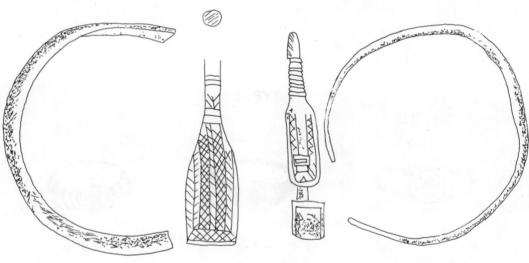

4.3.1   4.3.2

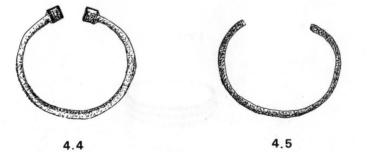

4.4   4.5

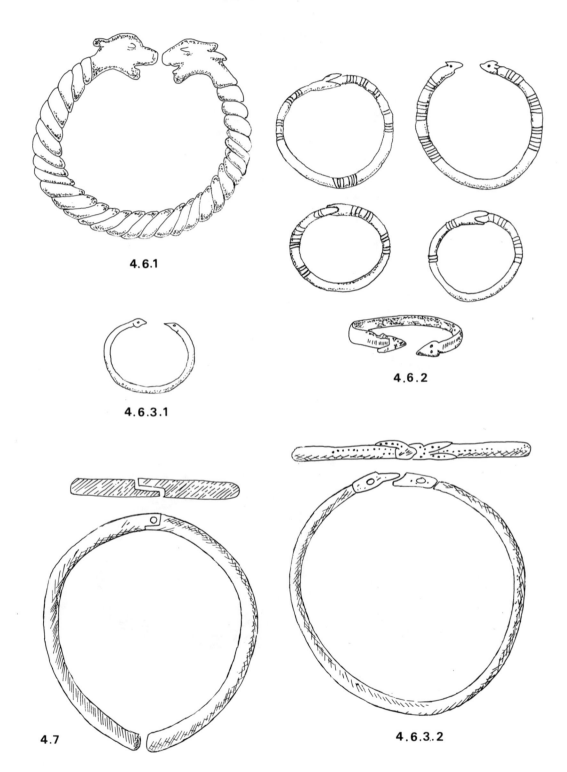

4.6.1

4.6.3.1

4.6.2

4.7

4.6.3.2

TYP 5

5.1   5.2

5.3.1   5.3.2   5.3.3

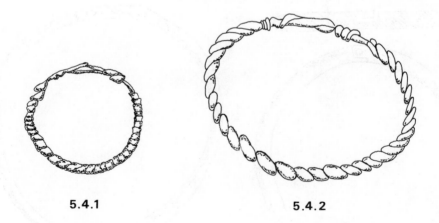

5.4.1   5.4.2

TYP 6

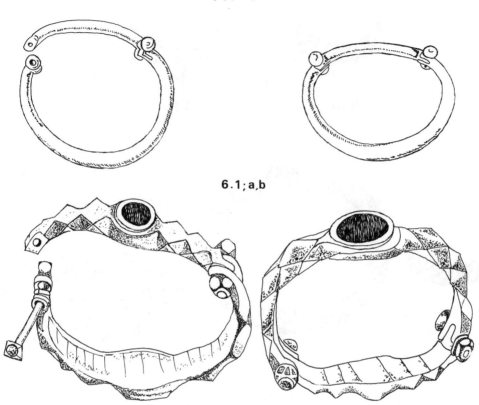

6.1; a,b

6.2 ; a,b

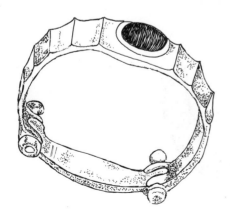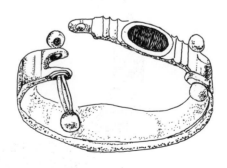

6.3 ; a,b

TYP 7

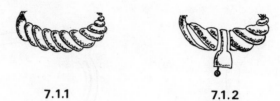

7.1.1   7.1.2

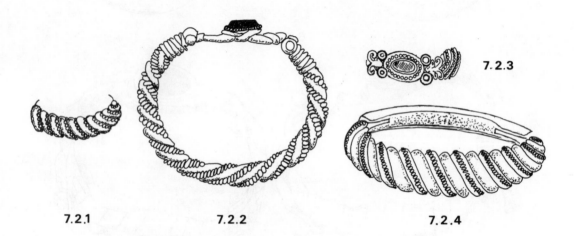

7.2.1   7.2.2   7.2.4

7.2.3

7.3

TYP 8

8.1.1

8.1.2

8.1.3

8.1.4

8.1.5

8.1.6.1

8.1.6.2

8.1.6.3

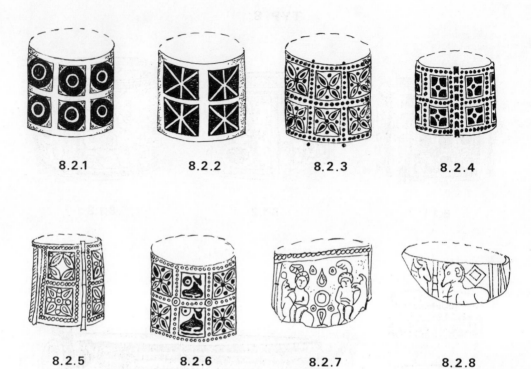

8.2.1   8.2.2   8.2.3   8.2.4

8.2.5   8.2.6   8.2.7   8.2.8

Trageweise

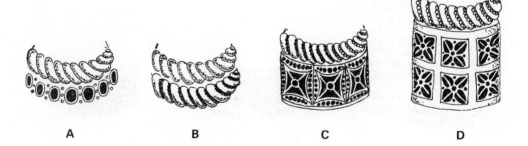

A   B   C   D

TYP 9

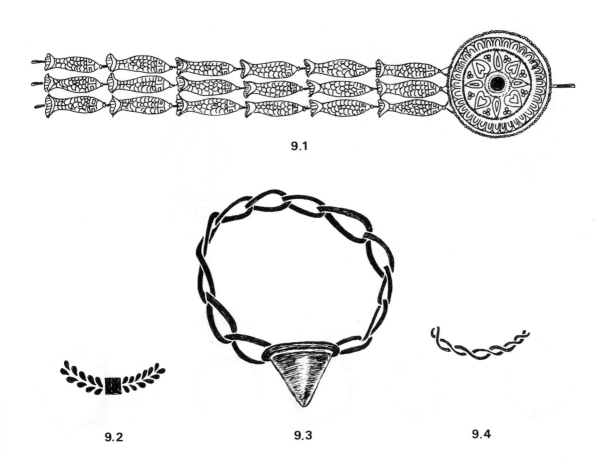

9.1

9.2   9.3   9.4

oder

9.5   9.6   9.7   9.8

1.1.6 Fingerschmuck

TYP 1

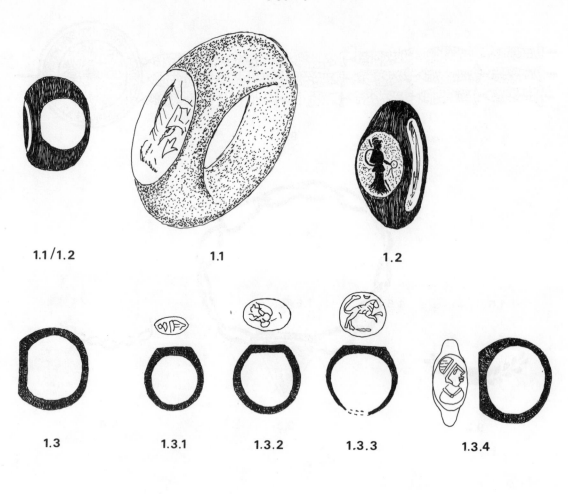

1.1/1.2   1.1   1.2

1.3   1.3.1   1.3.2   1.3.3   1.3.4

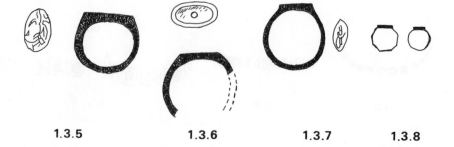

1.3.5   1.3.6   1.3.7   1.3.8

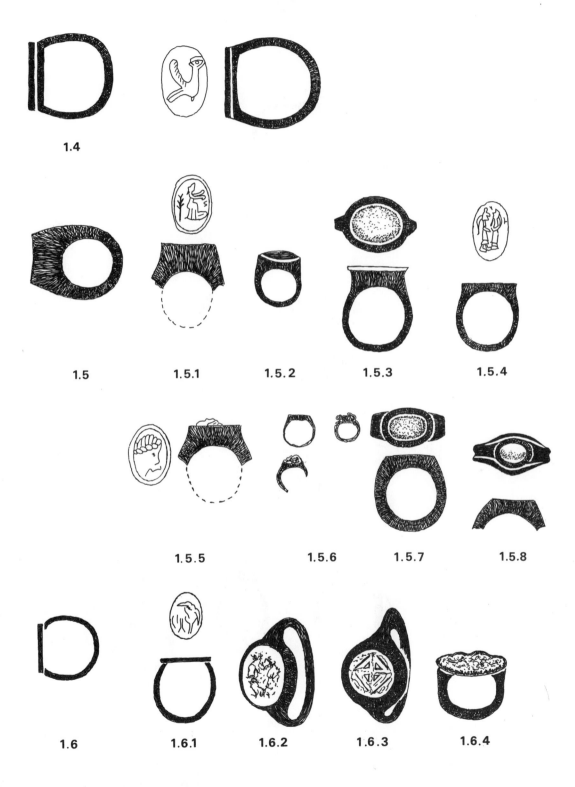

1.4

1.5   **1.5.1**   **1.5.2**   **1.5.3**   **1.5.4**

1.5.5   **1.5.6**   **1.5.7**   **1.5.8**

1.6   **1.6.1**   **1.6.2**   **1.6.3**   **1.6.4**

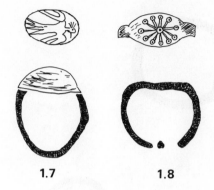

1.7   1.8

TYP 2

TYP 3

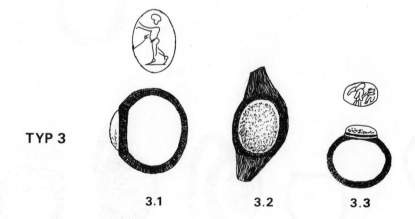

3.1   3.2   3.3

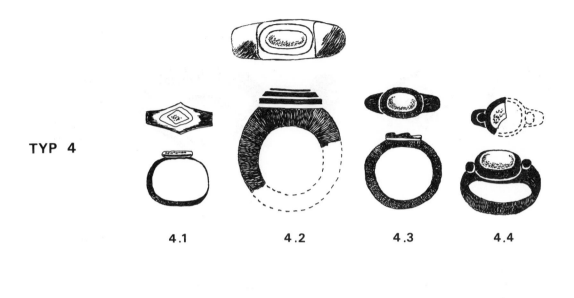

TYP 4

4.1   4.2   4.3   4.4

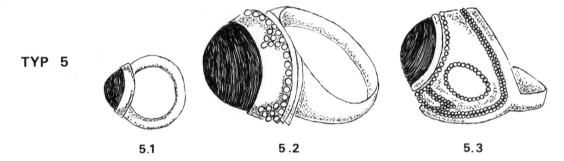

TYP 5

5.1   5.2   5.3

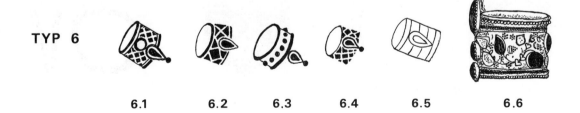

TYP 6

6.1   6.2   6.3   6.4   6.5   6.6

TYP 7　　**TYP 8**　　**TYP 9**　　**TYP 10**　　**TYP 11**

TYP 12　　**TYP 13**　　**TYP 14**　　**TYP 15**

13.1　　13.2　　14.1　　14.2

TYP 16　　**TYP 17**　　**TYP 18**

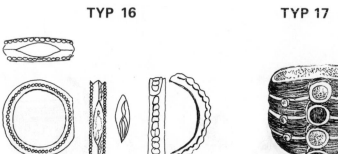

16.1　　16.2　　16.3

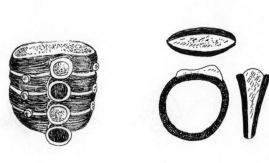

1.1.7 Fußknöchelschmuck

Einreihig

TYP 1   **TYP 2**   **TYP 3**

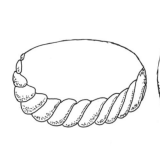  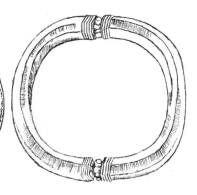

Zweireihig

TYP 4   **TYP 6**

TYP 5

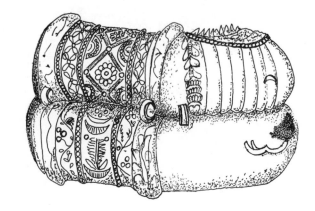

1.2 SCHMUCK DER MÄNNER
1.2.1 Kopfschmuck
1.2.1.1 Stirnbänder

1

2

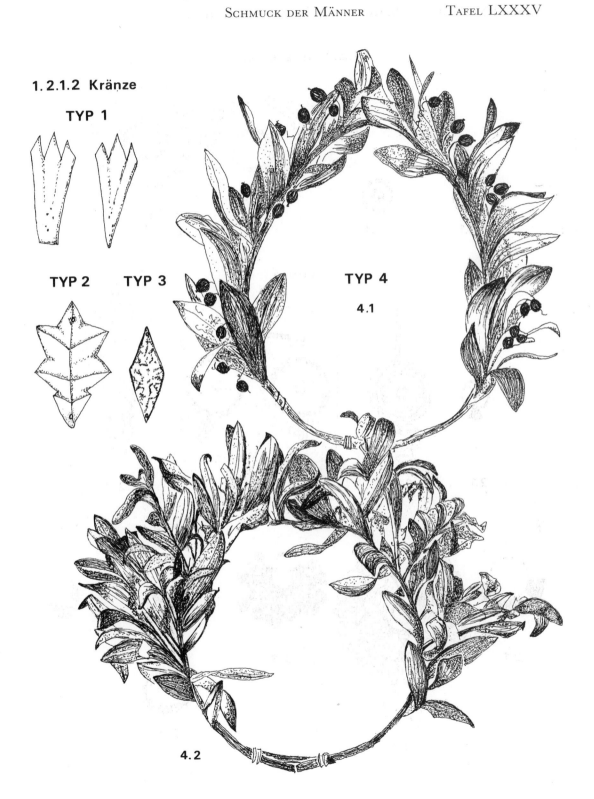

1.2.1.2 Kränze

TYP 1

TYP 2   TYP 3

TYP 4

4.1

4.2

1.2.2 Ohrschmuck

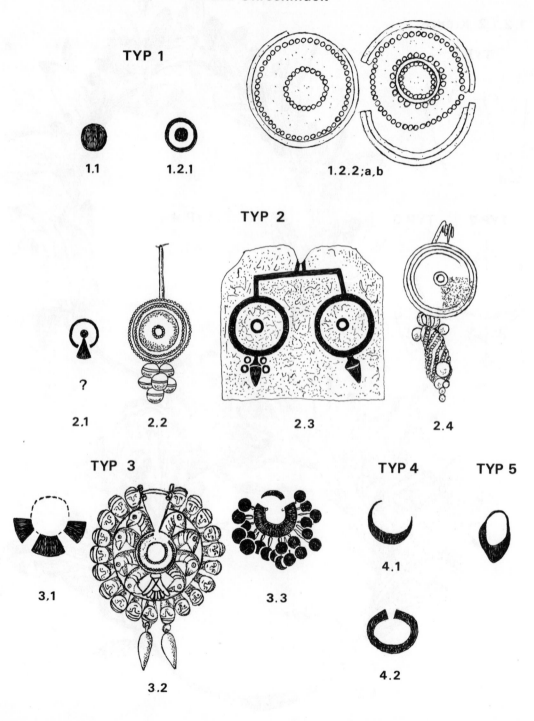

TYP 1

1.1

1.2.1

1.2.2;a,b

TYP 2

?

2.1

2.2

2.3

2.4

TYP 3

3,1

3.2

3.3

TYP 4

4.1

4.2

TYP 5

1.2.3 Halsschmuck

TYP 1

1.1

Seitenansicht

1.2

Löwenkopfenden

1.3

TYP 2

2.1

2.2.1

2.2.2

2.2.3

2.2.4

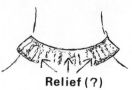

Relief (?)

2.2.5

2.2.6

2.2.7

2.2.8

2.3

2.4.1

2.4.2

TYP 3

3.1.1

3.1.2

Tiermotiv

3.1.3

3.1.4

3.1.5

3.1.6

3.1.7

3.1.8

3.1.9

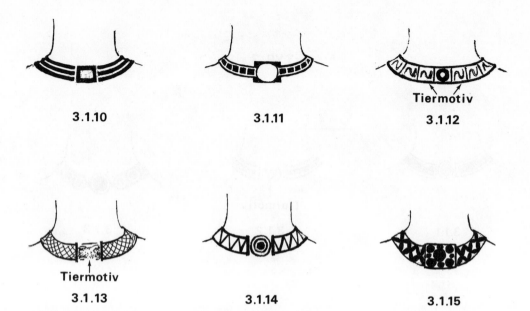

3.1.10

3.1.11

Tiermotiv
3.1.12

Tiermotiv
3.1.13

3.1.14

3.1.15

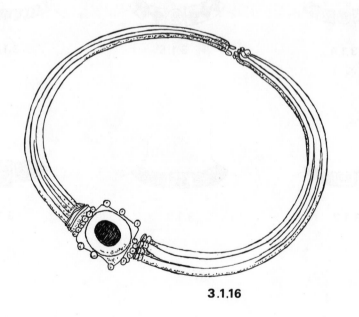

3.1.16

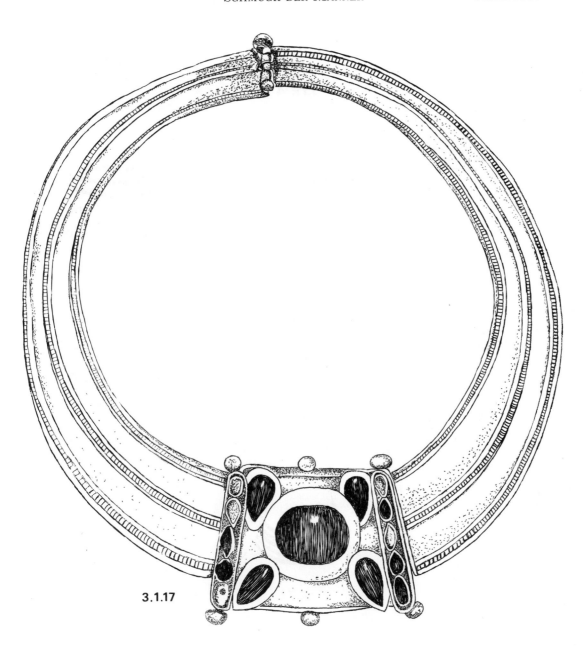

3.1.17

3.2

TYP 4

4.1

Seitenansicht
4.2

Seitenansicht
4.3

Seitenansicht
4.4

Seitenansicht
4.5

Seitenansicht
4.6

4.7